EL ESTÁNDAR PARA LA DIRECCIÓN DE PROYECTOS

y

GUÍA DE LOS FUNDAMENTOS PARA LA DIRECCIÓN DE PROYECTOS

(GUÍA DEL PMBOK®)
Séptima edición

Datos de Catalogación en Publicación de la Biblioteca del Congreso.

Nombres: Project Management Institute, editor.

Título: El estándar para la dirección de proyectos e Guía de los fundamentos para la dirección de proyectos (Guía del PMBOK).

Otros títulos: Guía de los fundamentos para la dirección de proyectos (Guía del PMBOK) | Guía del PMBOK

Descripción: Séptima edición. | Newtown Square, Pennsylvania: Project Management Institute, Inc., [2021] | Incluye referencias bibliográficas y un índice. | Resumen: "En los últimos años, la tecnología emergente, los nuevos enfoques y los rápidos cambios en el mercado alteraron nuestras formas de trabajar, impulsando la evolución de la profesión de la dirección de proyectos. Cada industria, organización y proyecto se enfrenta a desafíos únicos, y los miembros del equipo deben adaptar sus enfoques para gestionar con éxito los proyectos y entregar resultados. Con esto en mente, la Guía de los Fundamentos para la Dirección de Proyectos (Guía del PMBOK®)-Séptima Edición profundiza en los conceptos y construcciones fundamentales de la profesión. Incluyendo tanto El Estándar para la Dirección de Proyectos como la Guía del PMBOK®, esta edición presenta 12 principios de la dirección de proyectos y ocho dominios de desempeño del proyecto que resultan críticos para entregar efectivamente los resultados del proyecto. Esta edición de la Guía del PMBOK®: Refleja toda la gama de enfoques de desarrollo (predictivos, tradicionales, adaptativos, ágiles, híbridos, etc.); Dedica una sección completa a adaptar los enfoques y procesos de desarrollo; Amplía la lista de herramientas y técnicas en una nueva sección, "Modelos, Métodos y Artefactos"; Se centra en los resultados del proyecto, además de los entregables; Y se integra con PMIstandards+, dando a los usuarios acceso a contenido que les ayuda a aplicar la Guía del PMBOK® en el trabajo. El resultado es una guía moderna que permite a los miembros del equipo del proyecto ser proactivos, innovadores y ágiles en la entrega de los resultados del mismo". – Proporcionado por el editor.

Identificadores: LCCN 2021011107 (print) | LCCN 2021011108 (ebook) | ISBN 9781628256642 (paperback) | ISBN 9781628256659 (epub) | ISBN 9781628256666 (kindle edition) | ISBN 9781628256673 (pdf)

Áreas temáticas LCSH: Dirección de proyectos – Estándares

Clasificación: LCC HD69.P75 G845 2021 (print) | LCC HD69.P75 (ebook) | DDC 658.4/04–dc23

Registro de LC disponible en https://lccn.loc.gov/2021011107

Registro de ebook LC disponible en https://lccn.loc.gov/2021011108

Guía de los Fundamentos para la Dirección de Proyectos (Guía del PMBOK) – Séptima edición
y El Estándar para la Dirección de Proyectos

ISBN: 978-1-62825-679-6

Publicado por:
　Project Management Institute, Inc.
　14 Campus Boulevard
　Newtown Square, Pennsylvania 19073-3299 USA
　Teléfono: +1 610 356 4600
　Correo electrónico: customercare@pmi.org
　Sitio web: www.PMI.org

©2021 Project Management Institute, Inc.   Todos los derechos reservados.

El contenido del Project Management Institute, Inc. sujeto a derechos de autor está protegido por la ley de propiedad intelectual de los EE.UU. reconocida por la mayoría de los países. Para republicar o remprimir el contenido del PMI, deberá primero obtener nuestro permiso.
Visite http://www.pmi.org/permissions para obtener más detalles.

PMI, el logotipo de PMI, PMBOK, OPM3, PMP, CAPM, PgMP, PfMP, PMI-RMP, PMI-SP, PMI-ACP, PMI-PBA, PROJECT MANAGEMENT JOURNAL, PM NETWORK, PMI TODAY, PULSE OF THE PROFESSION y el eslogan MAKING PROJECT MANAGEMENT INDISPENSABLE FOR BUSINESS RESULTS. son todas marcas registradas del Project Management Institute, Inc. Para obtener una lista completa de las marcas comerciales de PMI, póngase en contacto con el Departamento legal de PMI. Todas las otras marcas comerciales, marcas de servicio, nombres e imágenes comerciales, nombres de productos y logotipos que aparecen en el presente documento son propiedad de sus respectivos dueños. Quedan reservados todos los derechos que no estén expresamente cedidos en el presente documento.

Para colocar una orden comercial u obtener información sobre precios, póngase en contacto con Independent Publishers Group:
　Independent Publishers Group
　Order Department
　814 North Franklin Street
　Chicago, IL 60610 USA
　Teléfono: 800 888 4741
　Fax: +1 312 337 5985
　Correo electrónico: orders@ipgbook.com (para órdenes solamente)

Impreso en los Estados Unidos de América. Ninguna parte de esta obra puede ser reproducida o transmitida en forma alguna ni por ningún medio, ya sea éste electrónico, manual, fotocopia o grabación, ni por ningún sistema de almacenamiento y recuperación de información, sin permiso previo y por escrito del editor.

El papel utilizado en este libro cumple con la norma Z39.48—1984 (Permanent Paper Standard) publicada por NISO (National Information Standards Organization).

10 9 8 7 6 5 4 3 2 1

Aviso

Las publicaciones de normas y guías de Project Management Institute, Inc. (PMI), una de las cuales es el presente documento, se elaboran mediante un proceso de desarrollo de normas por consenso voluntario. Este proceso reúne a voluntarios y/o procura obtener las opiniones de personas que tienen interés en el tema objeto de esta publicación. Si bien PMI administra el proceso y establece reglas para promover la equidad en el desarrollo del consenso, PMI no redacta el documento y no prueba, evalúa, ni verifica de manera independiente la exactitud o integridad de ninguna información ni la solidez de ningún juicio contenidos en sus publicaciones de normas y guías.

PMI no asume responsabilidad alguna por cualesquiera daños personales, a la propiedad u otros daños de cualquier naturaleza, ya sean especiales, indirectos, consecuentes o compensatorios, que resulten directa o indirectamente de la publicación, uso o dependencia de este documento. PMI no se hace responsable ni proporciona garantía alguna, expresa o implícita, con respecto a la exactitud o integridad de cualquier información publicada aquí, y no se hace responsable ni proporciona garantía alguna de que la información incluida en este documento satisfaga cualquiera de sus objetivos o necesidades particulares. PMI no se compromete a garantizar el desempeño de los productos o servicios de cualquier fabricante o vendedor individual en virtud de esta norma o guía.

Al publicar y hacer disponible este documento PMI no se compromete a prestar servicios profesionales o de otro tipo para o en nombre de ninguna persona o entidad, ni asume ninguna obligación adquirida por una persona o entidad hacia otra. Cualquiera que use este documento lo hará bajo su propio criterio independiente o, según corresponda, buscará el consejo de un profesional competente a la hora de determinar las precauciones razonables a aplicar en cualesquiera circunstancias dadas. Tanto información como otras normas relativas al tema objeto de esta publicación pueden estar disponibles en otras fuentes, que el usuario podrá consultar para ampliar con opiniones e informaciones adicionales las ofrecidas por esta publicación.

PMI no tiene el poder para, ni se compromete a vigilar o hacer cumplir el contenido de este documento. PMI no certifica, prueba ni inspecciona aspectos de seguridad y salud de productos, diseños o instalaciones. Cualquier certificación u otra declaración de conformidad con cualquier información relacionada con la salud o la seguridad incluida en este documento no será atribuible a PMI y será responsabilidad única del certificador o del autor de la declaración.

Prefacio

Cada vez que se empieza a trabajar sobre una nueva edición de *El Estándar para la Dirección de Proyectos* y de la *Guía del PMBOK®*, existe la oportunidad de tomar en consideración las perspectivas mundiales sobre los cambios en la dirección de proyectos y los enfoques utilizados para obtener beneficios y valor de los resultados de los proyectos. En el tiempo transcurrido entre cada edición, se ha producido una gran cantidad de cambios. Algunas organizaciones han dejado de existir y han aparecido otras nuevas. Las tecnologías más antiguas han llegado al final de su vida, mientras que han evolucionado tecnologías que ofrecen capacidades completamente nuevas. Las personas que continúan en la fuerza de trabajo han avanzado en su pensamiento, habilidades y capacidades, a medida que los recién llegados se centran en comprender rápidamente su lenguaje profesional, desarrollar sus habilidades y su visión empresarial, y contribuir a los objetivos de sus empleadores.

Sin embargo, aun en medio de tales cambios, hay conceptos y construcciones fundamentales que permanecen en su lugar. Continúa la comprensión de que el pensamiento colectivo produce más soluciones holísticas que los pensamientos de un individuo en particular Y perdura el hecho de que las organizaciones utilizan proyectos como vehículo para obtener un resultado o producto único.

DISEÑO CENTRADO EN EL CLIENTE Y USUARIO FINAL

Mientras se estaba desarrollando la Sexta Edición de la *Guía del PMBOK®* y a lo largo del desarrollo de esta Séptima Edición, PMI ha participado activamente con una amplia gama de interesados a nivel mundial en sus experiencias con el uso de *El Estándar para la Dirección de Proyectos* y la *Guía del PMBOK®*. Estas participaciones han incluido:

- ▶ Encuestas en línea a muestras representativas de interesados de PMI;
- ▶ Grupos focales con líderes de PMO, directores de proyectos, profesionales practicantes de ágil, miembros de equipos de proyectos, y educadores e instructores; y
- ▶ Talleres interactivos con profesionales en diversos eventos de PMI en todo el mundo.

La retroalimentación y las entradas en conjunto destacaron cuatro puntos clave:

- Mantener y mejorar la credibilidad y la relevancia de la *Guía del PMBOK®*.
- Incrementar la legibilidad y la utilidad de la *Guía del PMBOK®*, evitando al mismo tiempo sobrecargarla con nuevos contenidos.
- Detectar las necesidades de información y contenido de los interesados y proporcionar un contenido suplementario comprobado que preste apoyo a la aplicación práctica.
- Reconocer que para algunos interesados la estructura y el contenido de las ediciones anteriores siguen siendo valiosos, de modo que cualquier cambio brinde mejora sin excluir ese valor.

CONSERVACIÓN DE LA RELEVANCIA DE LA *GUÍA DEL PMBOK®*

Desde su creación como los *Fundamentos para la Dirección de Proyectos (PMBOK)* en 1987, la *Guía de los Fundamentos para la Dirección de Proyectos* (*Guía del PMBOK®*) ha evolucionado, reconociendo al mismo tiempo que los elementos fundamentales de la gestión de proyectos perduran. Su evolución no sólo ha implicado un aumento del número de páginas, sino que también ha involucrado cambios significativos y sustanciales en la naturaleza del contenido. La siguiente tabla incluye una muestra de algunos de esos cambios clave:

Evolución de los Cambios clave en la *Guía del PMBOK*®

Edición de la *Guía del PMBOK*®	Cambios Evolutivos Clave
1996	• Distinguido como "una guía de los fundamentos", en lugar de los fundamentos para la dirección de proyectos. • Reflejaba el subconjunto de los fundamentos para la dirección de proyectos que es "generalmente aceptado", es decir, aplicable a la mayoría de los proyectos la mayoría de las veces, con un consenso generalizado de que las prácticas tienen valor y utilidad. • Definía la dirección de proyectos como "la aplicación de conocimientos, aptitudes, herramientas y técnicas a las actividades de los proyectos **a fin de satisfacer o superar las necesidades y expectativas de los interesados** en un proyecto" (sin negrilla en el original). • Decisión específica de pasar a un estándar basado en procesos, impulsada por el deseo de mostrar las interacciones entre las Áreas de Conocimiento; crear una estructura robusta y flexible; y reconocer que la ISO y otras organizaciones de normalización estaban estableciendo normas basadas en procesos.
Tercera (2004)	• Primera edición que incorpora el logotipo de "Estándar ANSI" en la portada. • Primera edición en designar formalmente El estándar para la Dirección de Proyectos de un Proyecto como separado y distinto del Marco de Referencia para la Dirección de Proyectos y de los Fundamentos. • Incluía material "generalmente reconocido como buenas prácticas en la mayoría de los proyectos la mayor parte del tiempo". • Definía la dirección de proyectos como "la aplicación de conocimientos, habilidades, herramientas y técnicas a las actividades del proyecto **para cumplir con los requisitos del mismo**".
Sexta (2017)	• Primera edición en la que se denota una separación clara entre el estándar ANSI y la guía. • Incorpora por primera vez contenido "ágil" al texto, no sólo lo menciona en los ejemplos. • Ampliación del texto introductorio del Área de Conocimiento, incluyendo conceptos clave, tendencias y prácticas emergentes, consideraciones de adaptación y consideraciones para entornos ágiles/adaptativos.

Al igual que las ediciones anteriores del *Estándar para la Dirección de Proyectos* y la *Guía del PMBOK®*, esta edición reconoce que el panorama de la dirección de proyectos continúa evolucionando y adaptándose. Solo en los últimos 10 años, el avance del software hacia todo tipo de productos, servicios y soluciones ha crecido exponencialmente. Lo que el software puede habilitar sigue cambiando a medida que la inteligencia artificial, las capacidades basadas en la nube y los nuevos modelos de negocio impulsan la innovación y las nuevas formas de trabajo. La transformación de los modelos organizacionales ha dado lugar a nuevas estructuras de trabajo de proyectos y equipos, a la necesidad de una amplia gama de enfoques para la ejecución de proyectos y productos, y a una mayor atención a los resultados en lugar de a los entregables. Los colaboradores individuales pueden unirse a los equipos de proyecto desde cualquier parte del mundo, desempeñando una matriz más amplia de funciones y posibilitando nuevas formas de pensar y trabajar en colaboración. Estos cambios y otros más han creado esta oportunidad de reconsiderar las perspectivas para prestar apoyo a la continua evolución de *El Estándar para la Dirección de Proyectos* y de la *Guía del PMBOK®*.

RESUMEN DE CAMBIOS

Desde 1987, *El Estándar para la Dirección de Proyectos* ha representado un estándar basado en procesos. *El Estándar para la Dirección de Proyectos* incluido en la *Guía del PMBOK®* alineó la disciplina y la función de la dirección de proyectos en torno a un conjunto de procesos empresariales. Esos procesos empresariales permitieron la concepción de prácticas coherentes y previsibles:

- ▶ Que podían ser documentadas;
- ▶ A través de las cuales era posible evaluar el desempeño en relación con los procesos; y
- ▶ Mediante las cuales se podían hacer mejoras en el proceso con el fin de maximizar la eficiencia y minimizar las amenazas.

Si bien son eficaces en soporte de las buenas prácticas, los estándares basados en procesos son imperativos por naturaleza. Dado que la dirección de proyectos está evolucionando más rápidamente que nunca, la orientación basada en procesos de las ediciones anteriores no puede conservarse de manera tal que refleje el panorama total de la entrega de valor. Por lo tanto, esta edición cambia a un estándar basado en principios con el fin de apoyar la dirección eficaz de los proyectos, y centrarse más en los resultados previstos que en los entregables.

Una comunidad mundial de profesionales de diferentes industrias y organizaciones, con diferentes funciones y que trabajan en diferentes tipos de proyectos, han elaborado y/o proporcionado información sobre los borradores del estándar a medida que ha ido evolucionando para la presente edición. Además, los co-directores y el personal de la *Guía del PMBOK®* – Séptima Edición revisaron otros fundamentos y trabajos centrados en la dirección de proyectos para identificar los conceptos principales incorporados en esos textos. Estos esfuerzos combinados mostraron una fuerte alineación y apoyaron la validación de que los principios rectores de esta edición del estándar se aplican en todo el espectro de la dirección de proyectos.

Hasta la fecha, la comunidad mundial de dirección de proyectos ha aceptado el desplazamiento de este estándar hacia un conjunto de declaraciones de principios. Las declaraciones de principios captan y resumen los objetivos generalmente aceptados para la práctica de la dirección de proyectos y sus funciones básicas. Las declaraciones de principios proporcionan amplios parámetros dentro de los cuales pueden operar los equipos de proyecto y ofrecen muchas maneras de mantenerse alineados con la intención de los principios.

Utilizando estas declaraciones de principios, PMI puede reflejar una gestión eficaz de los proyectos en el panorama de entrega de valor total: de predictivo a adaptativo y todo lo demás. Este enfoque basado en principios también es coherente con la evolución de *El Estándar para la Dirección de Programas* (Tercera y Cuarta Ediciones) y *The Standard for Portfolio Management* – Cuarta Edición (*El Estándar para la Dirección de Portafolios*, disponible solo en inglés). *The Standard for Risk Management in Portfolios, Programs and Projects* y *Benefits Realization Management: A Practice Guide* (*El Estándar para la Gestión de Riesgos en Portafolios, Programas y Proyectos* y *Gestión de la Obtención de Beneficios: Guía Práctica*, disponible solo en inglés) representan nuevos productos estándar desarrollados intencionalmente, con un enfoque basado en principios, por equipos mundiales de expertos en la materia.

Nada en esta edición de *El Estándar para la Dirección de Proyectos* o de la *Guía de los Fundamentos para la Dirección de Proyectos* contradice la alineación con el enfoque basado en procesos de las ediciones anteriores. Muchas organizaciones y profesionales siguen considerando que ese enfoque es útil con el fin de orientar su capacidad para la dirección de proyectos, armonizar sus metodologías y evaluar su capacidad para la dirección de proyectos. Ese enfoque sigue siendo importante en el contexto de esta nueva edición.

Otro cambio significativo con esta edición de la *Guía del PMBOK®* es una visión sistémica de la dirección de proyectos. Este cambio comienza con una visión de sistemas para entrega de valor como parte de *El Estándar para la Dirección de Proyectos* y continúa con la presentación del contenido de la *Guía del PMBOK®*. Un enfoque de los sistemas hacia la entrega de valor cambia la perspectiva de dirigir portafolios, programas y proyectos, para centrarse en la cadena de valor que vincula esas y otras capacidades empresariales para avanzar en la estrategia organizativa, el valor y los objetivos del negocio. En el contexto de la dirección de proyectos, *El Estándar para la Dirección de Proyectos* y la *Guía del PMBOK®* hacen hincapié en que los proyectos no sólo producen salidas, sino que, lo que es más importante, permiten que esas salidas impulsen resultados que, en última instancia, aportan valor a la organización y a sus interesados.

Esta vista sistémica refleja un desplazamiento desde las Áreas de Conocimiento de las ediciones pasadas de la *Guía del PMBOK®* a ocho dominios de desempeño. Un dominio de desempeño es un grupo de actividades relacionadas que son fundamentales para la consecución efectiva de los resultados de los proyectos. En conjunto, los dominios de desempeño representan un sistema de dirección de proyectos de capacidades de gestión interactivas, interrelacionadas e interdependientes que funcionan al unísono para lograr los resultados deseados del proyecto. A medida que los dominios de desempeño interactúan y reaccionan entre sí, se producen cambios. Los equipos de proyecto revisan, discuten, adaptan y responden a esos cambios continuamente teniendo en cuenta todo el sistema, no sólo el dominio de desempeño específico en el que se produjo el cambio. En consonancia con el concepto de un sistema para entrega de valor en *El Estándar para la Dirección de Proyectos*, los equipos evalúan el desempeño efectivo en cada dominio de desempeño mediante mediciones centradas en los resultados, más que mediante la adhesión a procesos o a la producción de artefactos, planes, etc.

En ediciones anteriores de la *Guía del PMBOK®* se subrayaba la importancia de adaptar el enfoque de la dirección de proyectos a las características únicas de cada proyecto y su contexto. La Sexta Edición específicamente incorporó consideraciones para ayudar a los equipos de proyecto a pensar en cómo adaptar su enfoque a la dirección de proyectos. Ese contenido fue incluido en el texto preliminar de cada una de las Áreas de Conocimiento y proporcionó consideraciones para todos los tipos de entornos de proyectos. Esta edición amplía aún más esa labor con una sección dedicada a la Adaptación en la *Guía del PMBOK®*.

Una nueva sección sobre Modelos, Métodos y Artefactos ofrece una agrupación de alto nivel de modelos, métodos y artefactos que apoyan la dirección de proyectos. En esta sección se mantienen los vínculos con las herramientas, técnicas y salidas de ediciones anteriores que apoyan la dirección de proyectos sin prescribir cuándo, cómo o qué herramientas deben utilizar los equipos.

El cambio final refleja el avance más significativo en la historia de la *Guía del PMBOK®* —la creación de PMIstandards+™, una plataforma digital interactiva que incorpora prácticas, métodos y artefactos actuales, emergentes y futuros, y otra información útil. El contenido digital refleja de mejor manera la naturaleza dinámica de un conjunto de conocimientos. PMIstandards+ proporciona a los profesionales de proyectos y a otros interesados acceso a una gama más rica y amplia de información y recursos, que pueden adaptarse más rápidamente a los avances y cambios en la dirección de proyectos. El contenido explica cómo se aplican prácticas, métodos o artefactos específicos a los proyectos en función de los segmentos de la industria, tipos de proyectos u otras características. A partir de las entradas, herramientas y técnicas, y de las salidas de la *Guía del PMBOK®* – Sexta Edición, PMIstandards+ seguirá incorporando nuevos recursos que apoyen la evolución continua en la dirección de proyectos. En adelante, los usuarios de *El Estándar para la Dirección de Proyectos* y de la *Guía del PMBOK®* pueden encontrar información en PMIstandards+ que complementará la información incluida en la publicación impresa.

La siguiente figura ilustra la revisión de *El Estándar para la Dirección de Proyectos*.y la migración de la Sexta a la Séptima Edición de la *Guía del PMBOK®*, junto con la conexión a la plataforma digital PMIstandards+.

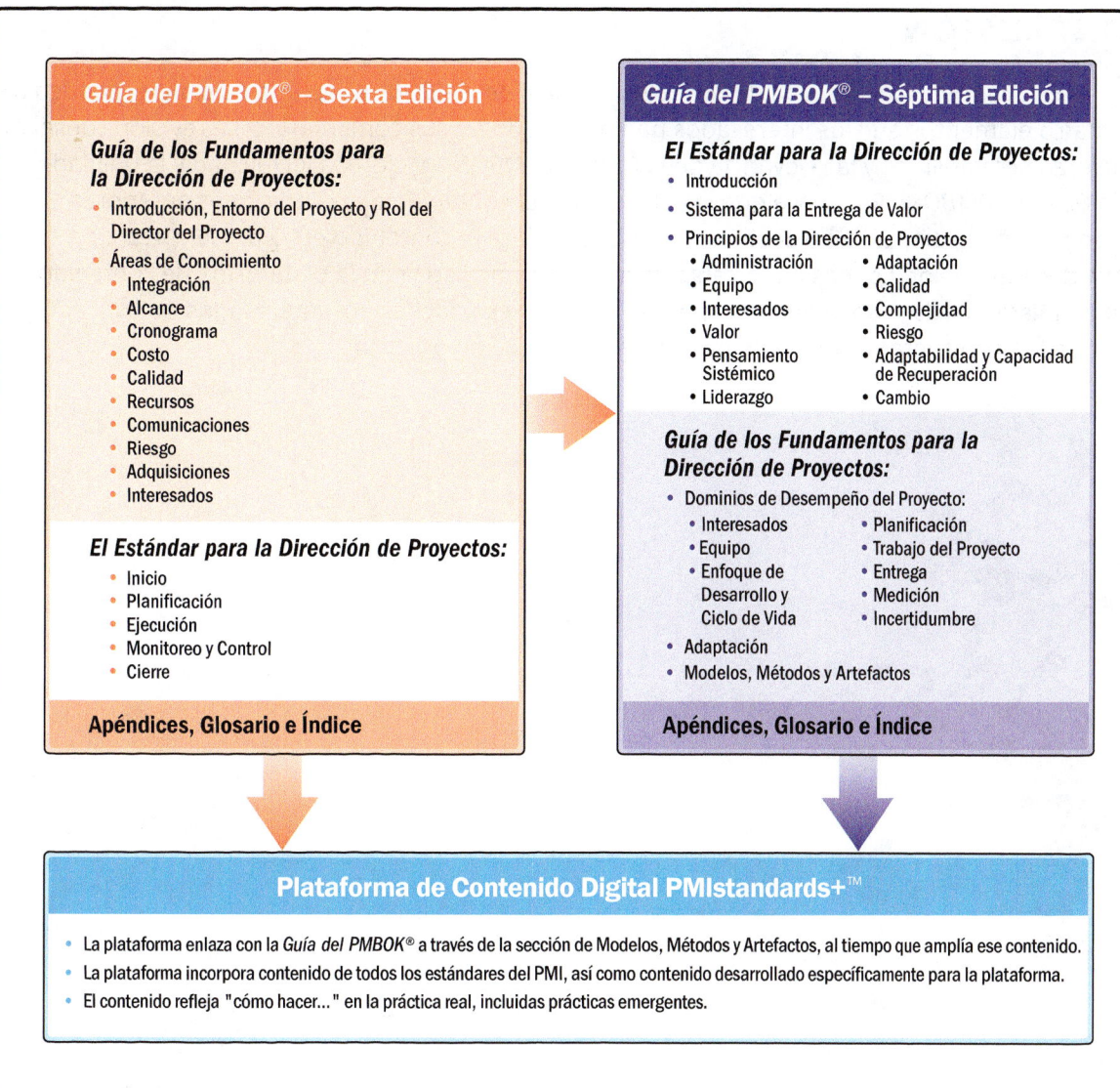

Revisión del *Estándar para la Dirección de Proyectos* y la Migración de la Sexta Edición a la Séptima Edición de la *Guía del PMBOK®* y la Plataforma de Contenidos Digitales PMIstandards+™

CONCLUSIÓN

El Estándar para la Dirección de Proyectos y la *Guía del PMBOK®* – Séptima Edición responden a los cuatro elementos que los interesados han destacado en sus comentarios. La revisión conserva y mejora la credibilidad y la relevancia de la *Guía del PMBOK®*. Mejora la legibilidad y la utilidad de la *Guía del PMBOK®*. Reconoce que la estructura y el contenido de las ediciones anteriores siguen teniendo valor para algunos interesados y mejora el contenido en la presente edición sin contradecir ese valor. Lo más importante es que está vinculada con la plataforma de contenido digital PMIstandards+ con el fin de responder a las necesidades de los interesados con un contenido suplementario verificado que apoya la aplicación práctica.

Contenido

EL ESTÁNDAR PARA LA DIRECCIÓN DE PROYECTOS

1. INTRODUCCIÓN 3
   1.1 Propósito de El Estándar para la Dirección de Proyectos........3
   1.2 Términos y Conceptos Clave 4
   1.3 Audiencia para este Estándar 5
2. UN SISTEMA PARA LA ENTREGA DE VALOR...................................7
   2.1 Creación de Valor 7
      2.1.1 Componentes de la Entrega de Valor 8
      2.1.2 Flujo de Información 11
   2.2 Sistemas de Gobernanza Organizacional...............................12
   2.3 Funciones Asociadas con Proyectos..12
      2.3.1 Proporcionar Supervisión y Coordinación 13
      2.3.2 Presentar Objetivos y Retroalimentación...................13
      2.3.3 Facilitar y Apoyar 14
      2.3.4 Realizar el Trabajo y Aportar Ideas 14
      2.3.5 Aplicar Conocimientos Especializados 15
      2.3.6 Proporcionar Orientación
             e Información Empresarial 15
      2.3.7 Proporcionar Recursos y Dirección.............................15
      2.3.8 Mantener la Gobernanza 16
   2.4 El Entorno del Proyecto..16
      2.4.1 Entorno Interno..16
      2.4.2 Entorno Externo 18
   2.5 Consideraciones sobre la Gestión del Producto 18

XV

3. PRINCIPIOS DE LA DIRECCIÓN DE PROYECTOS 21
3.1 Ser un Administrador Diligente, Respetuoso y Cuidadoso 24
3.2 Crear un Entorno Colaborativo del Equipo de Proyecto 28
3.3 Involucrarse Eficazmente con los Interesados 31
3.4 Enfocarse en el Valor 34
3.5 Reconocer, Evaluar y Responder a las Interacciones del Sistema 37
3.6 Demostrar Comportamientos de Liderazgo 40
3.7 Adaptar en Función del Contexto 44
3.8 Incorporar la Calidad en los Procesos y los Entregables 47
3.9 Navegar en la Complejidad 50
3.10 Optimizar las Respuestas a los Riesgos 53
3.11 Adoptar la Adaptabilidad y la Resiliencia 55
3.12 Permitir el Cambio para Lograr el Estado Futuro Previsto 58
Referencias 60

ÍNDICE 61

GUÍA DE LOS FUNDAMENTOS PARA LA DIRECCIÓN DE PROYECTOS (GUÍA DEL PMBOK®)

1. **INTRODUCCIÓN** 3
   - 1.1 Estructura de la *Guía del PMBOK®* 3
   - 1.2 Relación entre la *Guía del PMBOK®* y *El Estándar para la Dirección de Proyectos* 4
   - 1.3 Cambios en la *Guía del PMBOK®* 6
   - 1.4 Relación con PMIstandards+ 6

2. **DOMINIOS DE DESEMPEÑO DEL PROYECTO** 7
   - 2.1 Dominio de Desempeño de los Interesados 8
     - 2.1.1 Involucramiento de los Interesados 10
     - 2.1.2 Interacciones con Otros Dominios de Desempeño 14
     - 2.1.3 Verificación de Resultados 15
   - 2.2 Dominio de Desempeño del Equipo 16
     - 2.2.1 Dirección y Liderazgo del Equipo de Proyecto 17
     - 2.2.2 Cultura del Equipo de Proyecto 20
     - 2.2.3 Equipos de Proyecto de Alto Rendimiento 22
     - 2.2.4 Habilidades de Liderazgo 23
     - 2.2.5 Adaptación de Estilos de Liderazgo 30
     - 2.2.6 Interacciones con Otros Dominios de Desempeño 31
     - 2.2.7 Verificación de Resultados 31
   - 2.3 Dominio de Desempeño del Enfoque de Desarrollo y del Ciclo de Vida 32
     - 2.3.1 Relación entre Cadencia, Desarrollo y Ciclo de vida ... 33
     - 2.3.2 Cadencia de Entrega 33
     - 2.3.3 Enfoques de Desarrollo 35
     - 2.3.4 Consideraciones para Seleccionar un Enfoque de Desarrollo 39
     - 2.3.5 Ciclo de Vida y Definiciones de Fase 42
     - 2.3.6 Alineación de Cadencia de Entrega, Enfoque de Desarrollo y Ciclo de Vida 46
     - 2.3.7 Interacciones con Otros Dominios de Desempeño 49
     - 2.3.8 Medición de los Resultados 50
   - 2.4 Dominio de Desempeño de la Planificación 51
     - 2.4.1 Descripción General de la Planificación 52
     - 2.4.2 Variables para la Planificación 53

	2.4.3	Composición y Estructura del Equipo de Proyecto......63
	2.4.4	Comunicación 64
	2.4.5	Recursos Físicos...65
	2.4.6	Adquisición..65
	2.4.7	Cambios..66
	2.4.8	Métricas 66
	2.4.9	Alineación..67
	2.4.10	Interacciones con Otros Dominios de Desempeño......67
	2.4.11	Verificación de Resultados............................68
2.5	Dominio de Desempeño del Trabajo del Proyecto................69
	2.5.1	Procesos del Proyecto 71
	2.5.2	Equilibrio de las Restricciones en Competencia 72
	2.5.3	Conservación del Enfoque del Equipo de Proyecto 73
	2.5.4	Comunicaciones e Involucramiento en el Proyecto 73
	2.5.5	Gestión de Recursos Físicos................................73
	2.5.6	Trabajo con Adquisiciones 74
	2.5.7	Monitoreo de Nuevos Trabajos y Cambios.................76
	2.5.8	Aprendizaje a lo largo del Proyecto..........................77
	2.5.9	Interacciones con Otros Dominios de Desempeño......78
	2.5.10	Verificación de Resultados.............................79
2.6	Dominio de Desempeño de la Entrega............................80
	2.6.1	Entrega de Valor 81
	2.6.2	Entregables 82
	2.6.3	Calidad 87
	2.6.4	Resultados Subóptimos 91
	2.6.5	Interacciones con Otros Dominios de Desempeño......91
	2.6.6	Verificación de Resultados............................92
2.7	Dominio de Desempeño de la Medición.............................93
	2.7.1	Establecimiento de Medidas Efectivas.....................95
	2.7.2	Qué medir 98
	2.7.3	Presentación de la Información 106
	2.7.4	Peligros en las Mediciones...........................111
	2.7.5	Resolución de Problemas de Desempeño.................113
	2.7.6	Crecimiento y Mejora 114
	2.7.7	Interacciones con Otros Dominios de Desempeño.....114
	2.7.8	Verificación de Resultados............................115

- 2.8 Dominio de Desempeño de la Incertidumbre 116
  - 2.8.1 Incertidumbre General...119
  - 2.8.2 Ambigüedad 120
  - 2.8.3 Complejidad 120
  - 2.8.4 Volatilidad 122
  - 2.8.5 Riesgo 122
  - 2.8.6 Interacciones con Otros Dominios de Desempeño.....128
  - 2.8.7 Verificación de Resultados 129

3. ADAPTACIÓN 131
  - 3.1 Descripción General...131
  - 3.2 ¿Por qué adaptar?...133
  - 3.3 Qué Adaptar..134
    - 3.3.1 Selección del Ciclo de Vida y del Enfoque de Desarrollo...134
    - 3.3.2 Procesos 135
    - 3.3.3 Involucramiento 136
    - 3.3.4 Herramientas 136
    - 3.3.5 Métodos y Artefactos..136
  - 3.4 El Proceso de Adaptación 137
    - 3.4.1 Seleccionar el Enfoque de Desarrollo Inicial............138
    - 3.4.2 Adaptar para la Organización 139
    - 3.4.3 Adaptar para el Proyecto 141
  - 3.5 Adaptación de los Dominios de Desempeño 145
    - 3.5.1 Interesados..147
    - 3.5.2 Equipo del Proyecto 147
    - 3.5.3 Enfoque de Desarrollo y Ciclo de Vida 148
    - 3.5.4 Planificación...148
    - 3.5.5 Trabajo del Proyecto...149
    - 3.5.6 Entrega..149
    - 3.5.7 Incertidumbre 150
    - 3.5.8 Métricas 150
  - 3.6 Diagnóstico 151
  - 3.7 Resumen 152

4. MODELOS, MÉTODOS Y ARTEFACTOS 153
4.1 Descripción General 153
4.2 Modelos Comúnmente Utilizados 155
4.2.1 Modelos de Liderazgo Situacional 155
4.2.2 Modelos de Comunicación 157
4.2.3 Modelos de Motivación 158
4.2.4 Modelos de Cambio 160
4.2.5 Modelos de Complejidad 164
4.2.6 Modelos de Desarrollo del Equipo del Proyecto 166
4.2.7 Otros Modelos 168
4.3 Modelos Aplicados a Través de los Dominios de Desempeño 172
4.4 Métodos Comúnmente Utilizados 174
4.4.1 Recopilación y Análisis de Datos 174
4.4.2 Estimación 178
4.4.3 Reuniones y Eventos 179
4.4.4 Otros Métodos 181
4.5 Métodos Aplicados a Través de los Dominios de Desempeño 181
4.6 Artefactos Comúnmente Utilizados 184
4.6.1 Artefactos de Estrategia 184
4.6.2 Bitácoras y Registros 185
4.6.3 Planes 186
4.6.4 Diagramas Jerárquicos 187
4.6.5 Líneas base 188
4.6.6 Datos e Información Visuales 188
4.6.7 Informes 190
4.6.8 Acuerdos y Contratos 191
4.6.9 Otros Artefactos 192
4.7 Artefactos Aplicados a través de los Dominios de Desempeño 192
Referencias 196

APÉNDICE X1
COLABORADORES Y REVISORES DE
EL ESTÁNDAR PARA LA DIRECCIÓN DE PROYECTOS
Y *GUÍA DE LOS FUNDAMENTOS PARA LA DIRECCIÓN*
DE PROYECTOS - SÉPTIMA EDICIÓN 197
    X1.1   Colaboradores 197
    X1.2   Personal del PMI 206
    X1.3   Grupo de Voluntarios de Verificación de la Traducción
            al Español 206
    X1.4   Miembros del Comité de Verificación
            de las Traducciones 206

APÉNDICE X2
PATROCINADOR 207
    X2.1   Introducción 207
    X2.2   El Rol del Patrocinador 207
    X2.3   Falta de Involucramiento 208
    X2.4   Comportamientos del Patrocinador 209
    X2.5   Conclusión 210
    X2.6   Recursos Sugeridos 210

APÉNDICE X3
LA OFICINA DE DIRECCIÓN DE PROYECTOS 211
    X3.1   Introducción 211
    X3.2   La Propuesta de Valor de la PMO —
            ¿Por qué tener una? 211
    X3.3   Capacidades Clave de la PMO 213
    X3.4   Evolucionar para Fortalecer la Obtención de Beneficios 214
    X3.5   Más Información sobre las PMO 215
    X3.6   Recursos Sugeridos 215

APÉNDICE X4
PRODUCTO 217
    X4.1   Introducción 217
    X4.2   Cambios en el Mercado Global 219
    X4.3   Impacto en las Prácticas de Entregas del Proyecto 221
    X4.4   Consideraciones Organizacionales para la Gestión
            del Producto 221
    X4.5   Resumen 225
    X4.6   Recursos Sugeridos 225

APÉNDICE X5
INVESTIGACIÓN Y DESARROLLO PARA
EL ESTÁNDAR PARA LA DIRECCIÓN DE PROYECTOS 227
    X5.1   Introducción 227
    X5.2   El Paso a un Estándar Basado en Principios 227
    X5.3   Investigación sobre
           El Estándar para la Dirección de Proyectos 228
    X5.4   Proceso de Desarrollo del Estándar 229
    X5.5   Validación del Estándar 230
    X5.6   Resumen..232

GLOSARIO 233
    1.   Inclusiones y Exclusiones 233
    2.   Siglas Comunes..234
    3.   Definiciones 235

ÍNDICE 257

Lista de Gráficos y Tablas

EL ESTÁNDAR PARA LA DIRECCIÓN DE PROYECTOS

Gráfico 2-1.	Ejemplo de un Sistema para la Entrega de Valor	9
Gráfico 2-2.	Componentes de un Sistema para la Entrega de Valor	10
Gráfico 2-3.	Ejemplo de Flujo de Información	11
Gráfico 2-4.	Muestra de Ciclo de Vida del Producto	19
Gráfico 3-1.	Superposición de los Principios de la Dirección de Proyectos y los Principios Generales de Gestión	22
Gráfico 3-2.	Ser un Administrador Diligente, Respetuoso y Cuidadoso	24
Gráfico 3-3.	Crear un Entorno Colaborativo del Equipo del Proyecto	28
Gráfico 3-4.	Involucrarse Eficazmente con los Interesados	31
Gráfico 3-5.	Enfocarse en el Valor	34
Gráfico 3-6.	Reconocer, Evaluar y Responder a las Interacciones del Sistema	37
Gráfico 3-7.	Demostrar Comportamientos de Liderazgo	40
Gráfico 3-8.	Adaptar en Función del Contexto	44
Gráfico 3-9.	Incorporar la Calidad en los Procesos y los Entregables	47
Gráfico 3-10.	Navegar en la Complejidad	50
Gráfico 3-11.	Optimizar las Respuestas a los Riesgos	53
Gráfico 3-12.	Adoptar la Adaptabilidad y la Resiliencia	55
Gráfico 3-13.	Permitir el Cambio para Lograr el Estado Futuro Previsto	58

GUÍA DE LOS FUNDAMENTOS PARA LA DIRECCIÓN DE PROYECTOS (GUÍA DEL PMBOK®)

Gráfico 1-1.	Relación entre los Principios de la Dirección de Proyectos y los Dominios de Desempeño del Proyecto	5
Gráfico 2-1.	Dominio de Desempeño de los Interesados	8
Gráfico 2-2.	Ejemplos de Interesados del Proyecto	9
Gráfico 2-3.	Navegando por el Involucramiento Eficaz de los Interesados	10
Gráfico 2-4.	Dominio de Desempeño del Equipo	16
Gráfico 2-5.	Componentes de la Inteligencia Emocional	27
Gráfico 2-6.	Dominio de Desempeño del Enfoque de Desarrollo y del Ciclo de Vida	32
Gráfico 2-7.	Enfoques de Desarrollo	35
Gráfico 2-8.	Desarrollo Iterativo e Incremental	37
Gráfico 2-9.	Muestra de Ciclo de Vida Predictivo	43
Gráfico 2-10.	Ciclo de Vida con un Enfoque de Desarrollo Incremental	44
Gráfico 2-11.	Ciclo de Vida con Enfoque de Desarrollo Adaptativo	45
Gráfico 2-12.	Ciclo de Vida del Centro Comunitario	48
Gráfico 2-13.	Dominio de Desempeño de la Planificación	51
Gráfico 2-14.	El Rango de los Estimados Disminuye con el Tiempo	56
Gráfico 2-15.	Baja Exactitud, Alta Precisión	56
Gráfico 2-16.	Ejemplos de Ejecución Rápida	60
Gráfico 2-17.	Plan de Liberación e Iteración	61
Gráfico 2-18.	Formación del Presupuesto	63
Gráfico 2-19.	Dominio de Desempeño del Trabajo del Proyecto	69
Gráfico 2-20.	Dominio de Desempeño de la Entrega	80
Gráfico 2-21.	Escenario para Desarrollar un Reloj Inteligente	86
Gráfico 2-22.	Curva de Costo del Cambio	90
Gráfico 2-23.	Dominio de Desempeño de la Medición	93
Gráfico 2-24.	Análisis del Valor Ganado que muestra la Variación del Cronograma y del Costo	101
Gráfico 2-25.	Tablero de Estados de Ánimo	103
Gráfico 2-26.	Pronóstico de Estimación a la Conclusión y Estimación hasta la Conclusión	105
Gráfico 2-27.	Ejemplo de Tablero de Control	107
Gráfico 2-28.	Radiador de Información	108

Gráfico 2-29.	Tablero de Tareas o Tablero Kanban	110
Gráfico 2-30.	Gráfica de Trabajo Realizado (Burnup)	111
Gráfico 2-31.	Tasas de Gasto Planificadas y Reales	113
Gráfico 2-32.	Dominio de Desempeño de la Incertidumbre	116
Gráfico 2-33.	Reducción del Riesgo con el Tiempo	124
Gráfico 2-34.	Curva de ROI Ajustado al Riesgo	126
Gráfico 3-1.	Detalles de los Pasos en el Proceso de Adaptación	137
Gráfico 3-2.	Selección del Enfoque de Desarrollo Inicial	138
Gráfico 3-3.	Adaptación del Enfoque a la Organización	139
Gráfico 3-4.	Evaluación de los Factores de la Organización y del Proyecto al Adaptar	140
Gráfico 3-5.	Adaptación del Enfoque para el Proyecto	143
Gráfico 3-6.	Implementar la Mejora Continua	144
Gráfico 3-7.	El Proceso de Adaptación	145
Gráfico 3-8.	Adaptación para Ajustarse al Contexto del Proyecto	146
Gráfico 4-1.	Adaptación para Ajustarse al Contexto y al Entorno del Proyecto	154
Gráfico X4-1.	Tendencias Globales de Negocio que Influyen en la Gestión del Producto	219
Gráfico X4-2.	La Relación Cambiante entre una Organización y sus Clientes	220
Gráfico X4-3.	Estrategias de Apoyo para la Entrega Continua de Valor	222
Tabla 2-1.	Tipos de Comunicación	13
Tabla 2-2.	Verificación de Resultados — Dominio de Desempeño de los Interesados	15
Tabla 2-3.	Verificación de Resultados — Dominio de Desempeño del Equipo	31
Tabla 2-4.	Cadencia de Entrega y Enfoque de Desarrollo	46
Tabla 2-5.	Verificación de Resultados — Dominio de Desempeño del Enfoque de Desarrollo y del Ciclo de Vida	50
Tabla 2-6.	Verificación de Resultados — Dominio de Desempeño de la Planificación	68
Tabla 2-7.	Verificación de Resultados — Dominio de Desempeño del Trabajo del Proyecto	79
Tabla 2-8.	Verificación de Resultados — Dominio de Desempeño de la Entrega	92

Tabla 2-9.	Verificación de Resultados — Dominio de Desempeño de la Medición	115
Tabla 2-10.	Verificación de Resultados — Dominio de Desempeño de la Incertidumbre	129
Tabla 3-1.	Situaciones Comunes y Sugerencias de Adaptación	151
Tabla 4-1.	Mapeo de los Modelos que Probablemente se Usarán en Cada Dominio de Desempeño	173
Tabla 4-2.	Mapeo de los Métodos que Probablemente se Usarán en Cada Dominio de Desempeño	182
Tabla 4-3.	Mapeo de los Artefactos que Probablemente se Usarán en Cada Dominio de Desempeño	193
Tabla X4-1.	Vistas de Dirección de Proyectos y Gestión de Productos	217
Tabla X4-2.	Características Únicas de los Proyectos, Programas y Productos	224

EL ESTÁNDAR PARA LA DIRECCIÓN DE PROYECTOS

Introducción

El Estándar para la Dirección de Proyectos identifica los principios de la dirección de proyectos que guían los comportamientos y acciones de los profesionales del proyecto y otros interesados que trabajan o participan en proyectos.

Esta sección introductoria describe el propósito de este estándar, define términos y conceptos clave e identifica la audiencia para el estándar.

El Estándar para la Dirección de Proyectos consta de las siguientes secciones:

- **Sección 1 Introducción**
- **Sección 2 Un sistema para la Entrega de Valor**
- **Sección 3 Principios de la Dirección de Proyectos**

1.1 PROPÓSITO DE EL ESTÁNDAR PARA LA DIRECCIÓN DE PROYECTOS

El Estándar para la Dirección de Proyectos proporciona una base para comprender la dirección de proyectos y cómo permite lograr los resultados previstos. Este estándar se aplica independientemente del sector, ubicación, tamaño o enfoque de la entrega, por ejemplo, predictivo, híbrido o adaptativo. Describe el sistema dentro del cual operan los proyectos, incluida la gobernanza, las posibles funciones, el entorno del proyecto y las consideraciones para la relación entre la dirección de proyectos y la gestión del producto.

1.2 TÉRMINOS Y CONCEPTOS CLAVE

El Estándar para la Dirección de Proyectos refleja el progreso de la profesión. Las organizaciones esperan que los proyectos produzcan resultados, además de salidas y artefactos. Se espera que los directores del proyecto entreguen proyectos que creen valor para la organización y los interesados dentro del sistema de la organización para la entrega de valor. Se definen los siguientes términos con el fin de proporcionar contexto para el contenido de este estándar.

- ▶ **Resultado.** Un resultado o consecuencia final de un proceso o proyecto. Los resultados pueden incluir salidas y artefactos, pero tienen una intención más amplia al centrarse en los beneficios y el valor para los que se emprendió el proyecto.

- ▶ **Portafolio.** Proyectos, programas, portafolios secundarios y operaciones gestionadas como un grupo con el ánimo de lograr los objetivos estratégicos.

- ▶ **Producto.** Artefacto producido, cuantificable y que puede ser en sí mismo un elemento terminado o un componente de un elemento.

- ▶ **Programa.** Proyectos, programas secundarios y actividades de programas relacionados cuya gestión se realiza de manera coordinada para obtener beneficios que no se obtendrían si se gestionaran en forma individual.

- ▶ **Proyecto.** Esfuerzo temporal que se lleva a cabo para crear un producto, servicio o resultado único. La naturaleza temporal de los proyectos indica un principio y un final para el trabajo del proyecto o una fase del trabajo del proyecto. Los proyectos pueden ser independientes o formar parte de un programa o portafolio.

- ▶ **Dirección de proyectos.** Aplicación de conocimiento, habilidades, herramientas y técnicas a actividades del proyecto para cumplir con los requisitos del mismo. La dirección de proyectos se refiere a orientar el trabajo del proyecto para entregar los resultados previstos. Los equipos del proyecto pueden lograr los resultados utilizando una amplia gama de enfoques (por ejemplo, predictivos, híbridos y adaptativos).

- ▶ **Director del proyecto.** Persona nombrada por la organización ejecutante para liderar al equipo delproyecto que es responsable de alcanzar los objetivos del mismo. Los directores del proyecto realizan una variedad de funciones, tales como facilitar el trabajo del equipo del proyecto para lograr los resultados y gestionar los procesos para entregar los resultados previstos. En la Sección 2.3 están identificadas funciones adicionales.

- **Equipo del proyecto.** Conjunto de individuos que realizan el trabajo del proyecto con el fin de alcanzar sus objetivos.
- **Sistema para la entrega de valor.** Conjunto de actividades estratégicas de negocio dirigidas a la construcción, sostenimiento y/o avance de una organización. Los portafolios, programas, proyectos, productos y operaciones pueden formar parte del sistema de entrega de valor de una organización.
- **Valor.** Cualidad, importancia o utilidad de algo. Los diferentes interesados perciben el valor de diferentes maneras. Los clientes pueden definir el valor como la capacidad de usar características o funciones específicas de un producto. Las organizaciones pueden centrarse en el valor de negocio según lo determinado utilizando métricas financieras, tales como los beneficios menos el costo de lograr esos beneficios. El valor social puede incluir la contribución a grupos de personas, comunidades o al medio ambiente.

Para otros términos utilizados en esta estándar, referirse al Glosario y al *Léxico de Términos de Dirección de Proyectos del PMI* [1].[1]

1.3 AUDIENCIA PARA ESTE ESTÁNDAR

Este estándar proporciona una referencia fundamental para los interesados que participan en un proyecto. Esto incluye, entre otros, profesionales de proyectos, consultores, educadores, estudiantes, patrocinadores, interesados y proveedores que:

- Son responsables o deben rendir cuentas sobre la entrega de los resultados de los proyectos;
- Trabajan en proyectos a tiempo completo o a tiempo parcial;
- Trabajan en oficinas de dirección de portafolios, programas o proyectos (PMO);
- Participan en el patrocinio del proyecto, la propiedad del producto, la gestión del producto, el liderazgo ejecutivo o la gobernanza del proyecto;
- Están involucrados en la dirección de portafolios o programas;
- Proporcionan recursos para el trabajo del proyecto;
- Se enfocan en la entrega de valor para portafolios, programas y proyectos;
- Enseñan o estudian dirección de proyectos; y
- Están involucrados en cualquier aspecto de la cadena de entrega de valor del proyecto.

---

[1] Los números entre corchetes remiten a la lista de referencias que aparece al final de este estándar.

Un sistema para la entrega de valor

La información en esta sección proporciona un contexto para la entrega de valor, la gobernanza, las funciones del proyecto, el entorno del proyecto y la gestión del producto.

- **Sección 2.1 Creación de Valor.** Esta sección describe cómo funcionan los proyectos dentro de un sistema para producir valor para las organizaciones y sus interesados.

- **Sección 2.2 Sistemas de Gobernanza Organizacional.** Esta sección describe cómo la gobernanza presta soporte a un sistema para la entrega de valor.

- **Sección 2.3 Funciones Asociadas con Proyectos.** Esta sección identifica las funciones que apoyan los proyectos.

- **Sección 2.4 El Entorno del Proyecto.** Esta sección identifica factores internos y externos que influyen en los proyectos y en la entrega de valor.

- **Sección 2.5 Consideraciones sobre la Gestión del Producto.** Esta sección identifica las formas en que se relacionan los portafolios, programas, proyectos y productos.

2.1 CREACIÓN DE VALOR

Los proyectos existen dentro de un sistema de mayor tamaño, tal como una agencia gubernamental, organización o acuerdo contractual. En aras de la brevedad, este estándar utiliza el término *organización* cuando se refiere a agencias gubernamentales, empresas, acuerdos contractuales, empresas conjuntas y otros tipos de acuerdos. Las organizaciones crean valor para los interesados. Los ejemplos de las maneras en que los proyectos producen valor incluyen, entre otros:

- Creación de un nuevo producto, servicio o resultado que cumpla con las necesidades de los clientes o usuarios finales;
- Realizar contribuciones sociales o ambientales positivas;
- Mejorar la eficiencia, la productividad, la efectividad o la capacidad de respuesta;
- Habilitar los cambios necesarios para facilitar la transición organizacional a su estado futuro deseado; y
- Conservar los beneficios habilitados por programas, proyectos u operaciones comerciales anteriores.

2.1.1 COMPONENTES DE LA ENTREGA DE VALOR

Existen varios componentes, tales como portafolios, programas, proyectos, productos y operaciones, que pueden utilizarse individual y colectivamente para crear valor. Trabajando juntos, estos componentes forman un sistema para entregar valor que está alineado con la estrategia de la organización. El Gráfico 2-1 muestra un ejemplo de un sistema para entregar valor que tiene dos portafolios compuestos por programas y proyectos. También muestra un programa independiente con proyectos y proyectos independientes no asociados con portafolios o programas. Cualquiera de los proyectos o programas podría incluir productos. Las operaciones pueden apoyar e influir directamente en portafolios, programas y proyectos, así como otras funciones empresariales, tales como nómina, gestión de la cadena de suministro, etc. Los portafolios, programas y proyectos se influyen entre sí, e influyen también las operaciones.

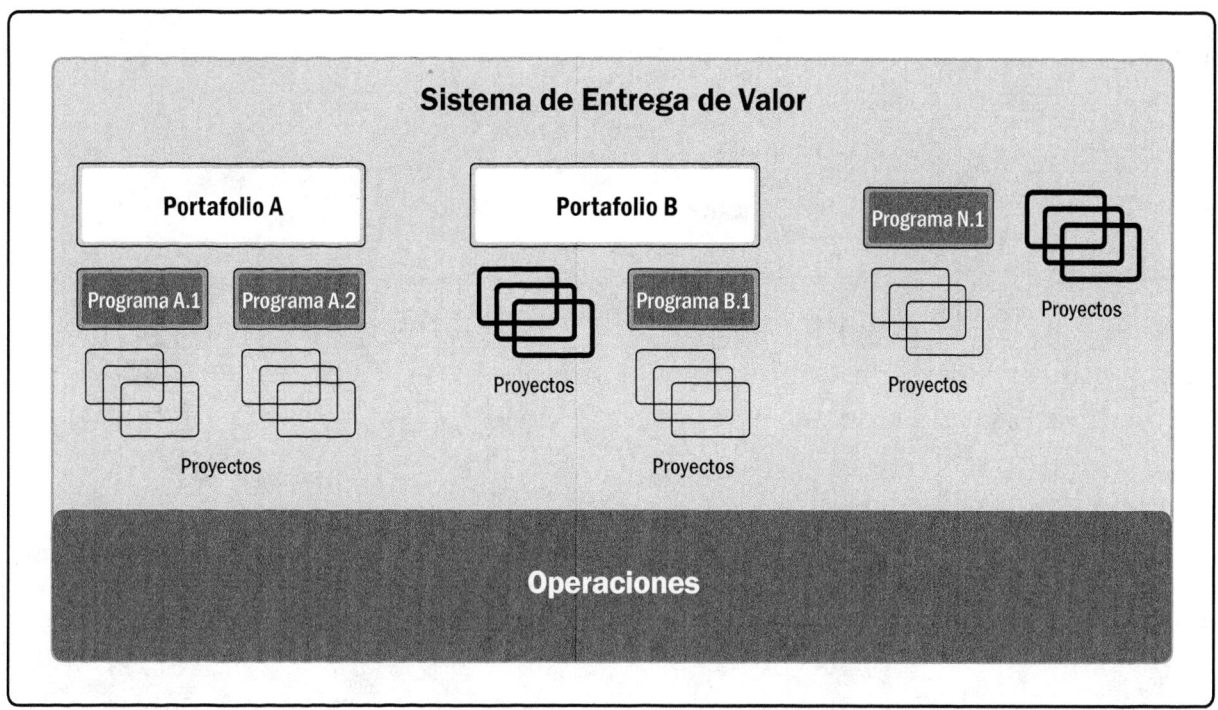

Gráfico 2-1. Ejemplo de un Sistema para la Entrega de Valor

Como se muestra en el Gráfico 2-2, un sistema para la entrega de valor es parte del entorno interno de una organización que está sujeto a políticas, procedimientos, metodologías, marcos de referencia, estructuras de gobernanza, etc. Ese entorno interno existe dentro del entorno externo más amplio, que incluye la economía, el entorno competitivo, las restricciones legislativas, etc. La Sección 2.4 proporciona más detalles sobre los entornos internos y externos.

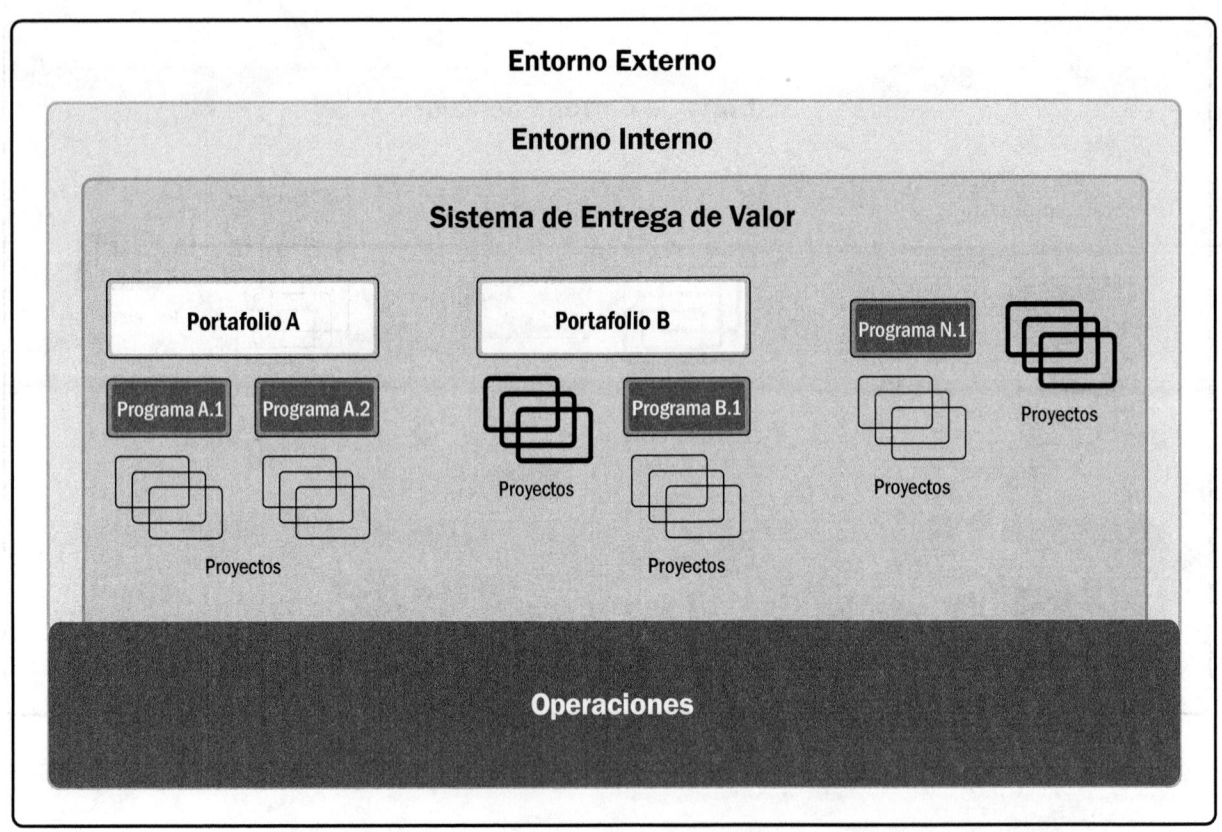

Gráfico 2-2. Componentes de un Sistema para la Entrega de Valor

Los componentes de un sistema de entrega de valor crean entregables utilizados para producir resultados. Un resultado es el efecto o consecuencia final de un proceso o proyecto. Centrarse en los resultados, las elecciones y las decisiones enfatiza el desempeño del proyecto a largo plazo. Los resultados generan beneficios, que son ganancias obtenidas por la organización. Los beneficios, a su vez, crean valor, que es algo que tiene mérito, importancia o utilidad.

2.1.2 FLUJO DE INFORMACIÓN

Un sistema para la entrega de valor funciona con mayor eficacia cuando la información y la retroalimentación son compartidas de manera consistente entre todos los componentes, manteniendo el sistema alineado con la estrategia y en sintonía con el entorno.

El Gráfico 2-3 muestra un modelo del flujo de información donde las flechas negras representan información que fluye desde el personal directivo superior a los portafolios, desde los portafolios a los programas y los proyectos, y luego a las operaciones. Los líderes sénior comparten información estratégica con los portafolios. Los portafolios comparten los resultados, beneficios y valor deseados con los programas y proyectos. Los entregables de los programas y proyectos se transmiten a las operaciones junto con información sobre el soporte y mantenimiento para los entregables.

Las flechas grises claras en el Gráfico 2-3 representan el flujo inverso de información. La información desde las operaciones a los programas y proyectos sugiere ajustes, correcciones y actualizaciones a los entregables. Los programas y proyectos proporcionan información sobre el desempeño y el progreso en el logro de los resultados, beneficios y valor deseados para los portafolios. Los portafolios proporcionan evaluaciones del desempeño del portafolio con el personal directivo superior. Además, las operaciones proporcionan información sobre qué tan bien avanza la estrategia de la organización.

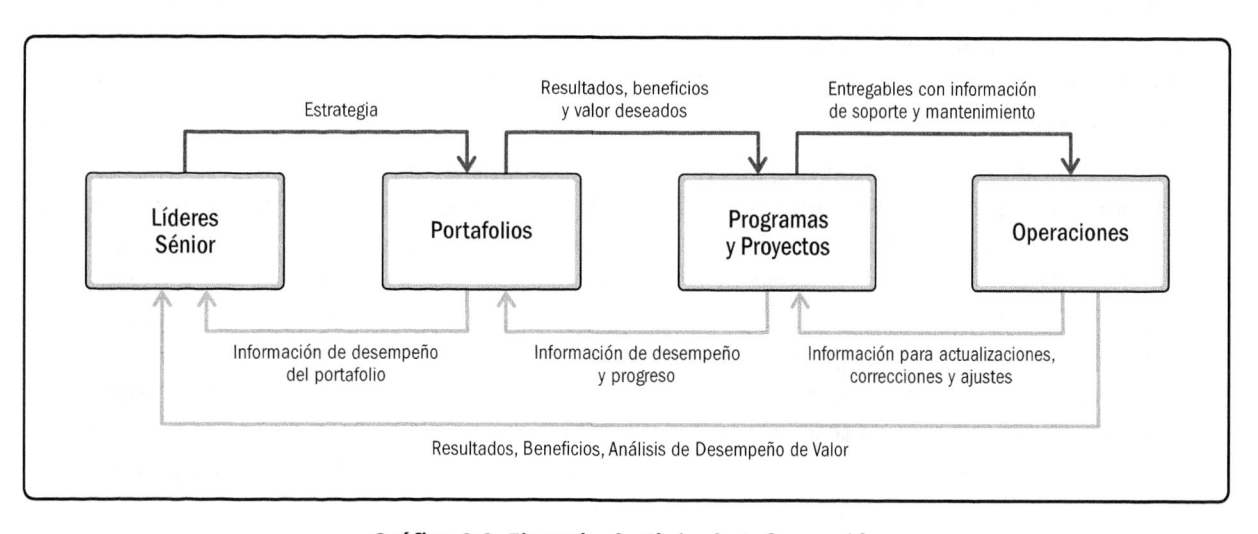

Gráfico 2-3. Ejemplo de Flujo de Información

2.2 SISTEMAS DE GOBERNANZA ORGANIZACIONAL

El sistema de gobernanza funciona en conjunto con el sistema para la entrega de valor a fin de permitir flujos de trabajo fluidos, gestionar incidentes y apoyar la toma de decisiones. Los sistemas de gobernanza proporcionan un marco de referencia con funciones y procesos que orientan las actividades. Un marco de referencia de gobernanza puede incluir elementos de supervisión, control, evaluación de valor, integración entre componentes y capacidades de toma de decisiones.

Los sistemas de gobernanza proporcionan una estructura integrada para evaluar los cambios, incidentes y riesgos asociados con el entorno y cualquier componente en el sistema de entrega de valor. Esto incluye objetivos del portafolio, beneficios del programa y entregables producidos por los proyectos.

Los proyectos pueden operar dentro de un programa o portafolio o como una actividad independiente. En algunas organizaciones, una oficina de dirección de proyectos podría prestar soporte a programas y proyectos dentro de un portafolio. La gobernanza del proyecto incluye definir la autoridad para aprobar cambios y tomar otras decisiones de negocio relacionadas con el proyecto. La gobernanza del proyecto está alineada con la gobernanza del programa y/o de la organización.

2.3 FUNCIONES ASOCIADAS CON PROYECTOS

Las personas impulsan la entrega del proyecto. Lo hacen desempeñando las funciones necesarias para que el proyecto funcione de manera efectiva y eficiente. Las funciones relacionadas con el proyecto pueden ser realizadas por una persona, por un grupo de personas o combinadas en roles definidos.

Coordinar un esfuerzo de trabajo colectivo es extremadamente importante para el éxito de cualquier proyecto. Existen diferentes tipos de coordinación adecuados para diferentes contextos. Algunos proyectos se benefician de la coordinación descentralizada, en la que los miembros del equipo del proyecto se auto-organizan y se auto-gestionan. Otros proyectos se benefician de una coordinación centralizada con el liderazgo y la orientación de un director del proyecto designado o de un rol similar. Algunos proyectos con coordinación centralizada también pueden beneficiarse de la inclusión de equipos de proyectos auto-organizados para partes del trabajo. Independientemente de cómo se lleve a cabo la coordinación, los modelos de liderazgo de apoyo y el involucramiento significativo y continuo entre los equipos del proyecto y otros interesados respaldan los resultados exitosos.

El esfuerzo colectivo del equipo del proyecto ofrece los resultados, beneficios y valor, en forma independiente de cómo se coordinen los proyectos. El equipo del proyecto puede estar respaldado por funciones adicionales dependiendo de los entregables, el sector industrial, la organización y otras variables. Las Secciones 2.3.1 a 2.3.8 proporcionan ejemplos de funciones que a menudo se encuentran en los proyectos, aunque no se trata de una lista completa. Además de estas funciones, pueden ser necesarias otras para permitir entregables del proyecto que produzcan los resultados deseados. Las necesidades del proyecto, la organización y el entorno influyen en qué funciones se utilizan en un proyecto y cómo se llevan a cabo esas funciones.

2.3.1 PROPORCIONAR SUPERVISIÓN Y COORDINACIÓN

Las personas que llevan a cabo esta función ayudan al equipo del proyecto a lograr los objetivos del mismo, normalmente orquestando el trabajo del proyecto. Los detalles sobre cómo se lleva a cabo esta función dentro del equipo del proyecto pueden variar entre las organizaciones, pero podrían incluir encabezar las actividades de planificación, monitoreo y control. En algunas organizaciones, esta función puede implicar algunas actividades de evaluación y análisis como parte de las actividades previas al proyecto. Esta función incluye monitorear y trabajar para mejorar la salud, la seguridad y el bienestar general de los miembros del equipo del proyecto.

La coordinación incluye consultas con líderes ejecutivos y de unidades de negocio acerca de ideas para promover los objetivos, mejorar el desempeño del proyecto o satisfacer las necesidades de los clientes. También puede incluir la asistencia en el análisis del negocio, la licitación y las negociaciones del contrato, y el desarrollo del caso de negocio.

La supervisión puede estar involucrada en actividades de seguimiento relacionadas con la obtención y el sostenimiento de beneficios después de que se completen los entregables del proyecto, pero antes del cierre formal del mismo. Esta función puede prestar soporte a portafolios y programas dentro de los cuales se inicia el proyecto. En última instancia, la función es adaptada para ajustarse a la organización.

2.3.2 PRESENTAR OBJETIVOS Y RETROALIMENTACIÓN

Las personas que llevan a cabo esta función aportan perspectivas, percepciones y una dirección clara proveniente de los clientes y usuarios finales. El cliente y el usuario final no siempre son sinónimos. Para el propósito de este estándar, el cliente se define como la persona o grupo que ha solicitado o está financiando el proyecto. El usuario final es la persona o grupo que experimentará el uso directo del entregable del proyecto.

Los proyectos necesitan una dirección clara proveniente de los clientes y usuarios finales con respecto a los requisitos, resultados y expectativas del proyecto. En los entornos de proyectos adaptativos e híbridos, la necesidad de retroalimentación continua es mayor, porque los equipos del proyecto están explorando y desarrollando elementos del producto dentro de incrementos específicos. En algunos entornos de proyecto, el cliente o usuario final se involucra con el equipo del proyecto para su revisión y retroalimentación periódicas. En algunos proyectos, un representante del cliente o del cliente participa en el equipo del proyecto. Las necesidades de entrada y retroalimentación del cliente y del usuario final se determinan en función de la naturaleza del proyecto y de la orientación o dirección requerida.

2.3.3 FACILITAR Y APOYAR

La función de facilitación y apoyo puede estar estrechamente relacionada con la supervisión y coordinación, dependiendo de la naturaleza del proyecto. El trabajo implica alentar la participación de los miembros del equipo del proyecto, la colaboración y un sentido compartido de responsabilidad por la salida del trabajo. La facilitación ayuda al equipo del proyecto a crear consenso en torno a las soluciones, resolver conflictos y tomar decisiones. También se requiere facilitación para coordinar las reuniones y contribuir de manera imparcial al avance de los objetivos del proyecto.

Del mismo modo, es requerido apoyar a las personas a través del cambio y ayudar a abordar los obstáculos que pueden impedir el éxito. Esto puede incluir evaluar el desempeño y proporcionar retroalimentación a las personas y los equipos del proyecto para ayudarlos a aprender, adaptarse y mejorar.

2.3.4 REALIZAR EL TRABAJO Y APORTAR IDEAS

Este grupo de personas proporciona el conocimiento, habilidades y experiencia necesarios para elaborar los productos y materializar los resultados del proyecto. El trabajo puede ser a tiempo completo o a tiempo parcial durante la duración del proyecto o por un período limitado, y el trabajo puede ser co-ubicado o virtual, dependiendo de los factores del entorno. Algunos trabajos pueden ser altamente especializados, mientras que otros pueden ser realizados por miembros del equipo del proyecto que tengan amplios conjuntos de habilidades.

Obtener información de los miembros del equipo del proyecto multidisciplinario que representan diferentes partes de la organización puede proporcionar una mezcla de perspectivas internas, establecer alianzas con unidades de negocio clave y alentar a los miembros del equipo de proyecto a actuar como agentes de cambio dentro de sus áreas funcionales. Este trabajo puede extenderse a las funciones de soporte (durante o después del proyecto) a medida que los entregables del proyecto son implementados o pasan a operaciones.

2.3.5 APLICAR CONOCIMIENTOS ESPECIALIZADOS

Las personas en esta función proporcionan el conocimiento, la visión y la pericia en un tema específico para un proyecto. Ofrecen asesoramiento y apoyo en toda la organización, y contribuyen al proceso de aprendizaje y la precisión del trabajo del equipo del proyecto. Estas personas pueden ser externas a la organización o pueden ser miembros internos del equipo del proyecto. Pueden ser necesarios durante todo el proyecto o durante un período de tiempo específico.

2.3.6 PROPORCIONAR ORIENTACIÓN E INFORMACIÓN EMPRESARIAL

Las personas en esta función guían y aclaran la dirección del proyecto o resultado del producto. Esta función implica priorizar los requisitos o elementos de la lista de trabajo pendiente en función del valor de negocio, las dependencias y el riesgo técnico u operativo. Las personas en esta función proporcionan retroalimentación a los equipos del proyecto y establecen la dirección para el siguiente incremento o elemento que se desarrollará o entregará. La función involucra interactuar con los interesados, los clientes y sus equipos del proyecto a fin de definir la orientación del producto. El objetivo es maximizar el valor del entregable del proyecto.

En entornos adaptativos e híbridos, la dirección y el conocimiento pueden proporcionarse utilizando una cadencia específica. En entornos predictivos, se pueden designar puntos de control para la presentación y retroalimentación sobre el progreso del proyecto. En algunos casos, la dirección del negocio puede interactuar con las funciones de financiación y dotación de recursos.

2.3.7 PROPORCIONAR RECURSOS Y DIRECCIÓN

Las personas que llevan a cabo esta función promueven el proyecto y comunican la visión, las metas y las expectativas de la organización al equipo del proyecto y a la comunidad de interesados en general. Abogan por el proyecto y el equipo del proyecto ayudando a asegurar las decisiones, los recursos y la autoridad que permiten que las actividades del proyecto progresen.

Las personas en esta función sirven de enlace entre la alta dirección y el equipo del proyecto, desempeñan un papel de apoyo para mantener los proyectos alineados con los objetivos de negocio, eliminar obstáculos y abordar incidentes que queden afuera de los límites de la autoridad de decisión del equipo del proyecto. Las personas en esta función proporcionan una ruta de escalamiento para problemas, incidentes o riesgos que los equipos del proyecto no pueden resolver o gestionar por sí solos, tales como una escasez de fondos u otros recursos, o plazos que no se pueden cumplir.

Esta función puede facilitar la innovación al identificar las oportunidades que surgen dentro del proyecto y comunicarlas a la alta dirección. Las personas en esta función pueden monitorear los resultados del proyecto después del cierre del mismo para garantizar que se obtengan los beneficios de negocio previstos.

2.3.8 MANTENER LA GOBERNANZA

Las personas que cumplen una función de gobernanza aprueban y apoyan las recomendaciones hechas por el equipo del proyecto y monitorean el progreso del proyecto para lograr los resultados deseados. Mantienen vínculos entre los equipos del proyecto y los objetivos estratégicos o de negocios que pueden cambiar durante el transcurso del proyecto.

2.4 EL ENTORNO DEL PROYECTO

Los proyectos existen y operan dentro de entornos internos y externos que tienen diversos grados de influencia en la entrega de valor. Los entornos internos y externos pueden influir en la planificación y otras actividades del proyecto. Estas influencias pueden producir un impacto favorable, desfavorable o neutral en las características del proyecto, los interesados o los equipos del proyecto.

2.4.1 ENTORNO INTERNO

Los factores internos a la organización pueden surgir de la misma organización, un portafolio, un programa, otro proyecto o una combinación de estos. Incluyen artefactos, prácticas o conocimiento interno. El conocimiento incluye las lecciones aprendidas, así como los artefactos completados procedentes de proyectos anteriores. Algunos ejemplos incluyen, entre otros:

- **Activos de procesos.** Los activos del proceso pueden incluir herramientas, metodologías, enfoques, plantillas, marcos de referencia, patrones o recursos de la PMO.
- **Documentación de la gobernanza.** Esta documentación incluye políticas y procesos.
- **Activos de datos.** Los activos de datos pueden incluir bases de datos, bibliotecas de documentos, métricas, datos y artefactos de proyectos anteriores.
- **Activos de conocimiento.** Los activos de conocimiento pueden incluir conocimiento tácito entre los miembros del equipo del proyecto, expertos en la materia y otros empleados.
- **Seguridad.** Las medidas de seguridad pueden incluir procedimientos y prácticas para el acceso a la instalación, protección de datos, niveles de confidencialidad y secretos de propiedad.
- **Cultura, estructura y gobernanza de la organización.** Estos aspectos de una organización incluyen visión, misión, valores, creencias, normas culturales, estilo de liderazgo, jerarquía y relaciones de autoridad, estilo de la organización, ética y código de conducta.
- **Distribución geográfica de instalaciones y recursos.** Estos recursos incluyen ubicaciones de trabajo, equipos del proyecto virtuales y sistemas compartidos.
- **Infraestructura.** La infraestructura consiste de instalaciones existentes, equipamiento, canales de telecomunicaciones de la organización, hardware informático, disponibilidad y capacidad.
- **Software informático.** Algunos ejemplos incluyen software de programación, sistemas de gestión de la configuración, interfaces web a sistemas automatizados en línea, herramientas de colaboración y sistemas de autorización de trabajos.
- **Disponibilidad de recursos.** Algunos ejemplos incluyen restricciones contractuales y de compra, proveedores y subcontratistas aprobados y acuerdos de colaboración. La disponibilidad relacionada con personas y materiales incluye restricciones contractuales y de compra, proveedores y subcontratistas aprobados y líneas de tiempo.
- **Capacidad de los empleados.** Algunos ejemplos incluyen la pericia, habilidades, competencias, técnicas y conocimiento generales y especializados.

2.4.2 ENTORNO EXTERNO

Los factores externos a la organización pueden mejorar, restringir o tener una influencia neutral sobre los resultados del proyecto. Algunos ejemplos incluyen, entre otros:

- **Condiciones del mercado.** Entre los condiciones del mercado se incluyen competidores, participación en el mercado, reconocimiento de marca, tendencias tecnológicas y marcas registradas.
- **Influencias y asuntos de índole social y cultural.** Entre estos factores se incluyen clima político, costumbres y tradiciones regionales, días festivos y eventos públicos, códigos de conducta, ética y percepciones.
- **Entorno regulatorio.** El entorno regulatorio puede incluir leyes y regulaciones nacionales y regionales relacionadas con seguridad, protección de datos, conducta de negocios, empleo, licenciamiento y adquisiciones.
- **Bases de datos comerciales.** Las bases de datos incluyen datos para estimación estandarizada de costos e información de estudios de los riesgos de la industria.
- **Investigaciones académicas.** Esta investigación puede incluir estudios del sector, publicaciones y resultados de estudios comparativos.
- **Estándares de la industria.** Estos estándares están relacionados con productos, producción, medio entorno, calidad y fabricación.
- **Consideraciones financieras.** Entre estas consideraciones se incluyen tasas de cambio de divisas, tasas de interés, inflación, impuestos y tarifas.
- **Entorno físico.** El entorno físico corresponde a las condiciones laborales y climáticas.

2.5 CONSIDERACIONES SOBRE LA GESTIÓN DEL PRODUCTO

Las disciplinas de dirección de portafolios, programas y proyectos y de gestión del producto están cada vez más interrelacionadas. Si bien la dirección de portafolios y programas y la gestión del producto están más allá del alcance de este estándar, comprender cada disciplina y las relaciones entre ellas proporciona un contexto útil para proyectos cuyos entregables consisten en productos.

Un producto es un artefacto que es producido, que es cuantificable y que puede ser un elemento terminado por sí mismo o un elemento de un componente. La gestión del producto implica la Integración de personas, datos, procesos y sistemas comerciales para crear, mantener y desarrollar un producto o servicio a lo largo de su ciclo de vida. El ciclo de vida del producto es una serie de fases que representan la evolución de un producto, desde la introducción hasta su crecimiento, madurez y retiro.

La gestión del producto puede iniciar programas o proyectos en cualquier punto del ciclo de vida del producto para crear o mejorar componentes, funciones o capacidades específicas (véase el Gráfico 2-4). El producto inicial puede comenzar como un entregable de un programa o proyecto. A lo largo de su ciclo de vida, un nuevo programa o proyecto puede agregar o mejorar componentes, atributos o capacidades específicos que crean valor adicional para los clientes y la organización patrocinadora. En algunos casos, un programa puede abarcar el ciclo de vida completo de un producto o servicio para administrar los beneficios y crear valor para la organización en forma más directa.

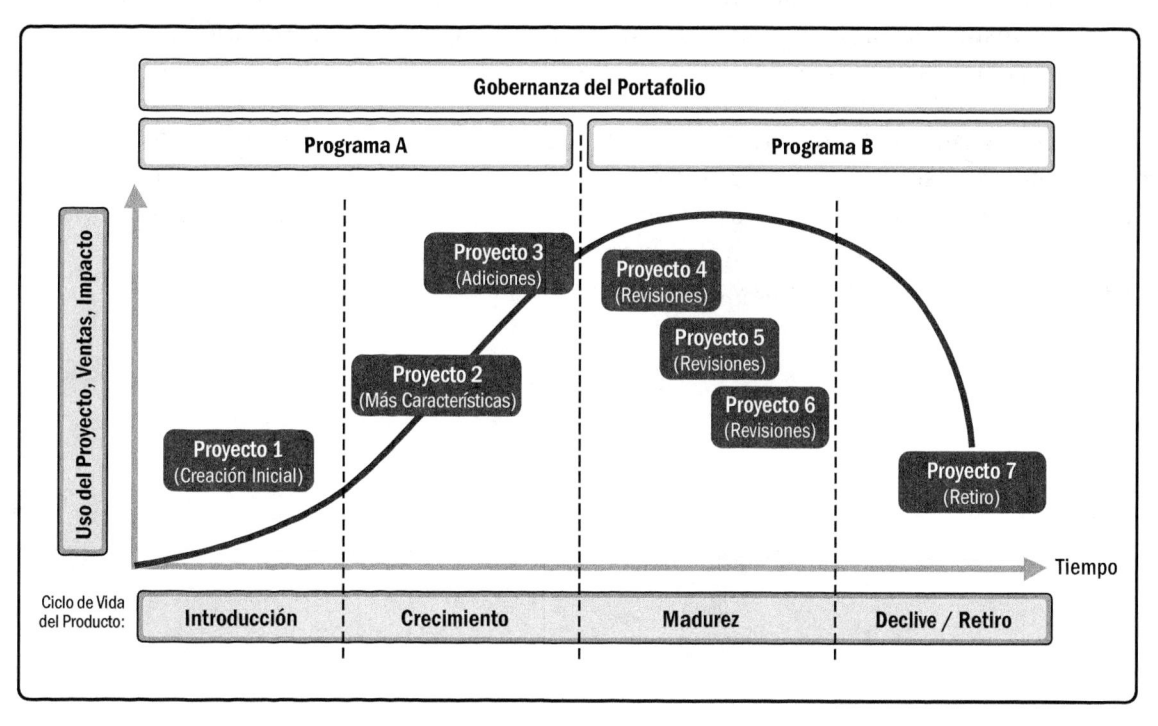

Gráfico 2-4. Muestra de Ciclo de Vida del Producto

Sección 2 – Un sistema para la Entrega de Valor

La gestión del producto puede existir en diferentes formas que incluyen, entre otras:

- **Dirección del programa dentro de un ciclo de vida del producto.** Este enfoque incorpora proyectos, programas subsidiarios y actividades de programas relacionados. Para productos de tamaño muy grande o de larga duración, una o más fases del ciclo de vida del producto pueden ser lo suficientemente complejas como para merecer un conjunto de programas y proyectos que operen en conjunto.

- **Dirección de proyectos dentro de un ciclo de vida del producto.** Este enfoque supervisa el desarrollo y la maduración de las capacidades del producto como una actividad de negocio continua. La gobernanza del portafolio constituye proyectos individuales según sea necesario para realizar fortalecimientos y mejoras, o para producir otros resultados únicos.

- **Gestión del producto dentro de un programa.** Este enfoque aplica el ciclo de vida completo del producto dentro del ámbito y los límites de un programa dado. Se constituirán una serie de programas o proyectos subsidiarios para lograr beneficios específicos para un producto. Esos beneficios pueden mejorarse aplicando competencias de gestión del producto tales como el análisis competitivo, la adquisición de clientes y la defensa de los mismos.

Si bien la gestión del producto es una disciplina separada con su propio cuerpo de conocimiento, representa un punto de integración clave dentro de las disciplinas de dirección del programa y dirección de proyectos. Los programas y proyectos con entregables que incluyen productos utilizan un enfoque adaptado e integrado que incorpora todos los fundamentos relevantes y sus prácticas, métodos y artefactos relacionados.

Principios de la Dirección de Proyectos

Los principios para una profesión sirven como pautas fundamentales para la estrategia, toma de decisiones y resolución de problemas. Los estándares y metodologías profesionales a menudo se basan en principios. En algunas profesiones, los principios sirven como leyes o reglas, y por lo tanto son de naturaleza prescriptiva. Los principios de la dirección de proyectos no son de naturaleza prescriptiva. Están concebidos para guiar el comportamiento de las personas involucradas en los proyectos. Son de base amplia, por lo que hay muchas maneras en que las personas y las organizaciones pueden mantener la alineación con los principios.

Los principios pueden, pero no necesariamente, reflejar la ética. Un código de ética está relacionado con la moral. Una persona o profesión puede adoptar un código de ética para una profesión con el fin de establecer expectativas para la conducta moral. El *Código de Ética y Conducta Profesional del PMI* [2] está basado en cuatro valores que fueron identificados como los más importantes para la comunidad de dirección de proyectos:

- Responsabilidad,
- Respeto,
- Imparcialidad, y
- Honestidad.

Los 12 principios de la dirección de proyectos están alineados con los valores identificados en el *Código de Ética y Conducta Profesional del PMI*. No siguen el mismo formato, y no están duplicados, sino que los principios y el *Código de Ética* son complementarios.

Los principios de la dirección de proyectos fueron identificados y desarrollados mediante la participación de una comunidad mundial de profesionales de proyectos. Los profesionales representan diferentes industrias, orígenes culturales y organizaciones en diferentes roles y con experiencia en diversos tipos de proyectos. Múltiples rondas de retroalimentación dieron como resultado 12 principios que proporcionan orientación para una dirección de proyectos eficaz.

Debido a que los principios de la dirección de proyectos proporcionan orientación, el grado de aplicación y la forma en que se aplican vienen influenciados por el contexto de la organización, el proyecto, los entregables, el equipo del proyecto, los interesados y otros factores. Los principios son internamente coherentes, lo que significa que ningún principio contradice ningún otro principio. Sin embargo, en la práctica se pueden presentar momentos en que los principios puedan superponerse. Por ejemplo, la orientación para navegar por la complejidad puede presentar información útil para reconocer, evaluar y responder a las interacciones del sistema u optimizar las respuestas a los riesgos.

Los principios de la dirección de proyectos también pueden tener áreas de superposición con los principios generales de gestión. Por ejemplo, tanto los proyectos como el negocio en general se centran en entregar valor. Los métodos pueden ser algo diferentes en los proyectos en comparación con las operaciones, pero puede aplicarse a ambos el principio subyacente asociado con centrarse en el valor. El Gráfico 3-1 demuestra esta superposición.

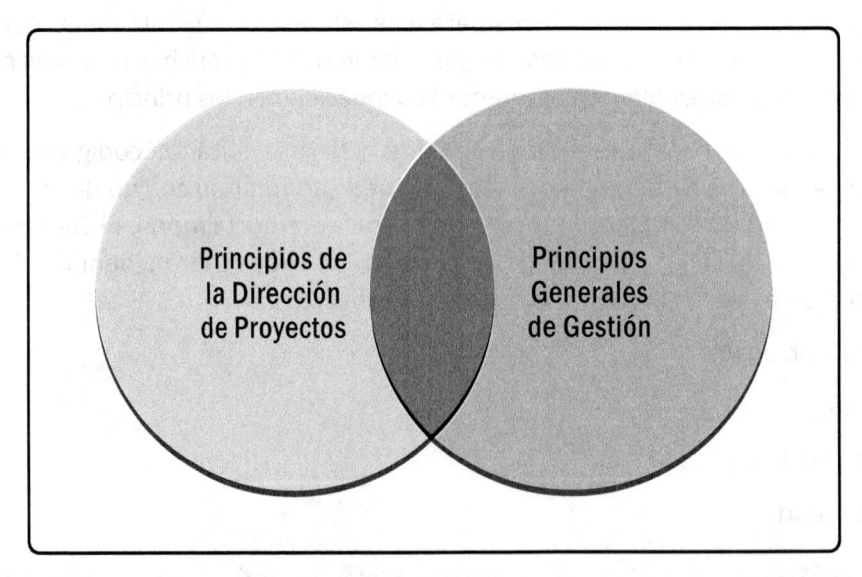

Gráfico 3-1. Superposición de los Principios de la Dirección de Proyectos y los Principios Generales de Gestión

Las etiquetas de los principios se enumeran aquí sin ponderación u orden específico. Las declaraciones de principios son presentadas y descritas en las Secciones 3.1 a 3.12. Cada sección comienza con un gráfico que proporciona la etiqueta principal en la parte superior con el principio y los puntos clave debajo de la etiqueta Cada principio se desarrolla en el texto a continuación del gráfico. Las principales etiquetas son:

- Ser un administrador diligente, respetuoso y cuidadoso (véase la Sección 3.1).
- Crear un entorno colaborativo del equipo del proyecto (véase la Sección 3.2).
- Involucrarse eficazmente con los Interesados (véase la Sección 3.3).
- Enfocarse en el valor (véase la Sección 3.4).
- Reconocer, evaluar y responder a las interacciones del sistema (véase la Sección 3.5).
- Demostrar comportamientos de liderazgo (véase la Sección 3.6).
- Adaptar en función del contexto (véase la Sección 3.7).
- Incorporar la calidad en los procesos y los entregables (véase la Sección 3.8).
- Navegar en la complejidad (véase la Sección 3.9).
- Optimizar las respuestas a los riesgos (véase la Sección 3.10).
- Adoptar la adaptabilidad y la resiliencia (véase la Sección 3.11).
- Permitir el cambio para lograr el estado futuro previsto (véase la Sección 3.12).

3.1 SER UN ADMINISTRADOR DILIGENTE, RESPETUOSO Y CUIDADOSO

ADMINISTRACIÓN

Los administradores actúan de manera responsable para llevar a cabo las actividades con integridad, cuidado y confiabilidad, mientras mantienen el cumplimiento de las pautas internas y externas. Demuestran un amplio compromiso con los impactos financieros, sociales y ambientales de los proyectos a los que prestan soporte.

▶ La administración abarca responsabilidades tanto internas como externas a la organización.

▶ La administración incluye:
  • Integridad,
  • Cuidado,
  • Confiabilidad, y
  • Cumplimiento.

▶ Una visión holística de la administración toma en cuenta la conciencia financiera, social, técnica y la sostenibilidad ambiental.

Gráfico 3-2. Ser un Administrador Diligente, Respetuoso y Cuidadoso

La administración tiene significados y aplicaciones ligeramente diferentes en diferentes contextos. Un aspecto de la administración implica que se le confíe el cuidado de algo. Otro aspecto se centra en la planificación, el uso y la gestión responsables de los recursos. Otro aspecto significa defender los valores y la ética.

La administración abarca responsabilidades tanto internas como externas a la organización. Dentro de la organización, la administración incluye:

- ▶ Operación alineada con la organización, sus objetivos, estrategia, visión, misión y conservación de su valor a largo plazo;
- ▶ Compromiso e involucramiento respetuoso con los miembros del equipo del proyecto, incluida su compensación, acceso a oportunidades y trato justo;
- ▶ Supervisión diligente de las finanzas, materiales y otros recursos organizacionales utilizados dentro de un proyecto; y
- ▶ Comprensión del uso apropiado de la autoridad, rendición de cuentas y responsabilidad, particularmente en posiciones de liderazgo.

La administración fuera de la organización incluye responsabilidades en áreas tales como:

- ▶ La sostenibilidad ambiental y el uso de materiales y recursos naturales por parte de la organización;
- ▶ La relación de la organización con los interesados externos tales como sus asociados y canales;
- ▶ El impacto de la organización o proyecto en el mercado, la comunidad social y las regiones en las que opera; y
- ▶ El avance en el estado de la práctica en sectores industriales profesionales.

La administración refleja la comprensión y aceptación de la confianza, así como las acciones y decisiones que generan y mantienen esa confianza. Los administradores también se adhieren a deberes implícitos y explícitos. Estos pueden incluir los siguientes:

- **Integridad.** Los administradores se comportan honesta y éticamente en todos los compromisos y comunicaciones. Los administradores se adhieren a los más altos estándares y reflejan los valores, principios y comportamientos que se esperan de aquellos en su organización. Los administradores sirven como modelos a seguir, creando confianza al vivir y demostrar valores personales y organizacionales en su involucramiento, actividades de trabajo y decisiones. En el contexto de la dirección de proyectos, este deber a menudo requiere que los administradores desafíen a los miembros del equipo, compañeros y otros interesados a tener en cuenta sus palabras y acciones; y a ser empáticos, auto-reflexivos y abiertos a la retroalimentación.

- **Cuidado.** Los administradores son fiduciarios de los asuntos organizacionales a su cargo, y los supervisan diligentemente. Los proyectos de mayor desempeño cuentan con profesionales que supervisan diligentemente esos asuntos, más allá de los límites de las responsabilidades estrictamente definidas. Los administradores prestan mucha atención y ejercen el mismo nivel de cuidado sobre esos asuntos que lo harían con sus asuntos personales. El cuidado se relaciona con los asuntos de negocio internos de la organización. El cuidado del medio ambiente, el uso sostenible de los recursos naturales y la preocupación por las condiciones de las personas en todo el planeta deberían reflejarse en las políticas y principios organizacionales.

Los proyectos producen cambios que pueden tener consecuencias imprevistas o no deseadas. Los profesionales de proyectos deberían identificar, analizar y gestionar las desventajas potenciales de los resultados del proyecto para que los interesados estén conscientes e informados.

El cuidado incluye la creación de un entorno de trabajo transparente, canales de comunicación abiertos y oportunidades para que los interesados planteen preocupaciones sin penalización o miedo a represalias.

- **Confiabilidad.** Los administradores se representan con precisión a sí mismos, a sus roles, a su equipo del proyecto y a su autoridad, tanto dentro como fuera de la organización. Este comportamiento permite a las personas comprender el grado en que una persona puede comprometer recursos, tomar decisiones o aprobar algo. La confiabilidad también implica que las personas identifiquen proactivamente los conflictos entre sus intereses personales y los de su organización o clientes. Tales conflictos pueden socavar la confianza, dar lugar a comportamientos poco éticos o ilegales, crear confusión o contribuir a resultados menos que óptimos. Los administradores protegen los proyectos de tales violaciones de confianza.

- **Cumplimiento.** Los administradores cumplen con las leyes, normas, regulaciones y requisitos que están debidamente autorizados dentro o fuera de su organización. Sin embargo, los proyectos de alto desempeño buscan formas de integrar el cumplimiento más plenamente en la cultura del proyecto, creando una mayor alineación con pautas diversas y potencialmente conflictivas. Los administradores se esfuerzan por cumplir con las pautas destinadas a protegerlos a ellos, a su organización, a sus interesados y al público en general. En los casos en que los administradores enfrentan pautas o preguntas contradictorias con respecto a si las acciones o los planes se alinean o no con las pautas establecidas, los administradores buscan el asesoramiento y la dirección apropiados.

La administración requiere liderazgo con transparencia y confiabilidad. Los proyectos afectan la vida de las personas que los entregan, así como la de aquellos que se ven afectados por los entregables y resultados del proyecto. Los proyectos pueden tener efectos, tales como aliviar la congestión del tráfico, producir nuevos medicamentos o crear oportunidades para que las personas interactúen. Esos efectos pueden producir impactos y consecuencias negativas, tales como la reducción de las zonas verdes, los efectos secundarios de los medicamentos o la divulgación de información personal. Los equipos del proyecto y sus líderes organizacionales toman cuidadosamente en cuenta tales factores e impactos para que puedan tomar decisiones responsables equilibrando los objetivos organizacionales y los del proyecto con las necesidades y expectativas más significativas de los interesados globales.

Cada vez más, las organizaciones están adoptando una visión holística del negocio que considera el desempeño financiero, técnico, social y ambiental simultáneamente en lugar de secuencialmente. Dado que el mundo está interconectado ahora más que nunca, y posee recursos finitos y un entorno compartido, las decisiones de administración tienen ramificaciones más allá del proyecto.

3.2 CREAR UN ENTORNO COLABORATIVO DEL EQUIPO DE PROYECTO

> **EQUIPO**
>
> Los equipos de proyecto están conformados por personas que poseen diversas habilidades, conocimiento y experiencia. Los equipos de proyecto que trabajan en colaboración pueden lograr un objetivo compartido de manera más efectiva y eficiente que las personas que trabajan por su cuenta.
>
> ▶ Los equipos de proyecto entregan los proyectos.
> ▶ Los equipos de proyecto trabajan dentro de las culturas y pautas organizacionales y profesionales, a menudo estableciendo su propia cultura "local".
> ▶ Un entorno colaborativo del equipo de proyecto facilita:
>   - El alineamiento con otras culturas y pautas organizacionales,
>   - El aprendizaje y desarrollo individual y de equipo, y
>   - Las contribuciones óptimas para lograr los resultados deseados.

Gráfico 3-3. Crear un Entorno Colaborativo del Equipo del Proyecto

La creación de un entorno colaborativo de equipo del proyecto implica múltiples factores contribuyentes, como acuerdos, estructuras y procesos del equipo. Estos factores apoyan una cultura que permite a los individuos trabajar juntos y proporcionar efectos sinérgicos a partir de las interacciones.

- **Acuerdos del equipo.** Los acuerdos del equipo representan un conjunto de parámetros de comportamiento y estándares de trabajo establecidos por el equipo del proyecto, y mantenidos a través del compromiso individual y del equipo del proyecto. El acuerdo del equipo debe crearse al comienzo de un proyecto, y evolucionará con el tiempo a medida que el equipo del proyecto continúe trabajando en conjunto e identifique las normas y comportamientos que son necesarios para continuar colaborando con éxito.
- **Estructuras organizacionales.** Los equipos del proyecto utilizan, adaptan e implementan estructuras que ayudan a coordinar el esfuerzo individual asociado con el trabajo del proyecto. Las estructuras organizacionales son cualquier arreglo o relación entre los elementos del trabajo del proyecto y los procesos organizacionales.

  Estas estructuras se pueden basar en roles, funciones o autoridad. Pueden definirse como externas al proyecto, adaptadas para ajustarse al contexto del mismo o diseñadas recientemente para satisfacer una necesidad única del proyecto. Una figura de autoridad puede imponer formalmente una estructura, o los miembros del equipo del proyecto pueden contribuir a su diseño en forma alineada con las estructuras organizacionales.

  Los ejemplos de estructuras organizacionales que pueden mejorar la colaboración incluyen, entre otros:
  - Definiciones de roles y responsabilidades,
  - Asignación de empleados y proveedores a los equipos del proyecto,
  - Comités formales encargados de un objetivo específico, y
  - Reuniones permanentes que revisan regularmente un tema determinado.
- **Procesos.** Los equipos del proyecto definen procesos que permiten completar tareas y asignaciones de trabajo. Por ejemplo, los equipos del proyecto pueden acordar un proceso de descomposición utilizando una estructura de desglose del trabajo (EDT), una lista de trabajo pendiente o un tablero de tareas.

Los equipos del proyecto están influenciados por la cultura de las organizaciones que participan en el mismo, la naturaleza del proyecto y el entorno en el que operan. Estos equipos establecen sus propias culturas de equipo dentro de estas influencias, y pueden adaptar su estructura para lograr de mejor manera el objetivo del mismo.

Al fomentar entornos inclusivos y colaborativos, el conocimiento y la experiencia son intercambiados más libremente, lo que a su vez permite mejores resultados de los proyectos.

La claridad sobre los roles y las responsabilidades puede mejorar las culturas de equipo. Dentro de los equipos del proyecto, las tareas específicas pueden delegarse a las personas o ser seleccionadas por los propios miembros del equipo de proyecto. Esto incluye la autoridad, rendición de cuentas y responsabilidades relacionadas con las tareas:

- **Autoridad.** Condición de tener derecho, dentro de un contexto dado, a tomar decisiones relevantes, establecer o mejorar procedimientos, aplicar recursos al proyecto, gastar fondos u otorgar aprobaciones. La autoridad se confiere de una entidad a otra, ya sea explícita o implícitamente

- **Rendición de cuentas.** La condición de ser responsable por un resultado. La rendición de cuentas no es compartida.

- **Responsabilidad.** La condición de estar obligado a hacer o cumplir algo. La responsabilidad puede compartirse.

Independientemente de quién rinda cuentas o sea responsable del trabajo específico del proyecto, el equipo de un proyecto colaborativo asume la propiedad colectiva de los resultados del mismo.

El equipo de un proyecto diversificado puede enriquecer el entorno del proyecto reuniendo diferentes perspectivas. El equipo del proyecto puede estar compuesto por personal organizacional interno, contribuyentes contratados, voluntarios o terceros externos. Además, algunos miembros del equipo del proyecto se unen al proyecto a corto plazo con el fin de trabajar en un entregable específico, mientras que otros miembros son asignados al proyecto a largo plazo. Integrar a estas personas con el equipo del proyecto puede representar un desafío para todos los involucrados. Una cultura de respeto del equipo permite las diferencias y encuentra formas de aprovecharlas de manera productiva, fomentando una gestión eficaz de los conflictos.

Otro aspecto de un entorno colaborativo de equipo del proyecto es la incorporación de estándares de práctica, códigos éticos y otras pautas que forman parte del trabajo profesional dentro del equipo del proyecto y la organización. Los equipos del proyecto consideran cómo estas guías pueden prestar soporte a sus esfuerzos para evitar posibles conflictos entre las disciplinas y las pautas establecidas que utilizan.

Un entorno colaborativo de equipo del proyecto fomenta el libre intercambio de información y el conocimiento individual. Esto, a su vez, aumenta el aprendizaje compartido y el desarrollo individual a la vez que proporciona resultados. Un entorno colaborativo de equipo del proyecto permite a todos contribuir con sus mejores esfuerzos para entregar los resultados deseados para una organización. La organización, a su vez, se beneficiará de entregables y resultados que respeten y mejoren sus valores, principios y cultura fundamentales.

3.3 INVOLUCRARSE EFICAZMENTE CON LOS INTERESADOS

INTERESADOS

Involucrar a los interesados de manera proactiva y en la medida necesaria para contribuir al éxito del proyecto y la satisfacción del cliente.

- Los interesados influyen en los proyectos, el desempeño y los resultados.
- Los equipos de proyecto sirven a otros interesados al interactuar con ellos.
- El involucramiento de los interesados promueve proactivamente la entrega de valor.

Gráfico 3-4. Involucrarse Eficazmente con los Interesados

Los interesados pueden ser personas, grupos u organizaciones que pueden afectar, verse afectados o percibirse a sí mismos como afectados por una decisión, actividad o resultado de un portafolio, programa o proyecto. Los interesados también influyen directa o indirectamente en un proyecto, su desempeño o resultado, ya sea de manera positiva o negativa.

Ellos pueden afectar muchos aspectos de un proyecto que incluyen, entre otros:

- *Alcance/requisitos,* al revelar la necesidad de agregar, ajustar o eliminar elementos del alcance y/o los requisitos del proyecto;
- *Cronograma,* ofreciendo ideas para acelerar la entrega, o enlenteciendo o deteniendo la entrega de las actividades clave del proyecto;
- *Costo,* ayudando a reducir o eliminar los gastos planificados o agregando pasos, requisitos o restricciones que aumenten el costo o requieran recursos adicionales;
- *Equipo del proyecto,* restringiendo o permitiendo el acceso a personas con las habilidades, el conocimiento y la experiencia necesarios para entregar los resultados deseados y promover una cultura de aprendizaje;
- *Planes,* proporcionando información para los planes o abogando por los cambios en las actividades y trabajos acordados;
- *Resultados,* habilitando o bloqueando el trabajo requerido para los resultados deseados;
- *Cultura,* estableciendo o influenciando, o incluso definiendo, el nivel y el carácter del involucramiento del equipo del proyecto y de la organización en general;
- *Realización de beneficios,* generando e identificando metas a largo plazo para que el proyecto entregue el valor identificado deseado;
- *Riesgo,* definiendo los umbrales de riesgo del proyecto, así como participando en actividades de gestión de riesgos posteriores;
- *Calidad,* identificando y demandando requisitos de calidad; y
- *Éxito,* definiendo factores de éxito y participando en la evaluación del mismo.

Los interesados pueden ir y venir a lo largo del ciclo de vida del proyecto. Además, el grado de interés, influencia o impacto de un interesado puede cambiar con el tiempo. Los interesados, especialmente aquellos con un alto grado de influencia y una visión desfavorable o neutral sobre un proyecto, deben involucrarse de manera efectiva para que se entiendan sus intereses, inquietudes y derechos. El equipo del proyecto puede entonces abordar estas preocupaciones a través de un involucramiento y apoyo efectivos que conduzcan a la probabilidad de un resultado exitoso del proyecto.

Identificar, analizar y comprometerse proactivamente con los interesados desde el inicio hasta el final del proyecto ayuda a facilitar el éxito.

Los equipos del proyecto son un grupo de interesados. Este grupo de interesados involucra a otros interesados para comprender, considerar, comunicar y responder a sus intereses, necesidades y opiniones.

El involucramiento y la comunicación efectivos y eficientes incluyen determinar cómo, cuándo, con qué frecuencia y bajo qué circunstancias los interesados quieren y deberían estar involucrados. La comunicación es una parte clave del involucramiento; sin embargo, este último profundiza para incluir la concienciación de las ideas de los demás, la asimilación de otras perspectivas y la configuración colectiva de una solución compartida. El involucramiento incluye construir y mantener relaciones sólidas a través de una comunicación frecuente y bidireccional. Alienta la colaboración a través de reuniones interactivas, reuniones cara a cara, diálogo informal y el intercambio de conocimiento.

El involucramiento de los interesados depende en gran medida de las habilidades interpersonales, que incluyen tomar iniciativa, integridad, honestidad, colaboración, respeto, empatía y confianza. Estas habilidades y actitudes pueden ayudar a todos a adaptarse al trabajo y a los demás, aumentando la probabilidad de éxito.

El involucramiento ayuda a los equipos del proyecto a detectar, recopilar y evaluar información, datos y opiniones. Esto crea una comprensión y alineación compartidas, lo que facilita los resultados del proyecto. Además, estas actividades ayudan al equipo del proyecto a adaptar el proyecto para identificar, ajustar y responder a las circunstancias cambiantes.

Los equipos del proyecto involucran activamente a otros interesados a lo largo del mismo, para minimizar los posibles impactos negativos y maximizar los impactos positivos. El involucramiento de los interesados también permite oportunidades para un mayor desempeño y resultados del proyecto, además de aumentar la satisfacción de los interesados. Finalmente, involucrar a otros interesados ayuda al equipo del proyecto a encontrar soluciones que pueden ser más aceptables para una gama más amplia de interesados.

3.4 ENFOCARSE EN EL VALOR

VALOR

Evaluar y ajustar continuamente la alineación del proyecto con los objetivos de negocio y con los beneficios y el valor previstos.

▶ El valor es el indicador definitivo del éxito del proyecto.

▶ El valor se puede obtener a lo largo del proyecto, al final del mismo o después de que el proyecto se haya completado.

▶ El valor y los beneficios que contribuyen al valor pueden definirse en términos cuantitativos y/o cualitativos.

▶ Un enfoque en los resultados permite que los equipos de proyecto apoyen los beneficios previstos que conduzcan a la creación de valor.

▶ Los equipos de proyecto evalúan el progreso y se adaptan para maximizar el valor esperado.

Gráfico 3-5. Enfocarse en el Valor

El valor, incluidos los resultados desde la perspectiva del cliente o del usuario final, es el indicador definitivo del éxito y la fuerza impulsora de los proyectos. El valor se centra en el resultado de los entregables. El valor de un proyecto puede ser expresado como una contribución financiera a la organización patrocinadora o receptora. El valor puede ser una medida del bien público logrado, por ejemplo, el beneficio social o el beneficio percibido por el cliente a partir del resultado del proyecto. Cuando el proyecto es un componente de un programa, la contribución del proyecto a los resultados del programa puede representar un valor.

Muchos proyectos, aunque no todos, son iniciados sobre la base de un caso de negocio. Los proyectos pueden iniciarse debido a cualquier necesidad identificada de entregar o modificar un proceso, producto o servicio, tales como contratos, enunciados del trabajo u otros documentos. En todos los casos, la intención del proyecto es proporcionar el resultado deseado que aborde la necesidad con una solución valorada. Un caso de negocio puede contener información sobre la alineación estratégica, la evaluación de la exposición al riesgo, el estudio de viabilidad económica, el rendimiento de las inversiones, las medidas clave esperadas para el desempeño, las evaluaciones y los enfoques alternativos. El caso de negocio puede indicar la contribución de valor prevista del resultado del proyecto en términos cualitativos o cuantitativos, o ambos. Un caso de negocio contiene al menos estos elementos interrelacionados y como soporte:

- **Necesidad del negocio.** El negocio proporciona la justificación del proyecto, explicando por qué se emprende el proyecto. Tiene su origen con los requisitos comerciales preliminares, que se reflejan en el acta de constitución del proyecto u otro documento de autorización. Proporciona detalles sobre las metas y objetivos del negocio. La necesidad del negocio puede estar destinada a la organización ejecutante, una organización cliente, una asociación de organizaciones o el bienestar público. Una declaración clara de la necesidad del negocio ayuda al equipo del proyecto a comprender los impulsores del mismo con miras al estado futuro y permite al equipo del proyecto identificar oportunidades o problemas para aumentar el valor potencial proveniente del resultado del proyecto.
- **Justificación del proyecto.** La justificación del proyecto está vinculada con las necesidades del negocio. Explica por qué vale la pena la inversión según la necesidad de negocio y por qué debería abordarse en este momento. La justificación del proyecto va acompañada de un análisis de costo-beneficio y de supuestos.
- **Estrategia de negocio.** La estrategia de negocio es la razón del proyecto, y todas las necesidades están relacionadas con la estrategia para obtener el valor.

Juntos, la necesidad de negocio, la justificación del proyecto y la estrategia de negocio, además de los beneficios y los posibles acuerdos, proporcionan al equipo del proyecto información que le permite tomar decisiones informadas para lograr o superar el valor de negocio previsto.

Los resultados deseados deben describirse claramente, evaluarse iterativamente y actualizarse a lo largo del proyecto. Durante su ciclo de vida, un proyecto puede sufrir cambios; como respuesta, el equipo del proyecto es adaptado a continuación. El equipo del proyecto evalúa continuamente el progreso y la dirección del proyecto en comparación con los productos deseados, las líneas base y el caso de negocio para confirmar que el proyecto permanece alineado con lo necesario, y entregará sus resultados previstos. Alternativamente, el caso de negocio se actualiza para capturar una oportunidad o minimizar un problema identificado por el equipo del proyecto y otros interesados. Si el proyecto o sus interesados ya no están alineados con la necesidad de negocio o si parece poco probable que el proyecto proporcione el valor deseado, la organización puede optar por dar por terminado el esfuerzo.

El valor es la cualidad, importancia o utilidad de algo. El valor es subjetivo, en el sentido de que el mismo concepto puede tener diversos valores para diferentes personas y organizaciones. Esto ocurre porque lo que se considere un beneficio depende de las estrategias organizacionales, que van desde ganancias financieras a corto plazo, ganancias a largo plazo e incluso elementos no financieros. Debido a que todos los proyectos tienen una gama de interesados, los diferentes valores generados para cada grupo de interesados deben considerarse y equilibrarse con la totalidad, al tiempo que se da prioridad a la perspectiva del cliente.

Dentro del contexto de algunos proyectos, puede haber diferentes formas de ingeniería de valor que maximicen el valor para el cliente, la organización ejecutante u otros interesados. Un ejemplo de esto incluye ofrecer la funcionalidad y el nivel de calidad requeridos con una exposición al riesgo aceptable, al tiempo que se utilice la menor cantidad posible de recursos y se evite el desperdicio. A veces, especialmente en proyectos adaptativos que no tienen un alcance fijo y por adelantado, el equipo del proyecto puede optimizar el valor trabajando con el cliente para determinar en qué características valen la pena invertir y cuáles pueden no ser lo suficientemente valiosas como para agregarse a la salida.

Para apoyar la materialización de valor de los proyectos, los equipos del proyecto cambian el enfoque de los entregables a los resultados previstos. Hacerlo permite que los equipos del proyecto cumplan con la visión o el propósito del proyecto, en lugar de simplemente crear un entregable específico. Si bien el entregable puede apoyar el resultado previsto del proyecto, es posible que no logre plenamente la visión o el propósito del mismo. Por ejemplo, los clientes pueden querer una solución de software específica porque piensan que la solución resuelve las necesidades de negocio para una mayor productividad. El software es la salida del proyecto, pero el software en sí no facilita el resultado de productividad que se pretende. En este caso, añadir un nuevo entregable de capacitación y facilitación sobre el uso del software puede permitir un mejor resultado de productividad. Si los resultados del proyecto no permiten una mayor productividad, los interesados pueden sentir que el proyecto ha fracasado. Por lo tanto, los equipos del proyecto y otros interesados entienden tanto el entregable como el resultado previsto del entregable.

La contribución de valor del trabajo del proyecto podría ser una medida a corto o largo plazo. Debido a que la contribución de valor puede mezclarse con las contribuciones de las actividades operacionales, puede ser difícil de aislar. Cuando el proyecto es un componente de un programa, también puede ser necesaria una evaluación del valor a nivel del programa para orientar adecuadamente el proyecto. Una evaluación confiable del valor debería considerar todo el contexto y todo el ciclo de vida de la salida del proyecto. Si bien el valor se hace concreto a lo largo del tiempo, los procesos eficaces pueden permitir la materialización temprana de los beneficios. Con una implementación eficiente y efectiva, los equipos del proyecto pueden demostrar o lograr resultados tales como entrega priorizada, mejor servicio al cliente o un entorno de trabajo mejorado. Al trabajar con los líderes de la organización que son responsables de poner en uso los entregables del proyecto, los líderes del proyecto pueden asegurarse de que los entregables estén posicionados para lograr los resultados planificados.

3.5 RECONOCER, EVALUAR Y RESPONDER A LAS INTERACCIONES DEL SISTEMA

PENSAMIENTO SISTÉMICO

Reconocer, evaluar y responder a las circunstancias dinámicas dentro y alrededor del proyecto de una manera holística con el fin de afectar positivamente el desempeño del mismo.

- ▶ Un proyecto es un sistema de dominios de actividad, interdependientes e interactuantes.
- ▶ El pensamiento sistémico implica tener una visión holística de cómo las partes del proyecto interactúan entre sí y con sistemas externos.
- ▶ Los sistemas cambian constantemente, lo que requiere una atención constante a las condiciones internas y externas.
- ▶ Responder a las interacciones del sistema permite a los equipos de proyecto aprovechar los resultados positivos.

Gráfico 3-6. Reconocer, Evaluar y Responder a las Interacciones del Sistema

Un *sistema* es un conjunto de componentes interdependientes e interactuantes que funcionan como un todo unificado. Desde un punto de vista holístico, un proyecto es una entidad polifacética que existe en circunstancias dinámicas y que exhibe las características de un sistema. Los equipos del proyecto deben reconocer esta visión holística de un proyecto, apreciando el proyecto como un sistema con sus propias partes funcionales.

Un proyecto funciona dentro de otros sistemas más grandes, y un entregable de un proyecto puede convertirse en parte de un sistema de mayor tamaño para obtener beneficios. Por ejemplo, los proyectos pueden ser parte de un programa que, a su vez, también puede ser parte de un portafolio. Estas estructuras interconectadas se conocen como un *sistema de sistemas*. Los equipos del proyecto balancean las perspectivas de adentro hacia afuera y de afuera hacia dentro para apoyar la alineación a lo largo del sistema de sistemas.

El proyecto también puede tener subsistemas que deban integrarse eficazmente para lograr los resultados previstos. Por ejemplo, cuando los equipos del proyecto individuales desarrollan componentes separados de un entregable, todos los componentes deben integrarse de manera efectiva. Esto requiere que los equipos del proyecto interactúen y alineen el trabajo del subsistema de manera periódica.

El pensamiento sistémico también considera los elementos de programación de los sistemas, como lo que el proyecto entrega o habilita con el tiempo. Por ejemplo, si los entregables del proyecto son liberados gradualmente, cada incremento amplía los resultados acumulativos o las capacidades de las versiones anteriores. Los equipos del proyecto deberían pensar más allá del final del proyecto, llegando al estado operativo del entregable del mismo, para que se consigan los resultados previstos.

A medida que se desarrollan los proyectos, las condiciones internas y externas cambian continuamente. Un solo cambio puede originar varios impactos. Por ejemplo, en un gran proyecto de construcción, un cambio en los requisitos puede causar cambios contractuales con el contratista principal, los subcontratistas, los proveedores u otros. A su vez, esos cambios pueden crear un impacto en el costo, el cronograma, el alcance y el desempeño del proyecto. Posteriormente, estos cambios podrían invocar un protocolo de control de cambios para obtener aprobaciones de entidades en sistemas externos, tales como los proveedores de servicios, los reguladores, los financieros y las autoridades gubernamentales.

Si bien es posible predecir algunos de los cambios por adelantado, muchos de los cambios que pueden impactar el proyecto durante su ciclo de vida surgen en tiempo real. Con el pensamiento sistémico, incluida la atención constante a las condiciones internas y externas, el equipo del proyecto puede navegar por un amplio espectro de cambios e impactos para mantener el proyecto de acuerdo con los interesados relevantes.

El pensamiento sistémico también se aplica a la forma en que el equipo del proyecto se ve a sí mismo y sus interacciones dentro del sistema del proyecto. El sistema del proyecto a menudo reúne a un equipo del proyecto diverso dedicado a trabajar por un objetivo común. Esta diversidad aporta valor a los equipos del proyecto, pero necesitan considerar cómo aprovechar esas diferencias de manera efectiva con el fin de que el equipo del proyecto trabaje de manera coherente. Por ejemplo, si una agencia gubernamental contrata a una empresa privada para el desarrollo de una nueva tecnología, el equipo de desarrollo puede estar compuesto por miembros del equipo del proyecto de ambas organizaciones. Esos miembros del equipo del proyecto pueden tener supuestos, formas de trabajo y modelos mentales relacionados con cómo operan dentro de su organización de origen. En este nuevo sistema de proyecto, que combina las culturas de una empresa privada y una agencia gubernamental, los miembros del equipo del proyecto pueden establecer una cultura de equipo sintetizada que crea una visión, idioma y conjunto de herramientas comunes. Esto puede ayudar a los miembros del equipo del proyecto a involucrarse y contribuir de manera efectiva y ayudar a aumentar la probabilidad de que el sistema del proyecto funcione.

Debido a la interactividad entre los sistemas, los equipos del proyecto deberían operar con conciencia y vigilancia sobre las cambiantes dinámicas del sistema. Las siguientes habilidades respaldan una visión sistémica del proyecto:

- Empatía con las áreas de negocio;
- Pensamiento crítico con un enfoque global;
- Impugnación de supuestos y modelos mentales;
- Búsqueda de revisión y asesoramiento externos;
- Uso de métodos, artefactos y prácticas integrados para que haya un entendimiento común del trabajo del proyecto, los entregables y los resultados;
- Uso de modelado y escenarios para imaginar cómo puede la dinámica del sistema interactuar y reaccionar; y
- Gestión proactiva de la integración para ayudar a lograr resultados de negocio.

Reconocer, evaluar y responder a las interacciones del sistema puede conducir a los siguientes resultados positivos:

- Consideración temprana de la incertidumbre y el riesgo dentro del proyecto, exploración de alternativas y consideración de consecuencias no deseadas;
- Capacidad para ajustar supuestos y planes a lo largo del ciclo de vida del proyecto;
- Suministro de información y percepciones continuas que informan sobre la planificación y la entrega;
- Comunicación clara de los planes, el progreso y las proyecciones a los interesados relevantes;
- Alineación de las metas y los objetivos del proyecto con las metas, los objetivos y la visión de la organización cliente;
- Capacidad para adaptarse a las necesidades cambiantes del usuario final, patrocinador o cliente de los entregables del proyecto;
- Capacidad para visualizar sinergias y ahorros entre proyectos o iniciativas alineados;
- Capacidad para explotar oportunidades no captadas de otro modo o ver amenazas planteadas a o por otros proyectos o iniciativas;
- Claridad con respecto a las mejores métricas del desempeño del proyecto y su influencia en el comportamiento de las personas involucradas en el mismo;
- Decisiones que benefician a la organización en su conjunto; e
- Identificación más completa e informada de los riesgos.

3.6 DEMOSTRAR COMPORTAMIENTOS DE LIDERAZGO

LIDERAZGO

Demostrar y adaptar comportamientos de liderazgo para apoyar las necesidades individuales y de equipo.

▶ El liderazgo efectivo promueve el éxito del proyecto y contribuye a los resultados positivos del mismo.

▶ Cualquier miembro del equipo de proyecto puede demostrar comportamientos de liderazgo.

▶ El liderazgo es diferente a la autoridad.

▶ Los líderes efectivos adaptan su estilo a la situación.

▶ Los líderes efectivos reconocen las diferencias en motivación entre los miembros del equipo de proyecto.

▶ Los líderes demuestran el comportamiento deseado en áreas de honestidad, integridad y conducta ética.

Gráfico 3-7. Demostrar Comportamientos de Liderazgo

Los proyectos crean una necesidad única de liderazgo efectivo. A diferencia de las operaciones de negocios generales, donde las funciones y responsabilidades a menudo están establecidas y son consistentes, los proyectos a menudo involucran múltiples organizaciones, departamentos, funciones o proveedores que no interactúan regularmente. Además, los proyectos pueden acarrear mayores intereses y expectativas que las funciones operacionales ordinarias. Como resultado, una gama más amplia de directores, ejecutivos, colaboradores principales y otros interesados intentan influir en un proyecto. Esto a menudo crea mayores grados de confusión y conflicto. En consecuencia, los proyectos de mayor desempeño demuestran comportamientos de liderazgo efectivos con mayor frecuencia, y provenientes de mayor número de personas, que la mayoría de los proyectos.

Un entorno de proyecto que priorice la visión, la creatividad, la motivación, el entusiasmo, el estímulo y la empatía puede prestar soporte para obtener mejores resultados. Estos rasgos a menudo son asociados con el liderazgo. El liderazgo comprende la actitud, el talento, el carácter y los comportamientos para influir en las personas dentro y fuera del equipo del proyecto con miras a los resultados deseados.

El liderazgo no es exclusivo de ningún rol específico. Los proyectos de alto desempeño pueden contar con varias personas que exhiben habilidades de liderazgo efectivas, por ejemplo, el director del proyecto, los patrocinadores, los interesados, la alta dirección o incluso los miembros del equipo del proyecto. Cualquier persona que trabaje en un proyecto puede demostrar rasgos de liderazgo, estilos y habilidades eficaces para ayudar al equipo del proyecto a alcanzar y entregar los resultados requeridos.

Es importante señalar que pueden surgir más conflictos y confusiones cuando demasiados participantes intentan ejercer influencia en el proyecto en múltiples direcciones desalineadas. Sin embargo, los proyectos de mayor desempeño muestran una combinación paradójica de más personas influyentes, cada una aportando más habilidades de liderazgo de manera complementaria. Por ejemplo: si un patrocinador articula prioridades claras, entonces un líder técnico abre la discusión sobre opciones de entrega, donde los contribuyentes individuales afirman pros y contras hasta que el director del proyecto lleve la conversación a una estrategia de consenso. El liderazgo exitoso permite que alguien influya, motive, dirija y capacite a las personas bajo cualquier condición. También incorpora características derivadas de la cultura y las prácticas de una organización.

No se debe confundir el liderazgo con la *autoridad*, que es la posición de control otorgada a personas dentro de una organización para fomentar un funcionamiento general efectivo y eficiente. La autoridad es el derecho a ejercer el poder. Por lo general, la autoridad es delegada en una persona por medios formales, como un documento de acta de constitución o un título designado. Esta persona puede entonces tener una descripción del rol o posición que indique su autoridad. La autoridad denota responsabilidad por ciertas actividades, acciones de individuos o toma de decisiones en ciertas circunstancias. Si bien las personas pueden usar su autoridad para influir, motivar, dirigir a otros o actuar cuando otros no realizan o actúan como se les indica o se les solicita, esto no es lo mismo que el liderazgo. Por ejemplo, los ejecutivos de la organización pueden otorgar a alguien la autoridad para formar un equipo del proyecto con el fin de entregar un resultado. Sin embargo, la autoridad por sí sola es insuficiente. Se necesita liderazgo para motivar a un grupo hacia un objetivo común, influir en ellos para alinear sus intereses individuales en favor del esfuerzo colectivo y lograr el éxito como equipo del proyecto en lugar de como individuos.

El liderazgo efectivo se basa en o combina elementos de varios estilos de liderazgo. Los estilos de liderazgo documentados van desde los autocráticos, democráticos, "laissez-faire", directivos, participativos, asertivos, solidarios y autocráticos hasta el basado en consenso. De todos estos, ningún estilo de liderazgo individual ha demostrado ser el enfoque universalmente mejor o el recomendado. En cambio, se demuestra un liderazgo efectivo cuando mejor se ajusta a una situación dada. Por ejemplo:

- En momentos de caos, la acción directiva genera más claridad e impulso que la resolución colaborativa de problemas.

- Para entornos con personal altamente competente e involucrado, la delegación empoderada recolecta más productividad que la coordinación centralizada.

Cuando el personal directivo superior experimenta conflictos por las prioridades, la facilitación neutral ayuda a formular recomendaciones más que detalladas. La habilidad de liderazgo efectiva se cultiva. Se puede aprender y desarrollar para que se convierta en un activo profesional para la persona, así como un beneficio para el proyecto y sus interesados. Los proyectos de alto desempeño muestran un patrón generalizado de mejora continua hasta el nivel personal. Un miembro del equipo del proyecto profundiza la perspicacia de liderazgo al agregar o practicar una combinación de diversas habilidades o técnicas que incluyen, entre otras:

- Enfocar a un equipo del proyecto en torno a los objetivos acordados,
- Articular una visión motivadora para los resultados del proyecto,
- Buscar recursos y apoyo para el proyecto,
- Generar consenso sobre la mejor manera de avanzar,
- Superar los obstáculos para el progreso del proyecto,
- Negociar y resolver conflictos dentro del equipo del proyecto, y entre el equipo del proyecto y otros interesados,
- Adaptar el estilo de comunicación y la mensajería de tal modo que sean relevantes para el público,
- Entrenar y asesorar a otros miembros del equipo del proyecto,
- Apreciar y recompensar los comportamientos y contribuciones positivas,
- Proporcionar oportunidades para el crecimiento y desarrollo de habilidades,
- Facilitar la toma de decisiones de modo colaborativo,
- Emplear conversaciones efectivas y escucha activa,
- Empoderar a los miembros del equipo del proyecto y delegarles responsabilidades,
- Construir un equipo del proyecto cohesivo que asuma la responsabilidad,
- Mostrar empatía por el equipo del proyecto y las perspectivas de los interesados,
- Tener autoconciencia de los propios prejuicios y comportamientos,
- Gestionar y adaptarse al cambio durante el ciclo de vida del proyecto,
- Facilitar una mentalidad de aprendizaje rápido reconociendo los errores, y
- Modelar los roles de los comportamientos deseados.

El carácter personal importa en un líder. Una persona puede tener una gran capacidad en cuanto a habilidades de liderazgo, pero luego su influencia se ve socavada por la percepción de ser egoísta o poco confiable. Los líderes efectivos buscan ser un modelo a seguir en áreas de honestidad, integridad y conducta ética. Los líderes efectivos se centran en ser transparentes, comportarse desinteresadamente y ser capaces de pedir ayuda. Los líderes efectivos entienden que los miembros del equipo del proyecto examinan y emulan los valores, la ética y los comportamientos que exhiben los líderes. Por lo tanto, los líderes tienen una responsabilidad adicional por demostrar los comportamientos esperados a través de sus acciones.

Los proyectos funcionan mejor cuando los líderes entienden lo que motiva a las personas. Los equipos del proyecto pueden prosperar cuando los miembros del equipo del proyecto usan rasgos, habilidades y características de liderazgo apropiadas que coinciden con las necesidades y expectativas específicas de los interesados. Saber cómo comunicarse o motivar mejor a las personas, o tomar medidas cuando sea necesario, puede ayudar a mejorar el desempeño del equipo del proyecto y a manejar los obstáculos para el éxito del mismo. Cuando es practicado por más de una persona en un proyecto, el liderazgo puede fomentar la responsabilidad compartida hacia el objetivo del proyecto, lo que a su vez puede fomentar un ambiente saludable y vibrante. Los motivadores incluyen fuerzas tales como finanzas, reconocimiento, autonomía, propósito convincente, oportunidad de crecimiento y contribución personal.

El liderazgo efectivo promueve el éxito del proyecto y contribuye a los resultados positivos del mismo. Los equipos del proyecto, los miembros individuales del equipo del proyecto y otros interesados están involucrados a lo largo de un proyecto bien dirigido. Cada miembro del equipo del proyecto puede enfocarse en entregar resultados utilizando una visión común y trabajando hacia resultados compartidos. El liderazgo efectivo es esencial para ayudar a los equipos del proyecto a mantener un entorno ético y adaptable.

Además, las obligaciones del negocio pueden cumplirse en función de la responsabilidad y la autoridad delegadas. El liderazgo compartido no socava ni disminuye el papel o la autoridad de un líder designado por la organización, ni disminuye la necesidad de que ese líder aplique el estilo y las habilidades de liderazgo adecuados en el momento adecuado.

Al combinar estilos, continuar el crecimiento de habilidades y aprovechar los motivadores, cualquier miembro del equipo del proyecto o interesado puede motivar, influenciar, entrenar y hacer crecer al equipo del proyecto, independientemente de su rol o posición.

3.7 ADAPTAR EN FUNCIÓN DEL CONTEXTO

ADAPTACIÓN

Diseñar el enfoque de desarrollo del proyecto basado en el contexto del proyecto, sus objetivos, los interesados, la gobernanza y el entorno utilizando un proceso de "apenas suficiente" para lograr el resultado deseado mientras se maximiza el valor, se gestiona el costo y se mejora la velocidad.

- ▶ Cada proyecto es único.
- ▶ El éxito del proyecto se basa en adaptarse al contexto único del mismo para determinar los métodos más apropiados para producir los resultados deseados.
- ▶ Adaptar el enfoque es iterativo, y por lo tanto es un proceso continuo a lo largo del proyecto.

Gráfico 3-8. Adaptar en Función del Contexto

La adaptación a los objetivos únicos, los interesados y la complejidad del entorno contribuye al éxito del proyecto. La adaptación consiste en la adecuación deliberada del enfoque, la gobernanza y los procesos con el fin de que resulten más adecuados para el entorno dado y el trabajo en cuestión. Los equipos del proyecto adaptan el marco de referencia apropiado que permitirá la flexibilidad para producir consistentemente resultados positivos dentro del contexto del ciclo de vida del proyecto. El entorno empresarial, el tamaño del equipo, el grado de incertidumbre y la complejidad del proyecto son factores que influyen en la forma en que se adaptan los sistemas del mismo. Los sistemas de proyectos pueden ser adaptados con una perspectiva holística, incluida la consideración de complejidades interrelacionadas. La adaptación tiene como objetivo maximizar el valor, gestionar las restricciones y mejorar el desempeño mediante el uso de procesos, métodos, plantillas y artefactos "apenas suficientes" para lograr el resultado deseado del proyecto.

Junto con la PMO y considerando la gobernanza, los equipos del proyecto debaten y deciden sobre el enfoque de entrega y los recursos necesarios para producir resultados proyecto por proyecto. Esto incluye la selección de los procesos a utilizar, el enfoque de desarrollo, los métodos y los artefactos necesarios para entregar los resultados del proyecto. Adaptar las decisiones puede constituir una acción implícita de aceptar una metodología establecida. Por el contrario, la adaptación puede ser una acción explícita de seleccionar y mezclar elementos específicos para adaptarse a las características únicas del proyecto y el entorno del mismo. La adaptación es necesaria hasta cierto punto en cada proyecto, porque cada proyecto existe en un contexto particular.

Los proyectos son a menudo únicos, incluso cuando el entregable del proyecto no parece único. Esto se debe a que los contextos del proyecto difieren en que la organización, sus clientes, sus canales y su entorno son elementos dinámicos. Esos cambios y el aprendizaje continuo pueden hacer que los equipos del proyecto utilicen o desarrollen diferentes métodos o enfoques para lograr el éxito. El equipo del proyecto debe examinar el conjunto único de condiciones para cada proyecto, de modo que puedan determinar los métodos más apropiados para producir los resultados deseados.

Una metodología existente o una forma común de trabajar pueden indicar la forma en que se adapta un proyecto. Una metodología es un sistema de prácticas, técnicas, procedimientos y reglas utilizado por quienes trabajan en una disciplina. A los equipos del proyecto se les puede requerir que asuman la metodología de la organización matriz. Es decir, el equipo del proyecto adopta un sistema de procesos, gobernanza, métodos y plantillas que proporcionan orientación sobre cómo ejecutar el proyecto. Si bien esto proporciona un grado de coherencia a los proyectos dentro de una organización, la metodología en sí misma todavía puede necesitar personalización para adaptarse a cada proyecto. Las políticas y procedimientos organizacionales prescriben límites autorizados dentro de los cuales el equipo del proyecto puede adaptar.

Los equipos del proyecto también pueden tener en cuenta el tiempo y el costo de los procesos de la dirección de proyectos. Los procesos que no estén adaptados pueden agregar poco valor al proyecto o a sus resultados al tiempo que aumentan el costo y alargan el cronograma. Adaptar el enfoque junto con los procesos, métodos y artefactos apropiados puede ayudar a los equipos del proyecto a tomar decisiones sobre los costos relacionados con los procesos y la contribución de valor relacionada con los resultados del proyecto.

Además de decidir cómo adaptar un enfoque, los equipos del proyecto comunican las decisiones de adaptación a los interesados asociados con ese enfoque. Cada miembro del equipo del proyecto es consciente de los métodos y procesos elegidos que se relacionan con esos interesados y su rol.

Adaptar el enfoque del proyecto a las características únicas del proyecto y su entorno puede contribuir a un mayor nivel de desempeño del proyecto y a una mayor probabilidad de éxito. Un enfoque de proyecto adaptado puede producir beneficios directos e indirectos a las organizaciones, tales como:

- ▶ Un compromiso más profundo por parte de los miembros del equipo del proyecto porque participaron en la definición del enfoque,
- ▶ Reducción de desperdicio en términos de acciones o recursos,
- ▶ Enfoque orientado al cliente, ya que las necesidades del cliente y otros interesados son un importante factor de influencia en la adaptación del proyecto, y
- ▶ Uso más eficiente de los recursos del proyecto, ya que los equipos del proyecto son conscientes del peso de los procesos del mismo.

La adaptación de los proyectos puede conducir a los siguientes resultados positivos:

- ▶ Mayor innovación, eficiencia y productividad;
- ▶ Lecciones aprendidas, de modo que las mejoras de un enfoque de entrega específico puedan compartirse y aplicarse a la próxima ronda de trabajo o a proyectos futuros;
- ▶ Mejora ulterior de la metodología de una organización, con nuevas prácticas, métodos y artefactos;
- ▶ Descubrimiento de resultados, procesos o métodos mejorados a través de la experimentación;
- ▶ Integración efectiva dentro de los equipos multidisciplinarios de proyectos de los métodos y prácticas utilizados para lograr los resultados del mismo; y
- ▶ Mayor adaptabilidad para la organización a largo plazo.

Adaptar un enfoque es iterativo por naturaleza, y por lo tanto es un proceso constante en sí mismo durante el ciclo de vida del proyecto. Los equipos del proyecto recopilan retroalimentación de todos los interesados sobre cómo los métodos y los procesos personalizados están funcionando para ellos a medida que el proyecto avanza, para evaluar su efectividad y agregar valor a la organización.

3.8 INCORPORAR LA CALIDAD EN LOS PROCESOS Y LOS ENTREGABLES

CALIDAD

Mantener un enfoque en la calidad que produzca entregables que cumplan con los objetivos del proyecto y se alineen con las necesidades, usos y requisitos de aceptación establecidos por los interesados relevantes.

▶ La calidad del proyecto implica satisfacer las expectativas de los interesados y cumplir con los requisitos del proyecto y del producto.

▶ La calidad se centra en cumplir con los criterios de aceptación para los entregables.

▶ La calidad del proyecto implica garantizar que los procesos del proyecto sean apropiados y lo más eficaces posible.

Gráfico 3-9. Incorporar la Calidad en los Procesos y los Entregables

La calidad es el grado en que un conjunto de características inherentes de un producto, servicio o resultado cumple con los requisitos. La calidad incluye la capacidad de satisfacer las necesidades declaradas o implícitas del cliente. El producto, servicio o resultado de un proyecto (mencionado aquí como entregables) es medido para determinar la calidad de la conformidad con los criterios de aceptación y la idoneidad para el uso.

La calidad puede tener varias dimensiones diversas que incluyen, entre otras:

- **Desempeño.** ¿Funciona el entregable como lo previeron el equipo del proyecto y otros interesados?
- **Conformidad.** ¿El entregable es apto para su uso y cumple con las especificaciones?
- **Confiabilidad.** ¿El entregable produce métricas consistentes cada vez que se realiza o produce?
- **Resiliencia.** ¿Es el entregable capaz de hacer frente a fallas imprevistas y recuperarse rápidamente?
- **Satisfacción.** ¿El entregable obtiene retroalimentación positiva de los usuarios finales? ¿Esto incluye usabilidad y experiencia del usuario?
- **Uniformidad.** ¿El entregable exhibe paridad con otros entregables producidos de la misma manera?
- **Eficiencia.** ¿El entregable produce la mayor salida con la menor cantidad de entradas y esfuerzo?
- **Sostenibilidad.** ¿El entregable produce un impacto positivo en los parámetros económicos, sociales y ambientales?

Los equipos del proyecto miden la calidad utilizando métricas y criterios de aceptación basados en los requisitos. Un requisito es una condición o capacidad que debe estar presente en un producto, servicio o resultado para satisfacer una necesidad. Los requisitos, ya sean explícitos o implícitos, pueden provenir de interesados, un contrato, políticas organizacionales, estándares u organismos regulatorios, o una combinación de estos. La calidad está estrechamente vinculada a los criterios de aceptación del producto, como se describe en el enunciado del trabajo u otros documentos de diseño. Estos criterios deben actualizarse a medida que ocurran la experimentación y la priorización y validarse como parte del proceso de aceptación.

La calidad también es relevante para los enfoques y actividades del proyecto utilizados para elaborar los entregables del proyecto. Si bien los equipos del proyecto evalúan la calidad de un entregable mediante inspecciones y ensayos, las actividades y los procesos del proyecto se evalúan mediante exámenes y auditorías. En ambos casos, las actividades de calidad pueden centrarse en la detección y prevención de errores y defectos.

El objetivo de las actividades de calidad es ayudar a garantizar que lo que se entrega cumple con los objetivos del cliente y otros interesados relevantes en la ruta más sencilla. La intención es minimizar el desperdicio de recursos y maximizar la probabilidad de lograr el resultado deseado. Esto tiene como resultado:

- Trasladar los entregables al punto de entrega rápidamente, y
- Prevenir defectos en los entregables o identificarlos temprano para evitar o reducir la necesidad de retrabajo y desechos.

El objetivo de las actividades de calidad es el mismo, ya se trate de un conjunto inicial de requisitos bien definidos o de un conjunto de requisitos que son elaborados progresivamente y se entregan gradualmente.

Los procesos y prácticas de gestión de calidad ayudan a producir entregables y resultados que cumplen con los objetivos del proyecto y se alinean con las expectativas, usos y criterios de aceptación expresados por la organización y los interesados relevantes. La estrecha atención a la calidad en los procesos y entregables del proyecto crea resultados positivos, que incluyen:

- Entregables del proyecto que sean adecuados para el propósito, según lo definido por los criterios de aceptación,
- Entregables del proyecto que satisfagan las expectativas de los interesados y los objetivos de negocio,
- Entregables del proyecto con mínimo o ningún defecto,
- Entrega oportuna o expedita,
- Control de costos mejorado,
- Mayor calidad de entrega del producto,
- Retrabajo y desecho reducidos,
- Reducción de quejas de los clientes,
- Buena integración en la cadena de suministro,
- Mejora de la productividad,
- Aumento de la moral y satisfacción del equipo del proyecto,
- Entrega de servicios robusta,
- Mejora en la toma de decisiones, y
- Procesos continuamente mejorados.

3.9 NAVEGAR EN LA COMPLEJIDAD

COMPLEJIDAD

Evaluar y navegar continuamente por la complejidad del proyecto para que los enfoques y planes permitan al equipo de proyecto navegar con éxito por el ciclo de vida del mismo.

- ▶ La complejidad es el resultado del comportamiento humano, las interacciones de los sistemas, la incertidumbre y la ambigüedad.
- ▶ La complejidad puede producirse en cualquier momento durante el proyecto.
- ▶ La complejidad puede ser introducida por eventos o condiciones que afectan el valor, el alcance, las comunicaciones, los interesados, el riesgo y la innovación tecnológica.
- ▶ Los equipos de proyecto pueden mantenerse atentos a la identificación de elementos de complejidad y utilizar una variedad de métodos para reducir la cantidad o el impacto de la complejidad.

Gráfico 3-10. Navegar en la Complejidad

Un proyecto es un sistema formado por elementos que interactúan entre sí. La complejidad es una característica de un proyecto o de su entorno que es difícil de gestionar debido al comportamiento humano, el comportamiento del sistema y la ambigüedad. La naturaleza y el número de las interacciones determinan el grado de complejidad en un proyecto. La complejidad surge de los elementos del proyecto, las interacciones entre los mismos y las interacciones con otros sistemas y el entorno del proyecto. Aunque la complejidad no se puede controlar, los equipos del proyecto pueden modificar sus actividades para abordar los impactos que se presentan como resultado de la complejidad.

Los equipos del proyecto a menudo no pueden prever la complejidad emergente porque es el resultado de muchas interacciones tales como riesgos, dependencias, eventos o relaciones. Alternativamente, algunas causas pueden converger para producir un solo efecto complejo, lo que dificulta el aislamiento de una causa específica de complejidad.

La complejidad del proyecto se produce como resultado de elementos individuales dentro del proyecto y el sistema del proyecto en su conjunto. Por ejemplo, la complejidad dentro de un proyecto puede ampliarse con un mayor número o diversidad de interesados, tales como agencias reguladoras, instituciones financieras internacionales, múltiples proveedores, numerosos subcontratistas especializados o comunidades locales. Estos interesados pueden tener un impacto significativo en la complejidad de un proyecto, tanto individual como colectivamente.

Algunas de las fuentes de complejidad más comunes son:

▶ **Comportamiento humano.** El comportamiento humano es la interacción de conducta, comportamientos, actitudes y experiencia de las personas. El comportamiento humano también puede contribuir a la complejidad al introducir elementos de subjetividad, tales como agendas personales, que entran en conflicto con las metas y objetivos del proyecto. Los interesados localizados en ubicaciones remotas pueden tener diferentes zonas horarias, hablar diferentes idiomas y utilizar diferentes normas culturales.

▶ **Comportamiento del sistema.** El comportamiento del sistema es el resultado de interdependencias dinámicas dentro de los elementos del proyecto y entre ellos mismos. Por ejemplo, la integración de diferentes sistemas tecnológicos puede originar amenazas que podrían afectar los resultados y el éxito del proyecto. Las interacciones entre los componentes del sistema del proyecto pueden llevar a riesgos interconectados, crear problemas emergentes o imprevisibles y producir relaciones de causa y efecto poco claras y desproporcionadas.

▶ **Incertidumbre y ambigüedad.** La *ambigüedad* es un estado de confusión, de no saber qué esperar de o cómo comprender una situación. La ambigüedad puede surgir de tener muchas opciones o de una falta de claridad sobre la elección óptima. Los eventos poco claros o engañosos, los problemas emergentes o las situaciones subjetivas también pueden conducir a la ambigüedad.

La *incertidumbre* es la falta de comprensión y conciencia de los incidentes, eventos, caminos a seguir o soluciones a buscar. La incertidumbre se refiere a las probabilidades de acciones, reacciones y resultados alternativos. La incertidumbre incluye incógnitas desconocidas y "cisnes negros", que son factores emergentes que están completamente fuera del conocimiento o la experiencia existentes.

Dentro de un entorno complejo, la incertidumbre y la ambigüedad pueden combinarse para difuminar las relaciones causales, hasta el punto en que las probabilidades e impactos estén mal definidos. Se hace difícil reducir la incertidumbre y la ambigüedad hasta el punto en que las relaciones puedan estar bien definidas y, por lo tanto, abordarse de manera efectiva.

▶ **Innovación tecnológica.** La innovación tecnológica puede causar interrupciones en los productos, servicios, formas de trabajar, procesos, herramientas, técnicas, procedimientos y mucho más. La introducción de la informática de escritorio y las redes sociales son ejemplos de innovaciones tecnológicas que han cambiado fundamentalmente la forma en que se realiza el trabajo del proyecto. Las nuevas tecnologías, junto con la incertidumbre sobre cómo se utilizarán, contribuyen a la complejidad. La innovación tiene el potencial de ayudar a desplazar los proyectos hacia una solución, o de interrumpir el proyecto cuando no se definen las incertidumbres asociadas, lo que conduce a una mayor complejidad.

La complejidad puede surgir e impactar el proyecto en cualquier área y en cualquier punto del ciclo de vida del mismo. Los equipos del proyecto pueden identificar elementos de complejidad a lo largo del proyecto mirando continuamente los componentes del mismo, así como el proyecto en su conjunto, en busca de signos de complejidad. El conocimiento del pensamiento sistémico, los sistemas adaptativos complejos, la experiencia del trabajo pasado del proyecto, la experimentación y el aprendizaje continuo relacionado con la interacción del sistema conducen a la mayor capacidad del equipo del proyecto para navegar por la complejidad cuando ésta surge. Estar atentos a los indicios de complejidad permite a los equipos del proyecto adaptar sus enfoques y planes para navegar a través de la posible interrupción hacia la entrega efectiva del proyecto.

3.10 OPTIMIZAR LAS RESPUESTAS A LOS RIESGOS

RIESGO

Evaluar continuamente la exposición al riesgo, tanto de oportunidades como de amenazas, con el fin de maximizar los impactos positivos y minimizar los impactos negativos para el proyecto y sus resultados.

▶ Los riesgos individuales y generales pueden afectar los proyectos.

▶ Los riesgos pueden ser positivos (oportunidades) o negativos (amenazas).

▶ Los riesgos son abordados continuamente a lo largo del proyecto.

▶ La actitud, el apetito y el umbral de riesgo de una organización influyen en cómo se aborda el mismo.

▶ Las respuestas a los riesgos deberían ser:
- Adecuadas para la importancia del riesgo,
- Eficientes en costo,
- Realistas dentro del contexto del proyecto,
- Acordadas por los interesados pertinentes, y
- Propiedad de una persona responsable.

Gráfico 3-11. Optimizar las Respuestas a los Riesgos

Un *riesgo* es un evento o condición incierta que, si se produce, tiene un efecto positivo o negativo en uno o más de los objetivos. Los riesgos identificados pueden o no materializarse en un proyecto. Los equipos del proyecto se esfuerzan por identificar y evaluar los riesgos conocidos y emergentes, tanto internos como externos al proyecto, a lo largo del ciclo de vida.

Los equipos del proyecto buscan maximizar los riesgos positivos (oportunidades) y disminuir la exposición a riesgos negativos (amenazas). Las amenazas pueden dar lugar a incidentes tales como retrasos, sobrecostos, fallas técnicas, déficit en el desempeño o pérdida de reputación. Las oportunidades pueden conducir a beneficios tales como la reducción de tiempo y costo, mejora en el desempeño, aumento en la cuota de mercado o mejora en la buena reputación.

Los equipos del proyecto también monitorean el riesgo general del proyecto. El riesgo general del proyecto es el efecto de la incertidumbre sobre el proyecto en su conjunto. El riesgo general proviene de todas las fuentes de incertidumbre incluidos riesgos individuales, y representa las exposiciones de los interesados a las implicancias de las variaciones en el resultado del proyecto, tanto positivas como negativas. La gestión del riesgo general del proyecto tiene como objetivo mantener dentro de un rango aceptable la exposición al riesgo del proyecto. Las estrategias de gestión incluyen reducir los impulsores de amenazas, promover los impulsores de oportunidades y maximizar la probabilidad de lograr los objetivos generales del proyecto.

Los miembros del equipo del proyecto se involucran con los interesados relevantes para comprender su apetito al riesgo y sus umbrales de riesgo. El *apetito al riesgo* describe el grado de incertidumbre que una organización o un individuo están dispuestos a aceptar con miras a una recompensa. El *umbral de riesgo* es la medida de variación aceptable en torno a un objetivo que refleja el apetito al riesgo de la organización y de los interesados. El umbral de riesgo refleja el apetito al riesgo. Por lo tanto, un umbral de riesgo de ± 5 % en torno a un objetivo de costo refleja un apetito al riesgo menor que un umbral de riesgo de ± 10 %. El apetito al riesgo y el umbral de riesgo informan cómo el equipo del proyecto navega por el riesgo en un proyecto.

Las respuestas efectivas y adecuadas a los riesgos pueden reducir las amenazas individuales y globales del proyecto y aumentar las oportunidades individuales y globales. Los equipos del proyecto deberían identificar consistentemente las posibles respuestas a los riesgos teniendo en cuenta las siguientes características:

- Adecuada y oportuna para la importancia del riesgo,
- Rentable,
- Realista dentro del contexto del proyecto,
- Acordada por los interesados pertinentes, y
- Propiedad de una persona responsable.

Los riesgos pueden existir dentro de la empresa, portafolios, programas, proyectos y productos. El proyecto puede ser un componente de un programa en el que el riesgo puede potencialmente mejorar o disminuir la materialización de los beneficios y, por lo tanto, el valor. El proyecto puede ser un componente de un portafolio de trabajo relacionado o no relacionado, en el que el riesgo puede potencialmente mejorar o disminuir el valor general del portafolio y la realización de los objetivos de negocio.

Las organizaciones y los equipos del proyecto que emplean evaluación de riesgos consistente, planificación e implementación de riesgos proactiva, a menudo encuentran que el esfuerzo es menos costoso que reaccionar a los problemas cuando el riesgo se materializa.

Se puede encontrar más información sobre la gestión de los riesgos en *El Estándar para la Gestión de Riesgos en Portafolios, Programas y Proyectos* [3].

3.11 ADOPTAR LA ADAPTABILIDAD Y LA RESILIENCIA

ADAPTABILIDAD Y RESILIENCIA

Construir adaptabilidad y resiliencia en los enfoques de la organización y del equipo de proyecto para ayudar al mismo a acomodar el cambio, recuperarse de los reveses y avanzar en el trabajo del proyecto.

▶ La adaptabilidad es la capacidad de responder a condiciones cambiantes.

▶ La resiliencia es la capacidad de absorber los impactos y de recuperarse rápidamente de un revés o fracaso.

▶ La atención a los resultados en lugar de a las salidas facilita la adaptabilidad.

Gráfico 3-12. Adoptar la Adaptabilidad y la Resiliencia

La mayoría de los proyectos enfrentan desafíos u obstáculos en alguna etapa. Los atributos combinados de adaptabilidad y resiliencia en el enfoque del equipo del proyecto para un proyecto ayudan al mismo a acomodar los impactos y prosperar. La *adaptabilidad* se refiere a la capacidad de responder a condiciones cambiantes. La *resiliencia* consta de dos rasgos complementarios: la capacidad de absorber los impactos y la capacidad de recuperarse rápidamente de un revés o fracaso. Tanto la adaptabilidad como la resiliencia son características útiles para cualquier persona que trabaje en proyectos.

Un proyecto rara vez funciona exactamente como se planeó inicialmente. Los proyectos están influenciados por factores internos y externos (nuevos requisitos, problemas, influencias de los interesados, entre otros factores) que existen en un sistema de interacciones. Algunos elementos dentro de un proyecto pueden fallar o estar por debajo de las expectativas, lo que requiere que el equipo del proyecto se reagrupe, reconsidere y replantee. En un proyecto de infraestructura, por ejemplo, una decisión judicial durante la ejecución del proyecto podría cambiar los diseños y planes. En un proyecto tecnológico, un modelo computarizado de la tecnología podría mostrar que los componentes funcionan correctamente en conjunto, pero la aplicación para el mundo real falla. En ambos casos, el equipo del proyecto necesitará abordar la situación para hacer avanzar el proyecto. La opinión de que los proyectos deben mantenerse firmes en los planes y compromisos asumidos durante las primeras etapas, incluso después de que surjan factores nuevos o imprevistos, no es beneficiosa para los interesados, incluidos los clientes y los usuarios finales, ya que limita el potencial de generar valor. Sin embargo, la adaptación debería hacerse con una visión holística, tal como un proceso de control de cambios adecuado, para evitar problemas tales como la corrupción o deslizamiento del alcance. En el entorno de un proyecto, las capacidades que apoyan la adaptabilidad y la resiliencia incluyen:

- Bucles cortos de retroalimentación para adaptar rápidamente;
- Aprendizaje y mejora continuos;
- Equipos del proyecto con amplios conjuntos de habilidades, junto con personas que tengan amplios conocimientos en cada área de habilidades requerida;
- Inspección periódica y adaptación del trabajo del proyecto para identificar oportunidades de mejora;
- Equipos del proyecto diversos para capturar una amplia gama de experiencias;
- Planificación abierta y transparente que involucre a los interesados internos y externos;
- Prototipos y experimentos a pequeña escala para ensayar ideas y probar nuevos enfoques;
- Capacidad para aprovechar nuevas formas de pensamiento y trabajo;
- Diseño del proceso que busca un balance entre la velocidad de trabajo y la estabilidad de los requisitos;
- Conversaciones organizacionales abiertas;
- Equipos del proyecto diversificados con amplios conjuntos de habilidades, culturas y experiencia, junto con expertos en la materia en cada área de habilidades requerida;
- Comprensión a partir del aprendizaje pasado de los mismos o similares esfuerzos;

- ▶ Capacidad y disposición para anticipar múltiples escenarios potenciales y prepararse para múltiples eventualidades;
- ▶ Aplazamiento de la toma de decisiones hasta el último momento responsable;
- ▶ Apoyo a la gestión; y
- ▶ Diseño abierto que equilibra la velocidad y la estabilidad.

La visualización de los resultados en lugar de los entregables puede habilitar soluciones, potenciando un resultado mejor que el planificado originalmente. Por ejemplo, el equipo del proyecto puede encontrar una solución alternativa que proporcione resultados más sólidos que el entregable definido originalmente. Si bien la exploración de alternativas suele ser de la incumbencia del caso de negocio, las tecnologías y otras capacidades están evolucionando tan rápidamente que podría surgir una solución en cualquier momento entre la finalización del caso de negocio y el cierre del proyecto. Las oportunidades de adaptación pueden surgir durante un proyecto, momento en el que el equipo del proyecto debería presentar un caso al patrocinador del proyecto, al dueño del producto o al cliente con el ánimo de capturar la oportunidad. Dependiendo del tipo de contrato, la aprobación del cliente puede ser necesaria para algunos de los cambios que resulten de la adaptación. El equipo del proyecto debe estar preparado para adaptar sus planes y actividades con el fin de aprovechar la oportunidad, con el apoyo del patrocinador del proyecto, el dueño del producto o el cliente.

Los cambios y las circunstancias inesperados en un sistema de proyecto también pueden presentar oportunidades. Para optimizar la entrega de valor, los equipos del proyecto deberían utilizar la resolución de problemas, así como un enfoque holístico ante los cambios y eventos no planificados. Cuando ocurra un evento no planificado, los equipos del proyecto deberían buscar los posibles resultados positivos que se puedan obtener. Por ejemplo, incorporar un cambio que ocurre tarde en un cronograma del proyecto podría aportar ventaja competitiva al ser el primer producto en el mercado en ofrecer la característica.

Construir adaptabilidad y resiliencia en un proyecto mantiene a los equipos del proyecto enfocados en el resultado deseado cuando los factores internos y externos cambian, y les ayuda a recuperarse de los reveses. Estas características también ayudan a los equipos del proyecto a aprender y mejorar, para que puedan recuperarse rápidamente de fallas o contratiempos y continuar avanzando hacia la entrega de valor.

3.12 PERMITIR EL CAMBIO PARA LOGRAR EL ESTADO FUTURO PREVISTO

CAMBIO

Preparar a los afectados para la adopción y el mantenimiento de comportamientos y procesos nuevos y diferentes, requeridos para la transición del estado actual al estado futuro previsto creado por los resultados del proyecto.

▶ Un enfoque estructurado para el cambio ayuda a las personas, los grupos y la organización a pasar del estado actual a un estado futuro deseado.

▶ El cambio puede originarse a partir de influencias internas o fuentes externas.

▶ Facilitar el cambio puede ser un desafío, ya que no todos los interesados lo van a aceptan.

▶ Intentar demasiados cambios en un periodo corto puede provocar fatiga y/o resistencia al cambio.

▶ El involucramiento de los interesados y los enfoques motivacionales contribuyen a la adopción del cambio.

Gráfico 3-13. Permitir el Cambio para Lograr el Estado Futuro Previsto

Seguir siendo relevante en el entorno empresarial actual es un desafío fundamental para todas las organizaciones. La relevancia implica responder a las necesidades y deseos de los interesados. Esto requiere evaluar continuamente las ofertas en beneficio de los interesados, responder rápidamente a los cambios y actuar como agentes para el cambio. Los directores del proyecto gozan de una posición única para mantener una organización preparada para los cambios. Los proyectos, por su propia definición, crean algo nuevo: son agentes de cambio.

La gestión o habilitación de cambios es un enfoque integral, cíclico y estructurado para la transición de individuos, grupos y organizaciones desde un estado actual a un estado futuro en el que concretizan los beneficios deseados. Difiere del control de cambios al proyecto, que es un proceso por medio del cual se identifican y documentan las modificaciones de documentos, entregables o líneas base asociados con el proyecto, y luego se aprueban o rechazan.

El cambio en una organización puede originarse de fuentes internas, tales como la necesidad de una nueva capacidad, o en respuesta a una brecha en el desempeño. El cambio también puede originarse en fuentes externas, tales como avances tecnológicos, cambios demográficos o presiones socioeconómicas. Cualquier tipo de cambio implica algún nivel de adaptabilidad o asimilación por parte del grupo que experimenta el cambio, así como los sectores industriales con las que interactúa el grupo.

El cambio puede ser implementado por los interesados y tener consecuencias para ellos. Habilitar el cambio de los interesados hace parte de facilitar que el proyecto proporcione el entregable requerido, así como el resultado previsto.

Habilitar el cambio en una organización puede resultar un desafío. Algunas personas pueden lucir como inherentemente resistentes al cambio o reacias al riesgo, y los entornos pueden exhibir una cultura conservadora, entre otras razones. La gestión de cambios efectiva utiliza una estrategia motivacional en lugar de una enérgica. El involucramiento y la comunicación bidireccional crean un ambiente en el que la adopción y asimilación del cambio pueden ocurrir o identificar algunas preocupaciones válidas de los usuarios resistentes, que pueden requerir ser abordadas.

Los miembros del equipo del proyecto y los directores del proyecto pueden trabajar con los interesados relevantes para abordar la resistencia, la fatiga y la absorción de cambios a fin de aumentar la probabilidad de que los clientes o receptores de los entregables del proyecto adopten o asimilen el cambio con éxito. Esto incluye comunicar tempranamente en el proyecto la visión y las metas asociadas con el cambio a fin de lograr la aceptación del mismo. Los beneficios del cambio y el impacto en los procesos de trabajo deberían comunicarse a todos los niveles organizacionales a lo largo del proyecto.

También es importante adaptar la velocidad del cambio al apetito de cambio, el costo y la capacidad de los interesados y el entorno para asimilar el cambio. Intentar generar demasiados cambios en un tiempo demasiado corto puede llevar a que se genere resistencia debido a la saturación del cambio. Incluso cuando los interesados acuerdan unánimemente que el cambio producirá más valor o mejorará los resultados, a menudo todavía tienen dificultades para trabajar a través de las acciones que proporcionarán mayores beneficios. Para fomentar la materialización de beneficios, el proyecto también puede incluir actividades para reforzar el cambio después de su implementación, con el fin de evitar que las personas regresen al estado inicial.

Reconocer y abordar las necesidades de los interesados para adoptar el cambio a lo largo del ciclo de vida del proyecto ayuda a integrar el cambio resultante en el trabajo del proyecto, lo que hace que sea más probable un resultado exitoso.

Puede encontrarse más información sobre la gestión de cambios en la organización en *Gestión del Cambio en las Organizaciones: Guía Práctica* [4].

REFERENCIAS

[1] Project Management Institute. 2016. *PMI Lexicon of Project Management Terms.* Disponible en http://www.pmi.org/lexiconterms

[2] Project Management Institute. 2006. *PMI Code of Ethics and Professional Conduct.* Disponible en http://www.pmi.org/codeofethics

[3] Project Management Institute. 2019. *The Standard for Risk Management in Portfolios, Programs, and Projects.* Newton Square, PA: Autor.

[4] Project Management Institute. 2013. *Gestión del Cambio en las Organizaciones: Guía Práctica (Gestión del Cambio en las Organizaciones: Guía Práctica).* Newtown Square, PA: Autor.

Índice

A

Acta de Constitución. *Ver* Acta de constitución del proyecto; Acta de constitución del equipo
Actitud frente al riesgo, 53
Actividades de calidad, 48
Activos de conocimiento, 17
Activos de datos, 17
Activos de procesos, 17
Acuerdos
    equipo, 29
Acuerdos del equipo, 29
Adaptabilidad
    definición, 55
    resiliencia y, principio, 55–57
Adaptación
    beneficios, directos e indirectos, 46
    contexto y, principio, 44–46
    definición, 44
    resultados positivos y, 46
Administración, principio, 24–27
    confiabilidad y, 27
    cuidado y, 26
    cumplimiento y, 27
    deberes, 25–27
    dentro de la organización, 25
    fuera de la organización, 25
    integridad y, 26
    significados y contextos, 25
    visión general, 24
Ambigüedad
    definición, 51
    incertidumbre y, 51
Amenaza(s)
    disminución de la exposición, 53
Análisis costo-beneficio, 35
Apetito al riesgo
    definición, 54

Apetito de cambio, 59
Apoyo
    facilitación y, 14
Audiencia, 5
Auditorías, calidad, 48
Autoridad
    entorno colaborativo del equipo de proyecto y, 30
    liderazgo, en contraste con, 41

B

Bases de datos, comerciales, 18
Beneficio(s)
    enfoque de proyecto adaptado y, 46
    valor y, 10

C

Calidad
    definición, 47
    dimensiones, 48
    para procesos y entregables, principio, 47–49
Cambio
    inesperado, 57
    origen, 59
    permitir lograr el estado futuro previsto, principio 58–59
Cambio de interesados, 59
Cambio requerido, 13
Capacidad de los empleados, 17
Caso de negocio
    actualizar, 35
    contenidos, 34
    inicio del proyecto y, 34
    soluciones y, 57
    valor y, 34

Ciclo de vida del producto
　definición, 19
　dirección de programas, 20
　dirección de proyectos, 20
　gestión del producto, 19, 20
　muestra, 19
Ciclo de vida del proyecto
　adaptación y, 46
　complejidad y, 50, 52
Cierre del proyecto, 16, 57
Código de ética, 21
Competencias, 17, 20
Complejidad
　ciclo de vida del proyecto y, 52
　definición, 50
　fuentes, 51
　navegación, principio, 50–52
　proyecto, 50
Complejidad del proyecto, 50
Comportamiento
　humano, 51
　del sistema, 51
Comportamiento del sistema, 51
Comportamiento humano, 51
Comportamientos de liderazgo, principio, 40–43
　carácter personal y, 43
　en contraste con autoridad, 41
　estilos de liderazgo, 41
　facilitación neutral y, 42
　motivadores y, 43
Comunicación
　bidireccional, 59
　conversación, 41
　involucramiento y, 33
Conceptos clave, 4–5
Conducta profesional, 21
Confiabilidad, 48
　administradores y, 27
Confidencialidad, 17
Conformidad, 48
Consideraciones financieras, 18
Contexto, adaptación basada en, principio, 44–46
Contratista(s), 38. *Ver también* Subcontratistas
Contribución de valor, 36
Control de cambios
　pensamiento sistémico y, 54
　proyecto, 58

Control de cambios del proyecto, 58
Conversación, 41
Coordinación
　supervisión y, 13
　tipos, 12
Corrupción del alcance, 55, 56
Criterios de aceptación, 48, 49
Cuidado, administración y, 26
Cultura, organización y, 17
Cumplimiento
　administración y, 24, 27

D

Desempeño, 48
Destreza, 15
Dirección de programas
　dentro del ciclo de vida del producto, 20
Dirección de proyectos
　definición, 4
　dentro de un ciclo de vida del producto, 20
　dentro de un programa, 20
　valores y, 21
Director(es). *Ver también* Director de proyectos
Director del proyecto. *Ver también* Competencias; Habilidades de liderazgo
　definición, 4
Distribución geográfica de instalaciones/ recursos, 17
Documentación de la gobernanza, 17
Dominios. *Ver* Dominios de desempeño; Dominios de desempeño del proyecto

E

EDT/WBS. *Ver* Estructura de desglose del trabajo
Eficiencia, 48
Enfoque holístico, 57
Entorno. *Ver también* Entornos adaptativos; Entorno global; Entorno del proyecto
　externo, 18
　físico, 18
　interno, 16–17
　negocio, 42, 58
　reglamentario, 18

Entorno colaborativo del equipo de proyecto, principio 28–30
    acuerdos del equipo, 29
    estructuras organizacionales, 29
    procesos y, 29
    roles, responsabilidades y, 30
Entorno del equipo del proyecto, colaborativo, 28–30
Entorno del equipo, colaborativo, 28
    principio, 29–30
Entorno del proyecto
    adaptabilidad, resiliencia y, 56–57
    entorno externo, 18
    entorno interno, 16–17
Entorno empresarial, 42, 58
Entorno externo, 18
Entorno físico, 18
Entorno interno, 16–17
Entorno regulatorio, 18
Entornos adaptativos
    dirección, percepción y, 15
    retroalimentación y, 14
Entornos híbridos
    dirección, percepción y, 15
    retroalimentación y, 14
Entrega de valor. *Ver también* Sistema para la entrega de valor
    componentes, 8
Entregable(s). *Ver también* Resultado(s)
    actividades de calidad y, 48
    flujo de información y, 11
    incorporación de la calidad en los procesos y los entregables 47
    principios, 48–49
    productos como, 18, 20
    resultados y, 10, 34, 36, 57
Equipo(s). *Ver* Equipo(s) del proyecto
Equipo de dirección del proyecto. *Ver también* Equipo(s) del proyecto
Equipo(s) del proyecto
    adaptación y, 45
    complejidad y, 52
    definición, 5
    diversos, 30
    interesados y, 33
    medición de calidad y, 48
    pensamiento sistémico y, 38
    riesgos y, 53–54
Escucha activa, 42

Estándares de la industria, 18
Estrategia de negocio, 35
Estructura de desglose del trabajo (EDT/WBS)
    descomposición y, 29
Estructura(s) organizacional(es)
    entorno colaborativo del equipo de proyecto y, 29
Estudio de viabilidad, 34
Ética, código de, 21
Éxito, 32. *Ver también* Éxito del proyecto
    valor y, 34
Éxito del proyecto
    adaptación y, 44
    liderazgo y, 43
Expectativas de los interesados, 49

F

Facilitación
    apoyo y, 14
    habilidad de liderazgo y, 42
Flujo de la información, sistema de entrega de valor, 11

G

Gestión. *Ver también* Gestión de productos; Dirección de programas; Dirección de proyectos
    cadena de suministro, 8
    cambio, 58
    riesgo, 32
Gestión de cambios, 58
Gestión del producto
    consideraciones, 18–20
    dentro de un programa, 20
    formas de, 20
Gobernanza. *Ver también* Gobernanza organizacional
    cultura, estructura y, 17
    mantenimiento, 16
    portafolio, 19
    proyecto, 11
    sistemas organizacionales, 12
Gobernanza del proyecto, 11
Gobernanza organizacional
    sistemas, 12

H

Habilidades
   liderazgo, 41
   visión sistémica y, 38–39
Habilidades interpersonales
   involucramiento de los interesados y, 33
Habilidades y técnicas de liderazgo, 42

I

Incertidumbre
   ambigüedad y, 51
   definición, 51
Influencia
   interesados y, 31, 32
   liderazgo y, 41
Influencias y asuntos culturales, 18
Influencias y asuntos sociales, 18
Infraestructura, 17
Ingeniería del valor, 36
Innovación
   facilitación, 16
   tecnológica, 51
Innovación tecnológica, 51
Inspección, 48, 56
Instalaciones, distribución geográfica, 17
Integridad, 26
Interacciones del sistema, principio, 37–39
   resultados positivos y, 39
   Interesado(s) en el proyecto externo, 25, 56
Interesado(s). *Ver también* Interesado(s)
   en el proyecto
   aspectos del proyecto y, 32
   equipos del proyecto como grupo, 33
   externo, 25, 56
Investigación académica, 18
Involucramiento de los interesados, eficaz, 31
   principio, 32–33
Involucramiento. *Ver también* Involucramiento
   de los interesados
   comunicación y, 33, 59

J

Justificación del proyecto, 35

L

Liderazgo
   carácter y, 43
   compartido, 43
   en contraste con autoridad, 41
   estilos y, 41
   motivación y, 43

M

Materialización de beneficios
   interesados y, 32
Materialización del valor, 36
Mejora, continua, 42
Metodología, definición, 45
Monitoreo
   riesgos del proyecto y, 54
Motivación
   gestión de cambios y, 59
   liderazgo y, 43

N

Navegación por la complejidad, principio, 50
Necesidad del negocio, 35

O

Objetivos
   retroalimentación y, 13–14
Oportunidades
   adaptación y, 57
   identificación de, 16
   maximización, 53, 54
Organización(es)
   definición, 7
Organización ejecutante, 4, 35, 36
Organización patrocinadora, 19
Orientación empresarial, 15

P

Parámetros, 29
Patrocinador del proyecto, 57

Pensamiento sistémico
  condiciones internas y externas, 38
  elementos de programación, 38
  equipo del proyecto y, 38
  habilidades y, 38-39
Perspectivas
  contribución, 14
  orientación empresarial y, 15
Portafolio(s)
  definición, 4
  flujo de información y, 11
  gobernanza, 19, 20
Principios de la dirección de proyectos
  adaptabilidad y resiliencia, adopción, 55-57
  adaptación, contexto y, 44-46
  administración, 24-27
  calidad, incorporación en los procesos y los entregables, 47-49
  permitir cambios para lograr el estado futuro previsto, 58-59
  comportamientos de liderazgo, 40-43
  enfoque sobre el valor, 34-36
  entorno colaborativo del equipo de proyecto, 28-30
  etiquetas de principios, 23
  interacciones del sistema y, 37-39
  involucramiento de los interesados, 31-33
  navegación de la complejidad, 50-52
  optimización de respuestas a los riesgos, 53-54
  principios generales de dirección y, 22
  visión general, 21-23
Principios generales de dirección, 22
Proceso(s)
  adaptación, 45
Procesos de gestión de calidad, resultados positivos, 49
Producto(s)
  definición, 4
Programa(s)
  definición, 4
  gestión del producto, 20
Programas subsidiarios, 4, 20
Proyecto(s)
  caso de negocio y, 34
  como agentes de cambio, 58
  definición, 4, 50
  efectos, 27
  factores internos y externos, 55

funciones asociadas, 12-16
retroalimentación y, 14
singularidad y, 45
Proyectos de elevado desempeño, 42

R

Recurso(s)
  dirección y, 15-16
  disponibilidad, 17
  distribución geográfica de, 17
Redes sociales, 51
Relevancia, 58
Rendición de cuentas
  entorno colaborativo del equipo de proyecto y, 30
Requisito(s)
  definición, 48
  negocio, 35
  proyecto, 4, 14, 32
Requisitos comerciales, 35
Requisitos de calidad
  identificación, 32
Requisitos del proyecto, 4, 14, 32
Resiliencia, 48
  adaptabilidad y, principio, 55-57
  definición, 55
Resolución de problemas, 57
Responsabilidad, entorno colaborativo del equipo de proyecto y, 30
Respuestas a los riesgos, optimización, 53
  principio, 54
Resultado(s)
  actualización, 35
  adaptación de proyectos y, 46
  definición, 4
  interacciones del sistema y, 39
  interesados y, 32
  liderazgo y, 43
  visualización, 57
Retroalimentación, objetivos y, 13-14
Riesgo(s). *Ver también* Amenaza(s); Oportunidades; Riesgos del proyecto
  definición, 53
  equipos de proyecto y, 53-54
  identificación, 53
  negativos (amenazas), 53
  positivos (oportunidades), 53

Riesgos del proyecto
    exposición, 54
    gestión, 54
Riesgos negativos (amenazas), 53
Riesgos positivos, 53. *Ver también*
    Oportunidades
Rol(es)
    claridad, 30
    definiciones, 53
    liderazgo y, 40, 41

S

Salida(s)
    resultados y, 4, 35, 55
Satisfacción, 48
Seguridad, 17
Sistema para la entrega de valor, 7–20
    componentes, sistema de muestra, 10
    consideraciones sobre gestión del producto, 18
    creación de valor, 7–11
    definición, 5
    ejemplo, 9
    entorno del proyecto, 16
    flujo de información y, 11
    funciones asociadas con proyectos, 12–16
    sistemas de gobernanza organizacional y, 12
    visión general, 7
Sistema(s)
    definición, 37
    sistema de, 37
Sistemas de gestión de la configuración, 17

Software
    materialización del valor y, 36
    tecnología informática, 17
Software informático, 17
Sostenibilidad, 25, 48
Subcontratista(s), 17, 38, 50
Supervisión, coordinación y, 13
Supuesto(s), 35, 39

T

Términos clave, 4–5
Toma autocrática de decisiones, 41
Trabajo, desempeño, 14

U

Umbral de riesgo, 54
Uniformidad, 48

V

Valor. *Ver también* Sistema para la entrega
    de valor
    componentes de la entrega, 8–10
    creación, 7–11
    definición, 5, 35
    enfoque sobre, principio, 34–36
    optimización, 57
Variaciones, 54
Visión holística, 27, 37, 44, 56

GUÍA DE LOS FUNDAMENTOS PARA LA DIRECCIÓN DE PROYECTOS

(GUÍA DEL PMBOK®)

Introducción

En esta sección se describe información importante sobre la *Guía de los Fundamentos para la Dirección de Proyectos (Guía del PMBOK®)* – Séptima Edición. Describe la relación de la *Guía del PMBOK®* con *El Estándar para la Dirección de Proyectos* [1][1], los cambios en la PMBOK, la relación con PMIstandards+™ (la plataforma digital del PMI para los estándares), y proporciona una breve visión general del contenido.

1.1 ESTRUCTURA DE LA *GUÍA DEL PMBOK®*

Además de esta Introducción, esta edición de la *Guía del PMBOK®* contiene tres secciones:

- **Sección 2 Dominios de Desempeño del Proyecto.** La presente sección identifica y describe ocho dominios de desempeño del proyecto que forman un sistema integrado para permitir la ejecución satisfactoria del proyecto y los resultados previstos.

- **Sección 3 Adaptación.** Esta sección describe qué es la adaptación, y presenta una visión general de lo que se debe adaptar y cómo se debe proceder para adaptar los proyectos individuales.

- **Sección 4 Modelos, Métodos y Artefactos.** En esta sección se presenta una breve descripción de los modelos, métodos y artefactos de uso común. Estos modelos, métodos y artefactos ilustran la gama de opciones que los equipos de proyecto pueden utilizar para producir entregables, organizar el trabajo y permitir la comunicación y la colaboración.

---

[1] Los números entre corchetes remiten a la lista de referencias que aparece al final de la *Guía del PMBOK®*.

1.2 RELACIÓN ENTRE LA *GUÍA DEL PMBOK®* Y *EL ESTÁNDAR PARA LA DIRECCIÓN DE PROYECTOS*

El trabajo en los dominios de desempeño del proyecto se guía por los principios de la dirección de proyectos. Como se describe en *El Estándar para la Dirección de Proyectos* [1], un principio es una norma, verdad o valor fundamental. Los principios para la dirección de proyectos proporcionan una guía para el comportamiento de las personas involucradas en los proyectos, ya que influyen y dan forma a los dominios de desempeño para producir los resultados previstos. Al mismo tiempo que se presenta una superposición conceptual entre los principios y los dominios de desempeño, los principios guían el comportamiento, mientras que los dominios de desempeño presentan amplias áreas de enfoque en las que demostrar ese comportamiento. En el Gráfico 1-1 se muestra cómo los principios de la dirección de proyectos se sitúan por encima de los dominios de desempeño, proporcionando orientación a las actividades en cada uno de los dominios de desempeño.

Principios de la Dirección de Proyectos			
Ser un administrador diligente, respetuoso y cuidadoso	Crear un entorno colaborativo del equipo	Involucrarse eficazmente con los interesados	Enfocarse en el valor
Reconocer, evaluar y responder a las interacciones del sistema	Demostrar conductas de liderazgo	Adaptar con base en el contexto	Incorporar la calidad en los procesos y los entregables
Navegar en la complejidad	Optimizar las respuestas a los riesgos	Adoptar la adaptabilidad y la resiliencia	Permitir el cambio para lograr el estado futuro previsto

Guiar el comportamiento ↓

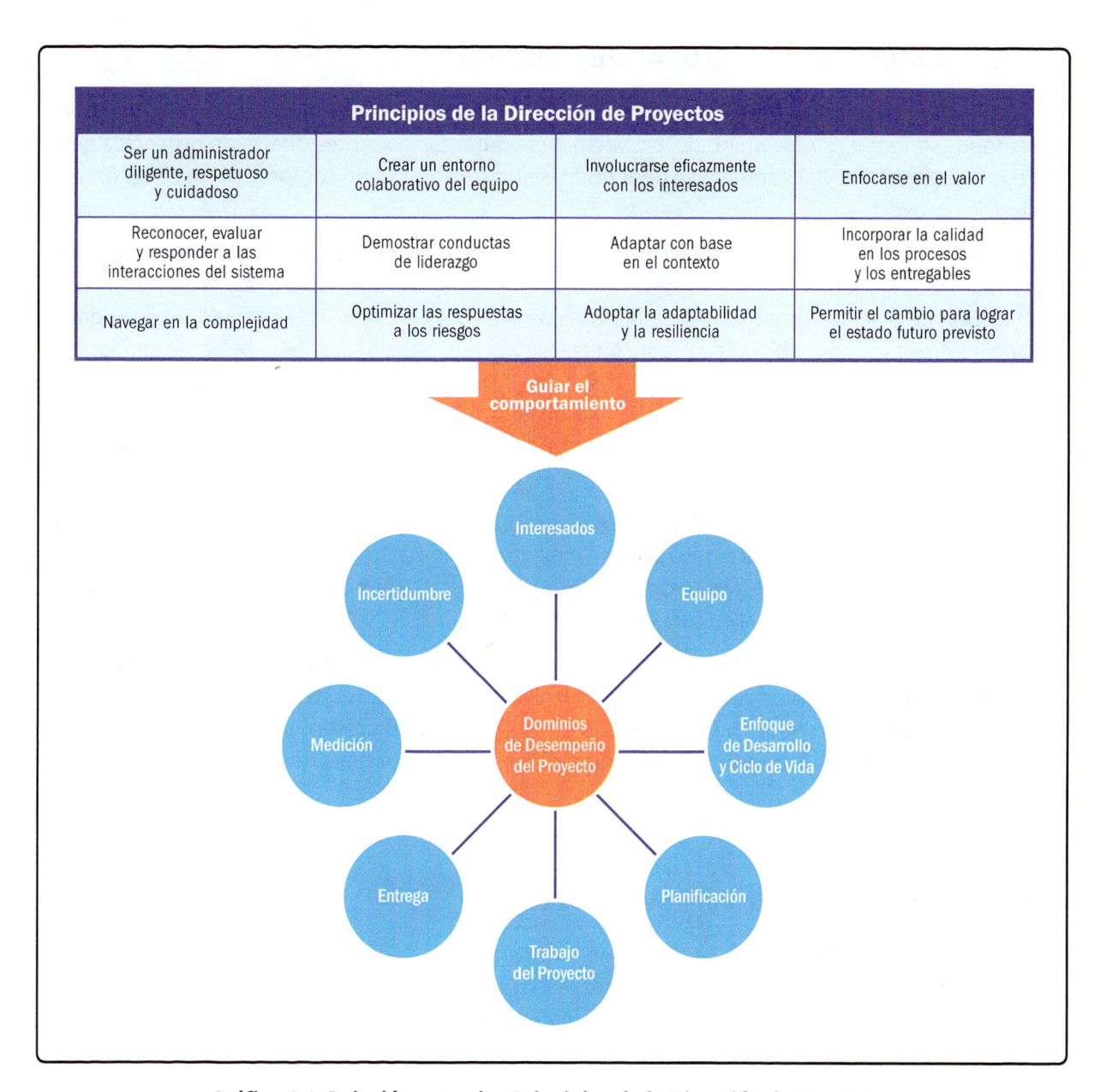

Dominios de Desempeño del Proyecto:
- Interesados
- Equipo
- Enfoque de Desarrollo y Ciclo de Vida
- Planificación
- Trabajo del Proyecto
- Entrega
- Medición
- Incertidumbre

Gráfico 1-1. Relación entre los Principios de la Dirección de Proyectos y los Dominios de Desempeño del Proyecto

1.3 CAMBIOS EN LA *GUÍA DEL PMBOK*®

Esta edición de la *Guía del PMBOK*® se centra en la entrega de resultados independientemente del enfoque utilizado por el equipo del proyecto. Sin embargo, los profesionales de proyectos que utilicen la *Guía del PMBOK*® también se benefician de un cierto nivel de comprensión sobre cómo realizar los proyectos.

Esta edición es muy diferente de las ediciones anteriores de la *Guía del PMBOK*® que incluían entradas, herramientas/técnicas y salidas (ITTOs). En las ediciones anteriores, las ITTOs apoyaban la aplicación de diversos procesos utilizados en la dirección de proyectos. El paso de un estándar basado en procesos a otro basado en principios exige un enfoque diferente para pensar en los diversos aspectos de la dirección de proyectos. De esa manera, los dominios de desempeño del proyecto representan un grupo de actividades relacionadas que son fundamentales para la consecución efectiva de los resultados de los proyectos. En esta guía existen ocho dominios de desempeño del proyecto.

La adaptación consiste en la adecuación deliberada del enfoque, la gobernanza y los procesos de la dirección de proyectos para que resulten más adecuados para el entorno y el trabajo en cuestión. El proceso de adaptación se rige por los principios rectores de la dirección de proyectos, los valores organizacionales y la cultura organizacional.

Al abarcar todo el espectro de los enfoques a los proyectos, esta edición de la *Guía del PMBOK*® reconoce que ninguna publicación puede captar todas las herramientas, técnicas o prácticas que los equipos de proyectos podrían utilizar. Por lo tanto, esta edición presenta una serie de modelos, métodos y artefactos de uso común que los profesionales de proyectos pueden utilizar para realizar su trabajo.

1.4 RELACIÓN CON PMIstandards+

La información de esta guía se amplía en PMIstandards+, la plataforma de contenido digital del PMI. La plataforma digital abarca las prácticas actuales y emergentes, y otra información útil relacionada con la biblioteca de estándares del PMI. Incluye también ejemplos prácticos de aplicación en diversos contextos y segmentos de la industria. PMIstandards+ evolucionó como respuesta a los avances y cambios en la forma en que los proyectos pueden ser llevados a cabo. Ofrece fundamentos dinámicos con acceso a información exhaustiva y en tiempo real que está alineada con los estándares del PMI y cuidadosamente revisada por un panel de expertos en la materia que representan una amplia gama de conocimientos especializados.

Dominios de Desempeño del Proyecto

Un dominio de desempeño del proyecto es un grupo de actividades relacionadas que son fundamentales para la entrega efectiva de los resultados de los proyectos. Los dominios de desempeño del proyecto son áreas de énfasis interactivas, interrelacionadas e interdependientes que funcionan al unísono para conseguir los resultados deseados del proyecto. Existen ocho dominios de desempeño del proyecto:

- ▶ Interesados,
- ▶ Equipo,
- ▶ Enfoque de Desarrollo y Ciclo de Vida,
- ▶ Planificación,
- ▶ Trabajo del Proyecto,
- ▶ Entrega,
- ▶ Métricas, e
- ▶ Incertidumbre.

Juntos, los dominios de desempeño forman un conjunto unificado. De esta manera, los dominios de desempeño funcionan como un sistema integrado, en el que cada dominio de desempeño es interdependiente de los demás dominios de desempeño para permitir la entrega satisfactoria del proyecto y sus resultados previstos.

Los dominios de desempeño se ejecutan simultáneamente a lo largo del proyecto, independientemente de la forma en que se entregue el valor (frecuentemente, periódicamente o al final del proyecto). Por ejemplo, los líderes de proyecto le dedican tiempo a los interesados, al equipo de proyecto, al ciclo de vida del proyecto, al trabajo del proyecto y así sucesivamente, desde el comienzo del proyecto hasta su clausura. Estas áreas de interés no son abordadas como esfuerzos aislados porque se superponen e interconectan. Las maneras en que se relacionan los dominios de desempeño son diferentes para cada proyecto, pero están presentes en cada uno.

Las actividades específicas que se llevan a cabo en cada uno de los dominios de desempeño están determinadas por el contexto de la organización, el proyecto, los entregables, el equipo de proyecto, los interesados y otros factores. Los dominios de desempeño son presentados en las siguientes secciones, sin que haya una ponderación o un orden específico.

2.1 DOMINIO DE DESEMPEÑO DE LOS INTERESADOS

DOMINIO DE DESEMPEÑO DE LOS INTERESADOS	
El Dominio de Desempeño de los Interesados se ocupa de las actividades y funciones asociadas con los interesados	La ejecución efectiva de este dominio de desempeño tiene los siguientes resultados deseados: ▶ Una relación de trabajo productiva con los interesados a lo largo del proyecto. ▶ Acuerdo de los interesados con los objetivos del proyecto. ▶ Los interesados que son beneficiarios del proyecto brindan apoyo y están satisfechos; los interesados que pueden oponerse al proyecto o a sus entregables no afectan negativamente los resultados del proyecto.

Gráfico 2-1. Dominio de Desempeño de los Interesados

Las siguientes definiciones son relevantes para el Dominio de Desempeño de los Interesados:

Interesado. Individuo, grupo u organización que puede afectar, verse afectado o percibirse a sí mismo como afectado por una decisión, actividad o resultado de un proyecto, programa o portafolio.

Análisis de Interesados. Método que consiste en recopilar y analizar de manera sistemática información cuantitativa y cualitativa, a fin de determinar los intereses de quiénes deberían tenerse en cuenta a lo largo del proyecto.

Los proyectos son realizados por las personas y para las personas. Este ámbito de desempeño implica trabajar con los interesados para mantener la alineación y colaborar con ellas para fomentar las relaciones positivas y la satisfacción.

Los interesados incluyen individuos, grupos y organizaciones (véase Gráfico 2-2). Un proyecto puede tener un pequeño grupo de interesados o, potencialmente, millones de interesados. Puede haber diferentes interesados en diferentes fases del proyecto, y la influencia, el poder o los intereses de los interesados pueden cambiar a medida que se desarrolla el proyecto.

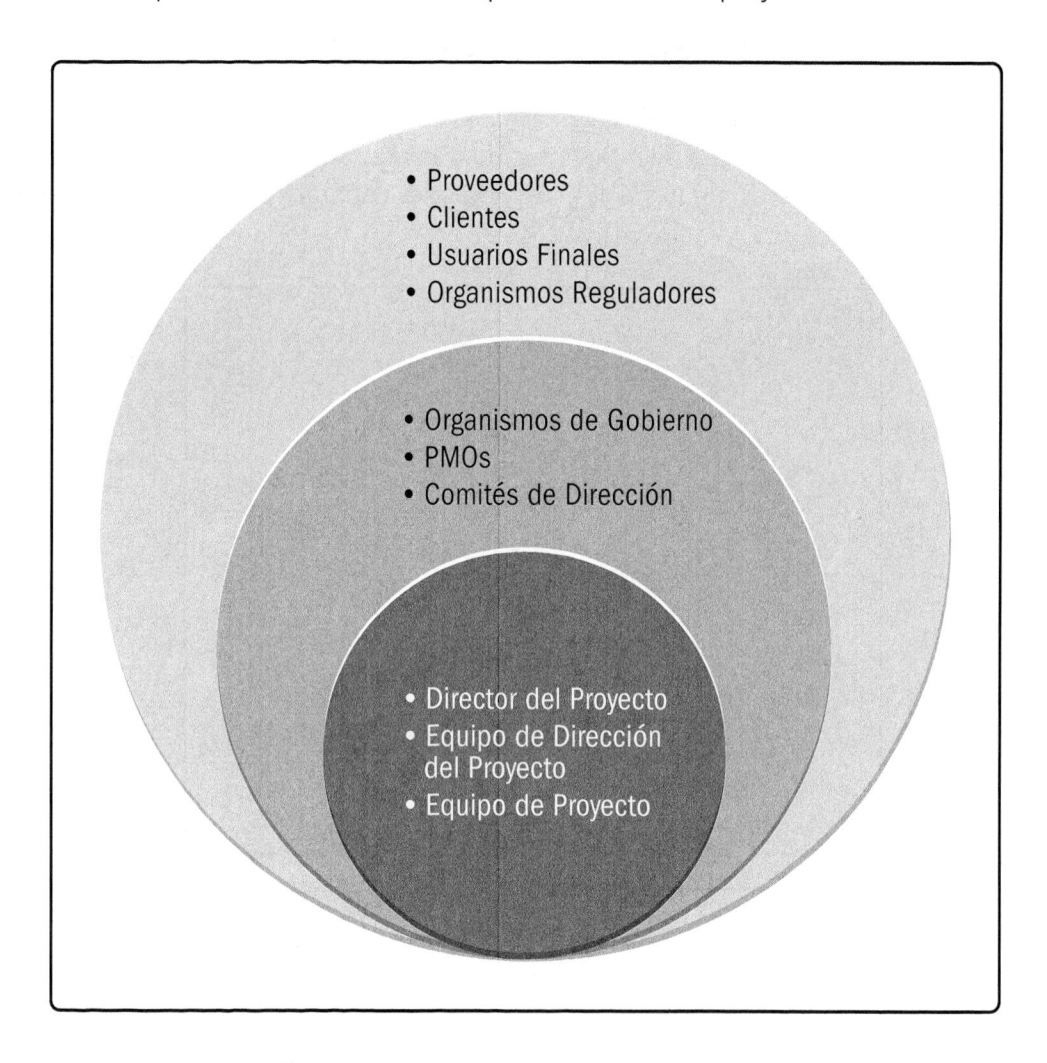

Gráfico 2-2. Ejemplos de Interesados del Proyecto

La identificación, análisis y participación efectivos de los interesados incluye a los interesados internos y externos a la organización, a los que apoyan el proyecto y a aquellos que pueden no apoyarlo o son neutrales. Si bien es cierto que contar con las habilidades técnicas pertinentes para la dirección de proyectos es un aspecto importante de los proyectos exitosos, contar con las habilidades interpersonales y de liderazgo para trabajar eficazmente con los interesados es tan o más importante.

2.1.1 INVOLUCRAMIENTO DE LOS INTERESADOS

El involucramiento de los interesados comprende la aplicación de estrategias y medidas para promover la participación productiva de los interesados. Las actividades de involucramiento de los interesados comienzan antes o cuando se inicia el proyecto y continúan a lo largo del mismo.

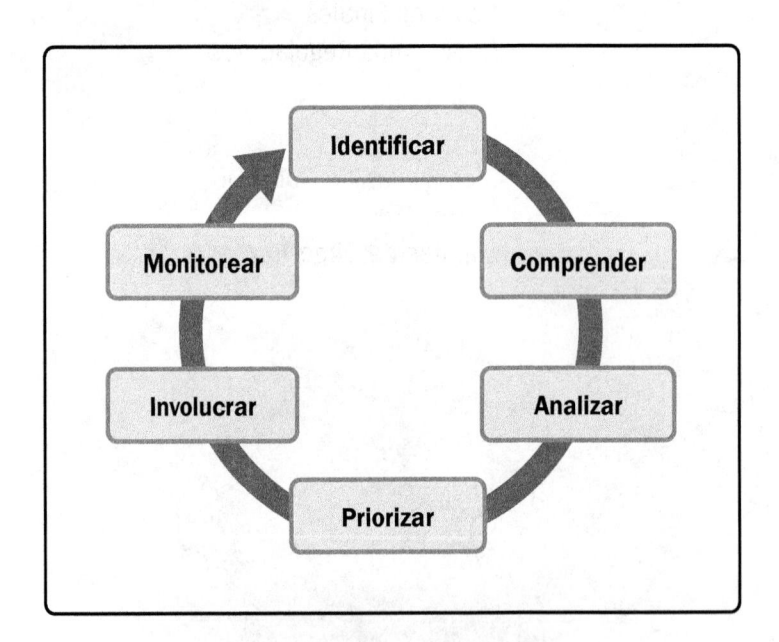

Gráfico 2-3. Navegando por el Involucramiento Eficaz de los Interesados

Definir y compartir una clara visión al comienzo del proyecto puede permitir buenas relaciones y alineación en todo el proyecto. El establecimiento de una visión clara con la que los principales interesados estén de acuerdo puede implicar algunas negociaciones difíciles, especialmente con los interesados que no estén necesariamente a favor del proyecto o de sus resultados previstos. Como se muestra en el Gráfico 2-3, existen varios pasos para lograr la participación efectiva de los interesados.

2.1.1.1 Identificar

La identificación de los interesados de alto nivel puede llevarse a cabo antes de formar el equipo de proyecto. La identificación detallada de los interesados elabora en forma progresiva el trabajo inicial y es una actividad continua a lo largo del proyecto. Algunos interesados resultan fáciles de identificar, como el cliente, el patrocinador, el equipo de proyecto, los usuarios finales, etc., pero otros pueden ser difíciles de identificar cuando no están directamente relacionados con el proyecto.

2.1.1.2 Comprender y analizar

Una vez identificados los interesados, el director del proyecto y el equipo de proyecto deberían tratar de comprender los sentimientos, emociones, creencias y valores de los interesados. Estos elementos pueden llevar a amenazas u oportunidades adicionales para los resultados del proyecto. También pueden cambiar rápidamente, por lo que comprender y analizar a los interesados es una acción continua.

La necesidad de analizar los aspectos de la posición y la perspectiva de cada interesado respecto del proyecto está relacionada con la comprensión de los interesados en el mismo. En el análisis de los interesados se tienen en cuenta varios aspectos de los mismos, como por ejemplo

- Poder,
- Impacto,
- Actitud,
- Creencias,
- Expectativas,
- Grado de influencia,
- Cercanía al proyecto,
- Interés en el proyecto, y
- Otros aspectos relacionados con la interacción de los interesados con el proyecto.

Esta información ayuda al equipo de proyecto a tomar en consideración las interacciones que pueden influir en las motivaciones, acciones y comportamientos de los interesados. Además del análisis individual, el equipo de proyecto debería tomar en consideración la forma en que los interesados interactúan entre sí, ya que a menudo forman alianzas que ayudan con los objetivos del proyecto o los obstaculizan. Por ejemplo, si el equipo de proyecto cree que un gerente comercial clave es muy influyente pero tiene percepciones negativas relacionadas con el proyecto, puede estudiar la forma de detectarlas y responder adecuadamente a medida que el proyecto se desarrolla. En todos los casos, el equipo de proyecto debe mantener la confidencialidad del trabajo de análisis, ya que la información podría ser mal interpretada fuera del contexto del análisis.

2.1.1.3 Priorizar

En muchos proyectos hay demasiados interesados para que el equipo de proyecto pueda involucrarse directa o eficazmente con todos ellos. Basado en su análisis, el equipo de proyecto puede completar una priorización inicial de los interesados. Resulta habitual enfocarse en los interesados con más poder e interés como una forma de priorizar el involucramiento. A medida que se desarrollen los eventos a lo largo del proyecto, es posible que el equipo de proyecto tenga que volver a establecer prioridades en función de nuevos interesados o de cambios que se produzcan en el panorama de los interesados.

2.1.1.4 Involucrar

El involucramiento de los interesados supone trabajar en colaboración con ellos para presentar el proyecto, obtener sus requisitos, gestionar las expectativas, resolver incidentes, negociar, establecer prioridades, resolver problemas y tomar decisiones. El involucramiento de los interesados requiere la aplicación de habilidades blandas, como escuchar de forma activa, habilidades interpersonales y gestión de conflictos, así como habilidades de liderazgo, tales como el establecimiento de la visión y el pensamiento crítico.

La comunicación con los interesados puede producirse por medios escritos o verbales, y puede ser formal o informal. En la Tabla 2-1 se muestran ejemplos de cada tipo de comunicación.

Tabla 2-1. Tipos de Comunicación

Tipo	Formal	Informal
Verbal	Presentaciones Revisiones del proyecto Reuniones informativas Demostraciones del producto Tormenta de ideas	Conversaciones Discusiones ad hoc
Por escrito	Informes de avance Documentos del proyecto Caso de negocio	Notas breves Correo electrónico Mensajería instantánea/ mensajes de texto Redes sociales

Los métodos de comunicación incluyen la comunicación de tipo push/pull e interactiva:

▶ **Push.** Comunicaciones enviadas a los interesados, tales como memorandos, correos electrónicos, informes de estado, correo de voz, etc. La comunicación de tipo push se utiliza para las comunicaciones unidireccionales con interesados individuales o grupos de interesados. La comunicación de tipo push inhibe la capacidad de apreciar inmediatamente la reacción y evaluar la comprensión; por lo tanto, debería utilizarse deliberadamente.

▶ **Pull.** Información buscada por el interesado, tal como un miembro del equipo de proyecto que accede a una intranet para encontrar políticas o plantillas de comunicación, realizar búsquedas en Internet y utilizar repositorios en línea. La información extraída se utiliza para la detección indirecta de las inquietudes de los interesados.

El involucramiento va más allá de la comunicación de tipo push o pull. El involucramiento es interactivo. Incluye un intercambio de información con uno o más interesados, tales como conversaciones, llamadas telefónicas, reuniones, tormenta de ideas, demostraciones de productos, etc.

Con todas las formas de comunicación, los ciclos de retroalimentación rápida proporcionan información útil para:

▶ Confirmar hasta qué grado los interesados escucharon el mensaje.

▶ Determinar si los interesados están de acuerdo con el mensaje.

▶ Identificar los mensajes entre líneas o no intencionados que el destinatario haya detectado.

▶ Obtener otras percepciones útiles.

2.1.1.5 Monitorear

A lo largo del proyecto, los interesados cambiarán a medida que se identifiquen nuevos interesados y otros dejen de serlo. A medida que avanza el proyecto, es posible que cambie la actitud o el poder de algunos interesados. Además de identificar y analizar a los nuevos interesados, existe la oportunidad de evaluar si la estrategia actual de involucramiento es eficaz o si es necesario ajustarla. Por consiguiente, el grado y la eficacia del involucramiento de los interesados son supervisados a lo largo de todo el proyecto.

El grado de satisfacción de los interesados se puede determinar a menudo manteniendo una conversación con ellos con el fin de calibrar su satisfacción con los entregables del proyecto y la dirección general del mismo. Las revisiones del proyecto y de las iteraciones, las revisiones de productos, los puntos de transición de las etapas y otros métodos son formas de obtener retroalimentación periódica. Para el caso de grandes grupos de interesados, se puede utilizar una encuesta para evaluar el grado de satisfacción. Cuando sea necesario, el enfoque de involucramiento de los interesados se puede actualizar para lograr una mayor satisfacción de los interesados.

2.1.2 INTERACCIONES CON OTROS DOMINIOS DE DESEMPEÑO

Los interesados están presentes en todos los aspectos del proyecto. Definen y priorizan los requisitos y el alcance del equipo de proyecto. Participan y dan forma a la planificación. Determinan los criterios de aceptación y calidad de los entregables y los resultados del proyecto. Gran parte del trabajo del proyecto gira en torno al involucramiento y la comunicación con los interesados. A lo largo del proyecto o al cierre del mismo, utilizan los entregables del proyecto e influyen en la obtención de los resultados del mismo.

Algunos interesados pueden ayudar a reducir la cantidad de incertidumbre presente en un proyecto, mientras que otros podrían provocar un aumento de la incertidumbre. Los interesados, tales como los clientes, la alta dirección, los jefes de la oficina de dirección de proyectos o los directores de programas, se centrarán en las mediciones de desempeño del proyecto y sus entregables. Estas interacciones son muestras de la forma en que el Dominio de Desempeño de los Interesados se integra y se entrelaza con otros dominios de desempeño, aunque no incluyen todas las formas en que las preocupaciones de los Interesados interactúan en todos los dominios de desempeño.

2.1.3 VERIFICACIÓN DE RESULTADOS

La Tabla 2-2 identifica los resultados a la izquierda y las formas de comprobarlos a la derecha.

Tabla 2-2. Verificación de Resultados — Dominio de Desempeño de los Interesados

Resultado	Verificar
Una relación de trabajo productiva con los interesados a lo largo del proyecto	Se pueden observar relaciones de trabajo productivas con los interesados. Sin embargo, el movimiento de los interesados a lo largo de un continuo de compromiso puede indicar el nivel relativo de satisfacción con el proyecto.
Acuerdo de los interesados con los objetivos del proyecto	Un número significativo de cambios o modificaciones a los requisitos y alcance del proyecto y del producto puede indicar que los interesados pueden no estar involucrados o alineados con los objetivos del proyecto.
Algunos proyectos piden a los interesados del proyecto que firmen el acta de constitución del proyecto, los requisitos del proyecto u otros documentos que indiquen el acuerdo.	Los interesados que son beneficiarios del proyecto brindan apoyo y están satisfechos; los interesados que pueden oponerse al proyecto o a sus entregables no afectan negativamente los resultados del proyecto. El comportamiento de los interesados puede indicar si los beneficiarios del proyecto están satisfechos y apoyan el proyecto o si se oponen a él. Las encuestas, entrevistas y grupos focales también son formas efectivas de determinar si los interesados están satisfechos y brindan apoyo o si se oponen al proyecto y sus entregables.

2.2 DOMINIO DE DESEMPEÑO DEL EQUIPO

DOMINIO DE DESEMPEÑO DEL EQUIPO

El Dominio de Desempeño del Equipo se ocupa de las actividades y funciones asociadas con las personas responsables de producir los entregables del proyecto que hacen realidad los resultados de negocio.

La ejecución efectiva de este dominio de desempeño tiene los siguientes resultados deseados:

▶ Propiedad compartida.
▶ Un equipo de alto rendimiento.
▶ Todos los miembros del equipo demuestran liderazgo aplicable y otras habilidades interpersonales.

Gráfico 2-4. Dominio de Desempeño del Equipo

Este dominio de desempeño implica establecer la cultura y el entorno que permita a un conjunto de diversos individuos evolucionar hasta convertirse en un equipo de proyecto de alto rendimiento. Esto incluye el reconocimiento de las actividades necesarias para fomentar el desarrollo del equipo de proyecto y alentar los comportamientos de liderazgo de todos los miembros del mismo.

Las siguientes definiciones son pertinentes para el Dominio de Desempeño del Equipo:

Director del Proyecto. Persona nombrada por la organización ejecutante para liderar al equipo de proyecto que es responsable de alcanzar los objetivos del mismo.

Equipo de Dirección de Proyecto. Miembros del equipo de proyecto que participan directamente en las actividades de dirección del proyecto.

Equipo de Proyecto. Conjunto de individuos que realizan el trabajo del proyecto con el fin de alcanzar sus objetivos.

2.2.1 DIRECCIÓN Y LIDERAZGO DEL EQUIPO DE PROYECTO

La dirección de proyectos entraña la aplicación de conocimiento, aptitudes, herramientas y técnicas para las actividades de dirección, así como para las actividades de liderazgo. Las actividades de dirección se centran en los medios para cumplir los objetivos de los proyectos, como tener procesos eficaces, planificar, coordinar, medir y supervisar el trabajo, entre otros. Las actividades de liderazgo se enfocan en las personas. El liderazgo abarca influenciar, motivar, escuchar, habilitar y otras actividades que tienen que ver con el equipo de proyecto. Ambos son importantes para lograr los resultados previstos.

2.2.1.1 Dirección y Liderazgo Centralizados

Si bien las actividades de liderazgo deberían ser puestas en práctica por todos los miembros del equipo de proyecto, las actividades de dirección pueden estar centralizadas o distribuidas. En un entorno en el que las actividades de dirección están centralizadas, la rendición de cuentas (ser responsable de un resultado) suele asignarse a una persona, tal como el director del proyecto o a un rol similar. En estas situaciones, un acta de constitución del proyecto u otro documento de autorización puede proporcionar la aprobación para que el director del proyecto forme un equipo de proyecto para alcanzar los resultados del mismo.

2.2.1.2 Dirección y Liderazgo Distribuidos

A veces las actividades de dirección del proyecto se comparten entre un equipo de dirección del proyecto, y los miembros del equipo de proyecto son responsables de completar el trabajo. También hay situaciones en las que un equipo de proyecto puede auto-organizarse para completar un proyecto. En lugar de tener un director de proyecto designado, alguien dentro del equipo de proyecto puede servir de facilitador para permitir la comunicación, la colaboración y el involucramiento Este rol puede moverse entre los miembros del equipo de proyecto

El liderazgo servicial es un estilo de liderazgo que se centra en comprender y abordar las necesidades y el desarrollo de los miembros del equipo de proyecto con el fin de permitir el máximo desempeño posible del equipo de proyecto. Los líderes serviciales hacen hincapié en el desarrollo de los miembros del equipo de proyecto hasta su máximo potencial, centrándose en el tratamiento de cuestiones tales como:

- ▶ ¿Están creciendo como personas los miembros del equipo de proyecto?
- ▶ ¿Los miembros del equipo de proyecto se están volviendo más saludables, más sabios, más libres y más autónomos?
- ▶ ¿Es más probable que los miembros del equipo de proyecto se conviertan en líderes serviciales?

Los líderes serviciales permiten a los equipos de proyecto organizarse por sí mismos cuando es posible y aumentan los niveles de autonomía pasando a los miembros del equipo de proyecto las oportunidades adecuadas para la toma de decisiones. Los comportamientos del liderazgo servicial incluyen:

- **Eliminación de obstáculos.** Dado que es el equipo de proyecto el que genera la mayor parte del valor del negocio, un rol fundamental del líder servicial es maximizar la entrega eliminando los impedimentos para su progreso. Esto incluye la resolución de problemas y la eliminación de los obstáculos que puedan estar dificultando el trabajo del equipo de proyecto. Resolviendo o disminuyendo estos impedimentos, el equipo de proyecto puede entregar valor al negocio más rápidamente.

- **Escudo contra la desviación.** Los líderes serviciales protegen al equipo de proyecto de las desviaciones internas y externas que lo alejan de los objetivos actuales. La fragmentación del tiempo reduce la productividad, por lo que proteger al equipo de proyecto de las demandas externas no críticas ayuda al equipo de proyecto a mantenerse enfocado.

- **Oportunidades de estímulo y desarrollo.** El líder servicial también proporciona herramientas y aliento para mantener al equipo de proyecto satisfecho y productivo. Aprender lo que motiva a los miembros del equipo de proyecto como personas y encontrar formas de recompensarlos por su buen trabajo ayuda a mantener satisfechos a los miembros del equipo de proyecto.

2.2.1.3 Aspectos comunes del Desarrollo del Equipo

Independientemente de la forma en que se estructuren las actividades de dirección, hay aspectos comunes en el desarrollo de los equipos de proyecto que son pertinentes para la mayoría de ellos. Estos incluyen:

- **Visión y objetivos.** Es esencial que todos estén conscientes de la visión y los objetivos del proyecto. La visión y los objetivos son comunicados a lo largo del proyecto. Esto incluye la referencia a los resultados previstos cuando el equipo de proyecto se compromete a tomar decisiones y a resolver problemas.

- **Roles y responsabilidades.** Es importante asegurarse de que los miembros del equipo de proyecto entiendan y cumplan con sus roles y responsabilidades. Esto puede incluir la identificación de lagunas en el conocimiento y las habilidades, así como estrategias para abordar esas lagunas a través de capacitación, mentoría o coaching.

- **Operaciones del equipo de proyecto.** La facilitación de la comunicación del equipo de proyecto, la solución de problemas y el proceso de llegar a un consenso pueden incluir la colaboración con el equipo de proyecto para elaborar un acta de constitución del equipo de proyecto y un conjunto de directrices de funcionamiento o normas del equipo de proyecto.
- **Orientación.** La orientación puede ser dirigida al equipo de proyecto en su conjunto para que todos apunten en la dirección correcta. Los miembros del equipo de proyecto también pueden proporcionar orientación sobre una tarea o un entregable particular.
- **Crecimiento.** Identificar las áreas en las que el equipo de proyecto está funcionando bien y señalar las áreas en las que el equipo de proyecto puede mejorar ayuda a crecer al equipo de proyecto. Trabajando en forma colaborativa, el equipo de proyecto puede identificar metas para su mejora y tomar medidas para cumplir con esas metas. Esto también se aplica a cada persona en el equipo de proyecto. Es posible que las personas quieran aumentar sus habilidades y experiencia en ciertas áreas, y el director del proyecto puede ayudar con eso.

Hay varios modelos que describen las etapas del crecimiento del equipo de proyecto, que se incluyen en la Sección 4.

Cuando se forman equipos de proyecto en diferentes organizaciones sobre la base de un contrato, una asociación estratégica u otra relación comercial, los roles específicos que desempeñan diversas funciones pueden estar más formalizados y ser menos flexibles en función del contrato o de otras condiciones. Esos arreglos suelen requerir más trabajo inicial para establecer una mentalidad de "un equipo", asegurar que los miembros del equipo de proyecto comprendan la forma en que todos contribuyen al mismo y establecer otros facilitadores que integren habilidades, capacidades y procesos.

2.2.2 CULTURA DEL EQUIPO DE PROYECTO

Cada equipo de proyecto desarrolla su propia cultura de equipo. La cultura del equipo de proyecto puede establecerse deliberadamente mediante el desarrollo de normas del equipo de proyecto, o informalmente a través de los comportamientos y acciones de sus miembros. La cultura del equipo de proyecto opera dentro de la cultura de la organización pero refleja las formas individuales de trabajo e interacción del equipo de proyecto.

> Los seres humanos exhiben una serie de sesgos, algunos de ellos inconscientes y otros conscientes. Por ejemplo, una persona puede sentir que, a menos que un cronograma sea mostrado utilizando un diagrama de Gantt generado por software, no es un cronograma verdadero o válido. Otra persona puede tener un sesgo contrastante de que la planificación detallada más allá de 30 días es una pérdida de tiempo. Ser abierto y transparente sobre los sesgos por adelantado establece una cultura de apertura y confianza que puede permitir el consenso y la colaboración.

El director del proyecto es clave para establecer y mantener un entorno seguro, respetuoso y sin prejuicios que permita al equipo de proyecto comunicarse abiertamente. Una manera de lograr esto es modelando los comportamientos deseados, tales como:

▶ **Transparencia.** Ser transparente en cómo uno piensa, toma decisiones y procesa la información ayuda a otros a identificar y compartir sus propios procesos. Esto puede extenderse a ser también transparente sobre los sesgos.

▶ **Integridad.** La integridad se compone del comportamiento ético y la honestidad. Las personas demuestran honestidad al hacer patentes los riesgos, comunicar sus supuestos y bases de las estimaciones, entregar malas noticias tempranamente, garantizar que los informes de estado proporcionen una representación precisa del estado del proyecto y de muchas otras maneras. El comportamiento ético puede incluir resaltar posibles defectos o efectos negativos en el diseño del producto, revelar posibles conflictos de intereses, garantizar la equidad y tomar decisiones basadas en impactos ambientales, financieros y de los interesados.

- **Respeto.** Demostrar respeto por cada persona, por cómo piensa la persona, por las habilidades de la persona y por la perspectiva y experiencia que la persona aporta al equipo de proyecto establece el escenario para que todos los miembros del equipo de proyecto adopten este comportamiento.

- **Discurso positivo.** A lo largo del proyecto, se producirán diversas opiniones, diferentes formas de abordar las situaciones y malentendidos. Estas forman parte normalmente de la conducción de proyectos. Representan una oportunidad para mantener un diálogo en lugar de un debate. Un diálogo implica trabajar con otros para resolver opiniones divergentes. El objetivo es llegar a una solución que todas las partes puedan aceptar. Un debate, por el contrario, es un escenario de ganar-perder en el que las personas están más interesadas en la ganancia personal que en estar abiertas a soluciones alternativas a un problema.

- **Apoyo.** Los proyectos pueden resultar desafiantes desde las perspectivas de los retos técnicos, las influencias ambientales y las interacciones interpersonales. Apoyar a los miembros del equipo de proyecto a través de la resolución de problemas y la eliminación de impedimentos construye una cultura de apoyo y conduce a un entorno de confianza y colaboración. El apoyo también se puede demostrar brindando aliento, mostrando empatía y participando en la escucha activa.

- **Coraje.** Puede ser intimidante recomendar un nuevo enfoque para un problema o para una forma de trabajar. Del mismo modo, puede ser difícil estar en desacuerdo con un experto en la materia o alguien con mayor autoridad. Sin embargo, demostrar tener el valor que se necesita para hacer una sugerencia, estar en desacuerdo o probar algo nuevo permite una cultura de experimentación y comunica a los demás que es seguro ser valiente y probar nuevos enfoques.

- **Celebración del éxito.** Centrarse en los objetivos, desafíos y problemas del proyecto a menudo deja de lado el hecho de que los miembros individuales del equipo de proyecto y el equipo de proyecto en su conjunto están avanzando constantemente hacia esos objetivos. Debido a que el trabajo tiene prioridad, los miembros del equipo de proyecto pueden diferir el reconocimiento de las demostraciones de innovación, adaptación, servicio a los demás y aprendizaje. Sin embargo, reconocer tales contribuciones en tiempo real puede mantener motivados al equipo de proyecto y a las personas.

2.2.3 EQUIPOS DE PROYECTO DE ALTO RENDIMIENTO

Uno de los objetivos de un liderazgo efectivo es crear un equipo de proyecto de alto rendimiento. Existe una serie de factores que contribuyen a los equipos de proyecto de alto rendimiento. La siguiente lista no es exhaustiva, pero identifica algunos de los factores asociados con los equipos de proyecto de alto rendimiento.

- **Comunicación abierta.** Un entorno que fomenta la comunicación abierta y segura permite reuniones productivas, resolución de problemas, tormenta de ideas, y así sucesivamente. También se constituye en la piedra angular de otros factores, como el entendimiento compartido, la confianza y la colaboración.
- **Entendimiento compartido.** El propósito del proyecto y los beneficios que proporcionará son mantenidos en común.
- **Propiedad compartida.** Cuanta más apropiación de los resultados sientan los miembros del equipo de proyecto, es más probable que se desempeñen de mejor manera.
- **Confianza.** Un equipo de proyecto en el que sus miembros confían unos en otros está dispuesto a ir más allá para lograr el éxito. Es menos probable que las personas realicen el trabajo adicional que se necesita para tener éxito si no confían en los miembros del equipo de proyecto, el director del proyecto o la organización.
- **Colaboración.** Los equipos de proyecto que colaboran y trabajan entre sí en lugar de trabajar en forma aislada o competir tienden a generar ideas más diversas y terminan con mejores resultados.
- **Adaptabilidad.** Los equipos de proyecto que pueden adaptar la forma en que trabajan al entorno y a la situación resultan más efectivos.
- **Resiliencia.** Cuando se presentan problemas o fallas, los equipos de proyecto de alto rendimiento se recuperan rápidamente.
- **Empoderamiento.** Los miembros del equipo de proyecto que se sienten empoderados para tomar decisiones sobre la forma en que trabajan rinden mejor que aquellos que son microgestionados.
- **Reconocimiento.** Los equipos de proyecto que son reconocidos por el trabajo que realizan y el desempeño que logran tienen más probabilidades de continuar rindiendo en buena forma. Incluso el simple acto de mostrar aprecio refuerza el comportamiento positivo del equipo.

2.2.4 HABILIDADES DE LIDERAZGO

Las habilidades de liderazgo son útiles para todos los miembros del equipo de proyecto, ya sea que el equipo de proyecto esté operando en un entorno con una autoridad centralizada o un entorno de liderazgo compartido. Las siguientes secciones describen algunos de los rasgos y actividades asociadas con el liderazgo.

2.2.4.1 Establecer y Mantener la Visión

Cada proyecto tiene un propósito. Comprender ese propósito es crítico para que las personas comprometan su tiempo y energía en la dirección correcta hacia el logro del propósito del proyecto. La visión del proyecto resume el propósito del proyecto de manera clara y sucinta. Describe una perspectiva realista y atractiva de los resultados futuros del proyecto.

Además de describir brevemente el estado futuro deseado, la visión es una poderosa herramienta motivacional. Es una forma de crear pasión y significado para el objetivo previsto de un proyecto. Una visión común ayuda a mantener a las personas empujando en la misma dirección. Cuando se está sumergido en los detalles del trabajo diario, una clara comprensión de la meta final puede ayudar a guiar las decisiones locales hacia el resultado deseado del proyecto.

Una visión desarrollada en colaboración entre los miembros del equipo de proyecto y los interesados clave debería responder a estas preguntas:

▶ ¿Cuál es el propósito del proyecto?

▶ ¿Qué define el trabajo exitoso del proyecto?

▶ ¿Cómo mejorará el futuro cuando se entreguen los resultados del proyecto?

▶ ¿Cómo sabrá el equipo de proyecto que se está alejando de la visión?

Una buena visión es clara, concisa y procesable. Hace lo siguiente:

▶ Resume el proyecto con una frase poderosa o una breve descripción,

▶ Describe el mejor resultado alcanzable,

▶ Crea una imagen común y coherente en las mentes de los miembros del equipo de proyecto, e

▶ Inspira pasión por el resultado.

2.2.4.2 Pensamiento Crítico

A lo largo de los diversos dominios de desempeño del proyecto, existe la necesidad de reconocer el sesgo, identificar la causa raíz de los problemas y considerar temas desafiantes, tales como la ambigüedad, la complejidad, etc. El pensamiento crítico ayuda a realizar estas actividades. El pensamiento crítico incluye el pensamiento disciplinado, racional, lógico y basado en evidencia. Requiere una mente abierta y la capacidad de analizar objetivamente. El pensamiento crítico, especialmente cuando se aplica al descubrimiento, puede incluir imaginación conceptual, perspicacia e intuición. También puede incluir el pensamiento reflexivo y la metacognición (pensar en pensar y ser consciente de la propia conciencia).

Los miembros del equipo de proyecto aplican el pensamiento crítico a:

- Investigar y recopilar información imparcial y equilibrada;
- Reconocer, analizar y resolver problemas;
- Identificar sesgos, supuestos no declarados y valores;
- Discernir el uso del lenguaje y la influencia en uno mismo y en los demás;
- Analizar datos y evidencia para evaluar argumentos y perspectivas;
- Observar eventos para identificar patrones y relaciones;
- Aplicar el razonamiento inductivo, deductivo y abductivo de manera apropiada; e
- Identificar y articular premisas falsas, analogía falsa, llamados emocionales y otra lógica defectuosa.

2.2.4.3 Motivación

Motivar a los miembros del equipo de proyecto presenta dos aspectos: el primero es entender qué motiva a los miembros del equipo de proyecto a desempeñarse, y el segundo es trabajar con los miembros del equipo de proyecto de tal manera que permanezcan comprometidos con el proyecto y sus resultados.

La motivación para desempeñarse puede ser intrínseca o extrínseca. La motivación intrínseca proviene del interior de la persona o está asociada con el trabajo. Está asociada con encontrar placer en el trabajo en sí mismo en lugar de centrarse en las recompensas. La motivación extrínseca es realizar el trabajo debido a una recompensa externa, tal como un bono. Gran parte del trabajo realizado en los proyectos está alineado con la motivación intrínseca.

Ejemplos de factores de motivación intrínseca incluyen:

- Logro,
- Desafío,
- Creencia en el trabajo,
- Marca runa diferencia,
- Autodirección y autonomía,
- Responsabilidad,
- Crecimiento personal,
- Relacionamiento, y
- Formar parte de un equipo de proyecto.

Las personas no están motivadas por una sola cosa; sin embargo, la mayoría de las personas poseen un motivador dominante. Para motivar eficazmente a los miembros del equipo de proyecto, es útil conocer el motivador dominante de cada miembro. Por ejemplo, un miembro del equipo de proyecto que esté motivado por el desafío responderá bien a extender las metas y los problemas a resolver. Un miembro del equipo de proyecto que esté motivado por el relacionamiento responderá a ser parte de un grupo de trabajo dinámico. Los miembros del equipo de proyecto que prosperan con la autonomía tendrán un mejor desempeño si pueden establecer sus propias formas de trabajo e incluso su cadencia y horario de trabajo propios. Por lo tanto, adaptar los métodos de motivación en función de las preferencias individuales ayuda a obtener el mejor desempeño individual y del equipo de proyecto.

2.2.4.4 Habilidades Interpersonales

Las habilidades interpersonales que se utilizan con frecuencia en proyectos incluyen inteligencia emocional, toma de decisiones y resolución de conflictos, entre otros.

- **Inteligencia emocional.** La inteligencia emocional es la capacidad para reconocer nuestras propias emociones y las de los demás. Esta información se utiliza para orientar el pensamiento y el comportamiento. El reconocimiento de los sentimientos personales, la empatía por los sentimientos de los demás y la capacidad de actuar adecuadamente son las piedras angulares de una comunicación, colaboración y liderazgo eficaces.

Dado que los proyectos son llevados a cabo por personas y para las personas, la inteligencia emocional — la capacidad de entenderse a sí mismo y sostener eficazmente las relaciones de trabajo con los demás— resulta crítica en los entornos del equipo de proyecto.

Existen múltiples modelos para definir y explicar la inteligencia emocional. Estos convergen en cuatro áreas clave:

- ▷ *Autoconciencia.* La autoconciencia es la capacidad de realizar una autoevaluación realista. Incluye la comprensión de nuestras propias emociones, metas, motivaciones, fortalezas y debilidades.

- ▷ *Autogestión.* La autogestión, también conocida como autorregulación, es la capacidad para controlar y redirigir los sentimientos e impulsos disruptivos. Es la capacidad de pensar antes de actuar, suspendiendo los juicios rápidos y las decisiones impulsivas.

- ▷ *Conciencia social.* La conciencia social tiene que ver con la empatía, la comprensión y la consideración de los sentimientos de otras personas. Esto incluye la capacidad de leer señales no verbales y lenguaje corporal.

- ▷ *Habilidad social.* La habilidad social es la culminación de las otras dimensiones de la inteligencia emocional. Se ocupa de gestionar grupos de personas, tales como equipos de proyecto, construir redes sociales, encontrar puntos en común con varios interesados y establecer una buena communicación.

La autoconciencia y la autogestión son necesarias para mantener la calma y la productividad durante las circunstancias difíciles del proyecto. La conciencia social y las habilidades sociales permiten mejores vínculos con los miembros del equipo de proyecto y los interesados del proyecto. La inteligencia emocional constituye una base para todas las formas de liderazgo.

El Gráfico 2-5 muestra los puntos clave para cada uno de los cuatro aspectos de la inteligencia emocional y cómo se relacionan. Los aspectos que tienen que ver con uno mismo están en la parte superior, y los aspectos sociales están en la parte inferior. La conciencia está en el lado izquierdo, y la gestión y la habilidad están en el lado derecho.

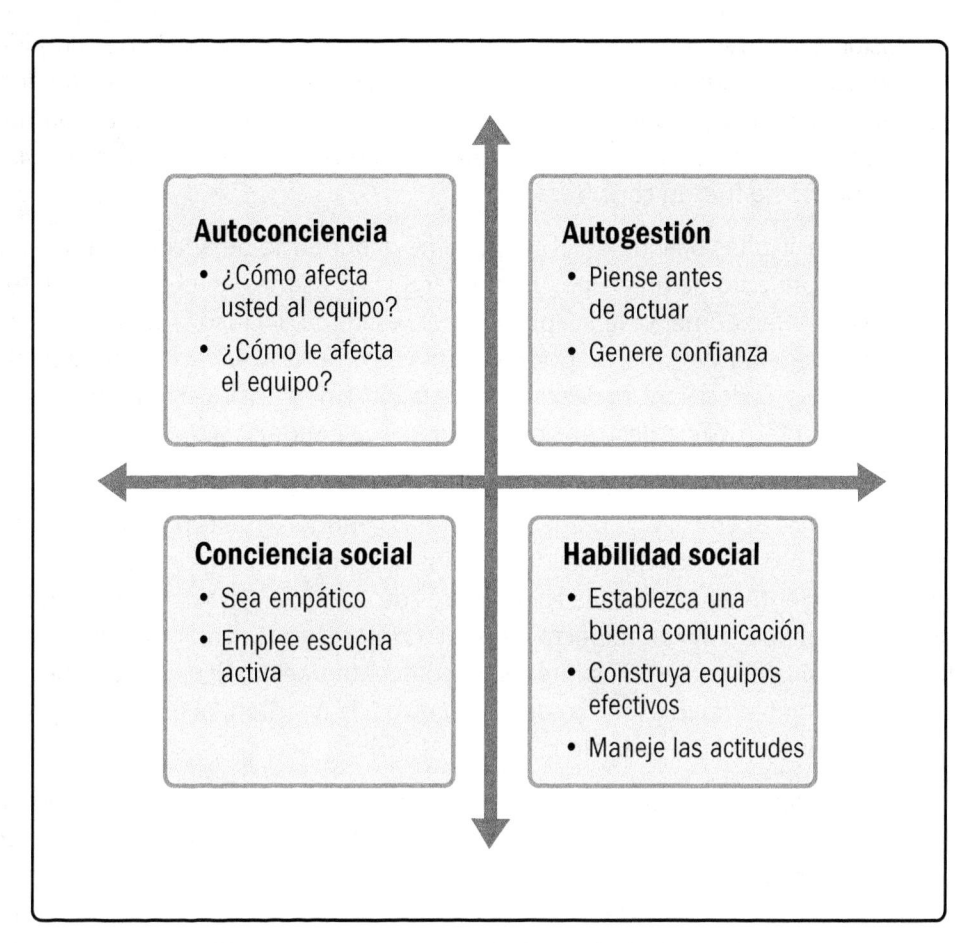

```
                    ↑
    ┌─────────────────────┬─────────────────────┐
    │ **Autoconciencia**  │ **Autogestión**     │
    │ • ¿Cómo afecta      │ • Piense antes      │
    │   usted al equipo?  │   de actuar         │
    │ • ¿Cómo le afecta   │ • Genere confianza  │
    │   el equipo?        │                     │
    ├─────────────────────┼─────────────────────┤
←   │ **Conciencia social**│ **Habilidad social**│   →
    │ • Sea empático      │ • Establezca una    │
    │ • Emplee escucha    │   buena comunicación│
    │   activa            │ • Construya equipos │
    │                     │   efectivos         │
    │                     │ • Maneje las actitudes│
    └─────────────────────┴─────────────────────┘
                    ↓
```

Gráfico 2-5. Componentes de la Inteligencia Emocional

Algunos modelos de inteligencia emocional incluyen una quinta área para la motivación. Motivación en este contexto consiste en comprender lo que impulsa e inspira a las personas.

▶ **Toma de decisiones.** Los directores de proyecto y los equipos de proyecto toman muchas decisiones diariamente. Algunas decisiones pueden ser bastante inconsecuentes para el resultado del proyecto, como a dónde ir para un almuerzo de equipo, y otras serán muy impactantes, como qué enfoque de desarrollo usar, qué herramienta usar o qué proveedor seleccionar.

Las decisiones pueden tomarse unilateralmente. Esto tiene la ventaja de la rapidez, pero es propenso al error en comparación con involucrar la sabiduría de un grupo diverso de personas. La toma unilateral de decisiones también puede desmotivar a las personas que se ven afectadas por la decisión, ya que pueden sentir que sus puntos de vista y preocupaciones no fueron considerados.

La toma de decisiones basada en el grupo tiene el beneficio de aprovechar la amplia base de conocimiento de un grupo. Involucrar a las personas en el proceso de toma de decisiones también aumenta la aceptación del resultado, incluso si la opción seleccionada puede no haber sido la primera opción de todos. En general, la inclusión aumenta el compromiso con la decisión. La desventaja de la toma de decisiones en grupo es el tiempo requerido y la interrupción del trabajo en equipo que puede ocurrir cuando se aleja a las personas de su trabajo para ser consultadas en una decisión.

La toma de decisiones del equipo de proyecto a menudo sigue un patrón divergente/convergente. Esto significa que los interesados se comprometen primero a generar un amplio conjunto de alternativas o enfoques de solución. Esto a menudo se hace individualmente para evitar el efecto de que los interesados sénior o carismáticos influyan excesivamente en otros interesados. A continuación, después de que se haya generado un amplio espectro de alternativas de decisión, el equipo de proyecto converge en una solución preferida.

El objetivo es tomar decisiones rápidamente mientras se involucran la diversidad del conocimiento de un grupo de una manera inclusiva y respetuosa. Algunas decisiones pueden tomarse en una dirección diferente a la que prefieren algunas personas, pero todos tienen la oportunidad de explicar su posición. Al final, la autoridad decisoria, ya sea una persona o un grupo, toma una decisión basada en el análisis presentado y teniendo en cuenta las expectativas de los interesados.

La selección cuidadosa de las decisiones que deben tomarse para la discusión en grupo y la votación limita las interrupciones y el intercambio constante de tareas experimentados por el equipo de proyecto. Muchos enfoques tales como la votación romana, la estimación de Delphi de banda ancha y la votación de puño de cinco utilizan el patrón divergente/convergente. Su objetivo es captar la opinión individual mientras que se vota en el mismo momento, lo que minimiza el pensamiento de grupo.

Para aquellas decisiones que exceden la autoridad del equipo de proyecto para decidir, el equipo de proyecto puede investigar alternativas, considerar impactos de cada alternativa y escalar la decisión a alguien con la autoridad adecuada. Este proceso se alinea con la filosofía de "no me traiga problemas, tráigame soluciones", mientras permanece alineado con la gobernanza organizacional con respecto a la autoridad para la toma de decisiones.

▶ **Gestión de conflictos.** El conflicto se presenta en todos los proyectos. Los proyectos operan en entornos dinámicos y enfrentan muchas limitaciones mutuamente excluyentes, como el presupuesto, el alcance, el cronograma y la calidad, que pueden conducir a conflictos. No es raro querer evitar conflictos, pero no todos los conflictos son negativos. La forma en que se manejan los conflictos puede conducir a más conflictos o a una mejor toma de decisiones y a soluciones más sólidas.

Abordar el conflicto antes de que escale más allá de un debate útil conduce a mejores resultados. Los siguientes enfoques pueden ayudar:

▷ *Mantener las comunicaciones abiertas y respetuosas.* Debido a que el conflicto puede causar ansiedad, es importante mantener un entorno seguro para explorar el origen del conflicto. Sin un entorno seguro, las personas dejarán de comunicarse. Asegúrese de que las palabras, el tono de voz y el lenguaje corporal no resulten amenazantes.

▷ *Centrarse en los problemas, no en las personas.* Los conflictos se basan en que las personas perciben las situaciones de manera diferente. Esto no debería ser personal. El foco está en resolver la situación, no en culpar.

▷ *Enfocarse en el presente y el futuro, no en el pasado.* Mantenerse enfocado en la situación actual, no en situaciones pasadas. Si algo similar sucedió anteriormente, sacar a relucir el pasado no resolverá la situación actual. De hecho, puede servir para intensificar aún más la situación actual.

▷ *Buscar alternativas en conjunto.* Los daños causados por el conflicto pueden repararse buscando juntos soluciones y alternativas. Así también se pueden crear relaciones más constructivas. Esto mueve el conflicto a un espacio más de resolución de problemas donde las personas pueden trabajar juntas para generar alternativas creativas.

Existen varios modelos para abordar y resolver los conflictos. Algunos de ellos se discuten en la Sección 4.

2.2.5 ADAPTACIÓN DE ESTILOS DE LIDERAZGO

Al igual que con todos los aspectos de los proyectos, los estilos de liderazgo también son adaptados para satisfacer las necesidades del proyecto, el entorno y los interesados. Algunas de las variables que influyen en la adaptación de los estilos de liderazgo incluyen:

- **Experiencia con el tipo de proyecto.** Las organizaciones y los equipos de proyecto con experiencia en un tipo específico de proyecto pueden ser más autogestionados y requerir menos liderazgo. Cuando un proyecto es nuevo en una organización, la tendencia es proporcionar más supervisión y utilizar un estilo de liderazgo más directivo.

- **Madurez de los miembros del equipo de proyecto.** Los miembros del equipo de proyecto que sean maduros en el campo técnico pueden necesitar menos supervisión y dirección que los miembros del equipo de proyecto que son nuevos en la organización, el equipo o la especialidad técnica.

- **Estructuras de gobernanza de la organización.** Los proyectos operan dentro de un sistema organizacional más grande. Puede darse la expectativa de que el estilo de liderazgo organizacional de la alta dirección sea reconocido y reflejado en el liderazgo del equipo. La estructura organizacional influye en el grado en que la autoridad y la rendición de cuentas están centralizadas o distribuidas.

- **Equipos de proyecto distribuidos.** Una fuerza global para el trabajo de proyectos es más común hoy que en el pasado. A pesar de los mejores esfuerzos para conectar a las personas virtualmente, puede ser un desafío crear el mismo nivel de colaboración y relacionamiento que se logra cuando se trabaja cara a cara. Para minimizar los escollos de los equipos de proyecto distribuidos, la tecnología puede utilizarse a fin de aumentar y mejorar la comunicación. Algunos ejemplos:

    ▷ Asegurarse de que existan sitios de colaboración para trabajar en conjunto.

    ▷ Tener un sitio del equipo de proyecto para mantener disponible toda la información relevante del proyecto y del equipo de proyecto.

    ▷ Utilizar las capacidades de audio y video para las reuniones.

    ▷ Utilizar la tecnología para mantener un contacto continuo, tal como mensajería y mensajes de texto.

    ▷ Incluir tiempo para conocer a los miembros remotos del equipo de proyecto.

    ▷ Tener al menos una reunión cara a cara para establecer relaciones.

2.2.6 INTERACCIONES CON OTROS DOMINIOS DE DESEMPEÑO

El Dominio de Desempeño del Equipo enfatiza las habilidades utilizadas por los directores de proyecto y los miembros del equipo de proyecto a lo largo del mismo. Estas habilidades están entrelazadas en todos los demás aspectos del proyecto. A lo largo del proyecto se pide a los miembros del equipo de proyecto demostrar cualidades y habilidades de liderazgo. Un ejemplo de esto es comunicar la visión del proyecto y los beneficios a los interesados durante la planificación y a lo largo del ciclo de vida. Otro ejemplo es emplear pensamiento crítico, resolución de problemas y toma de decisiones mientras se participa en el trabajo del proyecto. La rendición de cuentas por los resultados se demuestra a lo largo de los dominios de desempeño de planificación y medición.

2.2.7 VERIFICACIÓN DE RESULTADOS

En la Tabla 2-3 se identifican los resultados de la aplicación efectiva del Dominio de Desempeño del Equipo a la izquierda y las formas de comprobarlos a la derecha.

Tabla 2-3. Verificación de Resultados — Dominio de Desempeño del Equipo

Resultado	Verificar
Propiedad compartida	Todos los miembros del equipo de proyecto conocen la visión y los objetivos. El equipo de proyecto es dueño de los entregables y de los resultados del proyecto.
Un equipo de alto rendimiento	Los miembros del equipo de proyecto confían uno en el otro y colaboran. El equipo de proyecto se adapta a situaciones cambiantes y es resiliente ante los desafíos. El equipo de proyecto se siente empoderado y empodera y reconoce a los miembros del equipo de proyecto.
Todos los miembros del equipo de proyecto demuestran liderazgo aplicable y otras habilidades interpersonales	Los miembros del equipo de proyecto aplican pensamiento crítico y habilidades interpersonales. Los estilos de liderazgo de los miembros del equipo de proyecto son apropiados para el contexto y el entorno del proyecto.

2.3 DOMINIO DE DESEMPEÑO DEL ENFOQUE DE DESARROLLO Y DEL CICLO DE VIDA

> **DOMINIO DEL ENFOQUE DE DESARROLLO Y DEL DESEMPEÑO DEL CICLO DE VIDA**
>
> El Dominio del Enfoque de Desarrollo y del Desempeño del Ciclo de Vida aborda las actividades y funciones asociadas con el enfoque de desarrollo, la cadencia y las fases del ciclo de vida del proyecto.
>
> La ejecución efectiva de este dominio de desempeño tiene los siguientes resultados deseados:
>
> ▶ Enfoques de desarrollo que son consistentes con los entregables del proyecto.
>
> ▶ Un ciclo de vida del proyecto que consiste en fases que conectan la entrega del valor del negocio y el valor para los interesados desde el comienzo hasta el final del proyecto.
>
> ▶ Un ciclo de vida del proyecto que consta de fases que facilitan la cadencia de entrega y el enfoque de desarrollo necesarios para elaborar los entregables del proyecto.

Gráfico 2-6. Dominio de Desempeño del Enfoque de Desarrollo y del Ciclo de Vida

Este dominio de desempeño implica establecer el enfoque de desarrollo, la cadencia de entrega y el ciclo de vida del proyecto necesarios para optimizar los resultados del mismo.

Las siguientes definiciones son pertinentes para el Dominio de Desempeño del Enfoque de Desarrollo y Ciclo de Vida:

Entregable. Cualquier producto, resultado o capacidad única y verificable para ejecutar un servicio que se debe producir para completar un proceso, una fase o un proyecto.

Enfoque de Desarrollo. Método utilizado para crear y desarrollar el producto, servicio o resultado durante el ciclo de vida del proyecto, tal como un método predictivo, iterativo, incremental, adaptativo o híbrido.

Cadencia. Ritmo de las actividades realizadas a lo largo del proyecto.

Fase del Proyecto. Conjunto de actividades del proyecto relacionadas lógicamente que culmina con la finalización de uno o más entregables.

Ciclo de Vida del Proyecto. Serie de fases que atraviesa un proyecto desde su inicio hasta su conclusión.

2.3.1 RELACIÓN ENTRE CADENCIA, DESARROLLO Y CICLO DE VIDA

El tipo de entregable(s) del proyecto determina cómo el proyecto puede ser desarrollado. El tipo de entregable(s) y el enfoque de desarrollo influyen en el número y la cadencia de las entregas de proyectos. El enfoque de desarrollo y la cadencia de entrega deseada determinan el ciclo de vida del proyecto y sus fases.

2.3.2 CADENCIA DE ENTREGA

La cadencia de entrega se refiere al momento y a la frecuencia de los entregables del proyecto. Los proyectos pueden tener una única entrega, múltiples entregas o entregas periódicas.

▶ **Entrega única.** Se hace una sola entrega al final del proyecto. Por ejemplo, un proyecto de reingeniería de procesos puede no tener entregas hasta cerca del final del proyecto cuando se implementa el nuevo proceso.

▶ **Entregas múltiples.** Algunos proyectos tienen múltiples entregas. Un proyecto puede tener múltiples componentes que se entregan en diferentes momentos a lo largo de todo el proyecto. Un proyecto para desarrollar un nuevo fármaco puede tener múltiples entregas, tales como presentaciones preclínicas, resultados de ensayos de Fase 1, resultados de ensayos de Fase 2, resultados de ensayos de Fase 3, registro y luego lanzamiento. En este ejemplo, las entregas son secuenciales. Algunos proyectos tienen entregas que se realizan por separado en lugar de secuencialmente, por ejemplo, un proyecto para actualizar la seguridad de edificios. Las entregas pueden incluir barreras físicas para la entrada, nuevas identificaciones, nuevos códigos de teclado, y así sucesivamente. Cada uno de estos es una entrega separada, pero no necesitan venir en un orden específico. Todas las entregas se finalizan antes de que el proyecto se considere completado.

▶ **Entregas periódicas.** Las entregas periódicas son similares a las entregas múltiples, pero están en un cronograma de entrega fijo, como mensual o bimensual. Una nueva aplicación de software puede tener entregas internas cada dos semanas, y luego liberar periódicamente las entregas al mercado.

Otra opción de entrega se llama entrega continua. La entrega continua es la práctica de entregar incrementos de funcionalidad a los clientes en forma inmediata, a menudo a través del uso de pequeños lotes de trabajo y tecnología de automatización. La entrega continua puede utilizarse para productos digitales. Desde la perspectiva de la gestión del producto, el énfasis está en la entrega de beneficios y valor a lo largo del ciclo de vida del producto. En forma similar a un proyecto, hay aspectos que están orientados al desarrollo. Sin embargo, de manera similar a un programa, pueden existir muchos ciclos de desarrollo, así como actividades de mantenimiento. Este tipo de emprendimiento funciona mejor con equipos de proyecto que son estables y permanecen intactos. Debido a que los equipos de proyecto se centran en un producto, pueden aplicar el aprendizaje sobre el producto, los interesados y el mercado. Esto permite al equipo responder a las tendencias del mercado y mantenerse enfocado en la entrega de valor. Esta práctica se incluye en varios enfoques como DevOps, #noprojects y Continuous Digital, por ejemplo.

2.3.3 ENFOQUES DE DESARROLLO

Un enfoque de desarrollo es el medio utilizado para crear y desarrollar el producto, servicio o resultado durante el ciclo de vida del proyecto. Existen diferentes enfoques de desarrollo, y diferentes industrias pueden utilizar diversos términos para referirse a los enfoques de desarrollo. Tres de los enfoques comúnmente utilizados son predictivo, híbrido y adaptativo. Como se muestra en el Gráfico 2-7, estos enfoques a menudo se visualizan como un espectro, desde el enfoque predictivo en un extremo del espectro hasta el adaptativo en el otro extremo.

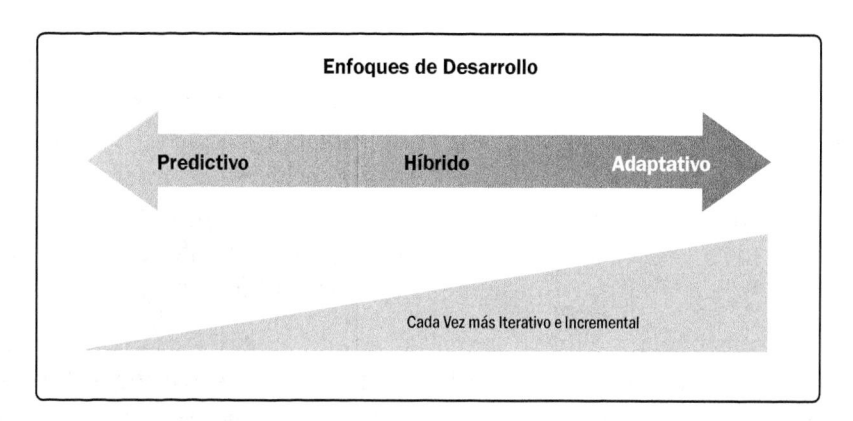

Gráfico 2-7. Enfoques de Desarrollo

▶ **Enfoque Predictivo.** Un enfoque predictivo es útil cuando los requisitos del proyecto y del producto pueden definirse, recopilarse y analizarse al comienzo del proyecto. Esto también puede ser mencionado como un enfoque en cascada. Este enfoque también se puede utilizar cuando existe una inversión significativa involucrada y un alto nivel de riesgo que puede requerir revisiones frecuentes, mecanismos de control de cambios y replanteo entre las fases de desarrollo. El alcance, cronograma, costo, necesidades de recursos y riesgos pueden quedar bien definidos en las fases tempranas del ciclo de vida del proyecto, y son relativamente estables. Este enfoque de desarrollo permite al equipo del proyecto reducir el nivel de incertidumbre en una etapa temprana en el proyecto y efectuar gran parte de la planificación por adelantado. Los enfoques predictivos pueden utilizar desarrollos de prueba de concepto para explorar opciones, pero la mayor parte del trabajo del proyecto sigue los planes que se desarrollaron casi al inicio del proyecto. Muchas veces, los proyectos que utilizan este enfoque adoptan plantillas de proyectos similares anteriores.

Un proyecto para desarrollar un nuevo centro comunitario podría utilizar un enfoque predictivo para la construcción de los terrenos e instalaciones. El alcance, cronograma, costo y recursos se determinarían por adelantado, y los cambios probablemente serían mínimos. El proceso de construcción seguiría los planes y los planos.

▶ **Enfoque híbrido.** Un enfoque de desarrollo híbrido es una combinación de enfoques adaptativos y predictivos. Esto significa que se usan algunos elementos de un enfoque predictivo y otros de un enfoque adaptativo. Este enfoque de desarrollo es útil cuando hay incertidumbre o riesgo en torno a los requisitos. Este enfoque híbrido es útil cuando los entregables pueden ser modularizados, o cuando hay entregables que pueden ser desarrollados por diferentes equipos de proyecto. Un enfoque híbrido es más adaptativo que un enfoque predictivo, pero menos que un enfoque puramente adaptativo.

Los enfoques híbridos a menudo utilizan un enfoque de desarrollo iterativo o incremental. Un enfoque iterativo es útil para aclarar los requisitos e investigar diversas opciones. Un enfoque iterativo puede aportar la suficiente capacidad para considerarse aceptable antes de la iteración final. Se utiliza un enfoque incremental para producir un entregable a lo largo de una serie de iteraciones. Cada iteración añade funcionalidad dentro de un marco de tiempo predeterminado (período de tiempo preestablecido). El entregable puede considerarse como completado sólo después de la iteración final.

Las diferencias e interacciones entre el desarrollo iterativo y el incremental se muestran en el Gráfico 2-8.

Un ejemplo de un enfoque híbrido podría ser el uso de un enfoque adaptativo para desarrollar un producto que tiene una incertidumbre significativa asociada con los requisitos. Sin embargo, el despliegue del producto puede hacerse utilizando un enfoque predictivo. Otro ejemplo es un proyecto con dos entregables principales donde un entregable se desarrolla utilizando un enfoque adaptativo y el otro utilizando un enfoque predictivo.

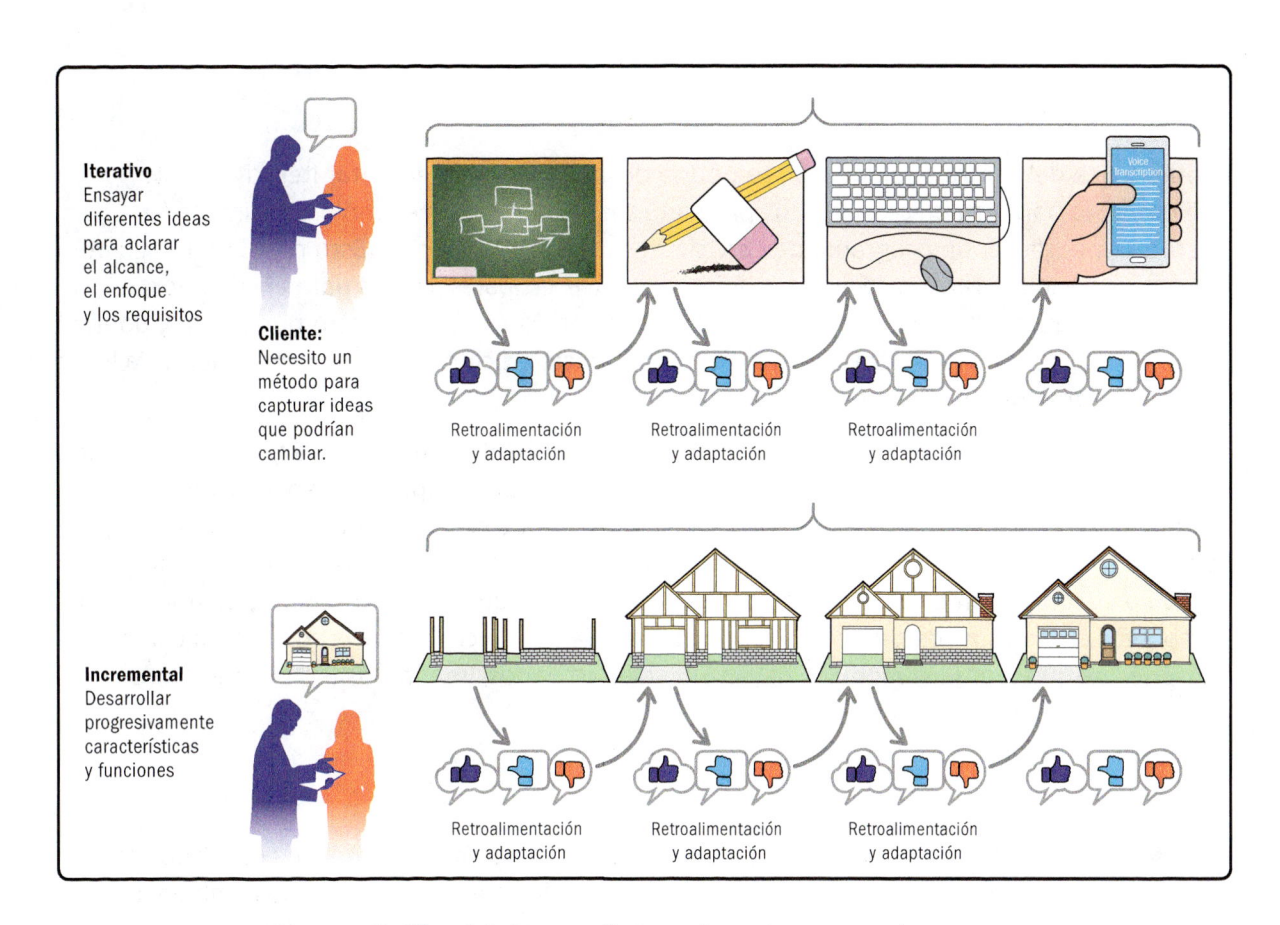

Gráfico 2-8. Desarrollo Iterativo e Incremental

Sección 2 – Dominios de Desempeño del Proyecto

Como parte del centro comunitario, se podría desarrollar e implementar iterativamente un proyecto para establecer servicios para adultos mayores. Por ejemplo, la primera iteración podría ser un programa de servicio de comidas a domicilio. Esto podría ser seguido por un servicio de transporte, luego salidas y eventos grupales, relevo para el cuidador, guardería para adultos, y así sucesivamente. Cada servicio sería completo por sí solo y podría desplegarse cuando estuviera disponible. Cada servicio adicional mejoraría y aumentaría los servicios para adultos mayores en la comunidad.

Un proyecto para instituir la capacitación para voluntarios de patrullas de acción comunitaria podría utilizar un enfoque incremental. La capacitación que comprende capacitación básica, capacitación en logística y capacitación de patrullas, puede ser desarrollada por diferentes personas. Puede ser desarrollada al mismo tiempo en módulos, o se puede desarrollar un módulo, recopilar comentarios y seguidamente se pueden desarrollar módulos posteriores. Sin embargo, el programa de capacitación de patrullas de acción comunitaria solo estará completo después de que todos los módulos hayan sido desarrollados, integrados e implementados.

▶ **Enfoque adaptativo.** Los enfoques adaptativos son útiles cuando los requisitos están sujetos a un alto nivel de incertidumbre y volatilidad y es probable que cambien a lo largo del proyecto. Se establece una visión clara al comienzo del proyecto y los requisitos iniciales conocidos son refinados, detallados, cambiados o reemplazados de acuerdo con los comentarios del usuario, el entorno o eventos inesperados.

Los enfoques adaptativos utilizan enfoques iterativos e incrementales. Sin embargo, en el extremo opuesto de los métodos adaptativos, las iteraciones tienden a ser más cortas y es más probable que el producto evolucione en función de la retroalimentación de los interesados.

Si bien la agilidad es una mentalidad amplia que es más extensa que un marco de referencia de desarrollo, los enfoques ágiles pueden considerarse adaptativos. Algunos enfoques ágiles implican iteraciones de 1 a 2 semanas de duración con una demostración de los logros al final de cada iteración. El equipo de proyecto está muy comprometido con la planificación de cada iteración. El equipo de proyecto determinará el alcance que puede lograr en función de una lista de trabajo pendiente priorizado, estimará el trabajo involucrado y trabajará en colaboración a lo largo de la iteración con el propósito de desarrollar el alcance.

> El centro comunitario necesitará un sitio web para que los miembros de la comunidad puedan acceder a la información desde su computadora en casa, teléfono o tableta. Los requisitos de alto nivel, el diseño y los formatos de página se pueden definir por adelantado. Se puede implementar un conjunto inicial de información en el sitio web. La retroalimentación de los usuarios, los nuevos servicios y las necesidades internas de los interesados proporcionarían contenido para una lista de trabajo pendiente. Se priorizaría la información de la lista de trabajo pendiente y el equipo web elaboraría y desplegaría nuevos contenidos. A medida que surjan nuevos requisitos y nuevo alcance, se desarrollarán las estimaciones para el trabajo, se realizará el trabajo y, una vez probado, se presentará a los interesados. Si se aprueba, el trabajo será desplegado en el sitio web.

2.3.4 CONSIDERACIONES PARA SELECCIONAR UN ENFOQUE DE DESARROLLO

Hay varios factores que influyen en la selección de un enfoque de desarrollo. Se pueden dividir en categorías del producto, servicio o resultado, del proyecto, y de la organización. Las siguientes subsecciones describen las variables asociadas con cada categoría.

2.3.4.1 Producto, Servicio o Resultado

Existen muchas variables asociadas con la naturaleza del producto, servicio o resultado que influyen en el enfoque de desarrollo. La siguiente lista describe algunas de las variables a considerar al seleccionar el enfoque de desarrollo.

- ▶ **Grado de innovación.** Los entregables donde el alcance y los requisitos están bien entendidos, con los que el equipo de proyecto ha trabajado antes y que permiten la planificación por adelantado son muy adecuados para un enfoque predictivo. Los entregables que tienen un alto grado de innovación o donde el equipo de proyecto no tiene experiencia se adaptan mejor a un enfoque más adaptativo.

- ▶ **Certidumbre en los requisitos.** Cuando los requisitos son bien conocidos y fáciles de definir, un enfoque predictivo encuadra perfectamente. Cuando los requisitos son inciertos, volátiles o complejos y se espera que evolucionen a lo largo del proyecto, un enfoque más adaptativo puede ser más adecuado.

- **Estabilidad del alcance.** Si el alcance del entregable es estable y no es probable que cambie, es útil un enfoque predictivo. Si se espera que el alcance tenga muchos cambios, puede ser útil un enfoque que esté más cerca del lado adaptativo del espectro.

- **Facilidad de cambio.** En relación con la certeza de los requisitos y la estabilidad del alcance, si la naturaleza del entregable dificulta la gestión e incorporación de cambios, entonces es mejor un enfoque predictivo. Los entregables que pueden adaptarse fácilmente al cambio pueden usar un enfoque que sea más adaptativo.

- **Opciones de entrega.** Como se describe en la Sección 2.3.2 sobre Cadencia de Entrega, la naturaleza del entregable y si se puede entregar en componentes, influyen en el enfoque de desarrollo. Los productos, servicios o resultados que se pueden desarrollar y/o entregar en partes están alineados con enfoques incrementales, iterativos o adaptativos. Algunos proyectos de gran tamaño se pueden planificar utilizando un enfoque predictivo, pero puede haber algunas partes que se pueden desarrollar y entregar de forma incremental.

- **Riesgo.** Los productos que son inherentemente de alto riesgo requieren análisis antes de elegir el enfoque de desarrollo. Algunos productos de alto riesgo pueden requerir una planificación inicial significativa y procesos rigurosos para reducir las amenazas. Otros productos pueden reducir el riesgo al construirlos modularmente y adaptar el diseño y desarrollo basado en el aprendizaje para aprovechar las oportunidades emergentes o reducir la exposición a las amenazas.

- **Requisitos de seguridad.** Los productos que tienen requisitos de seguridad rigurosos a menudo utilizan un enfoque predictivo, ya que existe la necesidad de una planificación inicial significativa para garantizar que todos los requisitos de seguridad sean identificados, planificados, creados, integrados y probados.

- **Regulaciones.** Los entornos que tienen una supervisión regulatoria significativa pueden necesitar usar un enfoque predictivo debido al proceso requerido, la documentación y las necesidades de demostración.

2.3.4.2 Proyecto

Las variables del proyecto que influyen en el enfoque de desarrollo se centran en los interesados, las restricciones de cronograma y la disponibilidad de fondos.

- **Interesados.** Los proyectos que utilizan métodos adaptativos requieren una participación significativa de los interesados durante todo el proceso. Ciertos interesados, tales como el dueño del producto, desempeñan un rol sustancial en el establecimiento y la priorización del trabajo.

- **Restricciones del Cronograma.** Si hay una necesidad de entregar algo en forma temprana, incluso si no es un producto terminado, un enfoque iterativo o adaptativo es beneficioso.
- **Disponibilidad de financiamiento.** Los proyectos trabajan en un ambiente de inseguridad financiera pueden beneficiarse de un enfoque adaptativo o iterativo. Un producto mínimo viable puede ser liberado con menos inversión que un producto elaborado. Esto permite realizar pruebas de mercado o capturar el mercado con una inversión mínima. Se pueden realizar más inversiones en función de la respuesta del mercado al producto o servicio.

2.3.4.3 Organización

Las variables organizacionales, tales como la estructura, cultura, capacidad, tamaño y ubicación del equipo de proyecto, influyen en el enfoque de desarrollo.

- **Estructura organizacional.** Una estructura organizacional que tiene muchos niveles, una estructura rígida de presentación de informes y una burocracia sustancial utiliza con frecuencia un enfoque predictivo. Los proyectos que utilizan métodos adaptativos tienden a tener una estructura plana y pueden operar con equipos de proyecto auto-organizados.
- **Cultura.** Un enfoque predictivo encaja mejor en una organización con una cultura de gestión y dirección donde el trabajo se planifica y el progreso se mide con respecto a líneas base. Los enfoques adaptativos encajan mejor dentro de una organización que hace hincapié en la autogestión del equipo de proyecto.
- **Capacidad organizacional.** La transición desde enfoques de desarrollo predictivos a enfoques adaptativos y luego al uso de métodos ágiles es algo más que simplemente afirmar que la organización ahora será ágil. Implica cambiar la mentalidad a partir del nivel directivo en toda la organización. Las políticas organizacionales, las formas de trabajo, la estructura de reporte y la actitud deben estar alineadas en su totalidad para emplear con éxito métodos adaptativos.
- **Tamaño y ubicación del equipo de proyecto.** Los enfoques adaptativos, especialmente los métodos ágiles, a menudo funcionan mejor con equipos de proyecto de 7 ± 2 personas. Los enfoques adaptativos también favorecen a los equipos de proyecto que se encuentran en el mismo espacio físico. Los equipos de proyecto numerosos y los equipos de proyecto que son en su mayoría virtuales pueden desempeñarse mejor mediante el uso de un enfoque que esté más cerca del lado predictivo del espectro. Sin embargo, hay enfoques que buscan ampliar los enfoques adaptativos para trabajar con equipos de proyecto numerosos y dispersos.

2.3.5 CICLO DE VIDA Y DEFINICIONES DE FASE

El tipo y el número de fases del proyecto en el ciclo de vida de un proyecto dependen de muchas variables, entre ellas la cadencia de entrega y el enfoque de desarrollo, como se describió anteriormente. Los ejemplos de fases de un ciclo de vida incluyen:

- **Viabilidad.** Esta fase determina si el caso de negocio es válido y si la organización tiene la capacidad de entregar el resultado previsto.
- **Diseño** La planificación y el análisis conducen al diseño del entregable del proyecto que será desarrollado.
- **Construcción.** Se realiza la construcción del entregable con actividades integradas de aseguramiento de calidad.
- **Prueba.** La revisión de calidad final y la inspección de los entregables se llevan a cabo antes de la transición, la puesta en producción o la aceptación por parte del cliente.
- **Despliegue.** Los entregables del proyecto se ponen en uso y se completan las actividades de transición necesarias para el sostenimiento, la realización de beneficios y la gestión de cambios en la organización.
- **Cierre.** Se cierra el proyecto, el conocimiento y los artefactos del proyecto se archivan, los miembros del equipo de proyecto son liberados y los contratos se cierran.

Las fases del proyecto a menudo tienen una revisión de fase (también conocida como transición de etapa) para verificar que los resultados deseados o los criterios de salida para la fase se hayan logrado antes de continuar a la siguiente. Los criterios de salida pueden vincularse a los criterios de aceptación de los entregables, las obligaciones contractuales, el cumplimiento de los objetivos de desempeño específicos u otras medidas tangibles.

El Gráfico 2-9 muestra un ciclo de vida donde una fase termina antes de que comience la siguiente. Este tipo de ciclo de vida encajaría bien con un enfoque de desarrollo predictivo, ya que cada fase se realiza solo una vez, y cada fase se centra en un tipo particular de trabajo. Sin embargo, hay situaciones, como la adición de alcance, un cambio en los requisitos o un cambio en el mercado que causan que se repitan las fases.

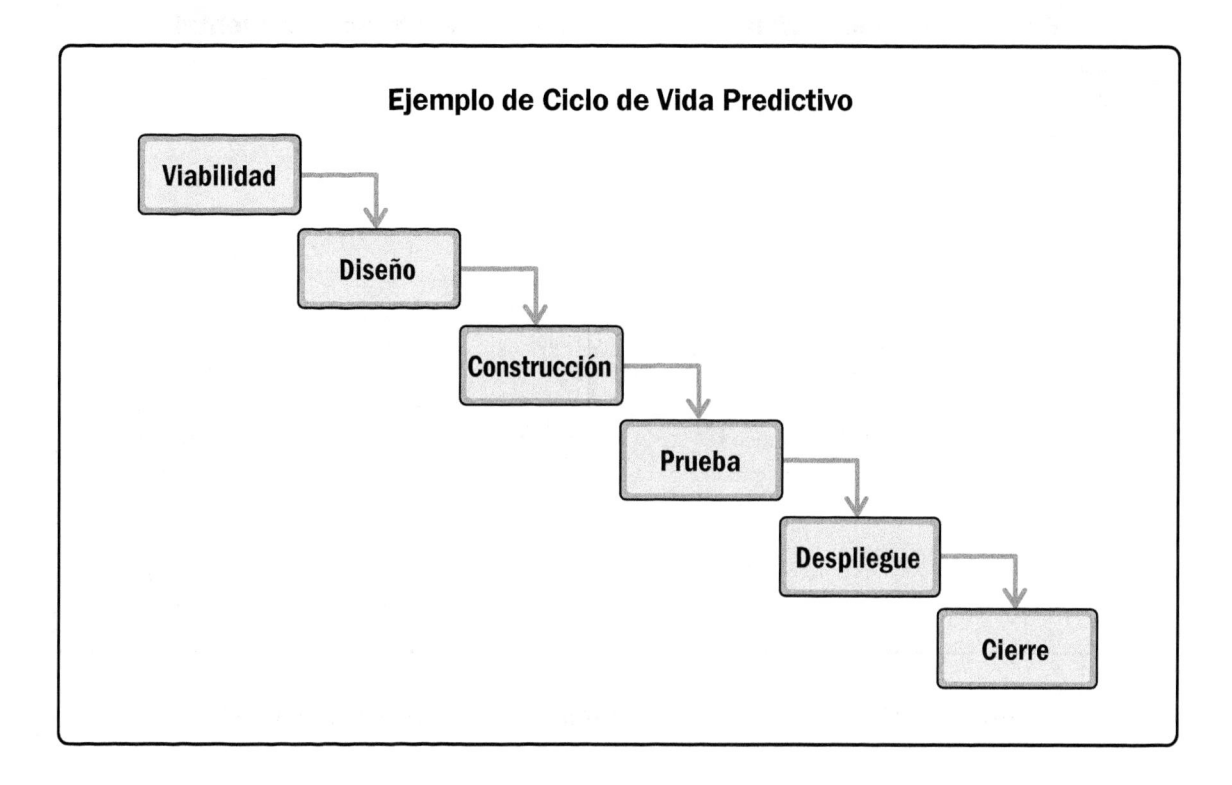

Ejemplo de Ciclo de Vida Predictivo

Viabilidad → Diseño → Construcción → Prueba → Despliegue → Cierre

Gráfico 2-9. Muestra de Ciclo de Vida Predictivo

El Gráfico 2-10 muestra un ciclo de vida con un enfoque de desarrollo incremental. En este ejemplo se muestran tres iteraciones de plan, diseño y construcción. Cada versión posterior añadiría funcionalidad a la versión inicial.

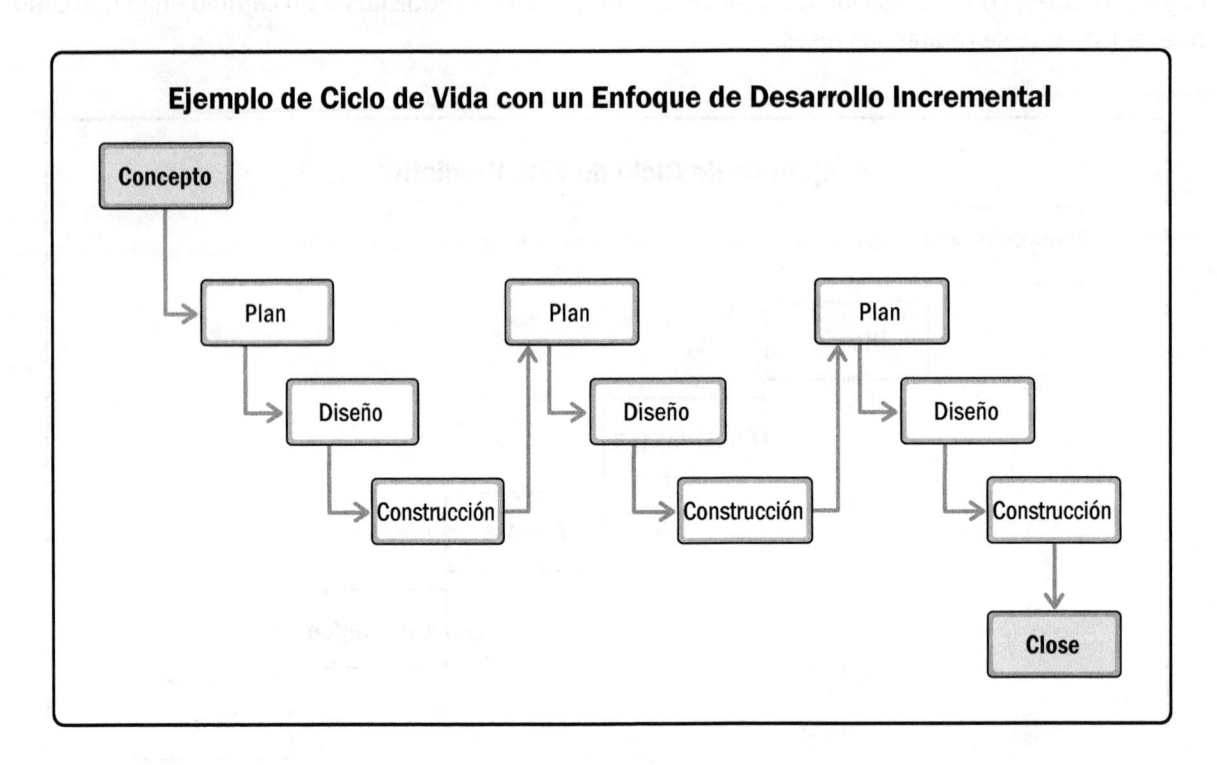

Ejemplo de Ciclo de Vida con un Enfoque de Desarrollo Incremental

Gráfico 2-10. Ciclo de Vida con un Enfoque de Desarrollo Incremental

El Gráfico 2-11 muestra un ciclo de vida utilizando un enfoque de desarrollo adaptativo. Al final de cada iteración (a veces conocida como *sprint*), el cliente revisa un entregable funcional. En la revisión, los interesados clave proporcionan retroalimentación, y el equipo de proyecto actualiza la lista de trabajo pendiente del proyecto de características y funciones con el fin de priorizar para la siguiente iteración.

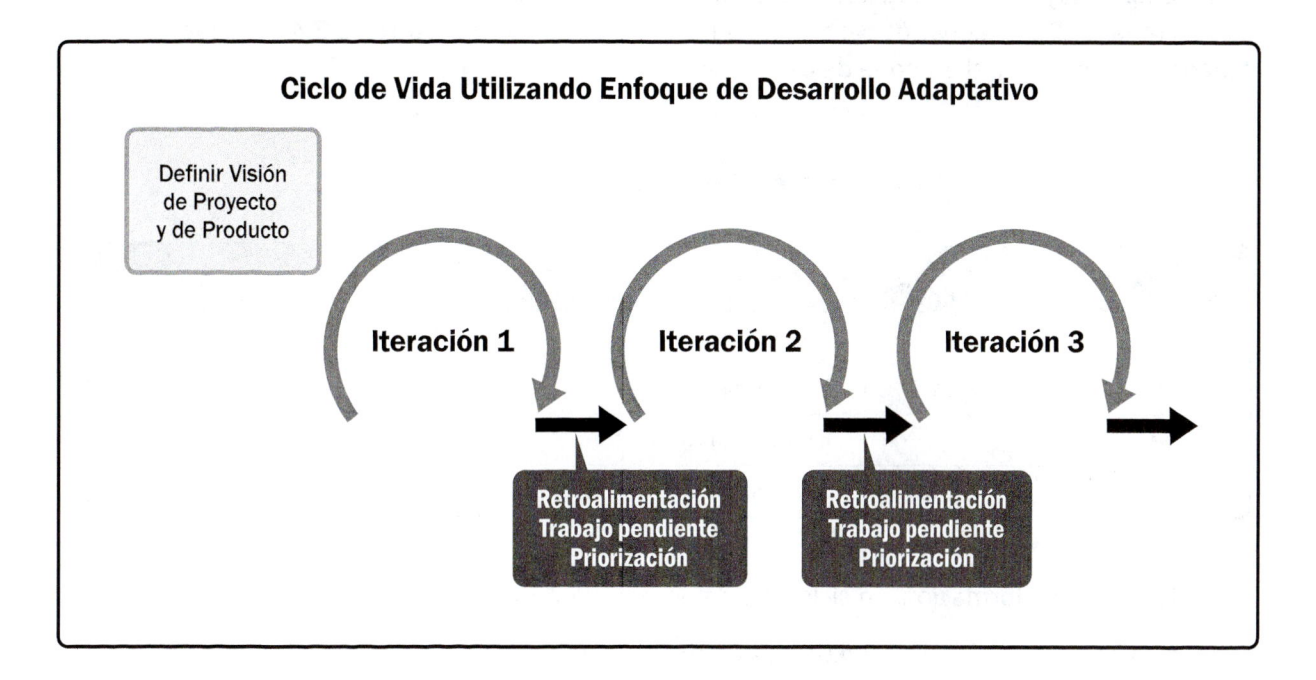

Ciclo de Vida Utilizando Enfoque de Desarrollo Adaptativo

Definir Visión de Proyecto y de Producto

Iteración 1 → Retroalimentación / Trabajo pendiente / Priorización

Iteración 2 → Retroalimentación / Trabajo pendiente / Priorización

Iteración 3 →

Gráfico 2-11. Ciclo de Vida con Enfoque de Desarrollo Adaptativo

Este enfoque puede modificarse para su uso en situaciones de entrega continua, como se describe en la Sección 2.3.2 sobre Cadencia de Entrega.

Varias metodologías adaptativas, incluyendo ágil, utilizan programación de cronogramas basada en flujo, que no utiliza un ciclo de vida o fases. Uno de los objetivos es optimizar el flujo de entregas en función de la capacidad de recursos, materiales y otras entradas. Otro objetivo es minimizar el tiempo y el desperdicio de recursos y optimizar la eficiencia de los procesos y el rendimiento en cuanto a entregables. Los proyectos que utilizan estas prácticas y métodos generalmente las adoptan a partir del sistema de programación de cronogramas del sistema Kanban utilizado en sistemas de programación de cronogramas "lean" y justo a tiempo.

2.3.6 ALINEACIÓN DE CADENCIA DE ENTREGA, ENFOQUE DE DESARROLLO Y CICLO DE VIDA

Los ejemplos de centros comunitarios descritos en la Sección 2.3.3 se revisarán para demostrar cómo encajan la cadencia de entrega, el enfoque de desarrollo y el ciclo de vida. En este ejemplo, hay cuatro productos y servicios, el edificio, la capacitación de la patrulla de acción comunitaria (CAP), los servicios para adultos mayores y el sitio web. La Tabla 2-4 describe la cadencia de entrega y el enfoque de desarrollo.

Tabla 2-4. Cadencia de Entrega y Enfoque de Desarrollo

Entregable	Cadencia de Entrega	Enfoque de Desarrollo
Edificio	Entrega única	Predictivo
Servicios para adultos mayores	Entregas múltiples	Iterativo
Sitio web	Entregas periódicas	Adaptativo
Capacitación de patrullas de acción comunitaria	Entregas múltiples	Incremental

Según esta información, un ciclo de vida potencial podría ser:

▶ **Inicio.** Los criterios de ingreso para esta fase son que el caso de negocio haya sido aprobado y el acta de constitución del proyecto haya sido autorizada. En esta fase, se elabora la hoja de ruta de alto nivel, se establecen los requisitos iniciales de financiamiento, se definen los requisitos del equipo de proyecto y los recursos, se crea un cronograma de hitos y se define la planificación de una estrategia para las adquisiciones. Estos entregables deberían estar completos antes de salir de la fase de inicio. Los criterios de salida serán revisados en una revisión de transición de fase de origen.

▶ **Planificación.** En esta fase, la información de alto nivel para el edificio se descompone en planes detallados. Se completa un documento de diseño detallado para el entrenamiento de la CAP. Se completa un análisis de la oferta de servicios para adultos mayores junto con un análisis de deficiencias. Se crea el marco de soporte inicial para el sitio web. Estos entregables deberían estar completos antes de salir de la fase de planificación. Los criterios de salida serán revisados en la revisión de transición de fase de planificación.

▶ **Desarrollo.** Esta fase se superpondrá con las fases de prueba y despliegue, ya que los entregables tienen diferentes cadencias de entrega y diferentes enfoques. El sitio web tendrá entregas tempranas para informar al público del progreso para el centro comunitario. Algunos servicios para adultos mayores y la capacitación de entrenamiento para CAP pueden comenzar antes de la apertura del centro comunitario. Cada entregable puede tener una revisión por separado antes de entrar en la fase de prueba.

▶ **Prueba.** Esta fase se superpondrá con las fases de desarrollo y despliegue. El tipo de prueba dependerá del entregable. Esta fase incluye inspecciones para el edificio, una entrega beta de los cursos de CAP, ensayos a pequeña escala para los servicios para adultos mayores, y cada liberación con destino al sitio web operando en un entorno de prueba. Cada entregable pasará por las pruebas aplicables antes de pasar a la fase de despliegue.

▶ **Despliegue.** Esta fase se superpondrá con las fases de desarrollo y prueba. La primera implementación del sitio web puede ser algo temprana en el proyecto. Las actividades en esta fase se repetirán a medida que se disponga de más entregables. El despliegue final del proyecto será la apertura del centro comunitario. Las actualizaciones continuas del sitio web y los servicios para adultos mayores formarán parte de las operaciones una vez que el centro comunitario esté abierto.

▶ **Cierre.** Esta fase se lleva a cabo periódicamente a medida que se completan los entregables. Cuando se haya implementado el sitio web inicial, se dará a conocer al personal del proyecto (incluidos los contratistas) y se completarán las retrospectivas o lecciones aprendidas para cada entregable. Cuando se complete todo el proyecto, se recopilará la información de las diversas revisiones de fase y se llevará a cabo una evaluación general del desempeño del proyecto en comparación con las líneas base. Antes del cierre final, el acta de constitución del proyecto y el caso de negocio se revisarán para determinar si los entregables lograron los beneficios y el valor previstos.

El Gráfico 2-12 muestra un posible ciclo de vida para el proyecto del centro comunitario. Las fases de inicio y planificación son secuenciales. Las fases de desarrollo, prueba y despliegue se superponen porque los diferentes entregables se desarrollarán, probarán e implementarán en diferentes momentos, y algunos entregables tendrán múltiples entregas. La fase de desarrollo aparece con más detalle para mostrar diferentes tiempos y cadencia de entrega. La cadencia de la fase de prueba seguiría a la cadencia de la fase de desarrollo. Las entregas se muestran en la fase de despliegue.

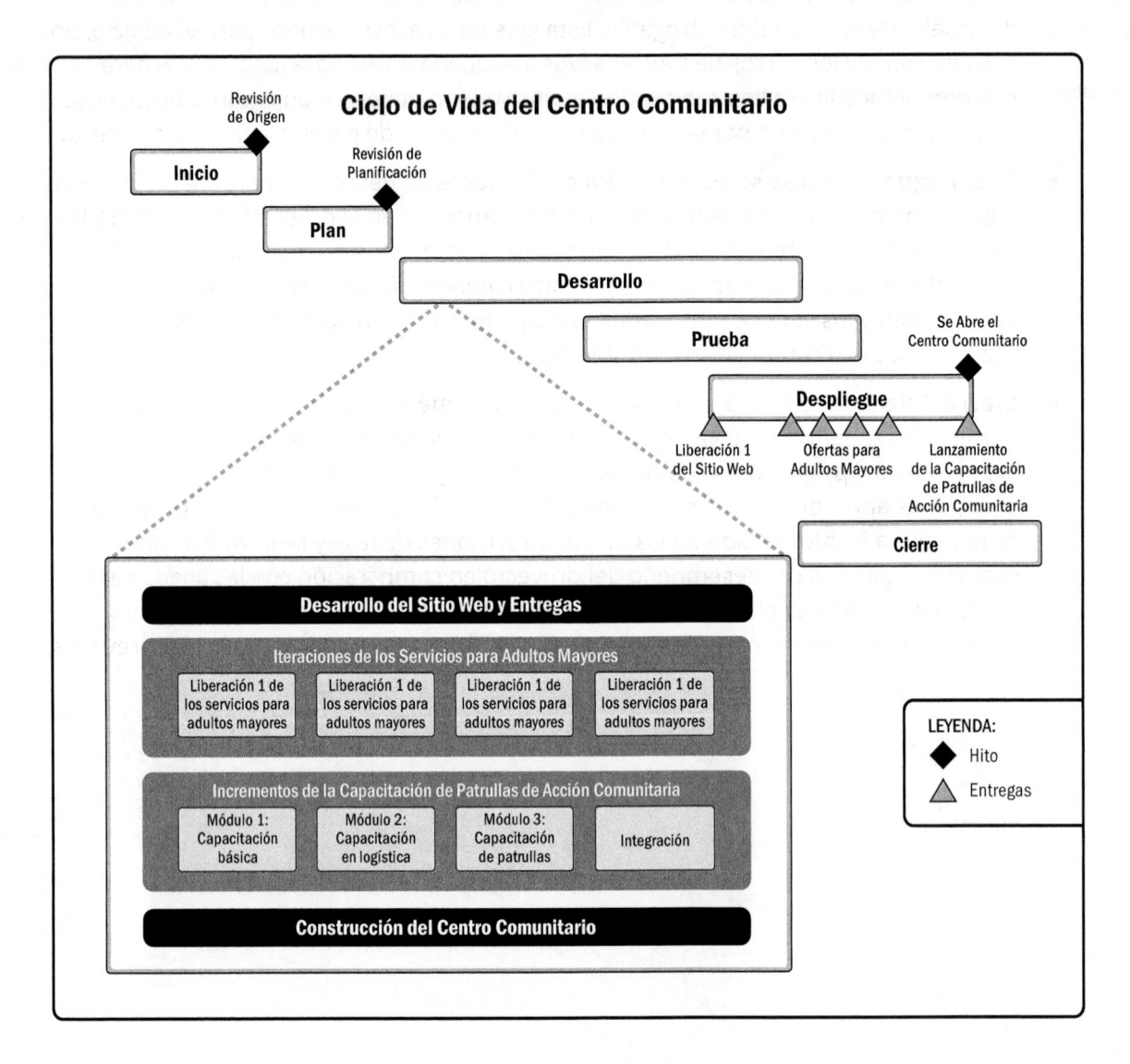

Gráfico 2-12. Ciclo de Vida del Centro Comunitario

> **¿Qué Importancia Tiene un Nombre?** No todos los profesionales de proyectos diferencian entre el enfoque de desarrollo y el ciclo de vida. Algunos profesionales dirán que un proyecto sigue un ciclo de vida ágil cuando en realidad están hablando sobre el enfoque de desarrollo. Algunos profesionales se refieren a los enfoques predictivos como *cascada*. Los enfoques de desarrollo adaptativo también pueden ser conocidos como enfoques evolutivos.
>
> Como la dirección de proyectos está evolucionando, el lenguaje utilizado sigue evolucionando. La mejor manera de entender a qué se refiere una persona, es determinar cómo está desarrollando los entregables y preguntarle los nombres de las fases en el ciclo de vida. Esto puede ayudar a enmarcar el proyecto y entender cómo las personas usan los términos.

2.3.7 INTERACCIONES CON OTROS DOMINIOS DE DESEMPEÑO

El Enfoque de Desarrollo y el Dominio de Desempeño del Ciclo de Vida interactúan con los Dominios de los Interesados, Planificación, Incertidumbre, Entrega, Trabajo del Proyecto y Desempeño del Equipo. El ciclo de vida seleccionado afecta a la forma en que se lleva a cabo la planificación. Los ciclos de vida predictivos realizan la mayor parte de la planificación por adelantado y luego continúan replanificando utilizando planificación gradual y elaboración progresiva. Los planes también se actualizan a medida que se materializan las amenazas y oportunidades.

El enfoque de desarrollo y la cadencia de entrega son una manera de reducir la incertidumbre en los proyectos. Para un entregable que tiene mucho riesgo asociado con el cumplimiento de los requisitos regulatorios se puede elegir un enfoque predictivo para incorporar pruebas adicionales, documentación y procesos y procedimientos sólidos. Para un entregable que tiene mucho riesgo asociado con la aceptación de los interesados se puede elegir un enfoque iterativo y liberar un producto mínimo viable al mercado para obtener retroalimentación antes de desarrollar características y funciones adicionales.

El Dominio de Desempeño de Enfoque de Desarrollo y Ciclo de Vida tiene una superposición significativa con el Dominio de Desempeño de la Entrega al considerar la cadencia de entrega y el enfoque de desarrollo. La cadencia de entrega es uno de los principales impulsores de la entrega de valor en alineación con el caso de negocio y los planes de realización de beneficios. La obtención de los requisitos del producto y el cumplimiento de los requisitos de calidad descritos en el Dominio de Desempeño de la Entrega tienen una influencia significativa sobre el enfoque de desarrollo.

El Dominio de Desempeño del Equipo y el Enfoque de Desarrollo y el Dominio de Desempeño del Enfoque de Desarrollo y del Ciclo de Vida interactúan cuando se trata de las capacidades del equipo de proyecto y las habilidades de liderazgo del equipo de proyecto. La forma de trabajar del equipo de proyecto y el estilo del director del proyecto varían significativamente dependiendo del enfoque de desarrollo. Un enfoque predictivo generalmente implica más énfasis en la planificación inicial, métricas y control. En el extremo opuesto del espectro, un enfoque adaptativo, especialmente cuando se utilizan métodos ágiles, requiere más de un estilo de liderazgo servicial y puede tener equipos de proyecto autogestionados.

2.3.8 MEDICIÓN DE LOS RESULTADOS

La Tabla 2-5 identifica los resultados a la izquierda y las formas de comprobarlos a la derecha.

Tabla 2-5. Verificación de Resultados — Dominio de Desempeño del Enfoque de Desarrollo y del Ciclo de Vida

Resultado	Verificar
Enfoques de desarrollo que son consistentes con los entregables del proyecto	El enfoque de desarrollo para los entregables (predictivo, híbrido, o adaptativo) refleja las variables del producto y resulta apropiado dado el proyecto y las variables organizacionales.
Un ciclo de vida del proyecto que consiste en fases que conectan la entrega del valor del negocio y el valor para los interesados desde el comienzo hasta el final del proyecto	El trabajo del proyecto desde el lanzamiento hasta el cierre está representado en las fases del proyecto. Las fases incluyen criterios de salida apropiados.
Fases del ciclo de vida del proyecto que facilitan la cadencia de entrega y el enfoque de desarrollo necesarios para producir los entregables del proyecto	La cadencia para el desarrollo, prueba e implementación está representada en las fases del ciclo de vida. Los proyectos con múltiples entregables que tienen diferentes cadencias de entrega y métodos de desarrollo están representados por fases superpuestas o repeticiones de fase, según sea necesario.

2.4 DOMINIO DE DESEMPEÑO DE LA PLANIFICACIÓN

La planificación organiza, elabora y coordina el trabajo del proyecto a lo largo de la totalidad del mismo.

DOMINIO DE DESEMPEÑO DE LA PLANIFICACIÓN

El Dominio de Desempeño de la Planificación aborda las actividades y funciones asociadas con la organización y coordinación iniciales, continuas y en evolución, necesarias para la entrega de los elementos entregables y los resultados del proyecto.

La ejecución efectiva de este dominio de desempeño tiene los siguientes resultados deseados:

- ▶ El proyecto avanza de manera organizada, coordinada y deliberada.
- ▶ Existe un enfoque holístico para entregar los resultados del proyecto.
- ▶ Existe un enfoque holístico para entregar los resultados del proyecto.
- ▶ Se elabora información evolutiva para obtener los entregables y los resultados para los cuales se emprendió el proyecto.
- ▶ El tiempo dedicado a la planificación es adecuado para la situación.
- ▶ La información de planificación es suficiente para gestionar las expectativas de los interesados.

Gráfico 2-13. Dominio de Desempeño de la Planificación

Las siguientes definiciones son pertinentes para el Dominio de Desempeño de la Planificación:

Estimación. Evaluación cuantitativa del valor o resultado probable de una variable, tal como costos del proyecto, recursos, esfuerzo o duraciones.

Exactitud. En el sistema de gestión de calidad, la exactitud es una evaluación de la corrección.

Precisión. En el sistema de gestión de calidad, la precisión es una evaluación de la exactitud.

Intensificación. Método utilizado para acortar la duración del cronograma con el menor incremento de costo mediante la adición de recursos.

Ejecución Rápida. Método de compresión del cronograma en el que actividades o fases que normalmente se realizan en secuencia se llevan a cabo en paralelo, al menos durante una parte de su duración.

Presupuesto. Estimación aprobada para el proyecto o cualquier componente de la estructura de desglose del trabajo (EDT) o cualquier actividad del cronograma.

2.4.1 DESCRIPCIÓN GENERAL DE LA PLANIFICACIÓN

El propósito de la planificación es desarrollar proactivamente un enfoque para crear los entregables del proyecto. Los entregables del proyecto impulsan los resultados para los que se acometió el proyecto. La planificación de alto nivel puede comenzar antes de la autorización del proyecto. El equipo de proyecto elabora progresivamente documentos iniciales del proyecto, como una declaración de visión, un acta de constitución del proyecto, un caso de negocio o documentos similares para identificar o definir una ruta coordinada para lograr los resultados deseados.

> Cada vez es más común que en la planificación inicial se tengan en cuenta los impactos sociales y ambientales, además de los impactos financieros (denominados en ocasiones triple resultado final). Esto puede tomar la forma de una evaluación del ciclo de vida del producto que evalúe los potenciales impactos ambientales de un producto, proceso o sistema. La evaluación del ciclo de vida del producto informa el diseño de productos y procesos. Considera los impactos de los materiales y procesos con respecto a la sostenibilidad, la toxicidad y el entorno.

La cantidad de tiempo dedicado a la planificación, tanto por adelantado como durante todo el proyecto, debería estar determinada por las circunstancias. Es ineficiente dedicar más tiempo del necesario a la planificación. Por lo tanto, la información obtenida de la planificación debería ser suficiente para avanzar de manera adecuada, pero no más detallada de lo necesario. Los equipos de proyecto utilizan artefactos de planificación para confirmar las expectativas de los interesados y proporcionarles la información que necesitan para tomar decisiones, tomar medidas y mantener la alineación entre el proyecto y los interesados.

2.4.2 VARIABLES PARA LA PLANIFICACIÓN

Debido a que cada proyecto es único, la cantidad, el momento y la frecuencia de la planificación varían. Las variables que influyen en la forma en que se lleva a cabo la planificación del proyecto incluyen, entre otras:

- **Enfoque de desarrollo.** El enfoque de desarrollo puede influir en cómo, cuánto y cuándo se lleva a cabo la planificación. Algunos ejemplos:
    - Una fase específica para planificar u organizar en forma temprana en el ciclo de vida. En estas situaciones, gran parte de la planificación se realiza por adelantado. Los planes iniciales se elaboran progresivamente con más detalle a lo largo del proyecto, pero hay pocos cambios en el alcance original.
    - Un enfoque con planificación de alto nivel por adelantado, seguido de una fase de diseño donde se utiliza la elaboración de prototipos. Después de que el equipo de proyecto y los interesados están de acuerdo con el diseño, el equipo de proyecto completa una planificación más detallada.
    - Enfoques adaptativos donde el equipo de proyecto realiza iteraciones. Algunas planificaciones ocurren por adelantado para establecer planes de liberación, y otras planificaciones ocurren al comienzo de cada iteración.

- **Entregables del proyecto.** A menudo, los entregables del proyecto requieren planificación de un modo específico. Los proyectos de construcción requieren una planificación inicial significativa para tener en cuenta el diseño, las aprobaciones, la compra de materiales, la logística y la entrega. El desarrollo de productos o los proyectos de alta tecnología pueden utilizar una planificación continua y adaptativa para permitir la evolución y los cambios basados en la retroalimentación de los interesados y los avances tecnológicos.

- **Requisitos organizacionales.** La gobernanza, las políticas, los procedimientos, los procesos y la cultura organizacionales pueden requerir que los directores de proyectos produzcan artefactos de planificación específicos.

- **Condiciones del mercado.** Los proyectos de desarrollo de productos pueden llevarse a cabo en un entorno altamente competitivo. En estas situaciones, los equipos de proyecto pueden llevar a cabo una cantidad mínima de planificación por adelantado, ya que el énfasis reside en la velocidad para salir al mercado. El costo del retraso que conlleva la planificación extensiva excede el riesgo de un posible retrabajo.

- **Restricciones legales o regulatorias.** Las agencias reguladoras o los estatutos pueden requerir documentos de planificación específicos antes de otorgar una autorización para proceder o con el fin de obtener aprobación para liberar el entregable del proyecto en el mercado.

2.4.2.1 Entrega

La planificación comienza con la comprensión del caso de negocio, los requisitos de los interesados y el alcance del proyecto y del producto. El *alcance del producto* consta de las características y funciones de un producto, servicio o resultado. El *alcance del proyecto* es el trabajo realizado para entregar un producto, servicio o resultado con las funciones y características especificadas.

Los enfoques de planificación predictiva comienzan por adelantado con los entregables de alto nivel del proyecto y los descomponen en un mayor detalle. Este enfoque puede emplear una declaración del alcance y/o una estructura de desglose del trabajo (EDT/WBS) para descomponer el alcance en niveles más bajos de detalle.

Los proyectos que utilizan enfoques iterativos o incrementales pueden tener temas de alto nivel o épicas que se descomponen en características, que luego se descomponen aún más en historias de usuarios y otros elementos de la lista de trabajo pendiente. El trabajo que es único, significativo, arriesgado o novedoso puede ser priorizado para reducir la incertidumbre asociada con el alcance del proyecto al comienzo del proyecto, antes de que haya tenido lugar una inversión significativa. Los equipos de proyecto planifican el trabajo de rutina basados en el concepto del último momento responsable. Este enfoque aplaza una decisión para permitir que el equipo de proyecto tome en consideración múltiples opciones hasta que el costo de un nuevo aplazamiento exceda el beneficio. Reduce el desperdicio al no gastar tiempo en el desarrollo de planes de trabajo que pueden cambiar o no ser necesarios.

2.4.2.2 Estimación

La planificación implica desarrollar estimaciones del esfuerzo laboral, la duración, los costos, las personas y los recursos físicos. Las estimaciones son una evaluación cuantitativa del valor o resultado probable de una variable, tal como costos del proyecto, recursos, esfuerzo o duración. A medida que el proyecto evoluciona, las estimaciones pueden cambiar en función de la información y las circunstancias actuales. La fase del proyecto en el ciclo de vida tiene impacto sobre cuatro aspectos asociados a la estimación:

- **Rango.** Las estimaciones tienden a tener un amplio rango al comienzo del proyecto cuando no hay mucha información sobre el alcance del proyecto y del producto, los interesados, los requisitos, los riesgos u otra información. El Gráfico 2-14 muestra un rango de -25 a +75 % al comienzo de la exploración de una oportunidad de proyecto. Los proyectos que están muy avanzados en su ciclo de vida pueden tener un rango estimado de -5 a +10 %.

- **Exactitud.** La exactitud se refiere a la precisión de un estimado. La exactitud está vinculada al rango en que, cuanto menor sea la exactitud, mayor será el rango potencial de los valores. Una estimación al comienzo del proyecto tendrá menos precisión que uno que se desarrolle a mitad del proyecto.

- **Precisión.** La precisión es diferente de la exactitud (véase el Gráfico 2-15). La precisión se refiere al grado de exactitud asociado con la estimación. Por ejemplo, una estimación de 2 días es más precisa que "en algún momento de esta semana". La precisión de las estimaciones debería ser compatible con la exactitud deseada.

- **Confianza.** La confianza aumenta con la experiencia. La experiencia trabajando en un proyecto anterior y similar puede ayudar con el nivel de confianza requerido. Para los componentes tecnológicos nuevos y en evolución, se espera que la confianza en los estimados sea baja.

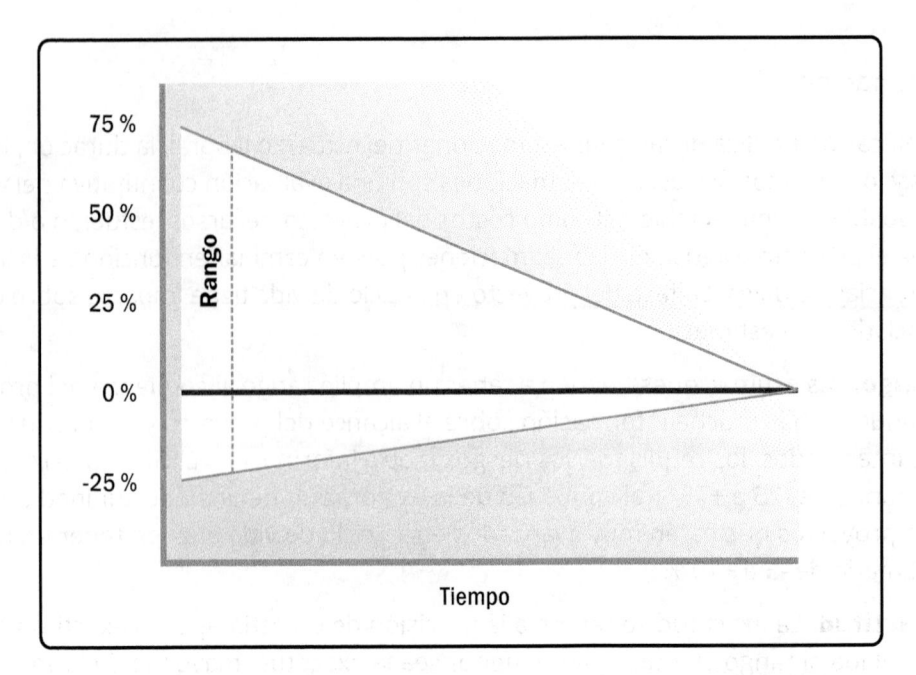

Gráfico 2-14. El Rango de los Estimados Disminuye con el Tiempo

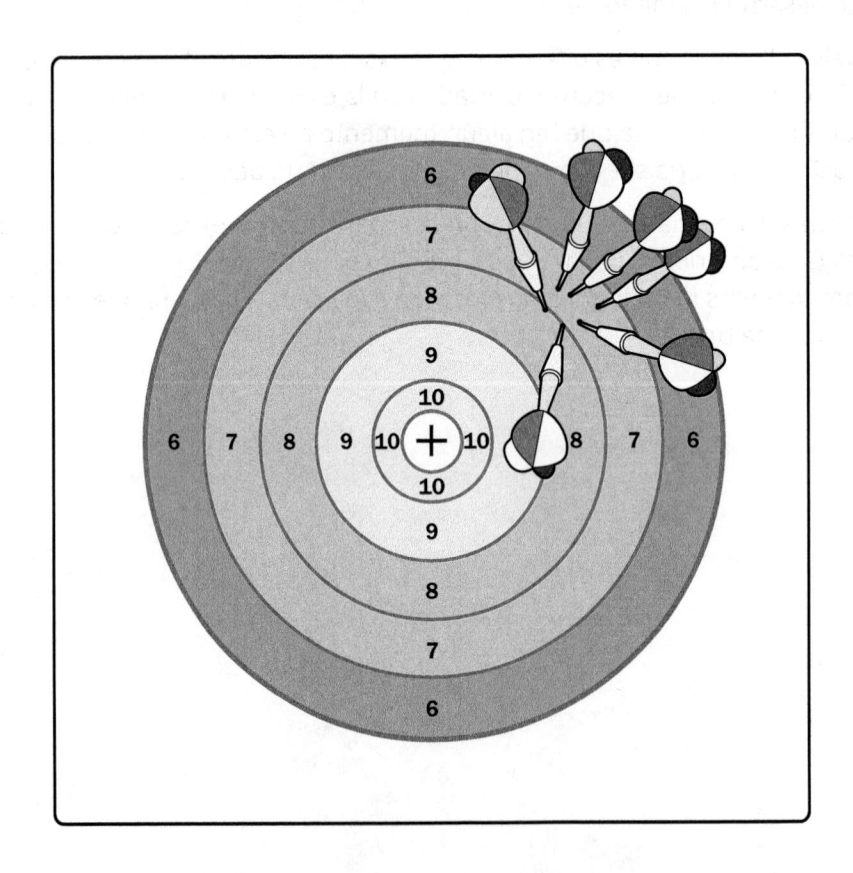

Gráfico 2-15. Baja Exactitud, Alta Precisión

56 *Guía del PMBOK®*

Existen diferentes formas de presentar y/o ajustar las estimaciones:

▶ **Estimación determinista y probabilística.** Las estimaciones deterministas, también conocidas como estimaciones puntuales, presentan un solo número o cantidad, tal como 36 meses.

Las estimaciones probabilísticas incluyen un rango de estimaciones junto con las probabilidades asociadas dentro de ese rango. Pueden ser desarrolladas manualmente (a) desarrollando un promedio ponderado basado en múltiples resultados probables, o (b) ejecutando una simulación para desarrollar un análisis de probabilidad de un resultado particular, generalmente en términos de costo o cronograma.

Una estimación probabilística derivada de una simulación informática está asociada con tres factores:

1. Una estimación puntual con el rango, tal como 36 meses +3 meses / -1 mes.
2. Una declaración de confianza tal como un nivel de confianza del 95 %.
3. Una distribución probabilística que describe la dispersión de los datos dentro y en torno al rango dado.

En conjunto, estos tres elementos forman una métrica completa que describe una estimación probabilística.

▶ **Estimación absoluta y relativa.** Las estimaciones absolutas constan de información específica y utilizan números reales. Una estimación absoluta del esfuerzo podría ser representada como 120 horas de trabajo. Una persona que trabaja a tiempo completo podría realizar el trabajo en 15 días de trabajo, asumiendo 8 horas de productividad por día de trabajo.

Si bien las estimaciones absolutas son específicas, las estimaciones relativas se muestran en comparación con otras estimaciones. Las estimaciones relativas solo tienen significado dentro de un contexto dado.

> Una forma de estimación relativa es el póker de planificación (planning poker). Al planificar el póker, el equipo de proyecto que realiza el trabajo llega a un consenso sobre el esfuerzo que es necesario para entregar valor. El uso de puntos de historia para estimar el trabajo podría tener como resultado 64 puntos de historia asignados para ese trabajo. El nuevo trabajo se estima utilizando la cantidad de trabajo estimado en comparación con los puntos asignados a trabajos anteriores. Por lo tanto, el nuevo esfuerzo de trabajo se compara con el esfuerzo de trabajo previamente conocido.

- **Estimación basada en flujo.** Las estimaciones basadas en flujo se desarrollan determinando el tiempo de ciclo y el rendimiento. El tiempo de ciclo es el tiempo total transcurrido para que una unidad pase por un proceso. El rendimiento es el número de elementos que pueden completar un proceso en una cantidad dada de tiempo. Estas dos cifras pueden proporcionar una estimación para completar una cantidad específica de trabajo.

- **Ajuste de estimaciones por incertidumbre.** Las estimaciones son inherentemente inciertas. La incertidumbre, por definición, está asociada con el riesgo. Las fechas de entrega clave o las estimaciones presupuestarias pueden ajustarse, o tiempo de contingencia o fondos pueden agregarse, en función de los resultados de una simulación realizada con el fin de establecer el rango de incertidumbre para estos parámetros.

2.4.2.3 Cronogramas

Un cronograma es un modelo para ejecutar las actividades del proyecto que incluye duraciones, dependencias y demás información de planificación. La planificación del cronograma puede utilizar enfoques predictivos o adaptativos.

Los enfoques predictivos siguen un proceso gradual, como sigue:

- **Paso 1.** Descomponer el alcance del proyecto en actividades específicas.
- **Paso 2.** Secuenciar las actividades relacionadas.
- **Paso 3.** Estimar el esfuerzo, la duración, las personas y los recursos físicos necesarios para completar las actividades.
- **Paso 4.** Asignar personas y recursos a las actividades en función de la disponibilidad.
- **Paso 5.** Ajustar la secuencia, las estimaciones y los recursos hasta que se logre un cronograma convenido.

Si el modelo de programación no cumple con la fecha de finalización deseada inicial, se aplican métodos de compresión del cronograma. La intensificación es un método de compresión del cronograma que busca acortar la duración con el menor incremento de costo. La intensificación puede incluir añadir personas a las actividades, trabajar horas adicionales o pagar para acelerar las entregas.

La ejecución rápida es un método de compresión del cronograma en el que actividades o tareas que normalmente se realizan en secuencia se llevan a cabo en paralelo al menos durante una parte de su duración. La ejecución rápida a menudo implica la aplicación de adelantos y retrasos a lo largo de una ruta en la red. Un *adelanto* es cuando se acelera el trabajo de una actividad sucesora, tal como comenzar una actividad sucesora antes de que la predecesora haya terminado. En el Gráfico 2-16, hay un adelanto entre el final de la Tarea 2 y el inicio de la Tarea 4.

Un *retraso* es un atraso de una actividad sucesora. Un ejemplo de usar un retraso sería cambiar el tipo de relación entre actividades y luego aplicar un retraso. Por ejemplo, en lugar de esperar a que una actividad termine antes de que comience la siguiente (una relación de final a inicio), cambiar la relación para que el final de la actividad sucesora termine una cantidad determinada de tiempo después del final del predecesor (una relación de final a final). La lógica de la red mostraría un retraso entre el final de las actividades predecesoras y el final de las actividades sucesoras. Se muestra un ejemplo de una relación de final a final con un retraso en el Gráfico 2-16, entre la Tarea 8 y la Tarea 7. También se puede aplicar un retraso entre el inicio de una actividad y el inicio de otra actividad (una relación de inicio a inicio).

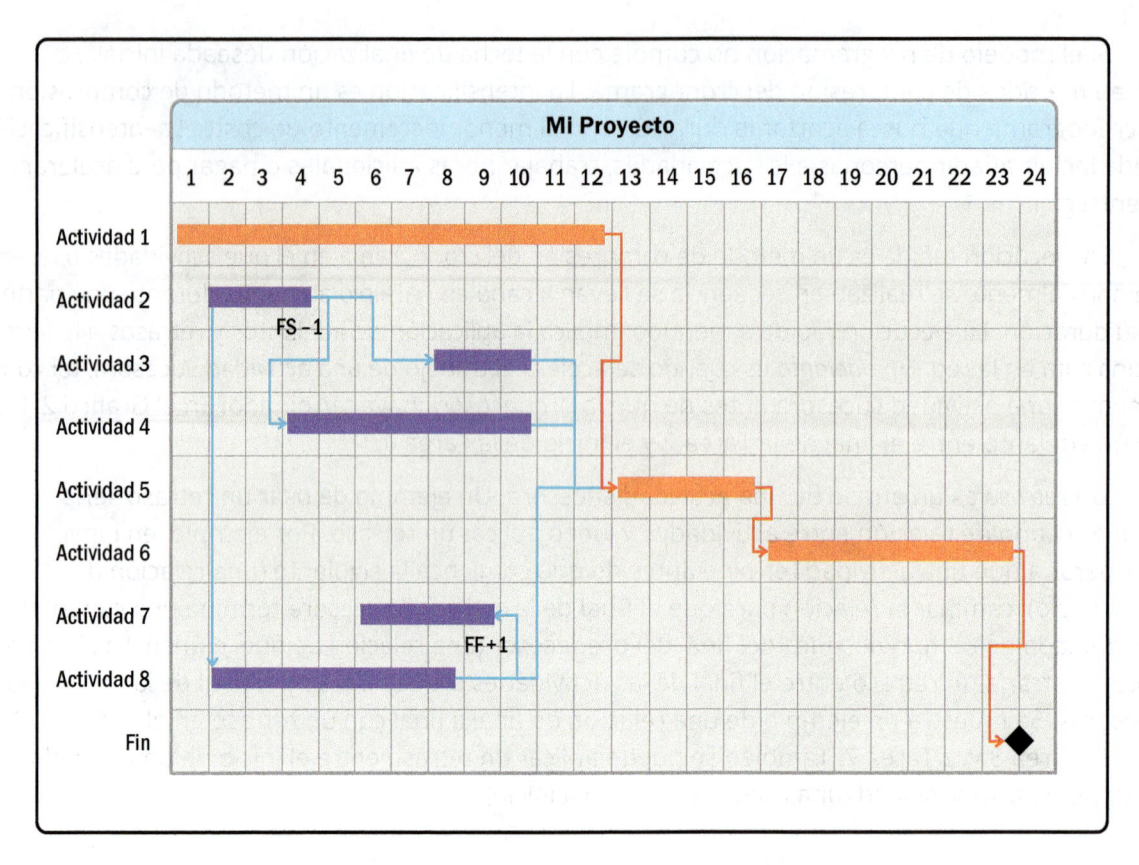

Gráfico 2-16. Ejemplos de Ejecución Rápida

Al comprimir el cronograma, es importante determinar la naturaleza de las dependencias entre actividades. A algunas actividades no se les puede hacer ejecución rápida debido a la naturaleza del trabajo; a otras sí. Los cuatro tipos de dependencias son:

▸ **Dependencia obligatoria.** Relación que es requerida por contrato o inherente a la naturaleza del trabajo. Este tipo de dependencia generalmente no se puede modificar.

▸ **Dependencia discrecional.** Relación que se basa en las mejores prácticas o en las preferencias del proyecto. Este tipo de dependencia puede ser modificable.

▸ **Dependencia externa.** Relación entre las actividades del proyecto y aquellas que no pertenecen al proyecto. Este tipo de dependencia generalmente no se puede modificar.

▸ **Dependencia interna.** Relación entre una o más actividades del proyecto. Este tipo de dependencia puede ser modificable.

La planificación adaptativa de cronograma utiliza planificación incremental. Uno de esos enfoques de programación del cronograma se basa en iteraciones y liberaciones (véase el Gráfico 2-17). Se desarrolla un plan de liberación de alto nivel que indica las características básicas y la funcionalidad que se incluirán en cada liberación. Dentro de cada liberación, habrá dos o más iteraciones. Cada iteración añade valor de negocio y/o para los interesados. El valor puede incluir características, reducción de riesgos, experimentación u otras formas de entregar o proteger el valor. La planificación para el trabajo en futuras liberaciones se mantiene a un alto nivel para que el equipo de proyecto no participe en una planificación que podría cambiar en base a la retroalimentación de liberaciones anteriores.

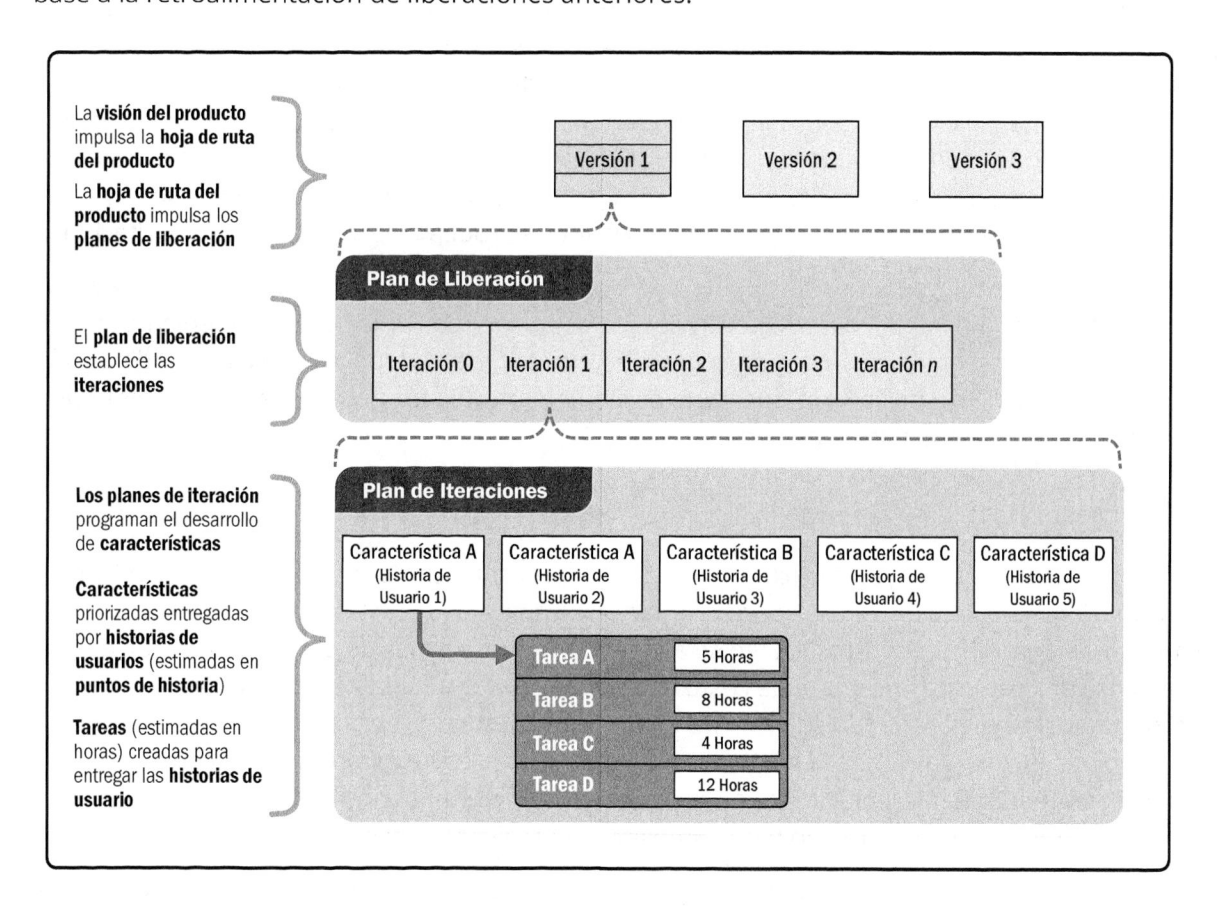

Gráfico 2-17. Plan de Liberación e Iteración

Sección 2 – Dominios de Desempeño del Proyecto

Los enfoques adaptativos a menudo utilizan períodos de tiempo preestablecido. El trabajo en cada período de tiempo preestablecido se basa en una lista de trabajo pendiente priorizada. El equipo de proyecto determina la cantidad de trabajo que puede hacer en cada período de tiempo preestablecido, estima el trabajo y se autogestiona para llevar a cabo el mismo. Al final del período de tiempo preestablecido, el equipo de proyecto muestra el trabajo terminado. En ese momento, la lista de trabajo pendiente y las estimaciones del trabajo disponible a ser realizado, pueden actualizarse o volver a priorizarse para el siguiente período de tiempo preestablecido.

La determinación del cronograma implica el uso de la información en la sección de estimación para determinar la duración general y las estimaciones del esfuerzo. Independientemente del enfoque de programación del cronograma utilizado, es necesario abordar la relación entre esfuerzo y duración. Algunas actividades están impulsadas por el esfuerzo, lo que significa que la duración se puede reducir añadiendo personas. Este enfoque puede funcionar hasta un punto, después del cual añadir personas podría realmente extender la duración. La construcción de la estructura de un edificio se basa en el esfuerzo. Si se añaden más personas, se puede reducir la duración. Algunas actividades son de duración fija, como realizar una prueba o llevar a cabo la capacitación de los empleados.

La naturaleza del trabajo determina si y cuánto se puede reducir la duración mediante la adición de personas, antes de que se haga necesario aumentar el tiempo debido a la coordinación, comunicación, conflicto y posible retrabajo. No existe una fórmula fija para determinar la reducción en la duración debido a la adición de personas.

2.4.2.4 Presupuesto

El presupuesto del proyecto evoluciona a partir de las estimaciones acordadas para el mismo. La información de la Sección 2.4.2.2 sobre Estimación se aplica a los costos del proyecto para desarrollar estimaciones de costos. Luego se agregan las estimaciones de costos para desarrollar la línea base de costos. La línea base de costos a menudo es distribuida a través del cronograma del proyecto para reflejar cuándo se incurrirá en los costos. Esta práctica permite a los directores de proyectos equilibrar los fondos aprobados en un período presupuestario específico con el trabajo programado. Si hay limitaciones de financiamiento para un período presupuestal, puede ser necesario reprogramar el trabajo para cumplir con esas limitaciones.

El presupuesto del proyecto debería incluir fondos de reserva para contingencias con el fin de tener en cuenta la incertidumbre. Las reservas para contingencias se ponen aparte para implementar una respuesta a los riesgos o para responder a eventos de riesgo en caso de que ocurran.

Las reservas de gestión se ponen aparte para actividades inesperadas relacionadas con el trabajo dentro del alcance. Dependiendo de las políticas de la organización y la estructura organizacional, las reservas de gestión pueden ser administradas por el proyecto, el patrocinador, el dueño del producto o la PMO a nivel de programa y portafolio. El Gráfico 2-18 muestra la formación del presupuesto.

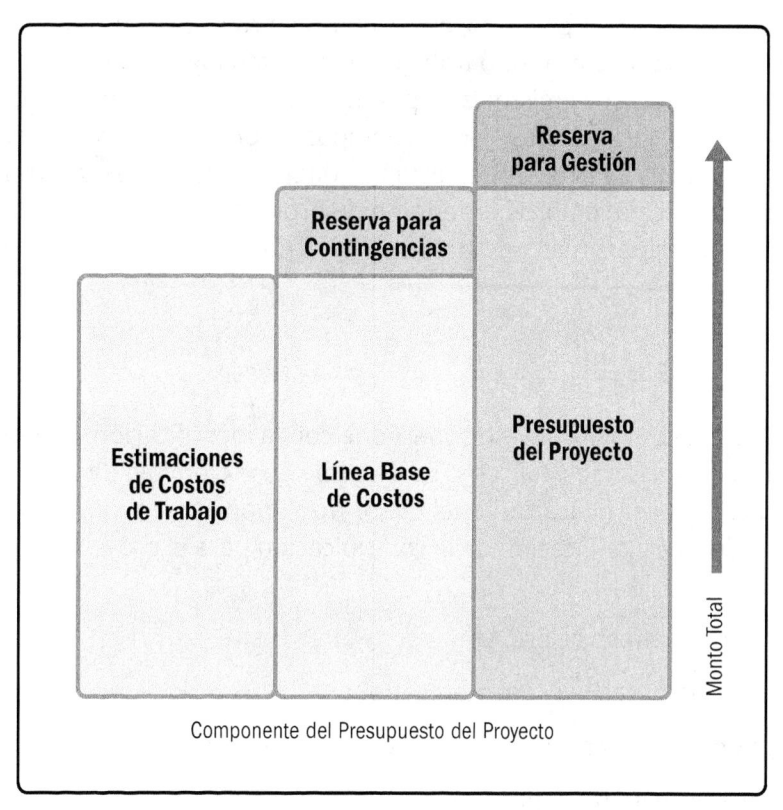

Gráfico 2-18. Formación del Presupuesto

2.4.3 COMPOSICIÓN Y ESTRUCTURA DEL EQUIPO DE PROYECTO

La planificación para la composición del equipo de proyecto comienza con la identificación de los conjuntos de habilidades requeridos para cumplir con el trabajo del proyecto. Esto implica evaluar no solo las habilidades, sino también el nivel de las competencias y los años de experiencia en proyectos similares.

Hay diferentes estructuras de costos asociadas con el uso de miembros internos del equipo de proyecto en lugar de conseguirlos fuera de la organización. Los beneficios que aportan las habilidades externas al proyecto se sopesan contra los costos en los que se incurrirá.

---

[2] Este tema trata sobre la planificación del equipo de proyecto. En el Dominio de Desempeño del Equipo se abordan los temas asociados con el liderazgo del equipo de proyecto.

Al planificar para el equipo de proyecto, el director del proyecto toma en cuenta la capacidad y la necesidad de que el equipo de proyecto trabaje en el mismo lugar. Los equipos de proyecto pequeños que pueden trabajar en la misma sala pueden aprovechar la comunicación osmótica y resolver problemas a medida que surjan. Algunos equipos de proyecto están físicamente dispersos. Los miembros del equipo de proyecto pueden estar en diferentes ciudades, zonas horarias o países. En proyectos donde los miembros del equipo de proyecto trabajan virtualmente, se invierte más tiempo en conectar a las personas por medio de la tecnología.

2.4.4 COMUNICACIÓN

La planificación de la comunicación se superpone con la identificación, análisis, priorización e involucramiento de los interesados, tal como se describe en el Dominio de Desempeño de los Interesados (Sección 2.1). La comunicación es el factor más importante para interactuar de manera eficaz con los interesados. La planificación de la comunicación para el proyecto implica considerar lo siguiente:

- ▶ ¿Quién necesita la información?
- ▶ ¿Qué información necesita cada interesado?
- ▶ ¿Por qué se debería compartir la información con los interesados?
- ▶ ¿Cuál es la mejor manera de proporcionar información?
- ▶ ¿Cuándo y con qué frecuencia se necesita información?
- ▶ ¿Quién dispone de la información necesaria?

Puede haber diferentes categorías de información, tales como interna y externa, sensible y pública, o general y detallada. El análisis de los interesados, las necesidades de información y las categorías de información proporcionan la base para establecer los procesos y planes de comunicación para el proyecto.

2.4.5 RECURSOS FÍSICOS

Recursos físicos se aplica para cualquier recurso que no sea una persona. Pueden incluir materiales, equipos, software, entornos de prueba, licencias, etc. La planificación de los recursos físicos implica estimación, como se describe en la Sección 2.4.2.2, así como la cadena de suministro, la logística y la gestión. Los proyectos con recursos físicos significativos, como los proyectos de ingeniería y construcción, deberán planificar las actividades de adquisición para conseguir los recursos. Esto puede ser tan simple como utilizar un acuerdo de pedido básico o tan complicado como gestionar, coordinar e integrar varias actividades de adquisición de gran envergadura.

La planificación de los recursos físicos incluye tener en cuenta el plazo para la entrega, movimiento, almacenamiento y disposición de los materiales, así como un medio para rastrear el inventario de materiales desde la llegada al sitio hasta la entrega de un producto integrado. Los equipos de proyecto cuyos proyectos requieren materiales físicos significativos piensan y planifican estratégicamente la programación desde el pedido, a la entrega, hasta su utilización. Esto puede incluir la evaluación de los pedidos a granel versus el costo del almacenamiento, la logística global, la sostenibilidad y la integración de la gestión de los activos físicos con el resto del proyecto.

2.4.6 ADQUISICIÓN

Las adquisiciones pueden ocurrir en cualquier momento durante un proyecto. Sin embargo, la planificación inicial ayuda a establecer expectativas que aseguran que el proceso de adquisición se lleve a cabo sin problemas. Una vez que se conoce el alcance de alto nivel, los equipos de proyecto realizan un análisis de hacer o comprar. Esto incluye identificar aquellos entregables y servicios que se desarrollarán internamente, y aquellos que se comprarán de fuentes externas. Esta información afecta al equipo de proyecto y al cronograma. Los profesionales contratantes necesitan información anticipada sobre el tipo de bienes necesarios, cuándo serán necesarios y cualquier especificación técnica requerida para los bienes o servicios adquiridos.

2.4.7 CAMBIOS

Habrá cambios a lo largo del proyecto. Algunos cambios son el resultado de un evento de riesgo que ocurre o un cambio en el entorno del proyecto, algunos se basan en desarrollar una comprensión más profunda de los requisitos, y otros se deben a solicitudes de los clientes u otras razones. Por lo tanto, los equipos de proyecto deben preparar un proceso para adaptar los planes a lo largo de todo el proyecto. Esto puede adoptar la forma de un proceso de control de cambios, volver a priorizar la lista de trabajo pendiente o volver a dotar al proyecto de una línea base. Los proyectos que tienen un elemento contractual pueden necesitar seguir un proceso definido para los cambios de contrato.

2.4.8 MÉTRICAS

Existe un vínculo natural entre la planificación, entrega y medición del trabajo. Ese vínculo son las métricas. El establecimiento de métricas incluye establecer los umbrales que indican si el desempeño del trabajo es el esperado, si se aleja positiva o negativamente del desempeño esperado, o si es inaceptable. Decidir qué medir y con qué frecuencia se informa de manera óptima con la frase "sólo medir lo que importa".

Las métricas asociadas con el producto son específicas para los entregables que se están desarrollando. Las métricas asociadas con el cronograma y el desempeño del presupuesto a menudo están impulsadas por los estándares organizacionales y están relacionadas con una línea base o una versión aprobada del cronograma o presupuesto contra la que se comparan los resultados reales.

Como parte de la planificación, se establecen las métricas, líneas base y umbrales para el desempeño, así como cualquier proceso y procedimiento de prueba y evaluación que se utilizará para medir el desempeño según las especificaciones del entregable del proyecto. Las métricas, líneas base y pruebas se utilizan como base para evaluar la variación del desempeño real como parte del Dominio de Desempeño de la Medición.

2.4.9 ALINEACIÓN

Las actividades de planificación y los artefactos deben permanecer integrados a lo largo del proyecto. Esto significa que la planificación del desempeño en términos de alcance y requisitos de calidad se alinea con los compromisos de entrega, los fondos asignados, el tipo y la disponibilidad de recursos, la incertidumbre inherente al proyecto y las necesidades de los interesados. Los equipos de proyecto pueden requerir artefactos de planificación adicionales dependiendo del tipo de proyecto. Por ejemplo, los planes de logística deberán integrarse con las necesidades de material y entrega, los planes de prueba deberán alinearse con las necesidades de calidad y entrega, etc.

El trabajo en un proyecto a menudo ocurre en paralelo con otros proyectos en un programa o una liberación. La programación del trabajo de un solo proyecto debe alinearse con las necesidades del trabajo sobre los proyectos relacionados y el trabajo de operaciones de la organización.

Los grandes proyectos pueden combinar los artefactos de planificación en un plan integral para la dirección del proyecto. Para proyectos más pequeños, un plan detallado para la dirección del proyecto resultará ineficiente. Independientemente de la programación, la frecuencia y el grado de planificación, los diversos aspectos del proyecto deben permanecer alineados e integrados.

2.4.10 INTERACCIONES CON OTROS DOMINIOS DE DESEMPEÑO

La planificación ocurre a lo largo de todo el proyecto y se integra con cada dominio de desempeño. Al comienzo del proyecto, se identifican los resultados esperados y se desarrollan planes de alto nivel para lograrlos. Dependiendo del enfoque de desarrollo seleccionado y el ciclo de vida, la planificación intensiva se puede realizar por adelantado y luego los planes se pueden ajustar para reflejar el entorno real. Otros ciclos de vida fomentan una planificación suficiente en varios puntos a lo largo del proyecto con la expectativa de que los planes evolucionen.

A lo largo del proyecto, la planificación guía el trabajo del proyecto, la entrega de resultados y el valor del negocio. Los equipos de proyecto y los interesados establecen medidas del progreso y del éxito, y el desempeño se compara con los planes. La incertidumbre y la planificación interactúan a medida que los equipos de proyecto planifican cómo abordar la incertidumbre y los riesgos. Es posible que sea necesario revisar los planes o desarrollar nuevos planes con el fin de tener en cuenta los eventos o las condiciones que surjan. Los miembros del equipo de proyecto, el entorno y los detalles del proyecto influyen en los planes para trabajar eficazmente con el equipo de proyecto e involucrarse proactivamente con los interesados.

2.4.11 VERIFICACIÓN DE RESULTADOS

La Tabla 2-6 identifica los resultados a la izquierda y las formas de comprobarlos a la derecha.

Tabla 2-6. Verificación de Resultados — Dominio de Desempeño de la Planificación

Resultado	Verificar
El proyecto avanza de manera organizada, coordinada y deliberada.	Una revisión del desempeño de los resultados del proyecto en comparación con las líneas base del proyecto y otras métricas de medición demuestra que el proyecto está progresando según lo planeado. Las variaciones de desempeño están dentro de los umbrales.
Existe un enfoque holístico para entregar los resultados del proyecto.	El cronograma de entrega, el financiamiento, la disponibilidad de recursos, las adquisiciones, etc. demuestran que el proyecto está planificado de manera holística, sin brechas ni áreas de desalineación.
Se elabora información evolutiva para obtener los entregables y los resultados para los cuales se emprendió el proyecto.	La información inicial sobre entregables y requisitos en comparación con la información actual demuestra una elaboración apropiada. La información actual en comparación con el caso de negocio indica que el proyecto producirá los entregables y los resultados para los cuales se emprendió.
El tiempo dedicado a la planificación es apropiado para la situación.	Los planes y documentos del proyecto demuestran que el nivel de planificación es apropiado para el proyecto.
La información de planificación es suficiente para gestionar las expectativas de los interesados.	El plan de gestión de las comunicaciones y la información de los interesados indican que las comunicaciones son suficientes para gestionar las expectativas de los interesados.
Existe un proceso para la adaptación de los planes a lo largo del proyecto basado en las necesidades o condiciones emergentes y cambiantes.	Los proyectos que utilizan una lista de trabajo pendiente muestran la adaptación de los planes a lo largo de todo el proyecto. Los proyectos que utilizan un proceso de control de cambios tienen registros de cambios y documentación de las reuniones del comité de control de cambios que demuestran que se está aplicando el proceso de control de cambios.

2.5 DOMINIO DE DESEMPEÑO DEL TRABAJO DEL PROYECTO

> **DOMINIO DE DESEMPEÑO DEL TRABAJO DEL PROYECTO**
>
> El Dominio de Desempeño del Trabajo del Proyecto aborda las actividades y funciones asociadas con el establecimiento de los procesos del proyecto, la gestión de los recursos físicos y el fomento de un entorno de aprendizaje.
>
> La ejecución efectiva de este dominio de desempeño tiene los siguientes resultados deseados:
>
> ▶ Desempeño eficiente y efectivo del proyecto.
> ▶ Los procesos del proyecto son apropiados para el proyecto y el entorno.
> ▶ Comunicación adecuada con los interesados.
> ▶ Gestión eficiente de los recursos físicos.
> ▶ Gestión eficaz de las adquisiciones.
> ▶ Capacidad mejorada del equipo gracias al aprendizaje continuo y la mejora de los procesos.

Gráfico 2-19. Dominio de Desempeño del Trabajo del Proyecto

El trabajo de proyecto está asociado con el establecimiento de los procesos y la realización del trabajo para permitir que el equipo de proyecto cumpla con los entregables y resultados esperados.

Las siguientes definiciones son pertinentes para el Dominio de Desempeño del Trabajo del Proyecto:

Documentos de las licitaciones. Todos los documentos utilizados para solicitar información, cotizaciones o propuestas a posibles vendedores.

Conferencia de Oferentes. Reuniones con posibles vendedores previas a la preparación de una licitación o propuesta para asegurar que todos los posibles proveedores comprendan la necesidad de adquisición de manera clara y uniforme. También conocidas como conferencias de contratistas, conferencias de proveedores o conferencias previas a la licitación.

Conocimiento Explícito. Conocimiento que puede codificarse utilizando símbolos tales como palabras, números e imágenes.

Conocimiento Tácito. Conocimiento personal que puede ser difícil de articular y compartir tal como creencias, experiencia y percepciones.

El trabajo del proyecto mantiene enfocado al equipo de proyecto y a las actividades del proyecto en ejecución sin problemas. Esto incluye, entre otras cosas:

- Gestionar el flujo de trabajo existente, el nuevo trabajo y los cambios en el trabajo;
- Mantener centrado al equipo de proyecto;
- Establecer sistemas y procesos de proyecto eficientes;
- Comunicarse con los interesados;
- Gestionar los materiales, equipamiento, suministros y logística;
- Trabajar con profesionales y proveedores en relación contractual para planificar y gestionar adquisiciones y contratos;
- Monitorear los cambios que pueden afectar el proyecto; y
- Habilitar el aprendizaje de proyectos y la transferencia de conocimiento.

2.5.1 PROCESOS DEL PROYECTO

El director del proyecto y el equipo de proyecto establecen y revisan periódicamente los procesos que el equipo de proyecto está utilizando para llevar a cabo el trabajo. Esto puede consistir en revisar los tableros de tareas para determinar si hay cuellos de botella en el proceso, si el trabajo fluye al ritmo esperado y si hay algún impedimento que esté bloqueando el progreso.

La adaptación del proceso se puede utilizar para optimizar el mismo para las necesidades del proyecto. En general, los proyectos grandes tienen más procesos en comparación con los pequeños, y los proyectos críticos tienen más procesos que los proyectos menos significativos. La adaptación toma en consideración las demandas del entorno. Las formas de optimizar los procesos para el entorno incluyen:

- **Métodos de producción Lean.** La producción Lean utiliza técnicas tales como el mapeo del flujo de valor para medir la proporción de actividades que agregan valor y las actividades que no agregan valor. Las métricas calculadas forman una base y un sistema de medición para identificar y eliminar los desperdicios de los sistemas de producción.

- **Retrospectivas o lecciones aprendidas.** Estas reuniones brindan una oportunidad para que el equipo de proyecto revise la forma en que funciona y sugiera cambios para mejorar el proceso y la eficiencia.

- **¿Cuál es la siguiente mejor inversión?** Hacer esta pregunta puede ayudar a los equipos de proyecto a determinar si deben continuar con la tarea actual o pasar a la siguiente actividad para optimizar la entrega de valor.

Revisar los procesos puede implicar determinar si los procesos son eficientes o si hay desperdicio en el proceso que se puede eliminar. El tiempo dedicado al seguimiento de la conformidad con el proceso es el tiempo que el equipo de proyecto no puede dedicar a entregar los resultados para los cuales se emprendió el proyecto. Por lo tanto, los equipos de proyecto utilizan el tiempo justo para revisar la conformidad del proceso con el fin de maximizar los beneficios entregados a partir de la revisión, al tiempo que satisfacen las necesidades de gobernanza del proceso.

> **Ejemplo de trabajo sin valor agregado.** Una PMO quiere rastrear el tipo de trabajo que están realizando los miembros del equipo de proyecto. Piden al equipo de proyecto que registre el tipo de trabajo que están haciendo en categorías específicas en sus hojas de tiempo. El tiempo necesario para categorizar y registrar su tiempo puede considerarse como trabajo sin valor agregado.

Además de ser eficientes, los procesos deben ser eficaces. Esto significa que necesitan cumplir con los requisitos de calidad, regulaciones, estándares y políticas organizacionales, además de producir el resultado deseado. La evaluación de procesos puede incluir auditorías de procesos y actividades de aseguramiento de calidad para garantizar que los procesos se respeten y estén logrando los resultados previstos.

2.5.2 EQUILIBRIO DE LAS RESTRICCIONES EN COMPETENCIA

Liderar con éxito un proyecto incluye comprender las restricciones asociadas con el trabajo. Las restricciones pueden adoptar la forma de fechas de entrega fijas, cumplimiento de los códigos regulatorios, un presupuesto predeterminado, políticas de calidad, consideraciones del triple resultado final, y así sucesivamente. Las restricciones pueden desplazarse y cambiar a lo largo del proyecto. Un nuevo requisito de los interesados puede implicar la ampliación del cronograma y del presupuesto. Una reducción en el presupuesto puede implicar la relajación de un requisito de calidad o la reducción del alcance.

Equilibrar estas restricciones cambiantes, al tiempo que se conserva la satisfacción de los interesados, es una actividad continua en el proyecto. A veces, puede incluir reunirse con el cliente, el patrocinador o el dueño del producto para presentar alternativas e implicaciones. Otras veces, las decisiones y posibles variaciones pueden estar dentro de la autoridad del equipo de proyecto para hacer concesiones con el fin de entregar el resultado final. De cualquier manera, esta actividad de equilibrar está en curso a lo largo de todo el proyecto.

2.5.3 CONSERVACIÓN DEL ENFOQUE DEL EQUIPO DE PROYECTO

Los directores de proyecto tienen la responsabilidad de evaluar y equilibrar el enfoque y la atención del equipo de proyecto. Esto implica evaluar las proyecciones a corto y largo plazo del progreso hacia los objetivos de entrega.

Liderar el equipo de proyecto incluye equilibrar la carga de trabajo y evaluar si los miembros del equipo de proyecto están satisfechos con su trabajo para que permanezcan motivados. Para maximizar el valor del negocio y de los interesados entregado a lo largo del proyecto, la atención del equipo de proyecto debe mantenerse en un equilibrio saludable. Liderar con el objetivo de maximizar el valor total entregado implica centrarse en la producción (entrega de valor) y proteger la capacidad de producción del equipo deproyecto (salud y satisfacción del equipo deproyecto). El objetivo es conservar al equipo de proyecto centrado en entregar valor y mantener la conciencia de cuándo ingresan en el proyecto posibles incidentes, retrasos y sobrecostos.

2.5.4 COMUNICACIONES E INVOLUCRAMIENTO EN EL PROYECTO

Gran parte del trabajo del proyecto está asociado con la comunicación y el involucramiento, especialmente el trabajo asociado con el mantenimiento del involucramiento de los miembros del equipo de proyecto y otros interesados. Como se describe en el Dominio de Desempeño de los Interesados, la comunicación implica comunicación formal e informal, además de la comunicación verbal y escrita. La información se puede recopilar en reuniones, conversaciones y extrayendo información de repositorios electrónicos. Una vez recogida, se distribuye como se indica en el plan de comunicaciones de la dirección de proyectos.

En el día a día, hay solicitudes ad hoc de información, presentaciones, informes y otras formas de comunicación. Una abundancia de solicitudes de comunicación ad hoc puede indicar que la planificación de la comunicación no fue suficiente para satisfacer las necesidades de los interesados. En esta situación, puede ser necesario un mayor involucramiento de los interesados para garantizar que se cumplan los requisitos de información de los mismos.

2.5.5 GESTIÓN DE RECURSOS FÍSICOS

Algunos proyectos requieren materiales y suministros provenientes de terceros. Planificar, ordenar, transportar, almacenar, rastrear y controlar estos recursos físicos puede implicar una gran cantidad de tiempo y esfuerzo.

Grandes cantidades de recursos físicos requieren un sistema logístico integrado. Esto generalmente está documentado en las políticas de la empresa que luego se implementan en los proyectos. Un plan de logística describe la manera en que se implementará la política de la empresa en el proyecto. La documentación de apoyo incluye estimados para el tipo de material, base de las estimaciones, uso esperado a lo largo del tiempo, especificaciones para el grado, y el momento y el lugar para las entregas.

Los objetivos desde la perspectiva de los recursos físicos son los siguientes:

- Reducir o eliminar el manejo y almacenamiento de materiales en el sitio,
- Eliminar los tiempos de espera para los materiales,
- Minimizar los desechos y los desperdicios, y
- Promover un ambiente de trabajo seguro.

Todo este trabajo se integra con el cronograma maestro del proyecto para proporcionar expectativas y comunicaciones claras para todas las partes involucradas.

2.5.6 TRABAJO CON ADQUISICIONES

Muchos proyectos involucran alguna forma de contratación o adquisición. Las adquisiciones pueden cubrir todo, desde materiales, equipos de capital y suministros hasta soluciones, mano de obra y servicios. En la mayoría de las organizaciones, los directores de proyectos no tienen autoridad para contratar. Más bien, trabajan con funcionarios de contratación u otras personas con experiencia en contratos, leyes y regulaciones. Las organizaciones generalmente tienen políticas y procedimientos rigurosos asociados con las adquisiciones. Las políticas identifican quién tiene autoridad para celebrar un contrato, los límites de autoridad y los procesos y procedimientos que deberían seguirse.

Antes de efectuar una adquisición, el director del proyecto y los miembros del equipo de proyecto técnicamente calificados trabajan con profesionales contratantes para desarrollar la solicitud de propuesta (RFP), el enunciado del trabajo (SOW), los términos y condiciones y otros documentos necesarios para abrir la licitación.

2.5.6.1 Proceso de Licitación

El proceso de licitación incluye el desarrollo y la publicidad de los documentos de las licitaciones, conferencias de oferentes y selección de un oferente.

Los documentos de las licitaciones pueden incluir:

- **Solicitud de información.** Una solicitud de información se utiliza para recopilar más información del mercado antes de enviar los documentos de las licitaciones a un conjunto de proveedores seleccionados.
- **Solicitud de propuesta.** Este documento de las licitaciones se utiliza en el caso de un alcance complejo o complicado donde el comprador está buscando que el proveedor proporcione una solución.
- **Solicitud de cotización.** Este documento de las licitaciones se utiliza cuando el precio es el principal factor decisivo y la solución propuesta está fácilmente disponible.

Estos tres tipos cubren la mayoría de las necesidades de las licitaciones. Existen otros documentos de las licitaciones; sin embargo, tienden a ser específicos para cada industria.

Una vez que se distribuyen los documentos de las licitaciones, el comprador generalmente convoca a una conferencia de oferentes para responder a las preguntas de los mismos y proporcionar información aclaratoria. A continuación, los oferentes desarrollan sus respuestas y las entregan al comprador en la fecha especificada en los documentos de la licitación.

Elegir el mejor proveedor, a veces conocido como selección de fuente, frecuentemente se basa en una serie de criterios, tales como experiencia, referencias, precio y entrega oportuna. Estas variables pueden ponderarse para reflejar la importancia relativa de cada una. El comprador evalúa las ofertas de los proveedores según los criterios para seleccionar un(os) proveedor(es) apropiado(s). El comprador y el proveedor negocian los términos y condiciones. En su mayoría todo se puede negociar, desde el costo hasta las fechas de entrega y pago, hasta la ubicación del trabajo, la propiedad intelectual, etc.

2.5.6.2 Contratación

Finalmente, las partes llegan a un acuerdo y celebran un contrato. El tipo de medio de contratación depende del tamaño de la compra, la estabilidad del alcance del trabajo y las tolerancias al riesgo de las organizaciones.

> Para los proyectos que utilizan un enfoque adaptativo para algunos entregables y un enfoque predictivo para otros, se puede utilizar un acuerdo maestro para el contrato general. El trabajo adaptativo puede ser colocado en un apéndice o suplemento. Esto permite que los cambios ocurran en el alcance adaptativo sin afectar el contrato general.

Una vez seleccionado el proveedor, los planes y documentos del proyecto son actualizados para incorporar las fechas, los recursos, los costos, los requisitos de calidad, los riesgos, etc. A partir de ese momento, el proveedor se convierte en un interesado del proyecto. La información en el Dominio de Desempeño de los Interesados y el Dominio de Desempeño de la Medición se aplicará al(a los) proveedor(es) a lo largo del proyecto.

Las adquisiciones pueden producirse en cualquier momento durante el proyecto. Todas las actividades de adquisición se integran en las operaciones del proyecto.

2.5.7 MONITOREO DE NUEVOS TRABAJOS Y CAMBIOS

En los proyectos adaptativos, existe la expectativa de que el trabajo evolucionará y se adaptará. Como resultado, se puede añadir el nuevo trabajo a la lista de trabajo pendiente del producto, según sea necesario. Sin embargo, si se añade más trabajo del que se está completando, o si se añade la misma cantidad de trabajo que se está completando, el proyecto continuará sin fin. El director del proyecto trabaja con el dueño del producto para gestionar las expectativas en torno a la adición de alcance, las implicaciones para el presupuesto y la disponibilidad de los miembros del equipo de proyecto. El dueño del producto prioriza la lista de trabajo pendiente del proyecto de forma continua, para que se completen los elementos de alta prioridad. Si el cronograma o presupuesto está restringido, el dueño del producto puede considerar el proyecto como realizado cuando se entregan los elementos de mayor prioridad.

En proyectos predictivos, el equipo de proyecto gestiona activamente los cambios en el trabajo para garantizar que en la línea base del alcance solo se incluyan cambios aprobados. Cualquier cambio en el alcance va acompañado de cambios apropiados en las personas, recursos, cronograma y presupuesto. Los cambios en el alcance pueden aumentar la incertidumbre; por lo tanto, cualquier solicitud de cambio debe ir acompañada de una evaluación de cualquier nuevo riesgo que se introduzca debido a la adición o cambio en el alcance. El director del proyecto trabaja con el comité de control de cambios y el solicitante del cambio para guiar las solicitudes de cambio a través del proceso de control de cambios. Los cambios aprobados se integran en los documentos aplicables de planificación del proyecto, la lista de trabajo pendiente asociado al producto y el alcance del proyecto. Los cambios también son comunicados a los interesados correspondientes.

2.5.8 APRENDIZAJE A LO LARGO DEL PROYECTO

Periódicamente, el equipo de proyecto puede reunirse para determinar qué pueden hacer mejor en el futuro (lecciones aprendidas) y cómo pueden mejorar y cuestionar el proceso en las próximas iteraciones (retrospectivas). Las formas de trabajar pueden evolucionar para producir mejores resultados.

2.5.8.1 Gestión del Conocimiento

Durante los proyectos se aprende mucho. Parte del aprendizaje es específico del proyecto, tal como una manera más rápida de realizar un trabajo específico. Algo del aprendizaje se puede compartir con otros equipos de proyecto para mejorar los resultados, tal como un enfoque de aseguramiento de calidad que resulta en menos defectos. Aún se pueden compartir otros aprendizajes en toda la organización, tal como capacitar a los usuarios sobre cómo trabajar con una nueva aplicación de software.

2.5.8.2 Conocimiento Tácito y Explícito

A lo largo del proyecto, los equipos de proyecto desarrollan y comparten conocimiento explícito. El conocimiento explícito puede codificarse fácilmente mediante palabras, imágenes o números. Por ejemplo, los pasos para un nuevo proceso constituyen conocimiento explícito que se puede documentar. El conocimiento explícito se puede distribuir utilizando herramientas de gestión de la información para vincular a las personas con la información, tales como manuales, registros, búsquedas web y bases de datos.

Otro tipo de conocimiento es el conocimiento tácito. El conocimiento tácito es difícil de expresar, ya que no se puede codificar. Se compone de experiencia, percepciones y conocimiento práctico o habilidad. El conocimiento tácito se comparte vinculando a las personas que necesitan el conocimiento con las personas que tienen ese conocimiento. Esto se puede lograr a través de creación de relaciones de trabajo (networking), entrevistas, observación del trabajo, foros de discusión, talleres u otros métodos similares.

Dado que los proyectos son esfuerzos temporales, gran parte del conocimiento se pierde una vez que se completa el proyecto. Estar atento a la transferencia de conocimiento sirve a la organización no solo al entregar el valor en busca del cual se acometió el proyecto, sino que también permite a la organización obtener conocimiento de la experiencia de ejecutar proyectos.

2.5.9 INTERACCIONES CON OTROS DOMINIOS DE DESEMPEÑO

El Dominio de Desempeño del Trabajo del Proyecto interactúa con y habilita otros dominios de desempeño en el proyecto. El trabajo del proyecto permite y apoya la planificación, entrega y métricas eficientes y efectivas. Proporciona el entorno para que las reuniones del equipo de proyecto, las interacciones y el compromiso de los interesados sean eficaces. El trabajo del proyecto apoya la navegación de la incertidumbre, la ambigüedad y la complejidad; y equilibra sus impactos con las otras restricciones del proyecto.

2.5.10 VERIFICACIÓN DE RESULTADOS

La Tabla 2-7 identifica los resultados a la izquierda y las formas de comprobarlos a la derecha.

Tabla 2-7. Verificación de Resultados — Dominio de Desempeño del Trabajo del Proyecto

Resultado	Verificar
Desempeño eficiente y efectivo del proyecto	Los informes de estado muestran que el trabajo del proyecto es eficiente y efectivo.
Procesos del proyecto que son apropiados para el proyecto y el entorno	La evidencia muestra que los procesos del proyecto han sido adaptados para satisfacer las necesidades del proyecto y del entorno. Las auditorías de procesos y las actividades de aseguramiento de calidad muestran que los procesos son relevantes y son utilizados de manera efectiva.
Comunicación e involucramiento adecuados con los interesados	El plan de comunicación del proyecto y los artefactos de comunicación demuestran que las comunicaciones planificadas se están entregando a los interesados. Existen pocas solicitudes ad hoc de información o malentendidos que puedan indicar que las actividades de involucramiento y comunicación no son efectivas.
Gestión eficiente de los recursos físicos	La cantidad de material utilizado, los desechos y la cantidad de retrabajo indican que los recursos se están utilizando eficientemente.
Gestión eficaz de las adquisiciones	Una auditoría sobre las adquisiciones demuestra que los procesos apropiados utilizados fueron suficientes para la adquisición y que el desempeño del contratista está de acuerdo con el plan.
Manejo efectivo del cambio	Los proyectos que utilizan un enfoque predictivo tienen un registro de cambios que muestra que los cambios están siendo evaluados de manera holística teniendo en cuenta el alcance, el cronograma, el presupuesto, los recursos, los interesados y los impactos del riesgo. Los proyectos que utilizan un enfoque adaptativo tienen una lista de trabajo pendiente que indica la tasa de logro del alcance y la tasa de adición de nuevo alcance.
Capacidad mejorada gracias al aprendizaje continuo y a la mejora de los procesos	Los informes de estado del equipo muestran menos errores y retrabajo con un aumento en la velocidad.

2.6 DOMINIO DE DESEMPEÑO DE LA ENTREGA

DOMINIO DE DESEMPEÑO DE LA ENTREGA

El Dominio de Desempeño de la Entrega aborda las actividades y funciones asociadas con la entrega del alcance y la calidad para cuyo logro se emprendió el proyecto.

La ejecución efectiva de este dominio de desempeño tiene los siguientes resultados deseados:

▶ Los proyectos contribuyen a los objetivos de negocio y al avance de la estrategia.

▶ Los proyectos materializan los resultados para los que fueron iniciados.

▶ Los beneficios del proyecto se obtienen en el plazo en que se planificaron.

▶ El equipo de proyecto tiene una clara comprensión de los requisitos.

▶ Los interesados aceptan y están satisfechos con los entregables del proyecto.

Gráfico 2-20. Dominio de Desempeño de la Entrega

Los proyectos apoyan la ejecución de la estrategia y el avance de los objetivos del negocio. La entrega del proyecto se enfoca en cumplir con los requisitos, el alcance y las expectativas de calidad para producir los entregables esperados que impulsarán los resultados previstos.

> Las siguientes definiciones son pertinentes para el Dominio de Desempeño de la Entrega:
>
> **Requisito.** Condición o capacidad que debe estar presente en un producto, servicio o resultado para satisfacer una necesidad de negocio.
>
> **Estructura de Desglose del Trabajo (WBS/EDT).** Descomposición jerárquica del alcance total del trabajo a ser realizado por el equipo del proyecto para cumplir con los objetivos del proyecto y crear los entregables requeridos.
>
> **Definición de Terminado (DoD).** Lista de verificación que incluye todos los criterios requeridos para que un entregable sea considerado como listo para ser usado por el cliente.
>
> **Calidad.** Grado en el que un conjunto de características inherentes satisface los requisitos.
>
> **Costo de la Calidad (COQ).** Todos los costos incurridos durante la vida del producto por inversión en la prevención de no conformidad con los requisitos, evaluación del producto o servicio en cuanto a su conformidad con los requisitos, e incumplimiento de los requisitos.

Los proyectos proporcionan valor de negocio desarrollando nuevos productos o servicios, resolviendo problemas o reparando características que eran defectuosas o sub-óptimas. Los proyectos a menudo producen múltiples resultados que los interesados pueden valorar de manera diferente. Por ejemplo, un grupo puede valorar la facilidad de uso o los aspectos de ahorro de tiempo de un entregable, mientras que otro grupo valora su retorno económico o diferenciación en el mercado.

2.6.1 ENTREGA DE VALOR

Los proyectos que utilizan un enfoque de desarrollo que apoya la liberación de entregables a lo largo del ciclo de vida del proyecto pueden comenzar a entregar valor al negocio, al cliente o a otros interesados durante el proyecto. Los proyectos que entregan la mayor parte de sus entregables al final del ciclo de vida del proyecto generan valor después del despliegue inicial.

El valor de negocio a menudo continúa siendo captado mucho después de que el proyecto inicial haya terminado. Con frecuencia, se utilizan ciclos de vida de productos y programas más extensos para medir los beneficios y el valor aportados por proyectos anteriores.

Un documento de caso de negocio a menudo proporciona la justificación del negocio y una proyección del valor de negocio anticipado a partir de un proyecto. El formato de este caso de negocio varía según el enfoque de desarrollo y el ciclo de vida seleccionados. Los ejemplos incluyen documentos de casos de negocio con estimados detallados del retorno de la inversión o un lienzo de inicio lean que describe elementos de alto nivel tales como el problema, la solución, los flujos de ingresos y las estructuras de costos. Estos documentos de negocio muestran cómo los resultados del proyecto se alinean con los objetivos de negocio de la organización.

Los documentos que autorizan el proyecto intentan cuantificar los resultados deseados del mismo para permitir mediciones periódicas. Estos documentos pueden variar desde planes detallados de referencia u hojas de ruta de alto nivel que proporcionan una visión general del ciclo de vida del proyecto, liberaciones principales, entregables clave, revisiones y otra información de alto nivel.

2.6.2 ENTREGABLES

En este contexto, *entregable* se refiere al producto, servicio o resultado, provisional o final, de un proyecto. Los entregables facilitan los resultados que el proyecto se comprometió a crear. Los entregables reflejan los requisitos de los interesados, el alcance y la calidad, junto con los impactos a largo plazo sobre las ganancias, las personas y el planeta.

2.6.2.1 Requisitos

Un requisito es una condición o capacidad que debe estar presente en un producto, servicio o resultado para satisfacer una necesidad de negocio. Los requisitos pueden ser de muy alto nivel, como los que se encuentran en un caso de negocio, o pueden ser muy detallados, como los que se encuentran en los criterios de aceptación para un componente de un sistema.

En los proyectos que tienen un alcance bien definido y relativamente estable, los interesados del proyecto generalmente trabajan para obtener y documentar los requisitos durante la planificación inicial. En los proyectos para los que se tiene un entendimiento de alto nivel de los requisitos al inicio, esos requisitos pueden evolucionar con el tiempo. En algunos proyectos se descubren los requisitos durante el trabajo del proyecto.

- **Recolección de requisitos.** Recolectar en este caso significa sacar, producir o evocar. La recolección de requisitos es más que entrevistar o realizar grupos focales. A veces los requisitos se establecen analizando datos, observando procesos, revisando registros de defectos u otros métodos.

    Parte de la recolección de requisitos es documentarlos y obtener el acuerdo de los interesados. Los requisitos bien documentados cumplen los siguientes criterios:

    ▷ *Claro.* Sólo existe una manera de interpretar el requisito.

    ▷ *Conciso.* El requisito es formulado en tan pocas palabras como sea posible.

    ▷ *Verificable.* Existe una forma de verificar que el requisito se haya cumplido.

    ▷ *Consistente.* No hay requisitos contradictorios.

    ▷ *Completo.* El conjunto de requisitos representa la totalidad de las necesidades actuales del proyecto o producto.

    ▷ *Trazable.* Cada requisito puede ser reconocido mediante un identificador único.

- **Evolución y descubrimiento de requisitos.** En proyectos que no tienen requisitos claramente definidos por adelantado, pueden utilizarse prototipos, demostraciones, guiones gráficos y maquetas para evolucionar los requisitos. En estas situaciones, es más probable que los interesados adopten un enfoque de "lo sabré cuando lo vea" para desarrollar los requisitos. Los requisitos en evolución son comunes en proyectos que utilizan enfoques de desarrollo iterativos, incrementales o adaptativos. En algunos casos surgen nuevas oportunidades que cambian los requisitos.

- **Gestión de los requisitos.** Existe la necesidad de gestionar los requisitos, independientemente de si se documentan por adelantado, evolucionan a lo largo del camino o son descubiertos. La gestión ineficaz de los requisitos puede conducir a retrabajo, corrupción del alcance, insatisfacción del cliente, sobrecostos presupuestales, retraso en el cronograma y falla general del proyecto. Por lo tanto, muchos proyectos tienen una persona responsable de la gestión de los requisitos. Esta persona puede actuar como analista de negocios, dueño del producto, ingeniero de valor u otro título. Las personas que gestionan los requisitos pueden utilizar software especializado, listas de trabajo pendiente, fichas (index cards), matrices de trazabilidad o algún otro método para garantizar que haya un nivel adecuado de flexibilidad de los requisitos frente a la estabilidad de los mismos, y que todos los interesados pertinentes estén de acuerdo sobre los requisitos nuevos y cambiantes.

2.6.2.2 Definición del Alcance

A medida que se identifican los requisitos, se define el alcance que los cumplirá. El alcance es la suma de los productos, servicios y resultados a ser proporcionados como un proyecto. A medida que se define el alcance, se crea la necesidad de una mayor identificación de los requisitos. Por lo tanto, al igual que los requisitos, el alcance puede estar bien definido por adelantado, puede evolucionar con el tiempo o puede ser descubierto.

> **Descomposición del alcance.** El alcance se puede preparar utilizando un enunciado del alcance para identificar los principales entregables asociados con el proyecto y los criterios de aceptación para cada entregable. El alcance también se puede elaborar descomponiéndolo en niveles más bajos de detalle utilizando una estructura de desglose del trabajo (EDT). Una EDT es una descomposición jerárquica del alcance total del trabajo a realizar por el equipo de proyecto para cumplir con los objetivos del proyecto y crear los entregables requeridos. Cada nivel hacia abajo en la jerarquía representa un mayor nivel de detalle del entregable y del trabajo requerido para producirlo.
>
> Otra manera de elaborar el alcance es identificando los temas del proyecto en un acta de constitución ágil, hoja de ruta o como parte de la jerarquía de los productos. Los temas representan grandes grupos de valor para el cliente reflejados como historias de usuario asociadas por un factor común, como la funcionalidad, la fuente de datos o el nivel de seguridad. Para llevar a cabo los temas, el equipo de proyecto desarrolla épicas, que son contenedores lógicos para una gran historia de usuario que es demasiado grande para completarse dentro de una iteración. Las épicas pueden descomponerse en características, un conjunto de requisitos relacionados típicamente descritos como una frase o función corta, que representan comportamientos específicos de un producto. Cada característica tendrá varias historias de usuario. Una historia de usuario es una breve descripción del resultado para un usuario específico. Es un compromiso de una conversación a fin de aclarar detalles. El equipo de proyecto define los detalles de la historia en el último momento responsable para evitar una planificación derrochadora en caso de que el alcance cambie. La historia es una representación clara y concisa de un requisito escrito desde la perspectiva del usuario final.

▶ **Finalización de entregables.** Dependiendo del enfoque utilizado, hay diferentes formas de describir la finalización de componentes o proyectos:

▷ *Criterios de aceptación o finalización.* Los criterios que deben cumplirse antes de que el cliente acepte el entregable o antes de que el proyecto se considere completo a menudo se documentan en una declaración de alcance.

▷ *Medidas de desempeño técnico.* Las especificaciones técnicas de un producto pueden ser documentadas en un documento de especificaciones separado, o pueden ser documentadas como una extensión de la EDT. Esta extensión, conocida como un diccionario de la EDT, elabora la información para cada entregable (paquete de trabajo) de la EDT.

▷ *Definición de terminado.* La definición de terminado se utiliza con enfoques adaptativos, particularmente en proyectos de desarrollo de software. Es una lista de verificación que incluye todos los criterios requeridos para que un entregable sea considerado como listo para usar por parte del cliente.

2.6.2.3 Objetivos Móviles de Finalización

Los proyectos que operan en entornos inciertos y rápidamente cambiantes enfrentan la situación de que un objetivo "suficientemente bueno para ser liberado" o "terminado" puede estar sujeto a cambios. En los mercados en los que los competidores lanzan nuevos productos con frecuencia, las características previstas para una nueva liberación son susceptibles de actualización. Del mismo modo, las nuevas tendencias tecnológicas, tales como los dispositivos móviles o los dispositivos para llevar puestos (wearable devices), podrían desencadenar un cambio de dirección o introducir nuevos requisitos.

En estos entornos, la definición de la meta del proyecto que se está entregando o está "terminada" está en constante movimiento. Los equipos de proyecto rastrean la tasa planificada de logro de la meta del proyecto en relación con la tasa de progreso hacia la finalización. Cuanto más tarde el proyecto en completarse, más probable es que el objetivo de "terminado" del proyecto se mueva. Esto se denomina a veces "deriva de lo terminado (done drift)".

El Gráfico 2-21 muestra un escenario para el desarrollo de un nuevo reloj inteligente. El cronograma inicial muestra 12 meses para desarrollar el reloj con el conjunto inicial de capacidades y características. A medida que los competidores lanzan productos similares, el conjunto inicial de capacidades y características aumenta para seguir siendo relevante en el mercado. Esto mueve la fecha de lanzamiento al Mes 14. A los 13 meses, otro competidor lanza un producto con aún más capacidades. Añadir estas capacidades retrasaría el lanzamiento al Mes 16. En algún momento, se tomará una decisión sobre si liberar el producto tal como está, aunque no tenga las características más recientes, o continuar actualizando las características antes del lanzamiento.

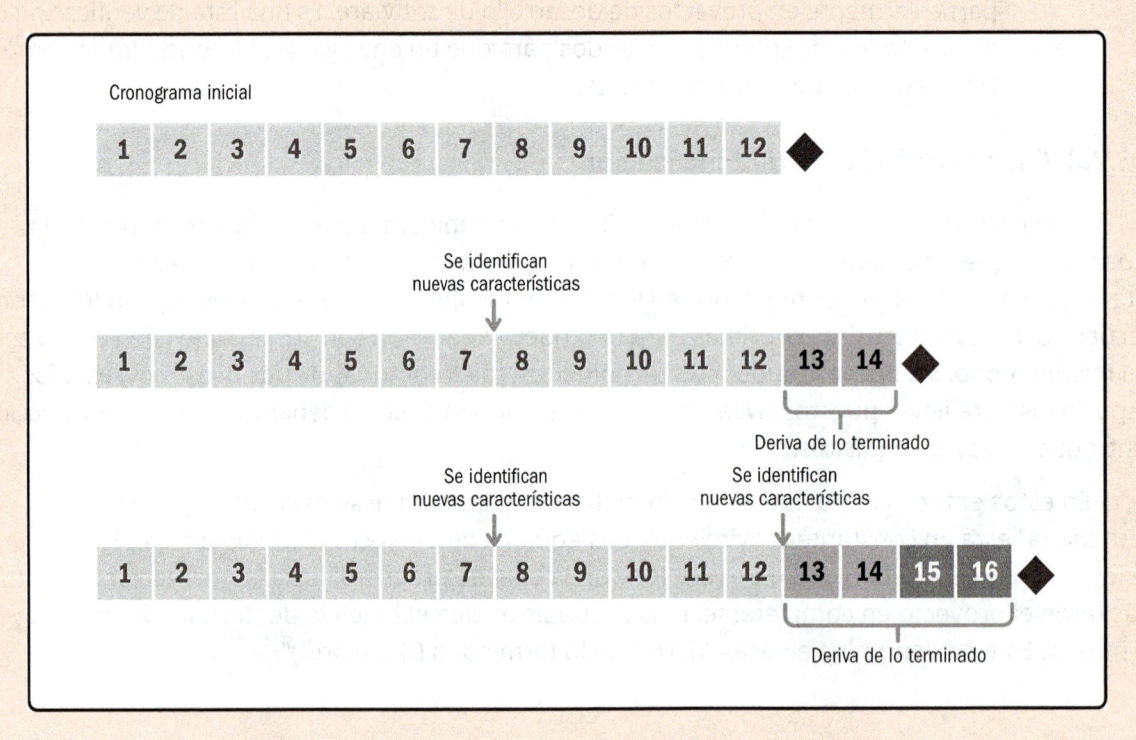

Gráfico 2-21. Escenario para Desarrollar un Reloj Inteligente

Los proyectos que operan en un entorno más estable a menudo se enfrentan a la "corrupción o deslizamiento del alcance". Esto es cuando se aceptan alcance o requisitos adicionales sin ajustar el cronograma, presupuesto o necesidades de recursos correspondientes. Para combatir la corrupción o deslizamiento del alcance, los equipos de proyecto utilizan un sistema de control de cambios donde todos los cambios se evalúan para determinar el valor potencial que aportan al proyecto y los recursos, el tiempo y el presupuesto potenciales necesarios para concretar el valor potencial. A continuación, el equipo de proyecto presenta los cambios al organismo de gobernanza del proyecto, al dueño del producto o al patrocinador ejecutivo para su aprobación formal.

2.6.3 CALIDAD

La entrega es más que solo el alcance y los requisitos. El alcance y los requisitos se enfocan en lo que se debe entregar. La calidad se centra en los niveles de desempeño que deben cumplirse. Los requisitos de calidad pueden reflejarse en los criterios de finalización, la definición de terminado, el enunciado del trabajo o la documentación de requisitos.

Gran parte de los costos asociados con la calidad nacen de la organización patrocinadora y se reflejan en las políticas, procedimientos y procesos de trabajo. Por ejemplo, las políticas organizacionales que rigen la forma en que se realiza el trabajo y los procedimientos que prescriben los procesos de trabajo a menudo forman parte de la política de calidad de la organización. Los costos de los gastos generales, capacitación y auditoría de procesos son asumidos por la organización, aunque son empleados por el proyecto. En los proyectos es inherente equilibrar las necesidades de calidad de los procesos y productos con los costos asociados con la satisfacción de esas necesidades.

2.6.3.1 Costo de la Calidad

La metodología del costo de la calidad (COQ) se utiliza para encontrar el equilibrio adecuado para invertir en la prevención y evaluación de la calidad a fin de evitar defectos o fallas en los productos. Este modelo identifica cuatro categorías de costos asociados con la calidad: prevención, evaluación, falla interna y falla externa. Los costos de prevención y evaluación están asociados con el costo del cumplimiento de los requisitos de calidad. Los costos de fallas internas y externas están asociados con el costo del incumplimiento.

- **Prevención.** Los costos de prevención se incurren para mantener los defectos y fallas alejados de un producto. Los costos de prevención evitan problemas de calidad. Se asocian al diseño, implementación y mantenimiento del sistema de gestión de calidad. Se planifican e incurren antes de la operación real. Algunos ejemplos:

    - *Requisitos de productos o servicios,* tales como el establecimiento de especificaciones para los materiales entrantes, procesos, productos terminados y servicios;

    - *Planificación de la calidad,* tales como la creación de planes de calidad, confiabilidad, operaciones, producción e inspección;

    - *Aseguramiento de la calidad*, tales como la creación y el mantenimiento del sistema de calidad; y

    - *Capacitación,* tales como el desarrollo, preparación y mantenimiento de programas.

- **Evaluación.** Se incurre en costos de evaluación para determinar el grado de conformidad con los requisitos de calidad. Los costos de evaluación están asociados con las actividades de medición y monitoreo relacionadas con la calidad. Estos costos pueden estar asociados con la evaluación de los materiales, procesos, productos y servicios comprados para garantizar que cumplan con las especificaciones. Podrían incluir:

    - *Verificación,* tales como comprobar el material entrante, la configuración del proceso y los productos contra las especificaciones acordadas;

    - *Auditorías de calidad*, tales como la confirmación de que el sistema de calidad está funcionando correctamente; y

    - *Calificación de proveedores,* tales como evaluación y aprobación de proveedores de productos y servicios.

- ▶ **Falla Interna.** Los costos de falla interna están asociados con la búsqueda y corrección de defectos antes de que el cliente reciba el producto. En estos costos se incurre cuando los resultados del trabajo no alcanzan los estándares de calidad de diseño. Algunos ejemplos:
    - ▷ *Desperdicio,* tal como el desempeño de un trabajo innecesario o tener suficiente inventario para tomar en cuenta errores, mala organización o comunicación;
    - ▷ *Desechos,* tales como productos o materiales defectuosos que no pueden ser reparados, utilizados o vendidos;
    - ▷ *Retrabajo o rectificación,* tal como la corrección de material defectuoso o de errores; y
    - ▷ *Análisis de fallas,* tales como actividades requeridas para establecer las causas de fallas internas del producto o servicio.
- ▶ **Falla Externa.** Los costos de falla externa se asocian con los defectos encontrados después de que el cliente tiene el producto y con su reparación. Hay que tener en cuenta que considerar estos fracasos de manera holística requiere pensar en el producto del proyecto mientras está en funcionamiento después de meses o años, no solo en la fecha de entrega. Los costos de falla externa ocurren cuando los productos o servicios que no alcanzan los estándares de calidad de diseño no se detectan hasta después de que han llegado al cliente. Algunos ejemplos:
    - ▷ *Reparaciones y mantenimiento,* tanto para los productos devueltos como para aquellos que están desplegados;
    - ▷ *Reclamaciones de garantía*, tales como productos con fallas que son reemplazados o servicios que se vuelven a prestar bajo una garantía;
    - ▷ *Quejas,* por todos los trabajos y costos asociados con el manejo y servicio de las quejas de los clientes;
    - ▷ *Devoluciones,* para el manejo e investigación de productos rechazados o retirados del mercado, incluidos los costos de transporte; y
    - ▷ *Reputación,* cuando la reputación y la percepción pública pueden verse afectadas dependiendo del tipo y gravedad de los defectos.

Para optimizar el valor entregado, la inspección temprana y el trabajo de revisión centrado en encontrar incidentes de calidad lo antes posible son buenas inversiones. Los intentos de "probar la calidad" al final del ciclo de vida del desarrollo probablemente fracasen, porque descubrir problemas de calidad al final del desarrollo es prohibitivo en tiempo y costo debido a las altas tasas de desperdicio y retrabajo, junto con el efecto dominó para salidas posteriores y los interesados.

2.6.3.2 Costo del Cambio

Cuanto más tarde se encuentre un defecto, más caro será corregirlo. Esto se debe a que el trabajo de diseño y desarrollo generalmente ya se ha producido en función del componente defectuoso. Además, las actividades son más costosas de modificar a medida que avanza el ciclo de vida, ya que más interesados se ven afectados. Este fenómeno se caracteriza por la curva de costo del cambio (véase el Gráfico 2-22).

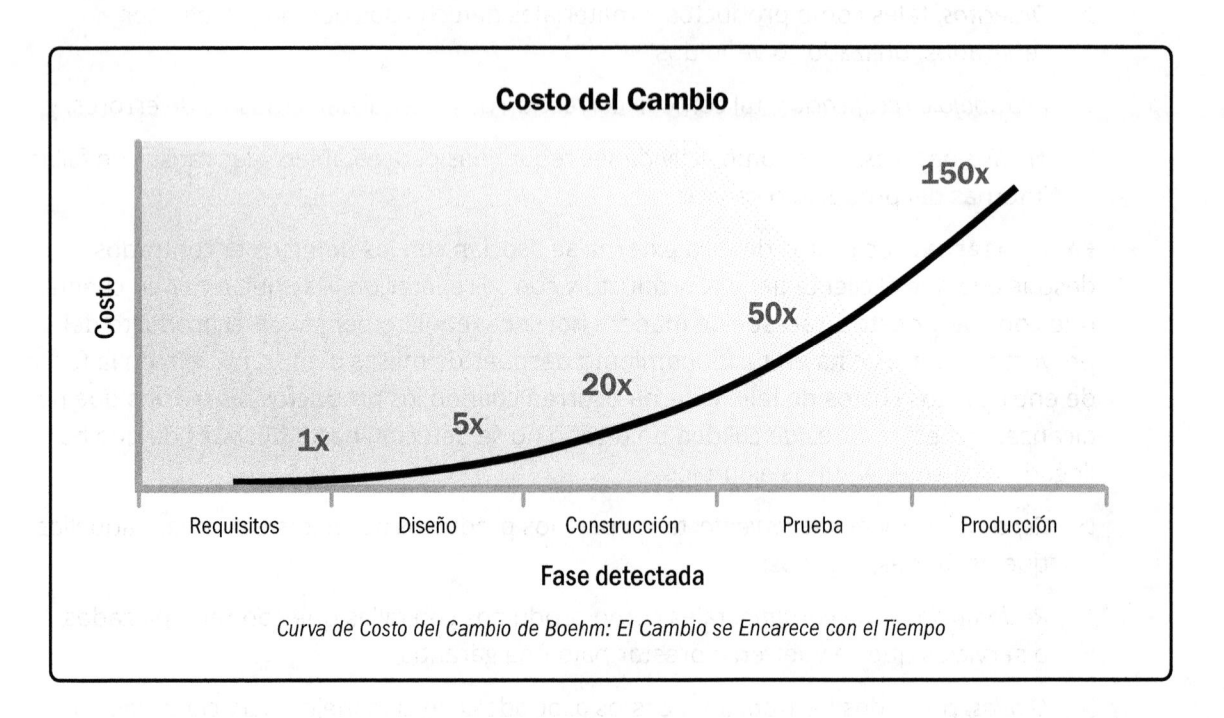

Gráfico 2-22. Curva de Costo del Cambio

Para contrarrestar los impactos de la curva de costo del cambio, los equipos de proyecto diseñan procesos del proyecto con el fin de incorporar calidad. Este enfoque puede incluir analistas de calidad que trabajan con los diseñadores e ingenieros para comprender y determinar la mejor manera de lograr calidad durante cada paso en el ciclo de vida del proyecto. Ser proactivo en el trabajo de calidad ayuda a evitar el alto costo del cambio asociado con la solución de problemas de calidad descubiertos más adelante en el ciclo de vida. Es más rápido y rentable solucionar un problema de diseño entre dos ingenieros que un problema de componentes que afecta a cientos de unidades o retirar un producto que afecta a miles de clientes.

2.6.4 RESULTADOS SUBÓPTIMOS

Todos los proyectos intentan ofrecer resultados, aunque algunos pueden no hacerlo o pueden producir resultados subóptimos. El potencial de resultados subóptimos existe en cada proyecto. En el caso de un proyecto totalmente experimental, la organización está tratando de lograr un avance, tal como la creación de una tecnología completamente nueva, por ejemplo. Esto requiere una inversión deliberada en un resultado incierto. Las empresas que producen nuevos medicamentos o compuestos pueden experimentar varios fracasos antes de encontrar una fórmula exitosa. Algunos proyectos pueden fallar en la entrega de resultados porque la oportunidad de mercado ha pasado o los competidores llegaron primero al mercado con su oferta. La dirección eficaz del proyecto puede minimizar los resultados negativos, pero tales posibilidades son parte de la incertidumbre de intentar producir un entregable único.

2.6.5 INTERACCIONES CON OTROS DOMINIOS DE DESEMPEÑO

El Dominio de Desempeño de la Entrega es la culminación del trabajo realizado en el Dominio de Desempeño de la Planificación. La cadencia de entrega se basa en la forma en que el trabajo es estructurado en el Dominio de Desempeño del Enfoque de Desarrollo y del Ciclo de Vida. El Dominio de Desempeño del Trabajo del Proyecto permite las entregas mediante el establecimiento de procesos, la administración de los recursos físicos, la gestión de las adquisiciones, etc. Los miembros del equipo de proyecto realizan el trabajo en este dominio de desempeño para los interesados relevantes. La naturaleza del trabajo para crear las entregas influirá en la forma en que el equipo de proyecto navegue a través de la incertidumbre que afecta al proyecto.

2.6.6 VERIFICACIÓN DE RESULTADOS

La Tabla 2-8 identifica los resultados a la izquierda y las formas de comprobarlos a la derecha.

Tabla 2-8. Verificación de Resultados — Dominio de Desempeño de la Entrega

Resultado	Verificar
Los proyectos contribuyen a los objetivos del negocio y al avance de la estrategia	El plan de negocio y el plan estratégico de la organización, junto con los documentos de autorización del proyecto, muestran que los entregables del proyecto y los objetivos de negocio están alineados.
Los proyectos materializan los resultados para los que fueron iniciados	El caso de negocio y los datos subyacentes indican que el proyecto todavía está encaminado a lograr los resultados previstos.
Los beneficios del proyecto se obtienen en el plazo en que se planificaron	El plan de realización de beneficios, el caso de negocio y/o el cronograma indican que las métricas financieras y las entregas programadas se están logrando según lo planeado.
El equipo de proyecto tiene una clara comprensión de los requisitos	En el desarrollo predictivo, pocos cambios en los requisitos iniciales reflejan comprensión. En los proyectos donde los requisitos están evolucionando, es posible que no se tenga una comprensión clara de los requisitos hasta bien entrado el proyecto.
Los interesados aceptan y están satisfechos con los entregables del proyecto	Las entrevistas, la observación y la retroalimentación del usuario final indican la satisfacción de los interesados con los entregables. Los niveles de quejas y devoluciones también pueden utilizarse para indicar satisfacción.

2.7 DOMINIO DE DESEMPEÑO DE LA MEDICIÓN

> **DOMINIO DE DESEMPEÑO DE LA MEDICIÓN**
>
> El Dominio de Desempeño de la Medición aborda las actividades y funciones asociadas con la evaluación del desempeño de los proyectos y la adopción de medidas apropiadas para mantener un desempeño aceptable.
>
> La ejecución efectiva de este dominio de desempeño tiene los siguientes resultados deseados:
>
> ▶ Una comprensión confiable del estado del proyecto.
> ▶ Datos procesables para facilitar la toma de decisiones.
> ▶ Acciones oportunas y apropiadas para mantener el desempeño del proyecto de acuerdo a lo planeado.
> ▶ Lograr objetivos y generar valor de negocio mediante la toma de decisiones informadas y oportunas basadas en pronósticos y evaluaciones confiables.

Gráfico 2-23. Dominio de Desempeño de la Medición

La medición involucra evaluar el desempeño del proyecto e implementar respuestas apropiadas para mantener un desempeño óptimo.

Las siguientes definiciones son pertinentes para el Dominio de Desempeño de la Medición:

Métrica. Descripción de un atributo del proyecto o producto y cómo medirlo.

Línea Base. Versión aprobada de un producto de trabajo que se utiliza como base de comparación con los resultados reales.

Tablero. Conjunto de diagramas y gráficos que muestran el avance o el rendimiento en relación con mediciones importantes del proyecto.

El Dominio de Desempeño de la Medición evalúa el grado en que el trabajo realizado en el Dominio de Desempeño de la Entrega está cumpliendo con las métricas identificadas en el Dominio de Desempeño de la Planificación. Por ejemplo, el desempeño puede medirse y evaluarse utilizando las líneas base identificadas en el Dominio de Desempeño de la Planificación. Tener información oportuna y precisa sobre el trabajo y el desempeño del proyecto permite que el equipo de proyecto identifique y determine las medidas apropiadas para abordar las variaciones actuales o esperadas del desempeño deseado.

Las medidas se utilizan por múltiples razones, entre las que se incluyen:

- ▸ Evaluar el desempeño en comparación con el plan;
- ▸ Seguimiento de la utilización de recursos, trabajo completado, presupuesto gastado, etc.;
- ▸ Demostrar capacidad de rendición de cuentas;
- ▸ Proporcionar información a los interesados;
- ▸ Evaluar si los entregables del proyecto están orientados a entregar los beneficios planificados;
- ▸ Enfocar las conversaciones sobre compromisos, amenazas, oportunidades y opciones; y
- ▸ Asegurarse de que los entregables del proyecto cumplan con los criterios de aceptación del cliente.

El valor de las mediciones no está en la recopilación y difusión de los datos, sino más bien en las conversaciones sobre cómo utilizar los datos para tomar las acciones apropiadas. Por lo tanto, aunque gran parte de este dominio de desempeño aborda varios tipos de mediciones que se pueden capturar, el uso de las medidas ocurre dentro del contexto de las actividades en otros dominios de desempeño, tales como las discusiones del equipo de proyecto y los interesados, la coordinación del trabajo del proyecto, etc.

Este dominio de desempeño se centra en las medidas para proyectos activos. Un líder de portafolio puede querer incluir medidas que aborden el éxito del proyecto después de que se haya completado, como por ejemplo, si el proyecto produjo los resultados y beneficios previstos. Los líderes de portafolio pueden evaluar si el resultado del proyecto aumentó la satisfacción del cliente, disminuyó el costo por unidad u otras medidas que no están disponibles hasta después del cierre del proyecto. Del mismo modo, los gerentes de negocio pueden evaluar el proyecto desde la perspectiva del valor que el resultado aporta a la organización. Las medidas empresariales pueden incluir el aumento de la participación en el mercado, el aumento de las ganancias o la disminución del costo por unidad. El Dominio de Desempeño de la Medición aborda las medidas y métricas que se utilizan durante el proyecto.

2.7.1 ESTABLECIMIENTO DE MEDIDAS EFECTIVAS

Establecer medidas efectivas ayuda a garantizar que las cosas correctas se midan y se informen a los interesados. Las medidas efectivas permiten rastrear, evaluar y generar información que puede comunicar el estado del proyecto, ayudar a mejorar el desempeño del proyecto y reducir la probabilidad de deterioro del desempeño. Estas medidas permiten al equipo de proyecto utilizar la información para tomar decisiones oportunas y medidas efectivas.

2.7.1.1 Indicadores Claves de Desempeño

Los indicadores clave de desempeño (KPI) para proyectos son medidas cuantificables utilizadas para evaluar el éxito de un proyecto. Existen dos tipos de indicadores clave de rendimiento: indicadores adelantados e indicadores rezagados.

▶ **Indicadores adelantados.** Los indicadores adelantados predicen cambios o tendencias en el proyecto. Si el cambio o tendencia es desfavorable, el equipo de proyecto evalúa la causa raíz de la medición del indicador adelantado y toma acciones para revertir la tendencia. Utilizados de esta manera, los indicadores adelantados pueden reducir el riesgo de desempeño en un proyecto al identificar posibles variaciones de desempeño antes de que superen el umbral de tolerancia.

Los indicadores adelantados pueden ser cuantificables, tales como el tamaño del proyecto o el número de elementos que están en curso en la lista de trabajo pendiente. Otros indicadores principales son más difíciles de cuantificar, pero proporcionan señales de alerta temprana acerca de posibles problemas. La falta de un proceso de gestión de riesgos, los interesados que no están disponibles o comprometidos, o los criterios de éxito del proyecto mal definidos son ejemplos de indicadores adelantados de que el desempeño del proyecto puede estar en riesgo.

▶ **Indicadores rezagados.** Los indicadores rezagados miden los entregables o eventos del proyecto. Proporcionan información después de que se presentan los hechos. Los indicadores rezagados reflejan el desempeño o las condiciones pasadas. Los indicadores rezagados son más fáciles de medir que los indicadores adelantados. Los ejemplos incluyen el número de entregables completados, el cronograma o la variación del costo y la cantidad de recursos consumidos.

Los indicadores rezagados también pueden utilizarse para encontrar correlaciones entre los resultados y las variables ambientales. Por ejemplo, un indicador rezagado que muestra una variación del cronograma puede mostrar una correlación con la insatisfacción de los miembros del equipo de proyecto. Esta correlación puede ayudar al equipo de proyecto a abordar una causa raíz que puede no haber resultado obvia si la única medida fue el estado del cronograma.

En sí mismos, los KPI son simplemente medidas que no tienen un uso real a menos que y hasta que se utilicen. Discutir los indicadores adelantados y rezagados e identificar áreas para mejorar, según corresponda, puede tener un impacto positivo sobre el desempeño.

2.7.1.2 Métricas Efectivas

La medición requiere tiempo y esfuerzo, que de otro modo podrían gastarse en otro trabajo productivo; por lo tanto, los equipos del proyecto solo deberían medir lo que es relevante y deberían garantizar que las métricas sean útiles. Las características de las métricas efectivas (o criterios SMART por sus siglas en inglés) incluyen:

- ▶ **Específica.** Las mediciones son específicas en cuanto a qué medir. Los ejemplos incluyen el número de defectos, los defectos que se han corregido o el tiempo promedio que lleva corregir los defectos.

- ▶ **Significativa.** Las medidas deben estar vinculadas al caso de negocio, las líneas base o los requisitos. No es eficiente medir los atributos del producto o el desempeño del proyecto que no conducen al cumplimiento de los objetivos o a la mejora del desempeño.

- ▶ **Alcanzable.** El objetivo es alcanzable dadas las personas, la tecnología y el entorno.

- ▶ **Relevante.** Las medidas deberían ser pertinentes. La información proporcionada por la medida debe aportar valor y permitir información procesable.

- ▶ **Oportuna.** Las mediciones útiles son oportunas. La información que es antigua no es tan útil como la información reciente. La información prospectiva, tal como las tendencias emergentes, puede ayudar a los equipos de proyecto a cambiar de dirección y tomar mejores decisiones.

El acrónimo SMART descrito anteriormente puede usar términos alternativos. Por ejemplo, algunas personas prefieren "medible" en lugar de *significativa*, "acordada" en lugar de *alcanzable*, "realista" o "razonable" en lugar de *relevante*, y "limitado en el tiempo" en lugar de *oportuno*.

2.7.2 QUÉ MEDIR

Lo que se mide, los parámetros y el método de medición dependen de los objetivos del proyecto, los resultados previstos y el entorno en el que se desarrolla el proyecto. Las categorías comunes de métricas incluyen:

- Métricas sobre entregables,
- Entrega,
- Desempeño con respecto a la línea base,
- Recursos,
- Valor de negocio,
- Interesados, y
- Pronósticos.

Un conjunto equilibrado de métricas ayuda a entregar una imagen holística del proyecto, su desempeño y sus resultados.

Las secciones 2.7.2.1 a 2.7.2.7 proporcionan una breve descripción de estas categorías.

2.7.2.1 Métricas sobre Entregables

Por necesidad, los productos, servicios o resultados que se entregan determinan las medidas útiles. Entre las medidas habituales figuran las siguientes:

- **Información sobre errores o defectos.** Esta medida incluye el origen de los defectos, el número de defectos identificados y el número de defectos resueltos.
- **Medidas del desempeño.** Las medidas del desempeño caracterizan los atributos físicos o funcionales relacionados con la operación del sistema. Los ejemplos incluyen tamaño, peso, capacidad, exactitud, confiabilidad, eficiencia y medidas de desempeño similares.
- **Medidas de desempeño técnico.** Las medidas cuantificables de desempeño técnico se utilizan para garantizar que los componentes del sistema cumplen los requisitos técnicos. Proporcionan información sobre el avance hacia el logro de la solución técnica.

2.7.2.2 Entrega

Las mediciones de la entrega están asociadas con el trabajo en curso. Estas medidas se utilizan con frecuencia en proyectos que utilizan enfoques adaptativos.

- **Trabajo en curso.** Esta medida indica la cantidad de elementos de trabajo que están bajo elaboración en un momento dado. Se utiliza para ayudar al equipo de proyecto a limitar el número de elementos en curso a un tamaño manejable.

- **Tiempo de entrega.** Esta medida indica la cantidad de tiempo transcurrido desde una historia o fragmento de trabajo que ingresa a la lista de trabajo pendiente hasta el final de la iteración o la liberación. Un menor tiempo de entrega indica un proceso más efectivo y un equipo de proyecto más productivo.

- **Tiempo de ciclo.** En relación con el tiempo de entrega, el tiempo de ciclo indica la cantidad de tiempo que tarda el equipo de proyecto en completar una tarea. Los tiempos más cortos indican un equipo de proyecto más productivo. Un tiempo constante ayuda a predecir la posible tasa de trabajo en el futuro.

- **Tamaño de la cola.** Esta medida realiza un seguimiento del número de elementos en una cola. Esta métrica se puede comparar con el límite de trabajo en curso. La Ley de Little establece que el tamaño de la cola es proporcional tanto a la tasa de llegada a la cola como a la tasa de finalización de los elementos de la cola. Uno puede obtener información sobre los tiempos de finalización midiendo el trabajo en curso y desarrollando un pronóstico para la finalización futura del trabajo.

- **Tamaño del lote.** El tamaño del lote mide la cantidad estimada de trabajo (nivel de esfuerzo, puntos de historia, etc.) que se espera que se complete en una iteración.

- **Eficiencia de procesos.** La eficiencia de procesos es una proporción utilizada en sistemas lean para optimizar el flujo de trabajo. Esta medida calcula la relación entre el tiempo de las actividades que agregan valor y las actividades sin valor agregado. Las tareas que están en espera aumentan el tiempo sin valor agregado. Las tareas que están en desarrollo o en verificación representan tiempo de valor agregado. Las proporciones más altas indican un proceso más eficiente.

2.7.2.3 Desempeño con respecto a la línea base

Las líneas base más comunes son de costo y de cronograma. Los proyectos que rastrean un alcance o línea base técnica pueden utilizar información en las medidas sobre entregables.

La mayoría de las medidas de cronograma realizan un seguimiento del desempeño real contra el desempeño planificado con relación a:

- **Fechas de inicio y finalización.** Comparar las fechas reales de inicio con las fechas de inicio planificadas y las fechas reales de finalización con las fechas de finalización planificadas puede medir el grado en que el trabajo se realiza según lo planeado. Incluso si el trabajo no está en el camino más largo a través del proyecto (la ruta crítica), las fechas tardías de inicio y finalización indican que el proyecto no está funcionando según lo planeado.

- **Esfuerzo y duración.** El esfuerzo y la duración reales en comparación con el esfuerzo y la duración planificados indican si las estimaciones de la cantidad de trabajo y el tiempo que toma el trabajo son válidas.

- **Variación del cronograma (SV).** Una simple variación del cronograma se determina observando el desempeño en la ruta crítica. Cuando se usa con la gestión del valor ganado es la diferencia entre el valor ganado y el valor planificado. El Gráfico 2-24 muestra un gráfico del valor ganado que ilustra la variación del cronograma.

- **Índice de desempeño del cronograma (SPI).** El índice de desempeño del cronograma es una medida de gestión del valor ganado que indica cuán eficientemente se está realizando el trabajo programado.

- **Tasas de finalización de características.** Examinar la tasa de aceptación de características durante las revisiones frecuentes puede ayudar a evaluar el progreso y estimar las fechas y los costos de finalización.

Las medidas de costo comunes incluyen:

- **Costo real en comparación con el costo planificado.** Esta medida de costo compara el costo real de la mano de obra o los recursos con el costo estimado. Este término también puede ser mencionado como la tasa de consumo.

- **Variación del costo (CV).** Una simple variación del costo se determina comparando el costo real de un entregable con el costo estimado. Cuando se usa con la gestión del valor ganado es la diferencia entre el valor ganado y el costo real. El Gráfico 2-24 muestra un gráfico del valor ganado que ilustra la variación del costo.

- **Índice de desempeño del costo (CPI).** Medida de gestión del valor ganado que indica la eficiencia con que se está llevando a cabo el trabajo con respecto al costo presupuestado del mismo.

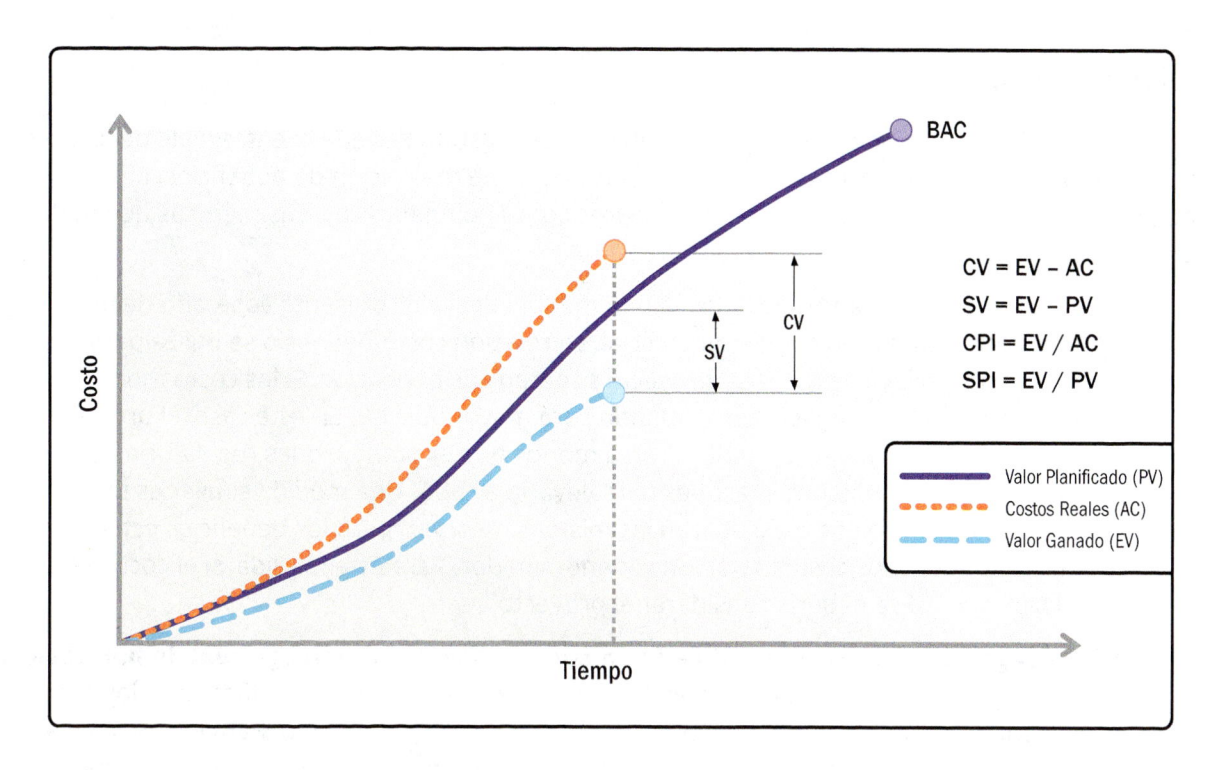

Gráfico 2-24. Análisis del Valor Ganado que muestra la Variación del Cronograma y del Costo

2.7.2.4 Recursos

Las mediciones de recursos pueden ser un subconjunto de las mediciones de costo, ya que las variaciones de recursos a menudo conducen a variaciones del costo. Las dos medidas evalúan la variación del precio y la variación del uso. Las medidas incluyen:

▸ **Utilización planificada de los recursos en comparación con la utilización real de los mismos.** Esta métrica compara el uso real de los recursos con el uso estimado. Una variación de uso se calcula restando el uso planificado del uso real.

▸ **Costo planificado de los recursos en comparación con el costo real de los mismos.** Esta medida compara el costo real de los recursos con el costo estimado. La variación de precios se calcula restando el costo estimado del costo real.

2.7.2.5 Valor de Negocio

Las mediciones del valor de negocio se utilizan para garantizar que el entregable del proyecto se mantenga alineado con el caso de negocio y los planes de realización de beneficios. El valor de negocio tiene muchos aspectos — tanto financieros como no financieros. Las métricas que miden el valor de negocio financiero incluyen:

- **Relación costo-beneficio.** Esta es una medida del valor presente esperado de una inversión comparado con el costo inicial. La relación costo-beneficio se utiliza para determinar si los costos de un proyecto superan sus beneficios. Si los costos son mayores que los beneficios, el resultado será mayor que 1,0. En este caso, el proyecto no debe ser tomado en consideración a menos que existan razones regulatorias, de bienestar social u otras razones para llevarlo a cabo. Una medida similar es una relación beneficio-costo. Se utilizan las mismas medidas, pero los beneficios están en el numerador y los costos están en el denominador. Para esta medida, si el cociente es mayor que 1,0 se debería considerar el proyecto.

- **Entrega de beneficios planificada en comparación con entrega real de beneficios.** Como parte de un caso de negocio, las organizaciones pueden identificar el valor como el beneficio que se entregará como resultado de hacer el proyecto. Para los proyectos que esperan entregar beneficios durante el ciclo de vida del proyecto, medir los beneficios entregados y el valor de esos beneficios, y luego comparar esa información con el caso de negocio, proporciona información que puede justificar la continuación del proyecto, o en algunos casos, la cancelación del mismo.

- **Retorno de la inversión (ROI).** Medida de la cantidad de rendimiento financiero en comparación con el costo, el ROI generalmente se desarrolla como una entrada para la decisión de emprender un proyecto. Puede haber estimados del ROI en diferentes momentos a lo largo del ciclo de vida del proyecto. Al medir el ROI a lo largo del proyecto, el equipo de proyecto puede determinar si tiene sentido continuar con la inversión de recursos organizacionales.

- **Valor actual neto (NPV).** Diferencia entre el valor actual de las entradas de capital y el valor actual de las salidas de capital durante un período de tiempo, el NPV generalmente se desarrolla cuando se decide emprender un proyecto. Al medir el NPV a lo largo del proyecto, el equipo de proyecto puede determinar si tiene sentido continuar con la inversión de recursos de la organización.

2.7.2.6 Interesados

La satisfacción de los interesados se puede medir con encuestas o infiriendo satisfacción o la falta de ella, y observando las métricas relacionadas, tales como:

▶ **Puntuación Neta del Promotor (Net Promoter Score®, NPS®).** Las puntuaciones netas del promotor miden el grado en que un interesado (generalmente el cliente) está dispuesto a recomendar un producto o servicio a otros. Mide un rango de -100 a +100. Una puntuación neta del promotor elevada no solo mide la satisfacción con una marca, producto o servicio, sino que también es un indicador de la lealtad del cliente.

▶ **Diagrama de estados de ánimo.** Un diagrama de estados de ánimo puede rastrear el estado de ánimo o las reacciones de un grupo de interesados muy importantes —el equipo de proyecto. Al final de cada día, los miembros del equipo de proyecto pueden usar colores, números o emojis para indicar su estado de ánimo. El Gráfico 2-25 muestra un diagrama de estados de ánimo usando emojis. El seguimiento del estado de ánimo del equipo de proyecto o de los estados de ánimo de los miembros individuales del equipo de proyecto puede ayudar a identificar posibles problemas y áreas a mejorar.

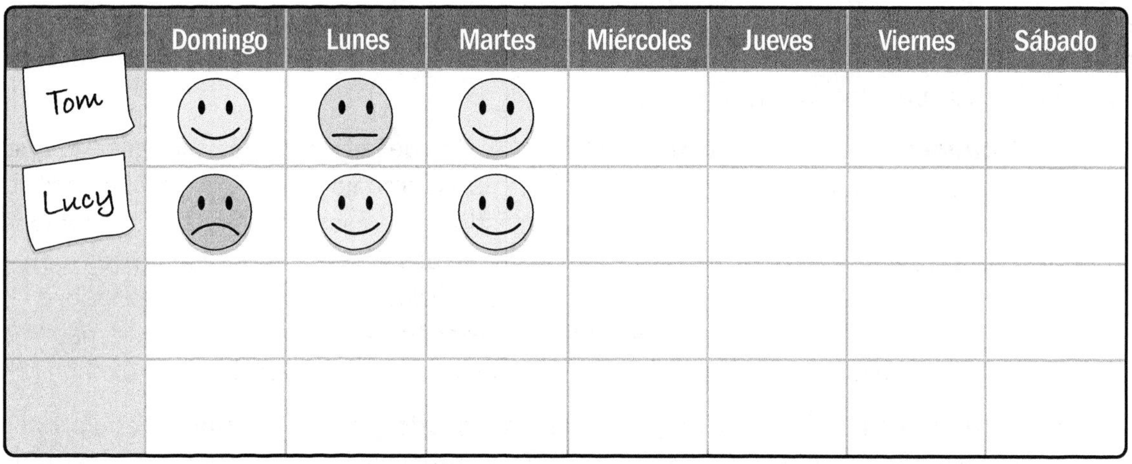

Gráfico 2-25. Tablero de Estados de Ánimo

- **Moral.** Ya que los tableros de estados de ánimo pueden ser subjetivos, otra opción es medir la moral del equipo de proyecto. Esto se puede hacer mediante encuestas, pidiendo a los miembros del equipo deproyecto que califiquen en una escala del 1 al 5 su acuerdo con afirmaciones tales como:
    - Siento que mi trabajo contribuye a los resultados generales.
    - Me siento apreciado.
    - Estoy satisfecho con la forma en que mi equipo de proyecto trabaja en conjunto.
- **Rotación.** Otra forma de controlar la moral es observando la rotación no planificada del equipo de proyecto. Las altas tasas de rotación no planificada pueden indicar una moral baja.

2.7.2.7 Pronósticos

Los equipos de proyecto utilizan los pronósticos con el fin de considerar lo que podría suceder en el futuro, para que puedan considerar y discutir si deben adaptar los planes y el trabajo del proyecto en consecuencia. Los pronósticos pueden ser cualitativos, como el uso de juicio de expertos sobre lo que deparará el futuro. También pueden ser causales cuando se busca entender el impacto que un evento o condición específica tendrá en eventos futuros. Los pronósticos cuantitativos buscan utilizar la información pasada para estimar lo que sucederá en el futuro. Los pronósticos cuantitativos incluyen:

- **Estimación hasta la conclusión (ETC).**[3] Medida de la gestión del valor ganado que pronostica el costo previsto para terminar todo el trabajo restante del proyecto. Existen muchas maneras diversas para calcular la estimación hasta la conclusión. Suponiendo que el desempeño pasado sea un indicativo del desempeño futuro, una medición común es el cálculo del presupuesto hasta la conclusión menos el valor ganado, dividido a continuación por el índice de desempeño del costo. Para obtener más cálculos con el fin de determinar el ETC, véase *El Estándar para la Gestión del Valor Ganado* [2].

- **Estimación a la conclusión (EAC).** Esta medida de gestión del valor ganado pronostica el costo total previsto para completar todo el trabajo (véase el Gráfico 2-26). Existen muchas maneras diversas para calcular la estimación a la conclusión. Suponiendo que el desempeño pasado es indicativo del desempeño futuro, una métrica común es el presupuesto hasta la conclusión dividido por el índice de desempeño del costo. Para obtener más cálculos con el fin de determinar el EAC, véase *El Estándar para la Gestión del Valor Ganado* [2].

---

[3] Los pronósticos cuantitativos asociados con la gestión del valor ganado a menudo se utilizan para proyectos muy grandes. Algunos entregables en esos proyectos pueden utilizar métodos de desarrollo adaptativo. Sin embargo, las métricas de pronóstico en la gestión del valor ganado se utilizan predominantemente en entornos predictivos.

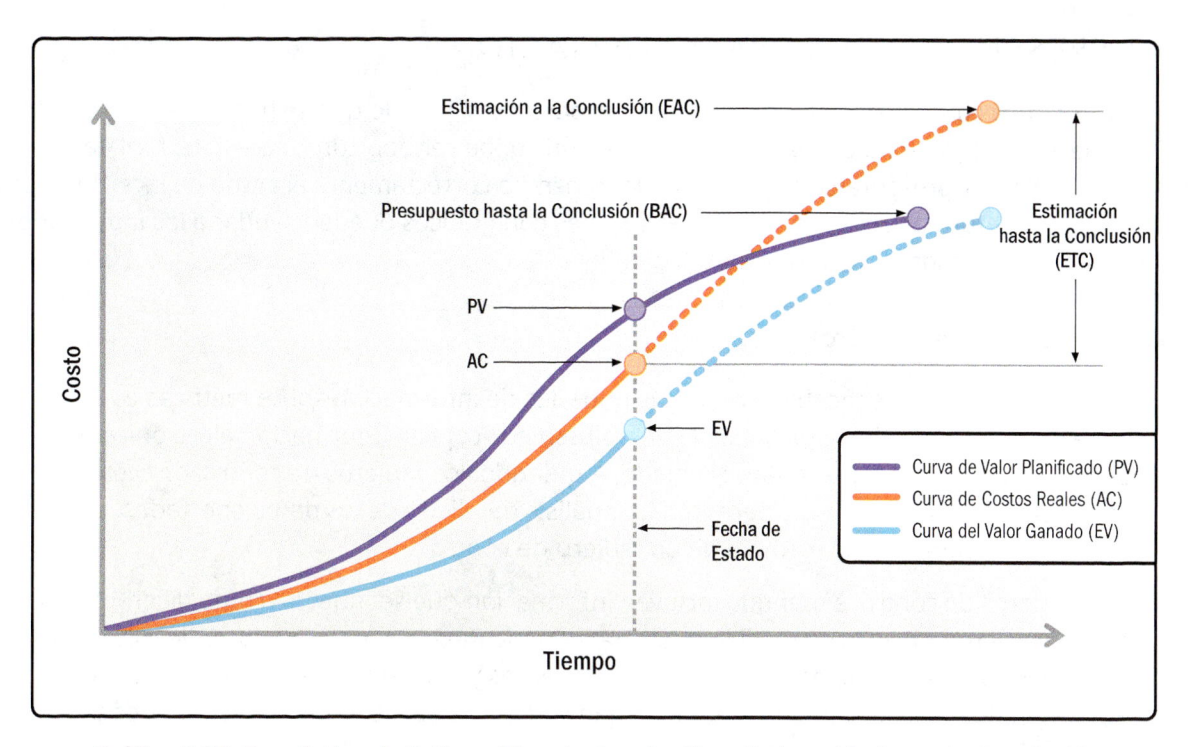

Gráfico 2-26. Pronóstico de Estimación a la Conclusión y Estimación hasta la Conclusión

▸ **Variación a la conclusión (VAC).** Medida de gestión del valor ganado que pronostica el monto del déficit o superávit presupuestal. Se expresa como la diferencia entre el presupuesto hasta la conclusión (BAC) y la estimación hasta la conclusión (EAC).

▸ **Índice de desempeño del trabajo por completar (TCPI).** Medida de gestión del valor ganado que estima el desempeño del costo requerido para cumplir con un objetivo de gestión especificado. El TCPI se expresa como el cociente entre el costo para culminar el trabajo pendiente y el presupuesto restante.

▸ **Análisis de regresión.** Método analítico en el que una serie de variables de entrada se examinan en relación a sus correspondientes resultados de salida a fin de desarrollar una relación matemática o estadística. La relación puede utilizarse para inferir el rendimiento futuro.

▸ **Análisis de rendimiento.** Este método analítico evalúa el número de elementos que se completan en un marco de tiempo fijo. Los equipos de proyecto que utilizan prácticas adaptativas utilizan métricas de rendimiento tales como características completas versus características restantes, velocidad y puntos de historia para evaluar su progreso y estimar las fechas probables de terminación. El uso de estimaciones de duración y tasas de utilización de equipos de proyecto estables puede ayudar a verificar y actualizar las estimaciones de costos.

2.7.3 PRESENTACIÓN DE LA INFORMACIÓN

Las medidas que se están recopilando son importantes, pero lo que se hace con las medidas es igual de importante. Para que la información sea útil, debe ser oportuna, accesible, fácil de absorber y digerir, y presentarse de manera que transmita correctamente el grado de incertidumbre asociado con la información. Las indicaciones visuales con gráficos pueden ayudar a los interesados a absorber y dar sentido a la información.

2.7.3.1 Tableros de Control

Una forma común de mostrar grandes cantidades de información sobre métricas es un tablero de control. Los tableros de control generalmente recopilan información electrónicamente y generan diagramas que representan el estado. A menudo, los tableros de control ofrecen resúmenes de datos de alto nivel y permiten un análisis detallado de los datos aportados. El Gráfico 2-27 proporciona un ejemplo de un tablero de control.

Los tableros de control a menudo incluyen información que se muestra como diagramas de semáforo (también conocidos como diagramas RAG donde RAG es una abreviatura de rojo-amarillo-verde en inglés), diagramas de barras, diagramas circulares y diagramas de control. Se puede utilizar una explicación de texto para cualquier medida que esté fuera de los umbrales establecidos.

Nombre del Proyecto de la Organización				
Nombre del Proyecto y Descripción de Alto Nivel				
Patrocinador Ejec.:			DP:	
Fecha de Inicio:		Fecha de Finalización:		Período del Informe:
Estatus:	Cronograma	Recursos	Presupuesto	

Actividades Clave	Logros Recientes	Próximos Entregables Clave	Estatus
Actividad No. 1			Inquietud
Actividad No. 2			A tiempo
Actividad No. 3			Incidente

| A tiempo | Completa | Inquietud | Incidente | En espera | Cancelada | No iniciada |

Riesgos Clave Actuales – Amenazas y oportunidades; Mitigación	Incidentes Clave Actuales – Descripción

Gráfico 2-27. Ejemplo de Tablero de Control

2.7.3.2 Radiadores de Información

Los radiadores de información, también conocidos como grandes gráficos visibles (BVC), son indicaciones visibles y físicos que proporcionan información al resto de la organización y permiten el intercambio oportuno de conocimiento. Se publican en un lugar donde la gente pueda ver la información fácilmente, en lugar de tener información en una herramienta de programación de cronograma o para informes. Los BVC deberían ser fáciles de actualizar y deberían actualizarse con frecuencia. A menudo son de "baja tecnología y alto contacto" en el sentido de que se procesan manualmente en lugar de generarse electrónicamente. El Gráfico 2-28 muestra un radiador de información asociado con el trabajo completado, el trabajo restante y los riesgos.

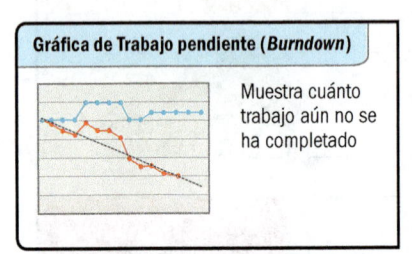

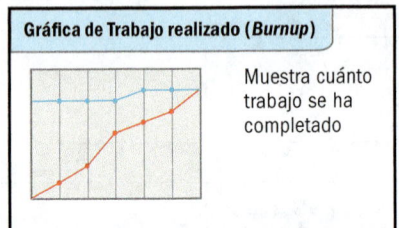

Gráfica de Trabajo pendiente (*Burndown*)
Muestra cuánto trabajo aún no se ha completado

Gráfica de Trabajo realizado (*Burnup*)
Muestra cuánto trabajo se ha completado

Gráfica combinada de trabajo pendiente o realizado
Muestra cuánto trabajo se ha completado y cuánto resta

Referencia	Descripción del riesgo	Fecha	Probabilidad	Impacto	Clasificación del Riesgo	Respuesta	Dueño
1	El proveedor principal no puede entregar a tiempo debido a otros compromisos comerciales	21/03	Probable	Alto	Alto	Incluir penalizaciones financieras en el contrato; incorporar contingencia en el cronograma; monitorear el desempeño del contratista	Annie
2	El tiempo de entrega de la línea arrendada supera los 90 días	21/03	Poco probable	Medio	Medio	Pedir la línea arrendada antes de lo necesario; incurrir en gastos de alquiler adicionales	Jim
3	La liberación del nuevo sistema está retrasada porque las pruebas de aceptación del usuario comienzan después del inicio planificado	21/03	Muy probable	Alto	Alto	Emplear personal temporal para liberar recursos para las pruebas; revisar el cronograma del proyecto	Mark
4	No hay suficiente capacidad para crear instancias de base de datos adicionales para la migración y prueba de los datos	18/04	Muy improbable	Medio	Bajo	Priorizar proyectos; eliminar temporalmente la instancia de desarrollo alternativo.	Jim

Registro de Riesgos

Gráfico 2-28. Radiador de Información

2.7.3.3 Controles Visuales

En entornos lean, los radiadores de información se conocen como controles visuales. Los controles visuales ilustran los procesos para comparar fácilmente el desempeño real con el esperado. Los controles visuales muestran un proceso utilizando señales visuales. Los controles visuales pueden estar presentes para todos los niveles de información, desde el valor de negocio entregado hasta las tareas que han comenzado. Deberían ser muy visibles para que cualquiera los vea.

- **Tableros de tareas.** Representación visual del trabajo planeado que permite a cualquiera visualizar el estado de las tareas. Un tablero de tareas puede mostrar el trabajo que está listo para ser iniciado (por hacer), el trabajo en progreso y el trabajo que se ha completado (véase el Gráfico 2-29).

   Un tablero de tareas permite a cualquiera apreciar de un vistazo el estado de una tarea en particular o el número de tareas en cada etapa del trabajo. Las notas adhesivas de diferentes colores pueden representar diferentes tipos de trabajo, y los puntos pueden utilizarse para mostrar cuántos días ha estado una tarea en su posición actual.

   Los proyectos basados en flujos, como los que utilizan tableros kanban, pueden utilizar estos diagramas para limitar la cantidad de trabajo en curso. Si una columna se acerca al límite de trabajo en progreso, los miembros del equipo de proyecto pueden congregarse alrededor del trabajo actual para ayudar a aquellos que trabajan en tareas que están volviendo lento el flujo.

- **Gráficas de trabajo pendiente o realizado.** Las gráficas de trabajo pendiente o realizado, pueden mostrar la velocidad del equipo de proyecto. La velocidad mide la tasa a la que los entregables son producidos, validados y aceptados dentro de un intervalo predefinido. Un gráfica de trabajo realizado (burnup) puede rastrear la cantidad de trabajo realizado en comparación con el trabajo esperado que debería estar hecho (véase el Gráfico 2-30). Un diagrama de trabajo pendiente (burndown) puede mostrar el número de puntos de historia restantes o la cantidad de exposición al riesgo que ha sido reducida.

- **Otros tipos de gráficas.** Los diagramas visuales también pueden incluir información tal como una lista de impedimentos que muestra una descripción del impedimento para realizar el trabajo, la gravedad y las acciones que se están tomando para solucionarlo.

Tablero Kanban

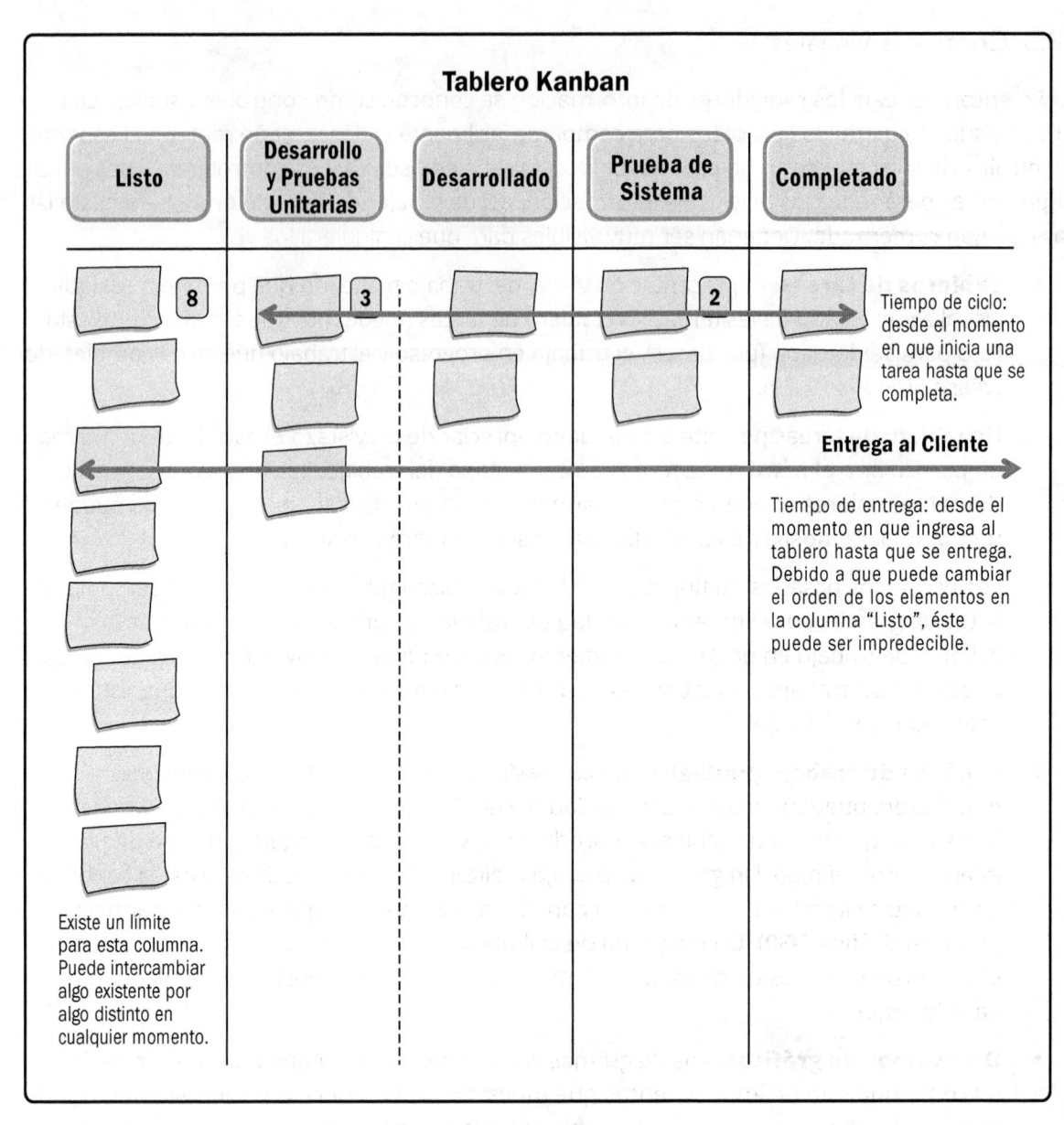

Listo	Desarrollo y Pruebas Unitarias	Desarrollado	Prueba de Sistema	Completado

[8] [3] [2]

Tiempo de ciclo: desde el momento en que inicia una tarea hasta que se completa.

Entrega al Cliente

Tiempo de entrega: desde el momento en que ingresa al tablero hasta que se entrega. Debido a que puede cambiar el orden de los elementos en la columna "Listo", éste puede ser impredecible.

Existe un límite para esta columna. Puede intercambiar algo existente por algo distinto en cualquier momento.

Gráfico 2-29. Tablero de Tareas o Tablero Kanban

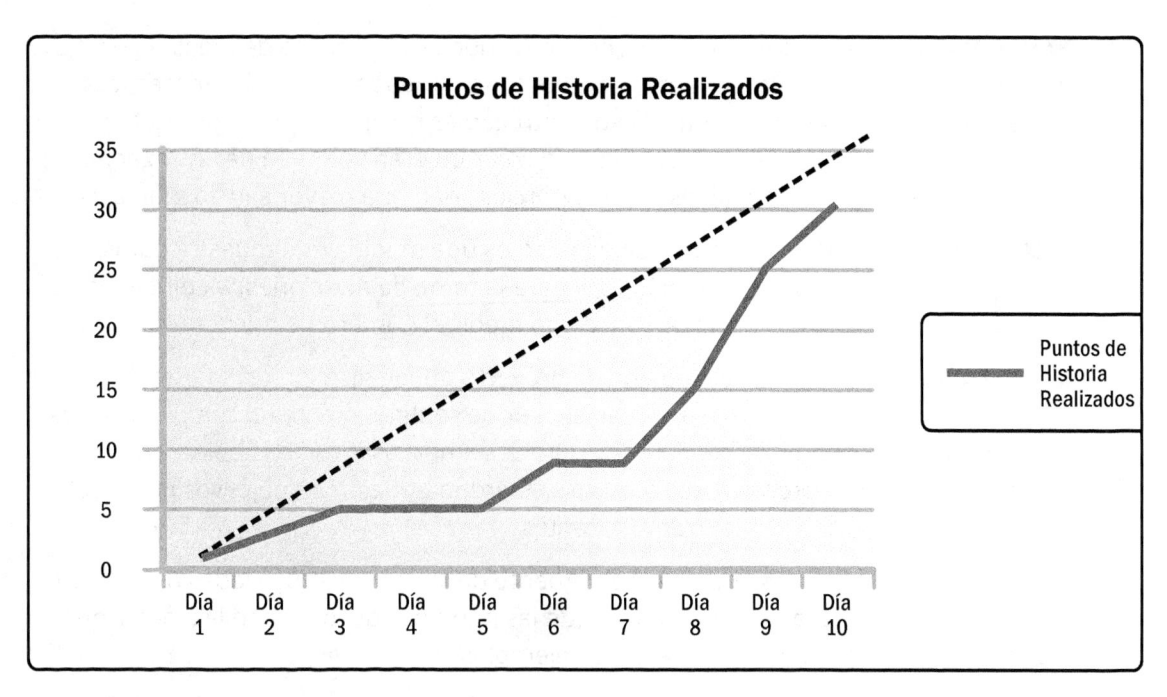

Gráfico 2-30. Gráfica de Trabajo Realizado (Burnup)

2.7.4 PELIGROS EN LAS MEDICIONES

Las medidas del proyecto ayudan al equipo de proyecto a cumplir con los objetivos del mismo. Sin embargo, hay algunos peligros asociados con las mediciones. El tener conciencia de estos peligros puede ayudar a minimizar su efecto negativo.

- **Efecto Hawthorne.** El efecto Hawthorne afirma que el acto mismo de medir algo influye en el comportamiento. Por lo tanto, hay que tener cuidado al establecer métricas. Por ejemplo, medir solo la producción de entregables de un equipo de proyecto puede alentar al equipo de proyecto a centrarse en crear un gran volumen de entregables en lugar de centrarse en entregables que proporcionarían una mayor satisfacción al cliente.

- **Métrica de vanidad.** Una métrica de vanidad es una medida que muestra datos, pero que no proporciona información útil para la toma de decisiones. Medir las vistas de página de un sitio web no es tan útil como medir el número de nuevos visitantes.

- **Desmoralización.** La moral del equipo de proyecto puede disminuir si se establecen medidas y objetivos que no son alcanzables, ya que continuamente no cumplen con los objetivos. Establecer metas desafiantes y medidas ambiciosas es aceptable, pero las personas también quieren que se reconozca su arduo trabajo. Los objetivos poco realistas o inalcanzables pueden ser contraproducentes.

- **Mal uso de las métricas.** Independientemente de las métricas utilizadas para medir el desempeño, existe la oportunidad de que las personas distorsionen las mediciones o se concentren en lo incorrecto. Algunos ejemplos:
    - Centrarse en métricas menos importantes en lugar de las métricas que más importan,
    - Centrarse en el buen desempeño de las métricas a corto plazo a expensas de las métricas a largo plazo, y
    - Trabajar en actividades fuera de secuencia que sean fáciles de lleva a cabo con el fin de mejorar los indicadores de desempeño.

- **Sesgo de confirmación.** Como seres humanos, tendemos a buscar y ver información que respalde nuestro punto de vista preexistente. Esto puede llevarnos a interpretaciones falsas de los datos.

- **Correlación versus causalidad.** Un error común en la interpretación de los datos de medición es confundir la correlación de dos variables con la idea de que una es causa de la otra. Por ejemplo, al ver proyectos que están atrasados y que exceden el presupuesto, se podría inferir que los proyectos que exceden el presupuesto causan problemas de programación del cronograma. Esto no es cierto, ni tampoco es cierto que los proyectos que están atrasados causen sobrecostos presupuestales. En cambio, es probable que haya otros factores correlacionados que no se están considerando, como la habilidad para estimar, la capacidad para gestionar el cambio y la gestión activa del riesgo.

Ser consciente de los peligros asociados con las métricas puede ayudar a establecer métricas efectivas, además de estar atento a los peligros asociados con las medidas inapropiadas.

2.7.5 RESOLUCIÓN DE PROBLEMAS DE DESEMPEÑO

Parte de la medición es haber acordado planes para medidas que están fuera de los rangos de los umbrales. Se pueden establecer umbrales para una diversidad de métricas, tales como cronograma, presupuesto, velocidad y otras medidas específicas del proyecto. El grado de variación dependerá de las tolerancias al riesgo de los interesados.

El Gráfico 2-31 muestra un ejemplo de un umbral presupuestal establecido en +10 % (naranja) y -20 % (verde) de la tasa de gasto prevista. La línea azul representa el gasto real, y en enero, excedió la tolerancia superior del +10 % que activaría el plan de excepción.

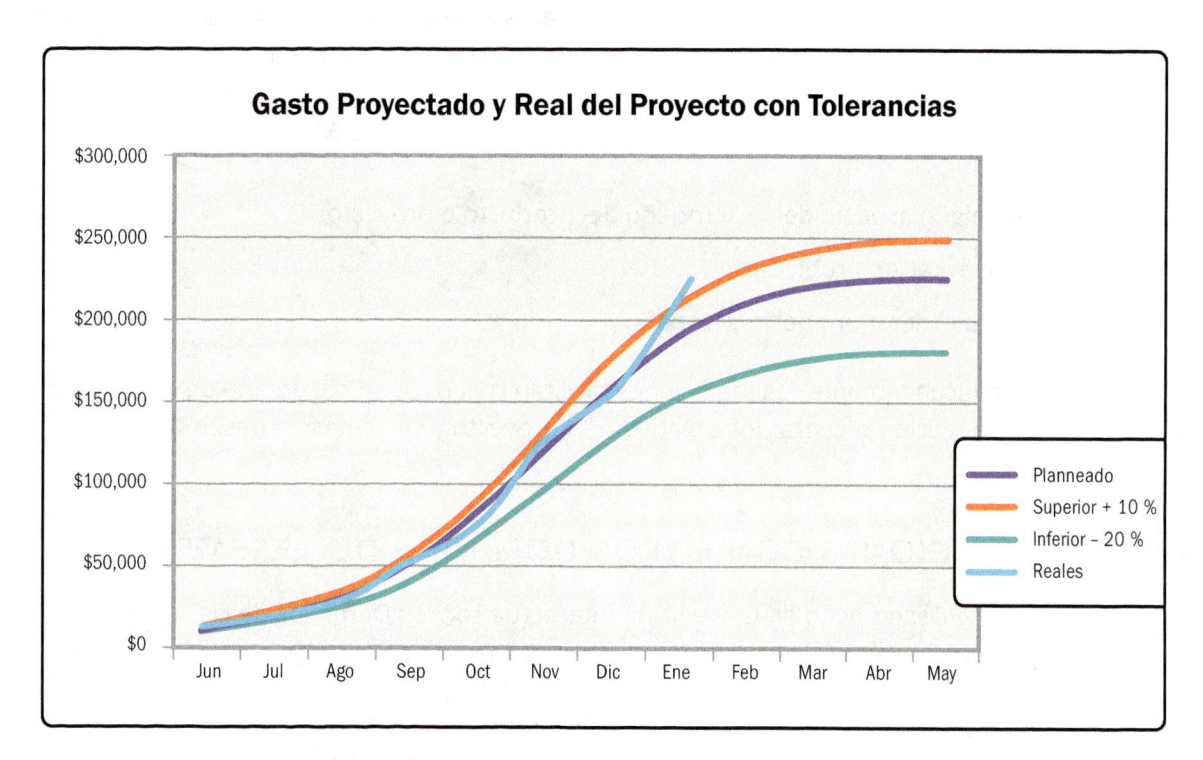

Gráfico 2-31. Tasas de Gasto Planificadas y Reales

Idealmente, los equipos de proyecto no deberían esperar hasta que se haya sobrepasado un umbral antes de tomar medidas. Si se puede pronosticar un incumplimiento a través de una tendencia o nueva información, el equipo de proyecto puede ser proactivo para abordar la variación esperada.

Un plan de excepciones es un conjunto acordado de acciones que deben tomarse en caso de que se cruce un umbral o se pronostique ese cruce. Los planes de excepciones no tienen que ser formales; pueden ser tan simples como convocar una reunión de interesados para discutir el asunto. La importancia del plan de excepciones es discutir el incidente y desarrollar un plan para lo que se debe hacer. A continuación, seguir adelante para asegurarse de que el plan sea implementado y determinar si el plan está funcionando.

2.7.6 CRECIMIENTO Y MEJORA

La intención en la medición y visualización de datos es aprender y mejorar. Para optimizar el desempeño y la eficiencia del proyecto, se mide e informa solamente la información que:

- ▶ Permita que el equipo de proyecto aprenda,
- ▶ Facilite una decisión,
- ▶ Mejore algún aspecto del desempeño del producto o proyecto,
- ▶ Ayude a evitar un problema, y
- ▶ Prevenga el deterioro del desempeño.

Aplicadas adecuadamente, las mediciones facilitan la capacidad del equipo de proyecto para generar valor de negocio y alcanzar los objetivos del proyecto y las metas de desempeño.

2.7.7 INTERACCIONES CON OTROS DOMINIOS DE DESEMPEÑO

El Dominio de Desempeño de la Medición interactúa con los Dominios de Desempeño de la Planificación, del Trabajo del Proyecto y de la Entrega a medida que los planes forman la base para comparar las entregas con el plan. El Dominio de Desempeño de la Medición puede apoyar las actividades que forman parte del Dominio de Desempeño de la Planificación presentando información actualizada para que las lecciones aprendidas puedan reflejar información favorable o desfavorable para actualizar los planes. Los Dominios de Desempeño del Equipo y de los Interesados interactúan mientras los miembros del equipo de proyecto desarrollan los planes y crean los entregables y entregas que se miden.

A medida que ocurren eventos impredecibles, tanto positivos como negativos, estos tienen un impacto en el desempeño del proyecto y, por lo tanto, en las mediciones y métricas del mismo. Responder a los cambios causados por eventos inciertos que han ocurrido incluye actualizar las mediciones que se han visto afectadas debido al cambio. Las actividades en el Dominio de Desempeño de la Incertidumbre, como la identificación de riesgos y oportunidades, se pueden iniciar en función de las mediciones de desempeño.

Parte del trabajo del proyecto es colaborar con el equipo de proyecto y otros interesados para establecer las métricas, recopilar los datos, analizarlos, tomar decisiones e informar sobre el estado del proyecto.

2.7.8 VERIFICACIÓN DE RESULTADOS

En la Tabla 2-9 se identifican los resultados de la aplicación efectiva del Dominio de Desempeño de la Medición a la izquierda y las formas de comprobarlos a la derecha.

Tabla 2-9. Verificación de Resultados — Dominio de Desempeño de la Medición

Resultado	Verificar
Una comprensión confiable del estado del proyecto	Las mediciones e informes de auditoría demuestran si los datos son confiables.
Datos procesables para facilitar la toma de decisiones	Las mediciones indican si el desempeño del proyecto es el esperado o si existen variaciones.
Acciones oportunas y apropiadas para mantener el desempeño del proyecto bien encaminado	Las mediciones proporcionan indicadores adelantados y/o el estado actual conduce a decisiones y acciones oportunas.
Lograr objetivos y generar valor del negocio mediante la toma de decisiones informadas y oportunas basadas en pronósticos y evaluaciones confiables	La revisión de los pronósticos pasados y el desempeño actual muestra si los pronósticos anteriores reflejan el presente con precisión. La comparación del desempeño real con el desempeño planeado y la evaluación de los documentos de negocio mostrarán la probabilidad de lograr el valor previsto del proyecto.

2.8 DOMINIO DE DESEMPEÑO DE LA INCERTIDUMBRE

DOMINIO DE DESEMPEÑO DE LA INCERTIDUMBRE	
El Dominio de Desempeño de la Incertidumbre se ocupa de las actividades y funciones asociadas con el riesgo y la incertidumbre.	La ejecución efectiva de este dominio de desempeño tiene los siguientes resultados deseados: ▶ Concientización del entorno en el que se producen los proyectos, incluidos, entre otros, los entornos técnico, social, político, de mercado y económico. ▶ Exploración proactiva y respuesta a la incertidumbre. ▶ Concientización de la interdependencia de múltiples variables en el proyecto. ▶ La capacidad de anticipar amenazas y oportunidades y comprender las consecuencias de los incidentes. ▶ Entrega de proyectos con poco o ningún impacto negativo procedente de eventos o condiciones imprevistas. ▶ Se aprovechan las oportunidades para mejorar el desempeño y los resultados del proyecto ▶ Las reservas de costos y cronograma se utilizan de manera efectiva para mantener la alineación con los objetivos del proyecto.

Gráfico 2-32. Dominio de Desempeño de la Incertidumbre

Los proyectos existen en entornos con diferentes grados de incertidumbre. La incertidumbre presenta amenazas y oportunidades que los equipos de proyecto exploran, evalúan y deciden cómo manejar.

Las siguientes definiciones son pertinentes para el Dominio de Desempeño de la Incertidumbre:

Incertidumbre. Falta de comprensión y conciencia de los problemas, eventos, caminos a seguir o soluciones a buscar.

Ambigüedad. Estado de confusión, con dificultad para identificar la causa de los eventos, o tener múltiples opciones entre las cuales elegir.

Complejidad. Característica de un programa o proyecto o de su entorno que es difícil de gestionar debido al comportamiento humano, el comportamiento del sistema y la ambigüedad.

Volatilidad. Posibilidad de un cambio rápido e impredecible.

Riesgo. Evento o condición incierta que, si se produce, tiene un efecto positivo o negativo en uno o más de los objetivos de un proyecto.

La incertidumbre en el sentido más amplio es un estado de desconocimiento o imprevisibilidad. La incertidumbre tiene muchos matices, tales como:

- ▶ Riesgo asociado con no conocer eventos futuros,
- ▶ Ambigüedad asociada con no ser consciente de las condiciones actuales o futuras, y
- ▶ Complejidad asociada con sistemas dinámicos que tienen resultados impredecibles.

La navegación exitosa por la incertidumbre se inicia comprendiendo el entorno más amplio en el que está operando el proyecto. Los aspectos del entorno que contribuyen a la incertidumbre del proyecto incluyen, entre otros:

- Factores económicos tales como la volatilidad de los precios, la disponibilidad de recursos, la capacidad para tomar fondos prestados y la inflación/deflación;
- Consideraciones técnicas tales como tecnología nueva o emergente, complejidad asociada con sistemas e interfaces;
- Limitaciones o requisitos legales o legislativos;
- Entorno físico en lo que respecta a seguridad, condiciones climáticas y condiciones laborales;
- Ambigüedad asociada con condiciones actuales o futuras;
- Influencias sociales y de mercado moldeadas por la opinión y los medios; e
- Influencias políticas, ya sean externas o internas a la organización.

Este dominio de desempeño aborda los diversos aspectos de la incertidumbre, las implicaciones de la incertidumbre tales como el riesgo del proyecto, así como las opciones para navegar por las diversas formas de incertidumbre.

2.8.1 INCERTIDUMBRE GENERAL

La incertidumbre es inherente a todos los proyectos. Por esta razón, los efectos de cualquier actividad no se pueden predecir con precisión, y puede presentarse un rango de resultados. Los resultados potenciales que benefician los objetivos del proyecto se conocen como oportunidades; los resultados potenciales que tienen un efecto negativo sobre los objetivos se denominan amenazas. Juntos, los conjuntos de oportunidades y amenazas forman el conjunto de riesgos del proyecto. Existen varias opciones para responder a la incertidumbre:

- **Recopilar información.** A veces, la incertidumbre puede reducirse al hallar más información, tal como realizar investigaciones, involucrar a expertos, o realizar un análisis de mercado. También es importante reconocer cuándo la recopilación y el análisis de información adicional exceden el beneficio de obtener esa información adicional.

- **Prepararse para múltiples resultados.** En situaciones en las que sólo hay unos pocos resultados posibles a partir de un área de incertidumbre, el equipo de proyecto puede prepararse para cada uno de esos resultados. Esto supone disponer de una solución primaria, así como de planes de reserva o de contingencia en caso de que la solución inicial no sea viable o eficaz. Cuando existe un gran conjunto de posibles resultados, el equipo de proyecto puede categorizar y evaluar las posibles causas para estimar su probabilidad de ocurrencia. Esto permite al equipo de proyecto identificar los resultados potenciales más probables en los cuales centrarse.

- **Diseño basado en conjuntos.** Se pueden investigar múltiples diseños o alternativas al principio del proyecto con el fin de reducir la incertidumbre. Esto permite que el equipo de proyecto considere los compromisos como tiempo versus costo, calidad versus costo, riesgo versus cronograma, o cronograma versus calidad. La intención es explorar las opciones para que el equipo de proyecto pueda aprender trabajando con las diversas alternativas. Las alternativas ineficaces o sub-óptimas son descartadas a lo largo del proceso.

- **Incorporar resiliencia.** La resiliencia es la capacidad de adaptarse y responder rápidamente a cambios inesperados. La capacidad de resiliencia se aplica tanto a los miembros del equipo de proyecto como a los procesos organizacionales. Si el enfoque inicial del diseño de un producto o un prototipo no es eficaz, el equipo de proyecto y la organización deben ser capaces de aprender, adaptarse y responder rápidamente.

2.8.2 AMBIGÜEDAD

Hay dos categorías de ambigüedad: ambigüedad conceptual y ambigüedad situacional. La ambigüedad conceptual —la falta de comprensión efectiva— se produce cuando las personas utilizan términos o argumentos similares de maneras diferentes. Por ejemplo, la declaración, "El cronograma fue reportado a tiempo la semana pasada", no es clara. No queda claro si el cronograma estaba a tiempo la semana pasada o si fue reportado la semana pasada. Además, podría haber alguna duda sobre lo que significa "a tiempo". La ambigüedad de este tipo puede reducirse estableciendo formalmente normas y definiciones comunes de los términos, como lo que significa "a tiempo".

La ambigüedad situacional surge cuando es posible más de un resultado. Tener múltiples opciones para resolver un problema es una forma de ambigüedad situacional. Las soluciones para la exploración de la ambigüedad incluyen la elaboración progresiva, la experimentación y el uso de prototipos.

▶ **Elaboración progresiva.** Este es el proceso iterativo de incrementar el nivel de detalle de un plan para la dirección del proyecto a medida que se cuenta con mayor cantidad de información y con estimaciones más precisas.

▶ **Experimentos.** Una serie de experimentos bien diseñados puede ayudar a identificar las relaciones de causa y efecto o, al menos, puede reducir la cantidad de ambigüedad.

▶ **Prototipos.** Los prototipos pueden ayudar a diferenciar las relaciones entre diferentes variables.

2.8.3 COMPLEJIDAD

La complejidad es una característica de un programa o proyecto o de su entorno, que es difícil de gestionar debido al comportamiento humano, el comportamiento del sistema o la ambigüedad. La complejidad existe cuando hay muchas influencias interconectadas que se comportan e interactúan de diferentes maneras. En entornos complejos, no es raro ver una agregación de elementos individuales que conducen a resultados imprevistos o no deseados. El efecto de la complejidad es que no hay manera de hacer predicciones precisas sobre la probabilidad de cualquier resultado potencial o incluso de saber qué resultados podrían surgir. Existen numerosas formas de trabajar con la complejidad; algunas de ellas se basan en sistemas, otras implican replanteamientos y otras se basan en procesos.

2.8.3.1 Basada en sistemas

Los ejemplos de trabajo con la complejidad basada en sistemas incluyen:

- **Desacople.** El desacople implica desconectar partes del sistema para simplificarlo y reducir el número de variables conectadas. Determinar cómo funciona una pieza de un sistema por sí sola reduce el tamaño general del problema.
- **Simulación.** Puede haber escenarios similares, aunque no relacionados, que pueden utilizarse para simular componentes de un sistema. En un proyecto para construir un nuevo aeropuerto que incluya un área con tiendas y restaurantes se puede aprender sobre los hábitos de compra de los consumidores al buscar información análoga sobre centros comerciales y establecimientos de entretenimiento.

2.8.3.2 Replanteamiento

Algunos ejemplos de trabajo con complejidad que implica replanteamiento:

- **Diversidad.** Los sistemas complejos requieren apreciar el sistema desde diversas perspectivas. Esto puede incluir una tormenta de ideas con el equipo de proyecto a fin de abrir maneras divergentes de ver el sistema. También puede incluir procesos similares al Delphi para pasar del pensamiento divergente al convergente.
- **Equilibrio.** Equilibrar el tipo de datos utilizados en lugar de solo usar datos de pronóstico o datos que informan sobre indicadores pasados o rezagados proporciona una perspectiva más amplia. Esto puede incluir el uso de elementos cuyas variaciones probablemente contrarresten los posibles efectos negativos de cada uno.

2.8.3.3 Basada en procesos

Los ejemplos de trabajo con la complejidad basada en procesos incluyen:

- **Iterar.** Construir de forma iterativa o incremental. Añadir características una a la vez. Después de cada iteración identificar lo que funcionó, lo que no funcionó, la reacción del cliente y lo que el equipo de proyecto aprendió.
- **Involucrar.** Crear oportunidades para obtener la participación de los interesados. Esto reduce el número de supuestos y fomenta el aprendizaje y el involucramiento en el proceso.
- **Falla segura.** Para los elementos de un sistema que son críticos, se incorpora redundancia o elementos que puedan proporcionar una degradación elegante de la funcionalidad en caso de falla crítica de componentes.

2.8.4 VOLATILIDAD

La volatilidad existe en un entorno que está sujeto a un cambio rápido e impredecible. La volatilidad puede ocurrir cuando hay fluctuaciones continuas en los conjuntos de habilidades o materiales disponibles. La volatilidad generalmente afecta el costo y el cronograma. El análisis de alternativas y el uso de la reserva de costos o de cronograma abordan la volatilidad.

- ▶ **Análisis de alternativas.** Encontrar y evaluar alternativas, tales como buscar diferentes maneras de cumplir un objetivo, como usar una mezcla diferente de habilidades, volver a secuenciar el trabajo, o subcontratar el trabajo. El análisis de alternativas puede incluir la identificación de las variables a considerar en la evaluación de opciones y la importancia o el peso relativo de cada variable.
- ▶ **Reserva.** La reserva de costos puede utilizarse para cubrir los sobrecostos presupuestales debidos a la volatilidad de los precios. En algunas circunstancias, la reserva del cronograma puede utilizarse para hacer frente a los retrasos debidos a la volatilidad asociada con la disponibilidad de recursos.

Navegar eficazmente por la incertidumbre, la ambigüedad, la complejidad y la volatilidad mejora la capacidad de anticipar situaciones, tomar buenas decisiones, planificar y resolver problemas.

2.8.5 RIESGO

Los riesgos constituyen un aspecto de la incertidumbre. Un riesgo es un evento o condición incierta que, si se produce, tiene un efecto positivo o negativo en uno o más de los objetivos de un proyecto. Los riesgos negativos se denominan amenazas, y los riesgos positivos se denominan oportunidades. Todos los proyectos tienen riesgos, ya que son emprendimientos únicos con diferentes grados de incertidumbre.

Los miembros del equipo de proyecto deben identificar proactivamente los riesgos a lo largo del proyecto para evitar o minimizar los impactos de las amenazas y activar o maximizar los impactos de las oportunidades. Tanto las amenazas como las oportunidades disponen de un conjunto de posibles estrategias de respuesta que pueden planificarse para ser implementadas en caso de que se presente el riesgo.

Con el fin de navegar a través del riesgo de manera efectiva, el equipo de proyecto debe saber qué nivel de exposición al riesgo es aceptable para lograr los objetivos del proyecto. Este es definido mediante umbrales de riesgo medibles que reflejan el apetito al riesgo y la actitud de la organización y de los interesados en el proyecto. Los umbrales de riesgo expresan la variación aceptable en torno a un objetivo que refleja el apetito al riesgo de la organización y de los interesados. Los umbrales de riesgo generalmente son establecidos y comunicados al equipo de proyecto, y reflejados en las definiciones de los niveles de impacto de riesgo para el proyecto.

> **Riesgo General del Proyecto**
>
> El riesgo general del proyecto es el efecto de la incertidumbre sobre el proyecto en su conjunto, proveniente de todas las fuentes de incertidumbre. Esto incluye los riesgos individuales y la exposición a las implicancias de la variación en el resultado del proyecto, tanto positivas como negativas. El riesgo general a menudo depende de la complejidad, la ambigüedad y la volatilidad. Las respuestas al riesgo general del proyecto son las mismas que para las amenazas y oportunidades individuales, aunque las respuestas se aplican al proyecto en general en lugar de a un evento específico. Si el riesgo general en el proyecto es demasiado alto, la organización puede optar por cancelar el mismo.

2.8.5.1 Amenazas

Una amenaza es un evento o condición que si se produce, tiene un impacto negativo en uno o más de los objetivos. Se pueden considerar cinco estrategias alternativas para hacer frente a las amenazas, de la siguiente manera:

- **Evitar.** Evitar la amenaza es cuando el equipo de proyecto actúa para eliminar la amenaza o proteger al proyecto de su impacto.

- **Escalar.** El escalamiento es apropiado cuando el equipo de proyecto o el patrocinador del proyecto está de acuerdo en que una amenaza se encuentra fuera del alcance del proyecto o que la respuesta propuesta excedería la autoridad del director del proyecto.

- **Transferir.** La transferencia implica el cambio de titularidad de una amenaza a un tercero para que maneje el riesgo y para que soporte el impacto si se produce la amenaza.

- **Mitigar.** En la mitigación de amenazas se toman medidas para reducir la probabilidad de ocurrencia y/o el impacto de una amenaza. Las acciones de mitigación tempranas son a menudo más efectivas que tratar de reparar el daño después de que se ha producido la amenaza.

- **Aceptar.** La aceptación de amenazas reconoce la existencia de una amenaza, pero no se planifican medidas proactivas. La aceptación activa de un riesgo puede incluir el desarrollo de un plan de contingencia que se activaría si se produjera el evento; o puede incluir la aceptación pasiva, lo que significa no hacer nada.

Una respuesta a una amenaza específica podría incluir múltiples estrategias. Por ejemplo, si la amenaza no puede evitarse, puede mitigarse hasta un nivel en el que sea viable transferirla o aceptarla.

El objetivo de implementar respuestas a amenazas es reducir la cantidad de riesgo negativo. Los riesgos que se aceptan a veces se reducen simplemente con el paso del tiempo o porque el evento de riesgo no se presenta. El Gráfico 2-33 muestra cómo se monitorean y reducen los riesgos a lo largo del tiempo.

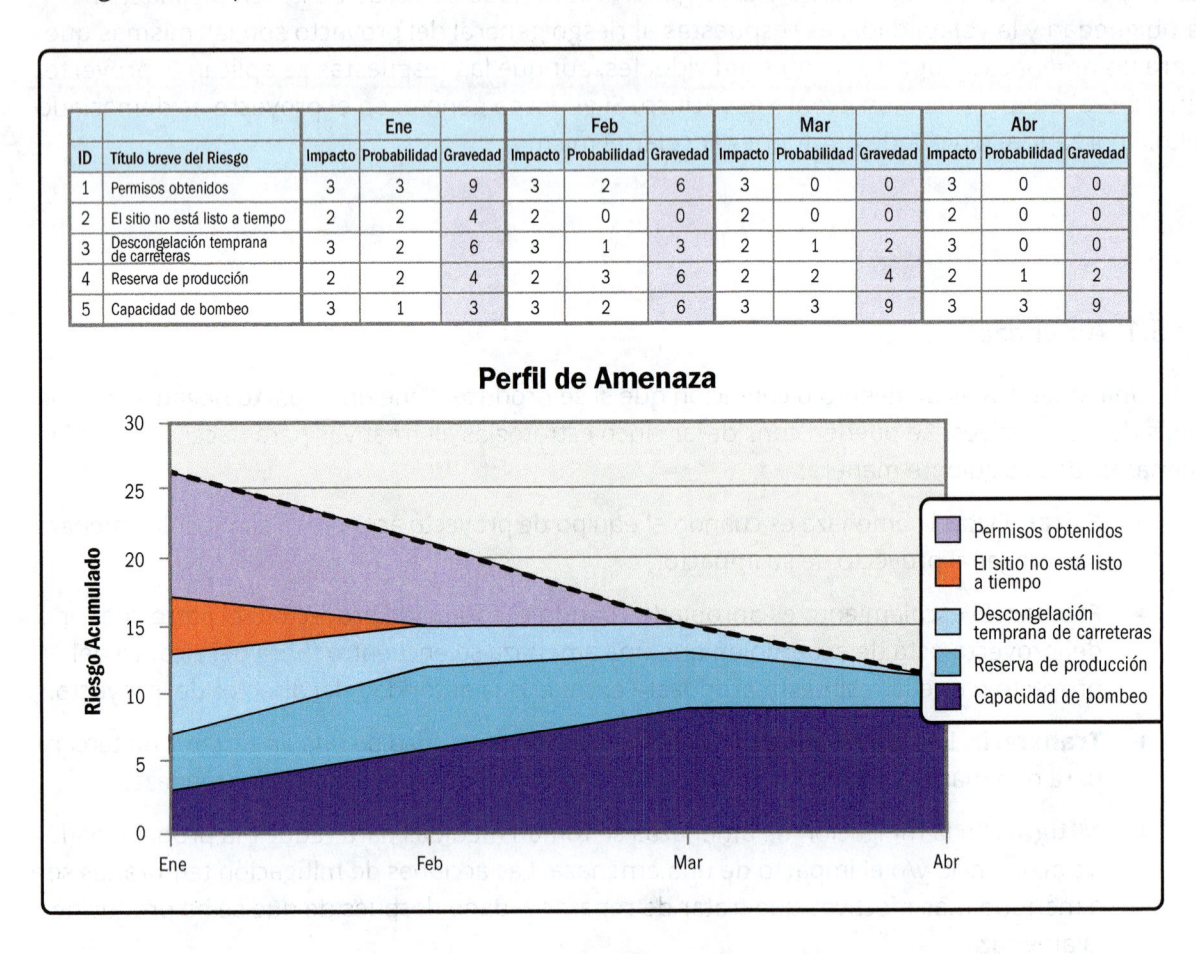

ID	Título breve del Riesgo	Ene Impacto	Ene Probabilidad	Ene Gravedad	Feb Impacto	Feb Probabilidad	Feb Gravedad	Mar Impacto	Mar Probabilidad	Mar Gravedad	Abr Impacto	Abr Probabilidad	Abr Gravedad
1	Permisos obtenidos	3	3	9	3	2	6	3	0	0	3	0	0
2	El sitio no está listo a tiempo	2	2	4	2	0	0	2	0	0	2	0	0
3	Descongelación temprana de carreteras	3	2	6	3	1	3	2	1	2	3	0	0
4	Reserva de producción	2	2	4	2	3	6	2	2	4	2	1	2
5	Capacidad de bombeo	3	1	3	3	2	6	3	3	9	3	3	9

Gráfico 2-33. Reducción del Riesgo con el Tiempo

2.8.5.2 Oportunidades

Una oportunidad es un evento o condición que, si se produce, tiene un impacto positivo sobre uno o más de los objetivos de un proyecto. Un ejemplo de una oportunidad podría ser un subcontratista basado en tiempo y materiales que finaliza el trabajo temprano, lo que resulta en menores costos y ahorros en el cronograma.

Se pueden considerar cinco estrategias alternativas para hacer frente a las oportunidades, de la siguiente manera:

- **Explotar.** Estrategia de respuesta según la cual el equipo de proyecto actúa para garantizar la ocurrencia de una oportunidad.

- **Escalar.** Como en el caso de las amenazas, esta estrategia de respuesta a las oportunidades es utilizada cuando el equipo de proyecto o el patrocinador del proyecto están de acuerdo en que una oportunidad se encuentra fuera del alcance del proyecto o que la respuesta propuesta excedería la autoridad del director del proyecto.

- **Compartir.** Compartir oportunidades implica asignar la responsabilidad de una oportunidad a un tercero que está en las mejores condiciones para capturar el beneficio de esa oportunidad.

- **Mejorar.** En la mejora de la oportunidad, el equipo de proyecto actúa para incrementar la probabilidad de ocurrencia o impacto de una oportunidad. Las acciones de mejoramiento tempranas son a menudo más efectivas que tratar de mejorar el beneficio después de que se ha producido la oportunidad.

- **Aceptar.** Como con las amenazas, la aceptación de una oportunidad reconoce su existencia, pero no se planifican medidas proactivas.

Una vez que se ha desarrollado un conjunto de respuestas al riesgo, el mismo debe revisarse para ver si las respuestas planificadas han agregado riesgos secundarios. La revisión también debería evaluar el riesgo residual que permanecerá una vez que se hayan llevado a cabo las acciones de respuesta. La planificación de la respuesta debe repetirse hasta que el riesgo residual sea compatible con el apetito al riesgo de la organización.

Tener una visión económica de la priorización del trabajo permite al equipo priorizar las actividades de prevención y reducción de amenazas.

Comparar el valor monetario esperado (EMV) de un riesgo con el retorno de la inversión (ROI) anticipado de un entregable o característica permite al director del proyecto sostener conversaciones con patrocinadores o dueños de producto sobre dónde y cuándo incorporar las respuestas al riesgo en el trabajo planificado (véase el Gráfico 2-34).

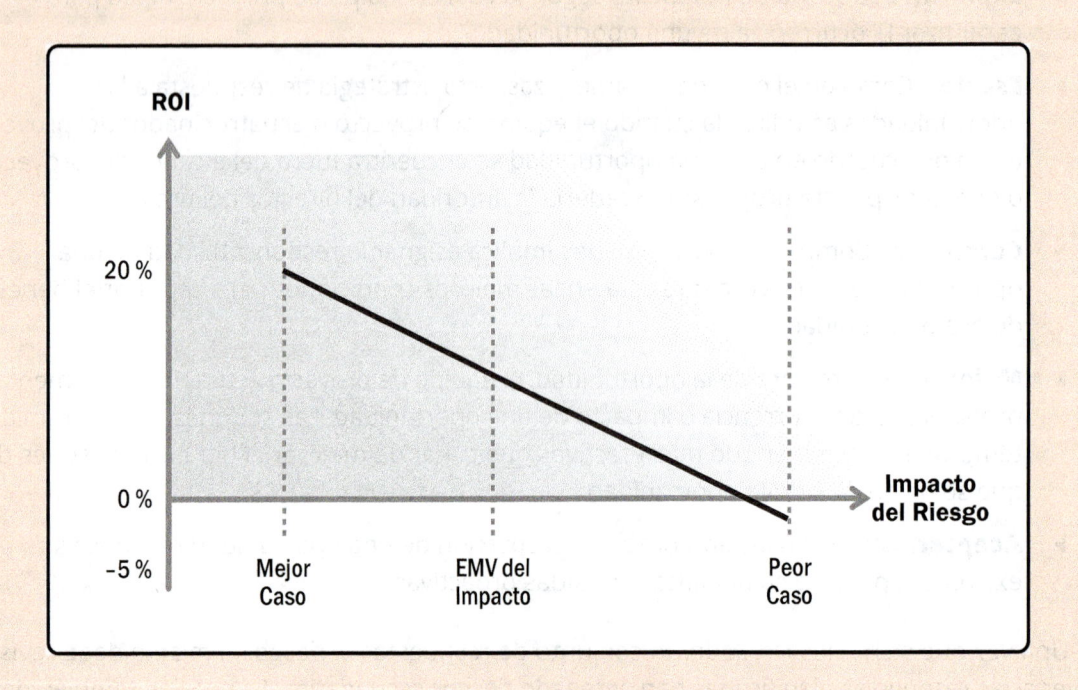

Gráfico 2-34. Curva de ROI Ajustado al Riesgo

2.8.5.3 Reserva para Contingencias y de Gestión

La reserva es una cantidad de tiempo o presupuesto reservada para tener en cuenta el manejo de riesgos. La reserva para contingencias se aparta para hacer frente a los riesgos identificados en caso de que se presenten. La reserva de gestión es una categoría de presupuesto utilizada para eventos desconocidos, tales como el trabajo no planificado dentro del alcance.

2.8.5.4 Revisión del Riesgo

Establecer un ritmo o cadencia frecuente de las sesiones de revisión y retroalimentación de una amplia selección de interesados resulta útil para navegar por el riesgo del proyecto y ser proactivo con las respuestas a los riesgos.

Las reuniones diarias de pie se pueden utilizar en cualquier proyecto y son una fuente para identificar posibles amenazas y oportunidades. Los informes de bloqueadores o impedimentos podrían convertirse en amenazas si continúan retrasando el progreso. Del mismo modo, los informes de progreso y avances podrían apuntar hacia oportunidades a ser aprovechadas y compartidas.

Las demostraciones frecuentes de incrementos del producto o servicio, los diseños provisionales o las pruebas de conceptos pueden revelar amenazas y oportunidades. La retroalimentación negativa de las demostraciones o revisiones de diseño puede ser un indicador temprano de amenazas relacionadas con la insatisfacción de los interesados si no se corrige. La retroalimentación positiva ayuda a informar al equipo de proyecto sobre las áreas de desarrollo altamente valoradas por los representantes del negocio.

Abordar el riesgo en las reuniones semanales de estatus asegura que la gestión de riesgos siga siendo relevante. Estas reuniones pueden utilizarse para identificar nuevos riesgos, así como para identificar cambios a los riesgos existentes.

Las retrospectivas y las reuniones de lecciones aprendidas se pueden utilizar para identificar amenazas al desempeño, a la cohesión del equipo de proyecto, etc., y para buscar mejoras. También pueden ayudar a identificar prácticas para probar diferentes maneras de explotar y mejorar las oportunidades.

2.8.6 INTERACCIONES CON OTROS DOMINIOS DE DESEMPEÑO

El Dominio de Desempeño de la Incertidumbre interactúa con los Dominios de Desempeño de la Planificación, del Trabajo del Proyecto, de la Entrega y de la Medición desde la perspectiva del producto o entregable. A medida que se lleva a cabo la planificación, las actividades para reducir la incertidumbre y los riesgos pueden incorporarse en los planes. Estas se llevan a cabo en el Dominio de Desempeño de la Entrega. Las mediciones pueden indicar si el nivel de riesgo está cambiando con el tiempo.

Los miembros del equipo de proyecto y otros interesados son las principales fuentes de información sobre la incertidumbre. Pueden proporcionar información, sugerencias y asistencia para trabajar con todas las diversas formas de incertidumbre.

La elección del ciclo de vida y del enfoque de desarrollo influye en la forma en que se abordará la incertidumbre. En un proyecto predictivo donde el alcance es relativamente estable, las reservas en el cronograma y el presupuesto pueden utilizarse para responder a los riesgos. En un proyecto que utiliza un enfoque adaptativo donde es probable que los requisitos evolucionen y donde puede haber ambigüedad sobre cómo interactuarán los sistemas o cómo reaccionarán los interesados, el equipo de proyecto puede ajustar los planes para reflejar la evolución de la comprensión o utilizar las reservas para compensar los impactos de los riesgos materializados.

2.8.7 VERIFICACIÓN DE RESULTADOS

La Tabla 2-10 identifica los resultados a la izquierda y las formas de comprobarlos a la derecha.

Tabla 2-10. Verificación de Resultados — Dominio de Desempeño de la Incertidumbre

Resultado	Verificar
Concientización del entorno en el que se producen los proyectos, incluidos, entre otros, los entornos técnico, social, político, de mercado y económico	El equipo incorpora consideraciones ambientales al evaluar la incertidumbre, los riesgos y las respuestas.
Exploración proactiva y respuesta a la incertidumbre	Las respuestas a los riesgos están alineadas con la priorización de las limitaciones del proyecto, como el presupuesto, el cronograma y el desempeño.
Concientización de la interdependencia de múltiples variables en el proyecto	Las acciones para abordar la complejidad, ambigüedad y volatilidad son apropiadas para el proyecto.
La capacidad de anticipar amenazas y oportunidades y comprender las consecuencias de los incidentes	Los sistemas para identificar, capturar y responder al riesgo tienen la robustez adecuada.
Entrega de proyectos con poco o ningún impacto negativo procedente de eventos o condiciones imprevistas.	Se cumplen las fechas de entrega programadas y la ejecución del presupuesto está dentro del umbral de variación.
Oportunidades materializadas para mejorar el desempeño y los resultados del proyecto	Los equipos utilizan mecanismos establecidos para identificar y aprovechar las oportunidades.
Las reservas de costos y cronograma se utilizan de manera efectiva para mantener la alineación con los objetivos del proyecto	Los equipos toman medidas para prevenir de forma proactiva las amenazas, limitando así el uso de la reserva de costos o cronograma.

Adaptación

3.1 DESCRIPCIÓN GENERAL

La adaptación consiste en la adecuación deliberada del enfoque, la gobernanza y los procesos de la dirección de proyectos para que resulten más adecuados para el entorno y el trabajo en cuestión.

En el entorno de un proyecto, la adaptación toma en cuenta el enfoque de desarrollo, los procesos, el ciclo de vida del proyecto, los entregables y la selección de las personas a involucrar. El proceso de adaptación se basa en los principios rectores de la dirección de proyectos en *El Estándar para la Dirección de Proyectos*[1], los valores organizacionales y la cultura organizacional. Por ejemplo, si un valor organizacional fundamental es "enfoque en el cliente", entonces las actividades seleccionadas para la obtención de requisitos y la validación del alcance favorecen los enfoques centrados en el cliente. Esto se alinea con el principio "Involucrar eficazmente a los interesados". Asimismo, una organización con un bajo apetito por el riesgo puede disponer de muchos procesos y procedimientos para guiar los proyectos a lo largo de su ciclo de vida. Una empresa similar que opere en el mismo mercado —pero con una alta tolerancia al riesgo— puede tener menos procesos y procedimientos. En ambos ejemplos, las organizaciones están alineadas con el principio de "optimizar las respuestas a los riesgos" aunque su apetito, procesos y procedimientos sean diferentes.

La adaptación implica la selección y el ajuste consciente de múltiples factores del proyecto, independientemente de que se utilice la etiqueta de "adaptación".

La alternativa a la adaptación es utilizar un marco de referencia o metodología no modificados. Hay muchas metodologías disponibles que proporcionan descripciones de procesos, fases, métodos, artefactos y plantillas a ser utilizadas en los proyectos. Estas metodologías y sus componentes no están adaptadas al contexto de la organización.

La mayoría de estas metodologías exhiben instrucciones claras en las que se indica que no deben aplicarse rigurosamente, sino que deben ser objeto de un proceso de adaptación para determinar qué elementos son más útiles según el tipo, tamaño y complejidad particulares del proyecto. Algunos profesionales sin experiencia tratan de aplicar la metodología al pie de la letra sin tener en cuenta el tamaño, la complejidad, la duración o el contexto organizacional del proyecto.

La adaptación implica la comprensión del contexto, las metas y el entorno operativo del proyecto. Los proyectos operan en entornos complejos que necesitan equilibrar demandas potencialmente competitivas que incluyen, entre otros:

- ▶ Entregar lo más rápido posible,
- ▶ Minimizar los costos del proyecto,
- ▶ Optimizar el valor entregado,
- ▶ Crear productos y resultados de alta calidad,
- ▶ Permitir el cumplimiento de los estándares regulatorios,
- ▶ Satisfacer las diversas expectativas de los interesados, y
- ▶ Adaptarse al cambio.

Es necesario comprender, evaluar y equilibrar estos factores para crear un entorno operativo y práctico para el proyecto.

Pueden presentarse situaciones que limiten el grado en que los equipos del proyecto pueden adaptar su enfoque, por ejemplo, cuando las políticas de la organización impongan el uso de un enfoque específico o un contrato especifique un enfoque obligatorio.

3.2 ¿POR QUÉ ADAPTAR?

La adaptación se lleva a cabo para ajustarse mejor a la organización, el entorno operativo y las necesidades del proyecto. Son muchas las variables que intervienen en el proceso de adaptación, entre ellas la criticidad del proyecto y el número de interesados que participan en el mismo. Utilizando estas variables como ejemplo, es evidente que el rigor, los mecanismos de control y equilibrio, y la presentación de informes requeridos para un proyecto crítico (por ejemplo, la construcción de un reactor nuclear) son mucho mayores que los requeridos para la construcción de un edificio de oficinas nuevo.

Asimismo, la comunicación y la coordinación de los trabajos necesarios para un equipo de proyecto de 10 personas no son suficientes para un equipo de proyecto de 200 personas. Muy pocos procesos pueden omitir actividades clave que apoyen la dirección eficaz de los proyectos, mientras que el empleo de más procesos de los necesarios resulta costoso y un despilfarro. Así pues, la adaptación facilita la gestión adecuada del entorno operativo y de las necesidades del proyecto.

La estructura utilizada para entregar los proyectos puede ser extensa o mínima, rigurosa o liviana, robusta o sencilla. No existe un enfoque único que pueda ser aplicado a todos los proyectos todo el tiempo. En cambio, la adaptación debería reflejar el tamaño, la duración y la complejidad de cada proyecto individual y debería adaptarse a la industria , la cultura de la organización y el nivel de madurez de la dirección de proyectos de la organización.

La adaptación produce beneficios directos e indirectos a las organizaciones. Estos Incluyen, entre otros:

- ▶ Más compromiso por parte de los miembros del equipo del proyecto que ayudaron a adaptar el enfoque,
- ▶ Enfoque orientado al cliente, ya que las necesidades del cliente son un importante factor de influencia en su desarrollo, y
- ▶ Uso más eficiente de los recursos del proyecto.

3.3 QUÉ ADAPTAR

Los aspectos del proyecto que pueden ser adaptados incluyen:

- Selección del ciclo de vida y del enfoque de desarrollo,
- Procesos,
- Involucramiento,
- Herramientas, y
- Métodos y artefactos.

Las secciones 3.3.1 a 3.3.4 exploran con más detalle cada uno de ellos.

3.3.1 SELECCIÓN DEL CICLO DE VIDA Y DEL ENFOQUE DE DESARROLLO

Decidir sobre un ciclo de vida y las fases del mismo es un ejemplo de adaptación. Se pueden hacer adaptaciones adicionales al seleccionar el enfoque de desarrollo y entrega del proyecto. Algunos proyectos de gran envergadura pueden utilizar una combinación de enfoques de desarrollo y entrega simultáneamente. Por ejemplo, la construcción de un nuevo centro de datos podría implicar: (a) el uso de enfoques predictivos para la construcción y el acabado de edificios físicos y (b) un enfoque iterativo para comprender y establecer las capacidades informáticas necesarias. Visto desde el nivel de proyecto, esta combinación de enfoques representa un enfoque híbrido, pero el equipo de construcción y el equipo de computación podría experimentar únicamente un enfoque de desarrollo predictivo o iterativo.

3.3.2 PROCESOS

La adaptación del proceso al ciclo de vida y al enfoque de desarrollo seleccionados incluye la determinación de las porciones o elementos que deben ser:

- *Agregados*, para aportar el rigor, la cobertura o lidiar con las condiciones únicas del producto o del entorno operativo, etc. (por ejemplo, añadiendo inspecciones independientes para proyectos críticos de seguridad);

- *Modificados,* para adaptarse mejor a los requisitos del proyecto o del equipo de proyecto (por ejemplo, modificar el formato de los documentos del proyecto adaptándolos para miembros del equipo de proyecto con limitaciones de visión);

- *Eliminados,* para reducir el costo o el esfuerzo, puesto que ya no son necesarios o no son económicos por el valor que añaden (por ejemplo, eliminar la creación de actas de reuniones para un equipo de proyecto pequeño y coubicado con buenas comunicaciones);

- *Combinados,* para aportar beneficios o valor adicionales mediante la mezcla o combinación de elementos (por ejemplo, añadir métodos de indagación apreciativa de la gestión organizativa a las reuniones de lecciones aprendidas de la dirección de proyectos predictiva para ayudar a fomentar una mejor colaboración); y

- *Alineados,* para armonizar los elementos a fin de que haya una definición, comprensión y aplicación coherentes (por ejemplo, muchas disciplinas tienen estándares y prácticas relacionadas con la gestión de riesgos que son suficientemente diferentes entre sí y que tendrían que ser alineados). Por ejemplo, en los equipos de proyectos multidisciplinarios, las diferentes disciplinas pueden poseer elementos específicos, como su propio lenguaje, herramientas y prácticas relacionadas con la misma área de interés.

3.3.3 INVOLUCRAMIENTO

La adaptación del involucramiento para las personas involucradas en el proyecto incluye:

- **Personas.** Esto supone evaluar las aptitudes y capacidades de la dirección del proyecto y del equipo del proyecto, y luego seleccionar quiénes deben participar y en qué capacidades, basado en el tipo de proyecto y las condiciones operativas. Por ejemplo, en un proyecto difícil o con limitaciones de tiempo, la asignación de miembros muy experimentados del equipo de proyecto es más lógica que la utilización de miembros inexpertos del equipo de proyecto.

- **Empoderamiento.** El empoderamiento implica escoger qué responsabilidades y formas de toma de decisiones locales deben ser transferidas al equipo del proyecto. Algunos entornos y capacidades de los miembros del equipo apoyan altos niveles de empoderamiento. En otras situaciones, podría ser preferible un menor empoderamiento con más supervisión y dirección.

- **Integración.** Los equipos de proyecto pueden incluir colaboradores de entidades contratadas, socios comerciales y otras entidades externas, además de personal de la organización patrocinadora. En la adaptación se toma en cuenta la forma de crear un equipo del proyecto a partir de un conjunto diverso de colaboradores a fin de facilitar un rendimiento óptimo del equipo del proyecto y la obtención de los resultados del mismo.

3.3.4 HERRAMIENTAS

La selección de las herramientas (por ejemplo, software o equipamiento) que el equipo del proyecto utilizará para el mismo es una forma de adaptación. A menudo, el equipo del proyecto posee la mejor comprensión de las herramientas más adecuadas para la situación, pero esas opciones podrían necesitar ser moderadas en función de los costos asociados. Además, los líderes de las organizaciones pueden imponer restricciones que el equipo del proyecto no puede modificar.

3.3.5 MÉTODOS Y ARTEFACTOS

La adaptación de los medios que se utilizarán para lograr los resultados del proyecto se realiza de manera que los métodos sean adecuados para el entorno y la cultura. La adaptación de los documentos, plantillas y otros artefactos que se utilizarán en el proyecto ayuda a asegurar que los artefactos sean apropiados para el proyecto y la organización. La Sección 4 contiene numerosos ejemplos de métodos y artefactos que pueden ser considerados al adaptar los métodos y artefactos.

3.4 EL PROCESO DE ADAPTACIÓN

Como se señala en la Sección 2.5 de *El Estándar para la Dirección de Proyectos* [1], los proyectos existen en entornos que pueden influenciarlos. Es necesario analizar y comprender el entorno del proyecto antes de la adaptación. La adaptación suele comenzar con la selección de un enfoque de desarrollo y ejecución, adaptándolo a la organización, adaptándolo al proyecto y luego aplicando su mejora continua. Estos pasos del proceso se muestran en el Gráfico 3-1 y se describen con más detalle en las secciones 3.4.1 a 3.4.4 de esta guía.

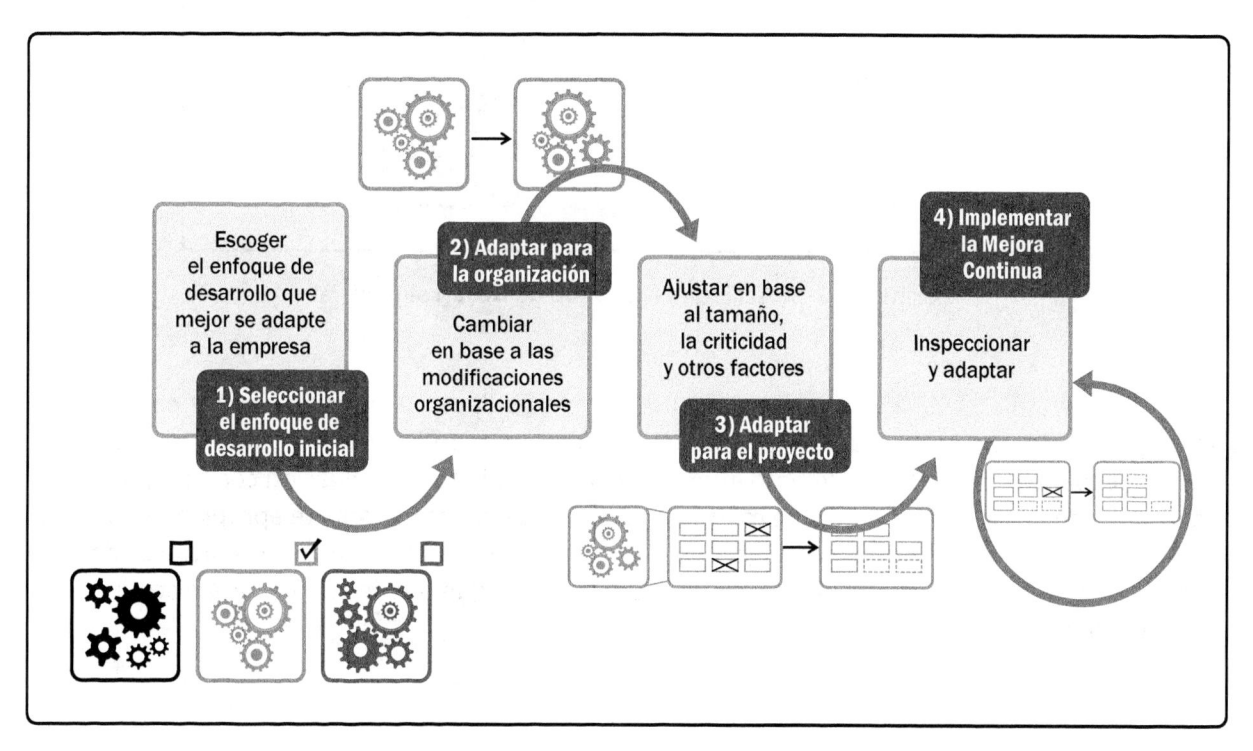

Gráfico 3-1. Detalles de los Pasos en el Proceso de Adaptación

Sección 3 – Adaptación

3.4.1 SELECCIONAR EL ENFOQUE DE DESARROLLO INICIAL

Este paso determina el enfoque de desarrollo que se utilizará para el proyecto. Los equipos de proyecto aplican sus conocimientos del producto, la cadencia de entrega y el conocimiento de las opciones disponibles para seleccionar el enfoque de desarrollo más apropiado para la situación. La selección del enfoque inicial se representa en el Gráfico 3-2.

Gráfico 3-2. Selección del Enfoque de Desarrollo Inicial

Una herramienta de filtro de idoneidad ayuda a los equipos de proyecto a considerar si un proyecto tiene características que se presten a un enfoque predictivo, híbrido o adaptativo. El filtro de idoneidad es un instrumento informativo que combina su evaluación con otros datos y actividades de toma de decisiones, de modo que el enfoque adaptado resulte apropiado para cada proyecto. Al evaluar los criterios basados en la cultura, el equipo del proyecto y los factores del proyecto, un filtro de idoneidad genera un diagnóstico visual que puede ser útil para discutir y decidir sobre el enfoque inicial.

3.4.2 ADAPTAR PARA LA ORGANIZACIÓN

Si bien los equipos de proyecto son propietarios de sus procesos y los mejoran, las organizaciones a menudo requieren cierto nivel de aprobación y supervisión. Muchas organizaciones poseen una metodología de proyectos, un enfoque de gestión general o un enfoque de desarrollo general que se utiliza como punto de partida para sus proyectos. Estas guías tienen como propósito apoyar cosas tales como procesos repetibles, medidas coherentes de las capacidades de los proyectos de la organización y la mejora continua de esas capacidades. Las organizaciones que han establecido la gobernanza de los procesos deben asegurarse de que la adaptación se ajuste a las políticas. Para demostrar que las decisiones sobre adaptación del equipo del proyecto no amenazan los objetivos estratégicos o de gestión más amplios de la organización, es posible que los equipos del proyecto tengan que justificar el uso de un enfoque adaptado.

Otras limitaciones para la adaptación de la organización son los grandes proyectos críticos para la seguridad y los proyectos realizados bajo contrato. Las sugerencias sobre adaptación de proyectos grandes y críticos para la seguridad pueden requerir una supervisión y aprobación adicional para ayudar a prevenir errores, pérdidas o incidentes posteriores. Los proyectos que se ejecutan bajo contrato pueden exhibir condiciones contractuales que especifiquen la utilización de un ciclo de vida, un enfoque de entrega o una metodología determinados.

El proceso de adaptación que se muestra en el Gráfico 3-3 utiliza factores como el tamaño del proyecto, la criticidad, la madurez organizativa y otras consideraciones.

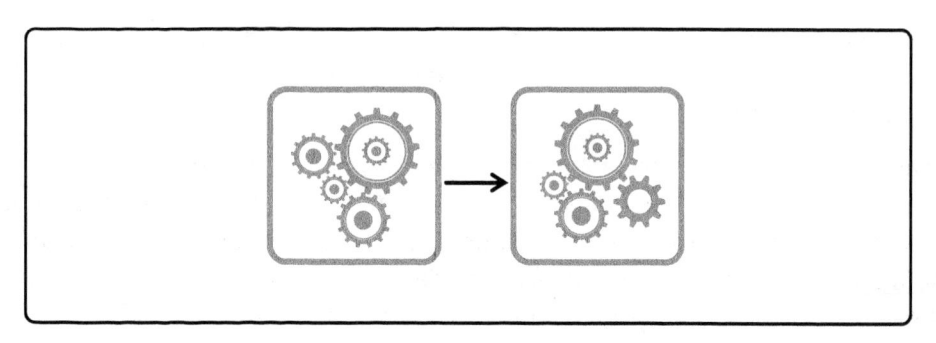

Gráfico 3-3. Adaptación del Enfoque a la Organización

La adaptación a la organización implica añadir, eliminar y reconfigurar elementos del enfoque para hacerlo más adecuado para la organización individual. El Gráfico 3-4 muestra este proceso.

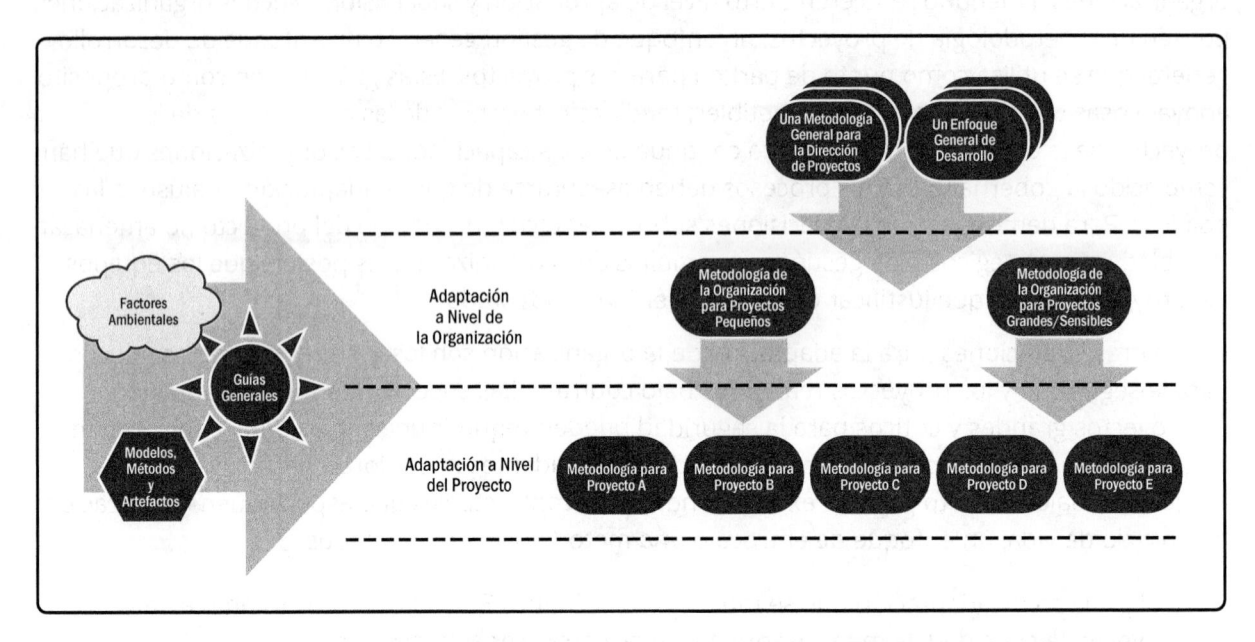

Gráfico 3-4. Evaluación de los Factores de la Organización y del Proyecto al Adaptar

Las organizaciones que cuentan con una oficina de dirección de proyectos (PMO) o una oficina de entrega de valor (VDO) pueden desempeñar un papel en la revisión y la aprobación de enfoques de entrega adaptados.

Las adaptaciones que sólo afectan al equipo del proyecto (por ejemplo, cuando celebran reuniones internas, quién trabaja dónde, etc.) requieren menos supervisión que las adaptaciones que afectan a grupos externos (por ejemplo, cómo y cuándo participan otros departamentos, etc.). Por lo tanto, la adaptación interna del proyecto podría ser aprobada por el director del proyecto, mientras que la adaptación de los cambios que afectan a grupos externos podría requerir la aprobación de la PMO o la VDO. La PMO o la VDO pueden ayudar a los equipos del proyecto a adaptar sus enfoques aportando ideas y soluciones de otros equipos del proyecto.

> La VDO puede encontrarse en organizaciones que utilizan enfoques de entrega más adaptables. La VDO cumple un rol habilitador, más que una función de gestión o supervisión. Se centra en el coaching de los equipos del proyecto, la creación de aptitudes y capacidades de adaptación en toda la organización y el asesoramiento a los patrocinadores y dueños de los productos para que sean más efectivos en esas funciones.

3.4.3 ADAPTAR PARA EL PROYECTO

Muchos atributos influyen en la adaptación para el proyecto. Estos Incluyen, entre otros:

- Producto/entregable,
- Equipo de proyecto, y
- Cultura.

El equipo de proyecto debería hacer preguntas sobre cada atributo a fin de ayudar a guiarlos en el proceso de adaptación. Las respuestas a estas preguntas pueden ayudar a identificar la necesidad de adaptar los procesos, el enfoque de entrega, el ciclo de vida, las herramientas, los métodos y los artefactos.

3.4.3.1 Producto/Entregable

Los atributos asociados con el producto o entregable incluyen, entre otros:

- **Cumplimiento/criticidad.** ¿Qué grado de rigor y aseguramiento de calidad de los procesos es apropiado?
- **Tipo de producto/entregable.** ¿Es el producto bien conocido y tangible, por ejemplo, algo fácil de reconocer y describir como un edificio? ¿O algo intangible como el software o el diseño de un nuevo medicamento?
- **Mercado de la Industria.** ¿Qué mercado atiende el , producto o el entregable del proyecto? ¿Ese mercado está altamente regulado, se mueve rápidamente o evoluciona en forma lenta? ¿Qué pasa con los competidores y las empresas establecidas (incumbentes)?
- **Tecnología.** ¿Es la tecnología estable y bien establecida, o está en rápida evolución y en riesgo de obsolescencia?
- **Periodo de tiempo.** ¿El periodo de tiempo del proyecto es corto como en semanas o meses, o prolongado como en varios años?
- **Estabilidad de los requisitos.** ¿Qué probabilidades hay de que se produzcan cambios en los requisitos básicos?
- **Seguridad.** ¿Son confidenciales o clasificados los elementos del negocio del producto?
- **Entrega incremental.** ¿Es esto algo que el equipo del proyecto puede desarrollar y obtener la opinión de los interesados de manera incremental, o algo que resulta difícil de evaluar hasta que esté casi terminado?

3.4.3.2 Equipo del Proyecto

Las consideraciones sobre el equipo del proyecto incluyen:

- **Tamaño del equipo del proyecto.** ¿Cuántas personas a tiempo completo y a tiempo parcial trabajarán en el proyecto?
- **Geografía del equipo del proyecto.** ¿Dónde están ubicados geográficamente los miembros del equipo de forma predominante? ¿Algunos o todo el equipo estará remoto o coubicado?
- **Distribución organizacional.** ¿Dónde se encuentran los grupos de apoyo para el equipo y otros interesados?
- **Experiencia del equipo del proyecto.** ¿Tienen los miembros del equipo del proyecto alguna experiencia en la industria, en la organización o en el trabajo conjunto? ¿Tienen los conocimientos, las herramientas y la tecnología requeridos para el proyecto que se está considerando?
- **Acceso al cliente.** ¿Resulta práctico obtener información frecuente y oportuna de los clientes o representantes de los clientes?

3.4.3.3 Cultura

La evaluación de la cultura incluye consideraciones relativas a:

- **Aceptación** ¿Hay aprobación, apoyo y entusiasmo por el enfoque de entrega propuesto?
- **Confianza.** ¿Existen altos niveles de confianza en que el equipo del proyecto tiene la capacidad y está comprometido con la entrega de los resultados del proyecto?
- **Empoderamiento.** ¿Se confía, apoya y alienta al equipo del proyecto para que haga propio y desarrolle su entorno de trabajo, sus acuerdos y sus decisiones?
- **Cultura organizacional.** ¿Están alineados los valores y la cultura organizacional con el enfoque del proyecto? Esto incluye empoderar versus especificar y comprobar, confiar en la toma de decisiones locales versus solicitar la toma de decisiones externas, etc.

Mediante la evaluación de estos atributos, se pueden tomar decisiones de adaptación del involucramiento, del proceso y de las herramientas para el proyecto. Estas eliminaciones y adiciones se representan en el Gráfico 3-5 con una "X" para las eliminaciones y recuadros punteados para la adición de procesos de prueba

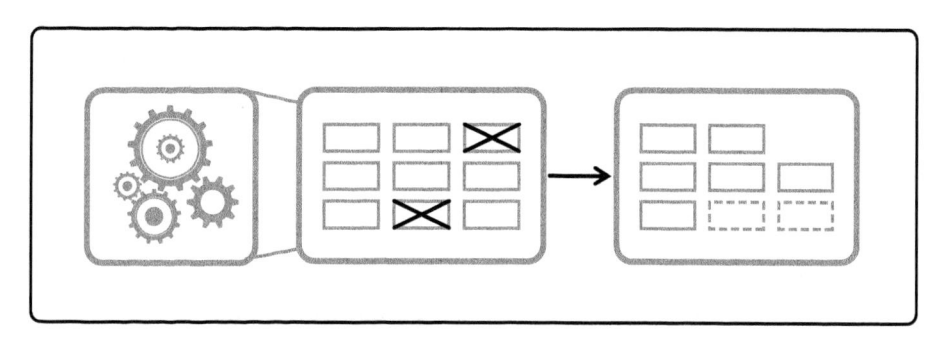

Gráfico 3-5. Adaptación del Enfoque para el Proyecto

3.4.3.4 Implementar la Mejora Continua

El proceso de adaptación no es un ejercicio único, a realizarse una sola vez. Durante la elaboración progresiva, los incidentes relativos a la forma en que trabaja el equipo del proyecto, la evolución del producto o del entregable y otras enseñanzas indicarán en qué aspectos una mayor adaptación podría aportar mejoras. Los puntos de revisión, las revisiones de fase y las retrospectivas ofrecen la oportunidad de inspeccionar y adaptar el proceso, el enfoque de desarrollo y la frecuencia de entrega, según sea necesario.

Mantener al equipo del proyecto involucrado con la mejora de su proceso puede fomentar el sentido de pertenencia y demostrar el compromiso de aplicar mejoras y calidad continuamente. El involucramiento del equipo del proyecto en la búsqueda y aplicación de mejoras también demuestra la confianza en sus aptitudes y sugerencias, junto con empoderamiento. El involucramiento del equipo del proyecto con la adaptación demuestra una mentalidad de innovación y mejora en lugar de conformarse con el "statu quo".

El concepto de añadir, eliminar y cambiar procesos se muestra en el Gráfico 3-6.

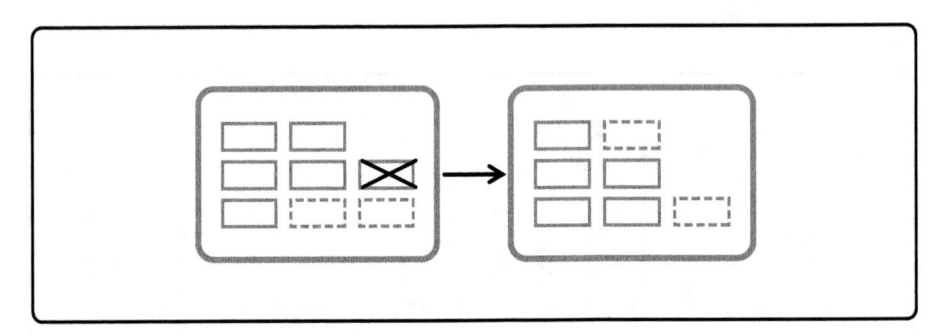

Gráfico 3-6. Implementar la Mejora Continua

El modo en que las organizaciones se adaptan puede a su vez ser adaptado. Sin embargo, la mayoría de las organizaciones emprenden algunos o todos los cuatro pasos descritos. Utilizan elementos de selección de un enfoque inicial, de adaptación a la organización, de adaptación al proyecto y de implementación de la mejora continua, como se muestra en el Gráfico 3-7.

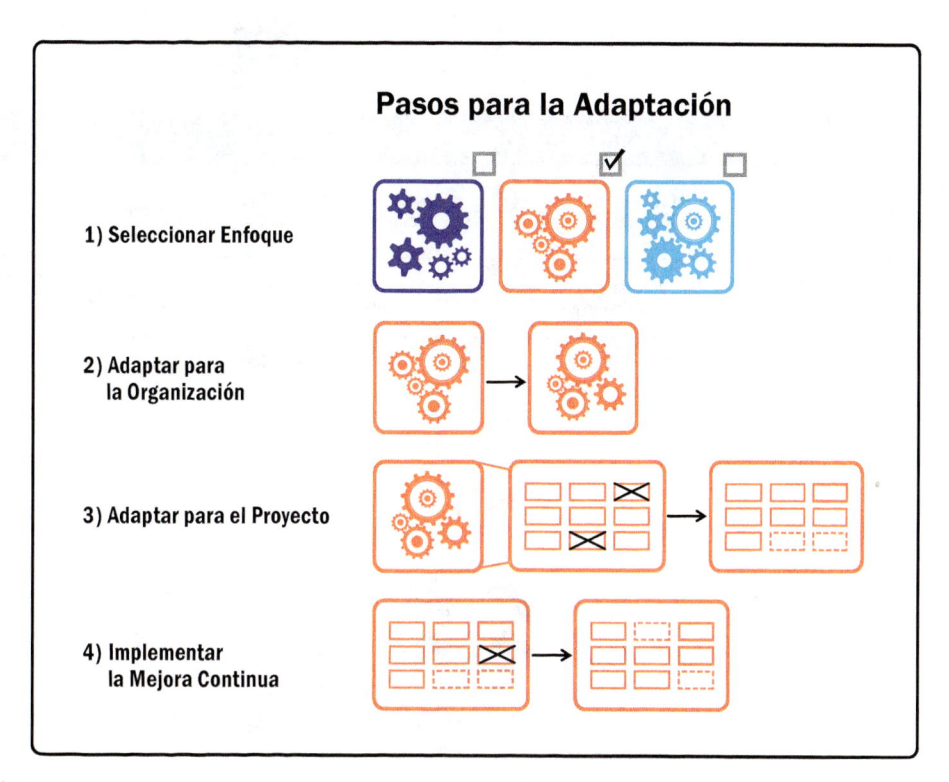

Gráfico 3-7. El Proceso de Adaptación

3.5 ADAPTACIÓN DE LOS DOMINIOS DE DESEMPEÑO

El trabajo asociado con cada dominio de desempeño también puede adaptarse, en función de la singularidad del proyecto. Como se muestra en el Gráfico 3-8, los principios para la dirección de proyectos proporcionan una guía para el comportamiento de los profesionales de proyectos, a medida que adaptan los dominios de desempeño para satisfacer las necesidades únicas del contexto y el entorno del proyecto.

Principios de la Dirección de Proyectos			
Ser un administrador diligente, respetuoso y cuidadoso	Crear un entorno colaborativo del equipo	Involucrarse eficazmente con los interesados	Enfocarse en el valor
Reconocer, evaluar y responder a las interacciones del sistema	Demostrar conductas de liderazgo	Adaptar con base en el contexto	Incorporar la calidad en los procesos y los entregables
Navegar en la complejidad	Optimizar las respuestas a los riesgos	Adoptar la adaptabilidad y la resiliencia	Permitir el cambio para lograr el estado futuro previsto

⬇ Guiar el comportamiento

Dominios de Desempeño del Proyecto: Interesados, Equipo, Enfoque de Desarrollo y Ciclo de Vida, Planificación, Trabajo del Proyecto, Entrega, Medición, Incertidumbre.

Adaptar para Ajustarse al Contexto del Proyecto

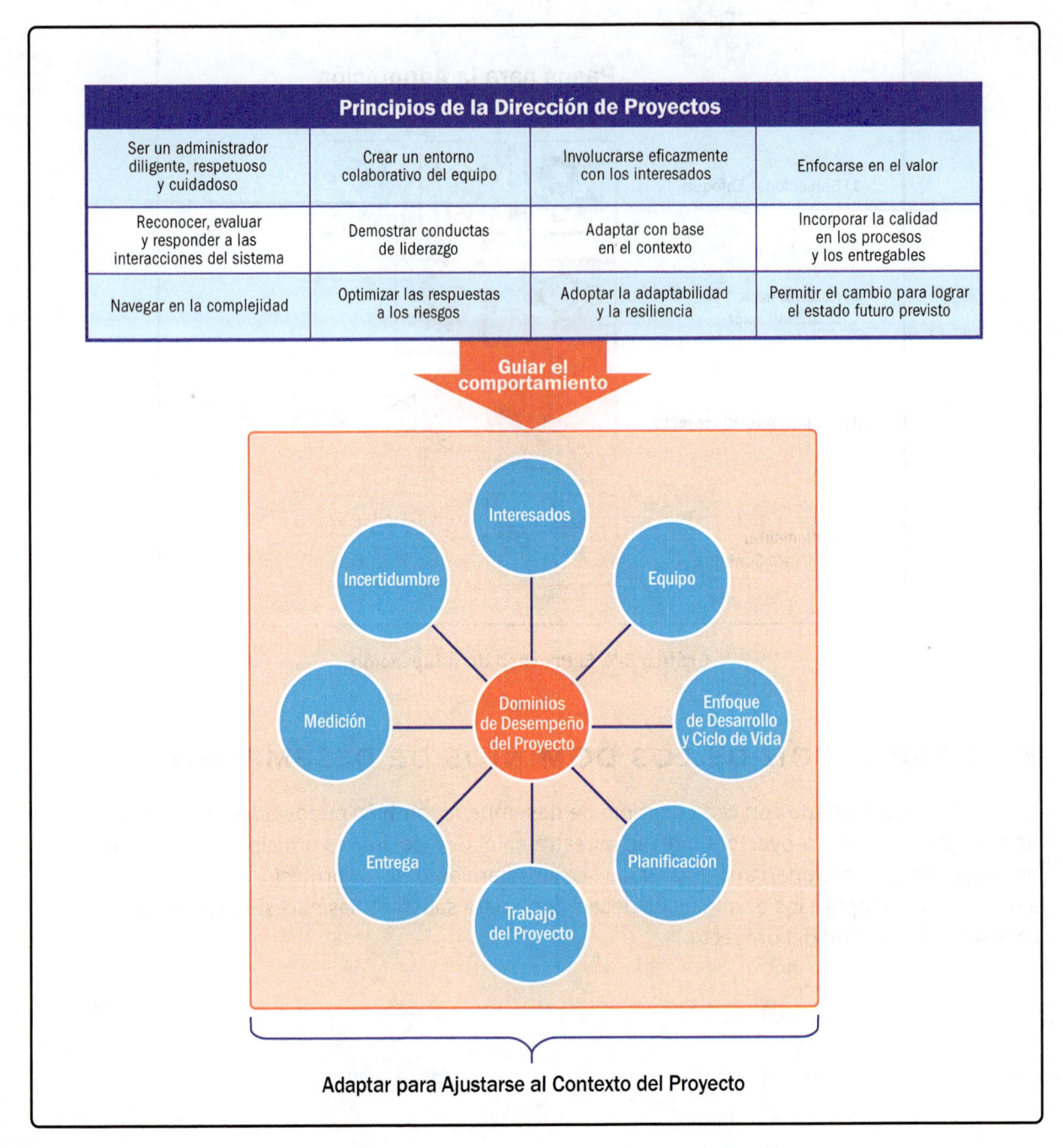

Gráfico 3-8. Adaptación para Ajustarse al Contexto del Proyecto

Algunas consideraciones sobre adaptación relacionadas con cada uno de los dominios de desempeño incluyen, entre otras, las siguientes:

3.5.1 INTERESADOS

- ¿Existe un entorno de colaboración entre interesados y proveedores?
- ¿Los interesados son internos o externos a la organización, o ambas cosas?
- ¿Qué tecnologías son las más adecuadas y eficientes en materia de costos para comunicarse con los interesados? ¿Qué tecnología de comunicación está disponible?
- ¿Se utiliza un solo idioma con los interesados? ¿Se han efectuado provisiones para adaptarse a interesados provenientes de diferentes grupos lingüísticos?
- ¿Cuántos interesados existen? ¿Qué tan diversa es la cultura dentro de la comunidad de interesados?
- ¿Cuáles son las relaciones dentro de la comunidad de interesados? Cuanto mayor sea el número de redes en las que participa un interesado o grupo de interesados, más complejas serán las redes de información y desinformación que el interesado puede recibir.

3.5.2 EQUIPO DEL PROYECTO

- ¿Cuál es la ubicación física de los miembros del equipo del proyecto? ¿El equipo del proyecto está ubicado en un mismo lugar? ¿Está el equipo del proyecto en la misma zona geográfica? ¿Está el equipo del proyecto distribuido en múltiples zonas horarias?
- ¿Refleja el equipo del proyecto diversos puntos de vista y perspectivas culturales?
- ¿Cómo serán identificados para los fines del proyecto los miembros del equipo del proyecto? ¿Los miembros del equipo del proyecto están dedicados al proyecto a tiempo completo o a tiempo parcial? ¿Existen contratistas disponibles capaces de realizar el trabajo?
- ¿Tiene el equipo del proyecto establecida una cultura? ¿Cómo se verá influenciada la adaptación por la cultura existente y cómo se verá influenciada la cultura existente por la adaptación?
- ¿Cómo se maneja para el proyecto el desarrollo del equipo del proyecto? ¿Existen herramientas de la organización para gestionar el desarrollo del equipo del proyecto o tendrán que ser establecidas nuevas herramientas?
- ¿Hay miembros del equipo del proyecto que tienen necesidades especiales? ¿Necesitará el equipo del proyecto capacitación especial para manejar la diversidad?

3.5.3 ENFOQUE DE DESARROLLO Y CICLO DE VIDA

- ¿Qué enfoque de desarrollo es adecuado para el producto, servicio o resultado? En caso de ser adaptativo, ¿el proyecto debería desarrollarse de manera incremental o iterativa? ¿Es mejor un enfoque híbrido?
- ¿Cuál es el ciclo de vida apropiado para este proyecto en particular? ¿Qué fases debe comprender el ciclo de vida del proyecto?
- ¿La organización cuenta con políticas, procedimientos y guías formales o informales de auditoría y gobernanza?

3.5.4 PLANIFICACIÓN

- ¿Cómo podrían influir los factores ambientales internos y externos sobre el proyecto y sus resultados?
- ¿Cuáles son los factores que influyen en la duración (como la correlación entre recursos disponibles y su productividad)?
- ¿Dispone la organización de políticas, procedimientos y directrices formales o informales relacionadas con la estimación y el cálculo del presupuesto de costos?
- ¿Cómo estima la organización el costo cuando se utilizan enfoques adaptativos?
- ¿Existe una adquisición principal o existen múltiples adquisiciones en diferentes momentos con diferentes vendedores que contribuyen a la complejidad de los procesos de adquisición?
- ¿Las leyes y regulaciones locales relativas a las actividades de adquisición están integradas con las políticas de la organización en materia de adquisiciones? ¿Cómo afecta esto a los requisitos de auditoría de los contratos?

3.5.5 TRABAJO DEL PROYECTO

- ¿Qué procesos de gestión son los más eficaces según la cultura de la organización, la complejidad y otros factores del proyecto?
- ¿Cómo se gestionará el conocimiento en el proyecto para fomentar un entorno de trabajo colaborativo?
- ¿Qué información se debe recoger a lo largo y al final del proyecto? ¿Cómo se recopilará y manejará la información? ¿De qué tecnología se dispone para desarrollar, registrar, transmitir, recuperar, hacer seguimiento y almacenar información y artefactos?
- ¿Quedarán disponibles para futuros proyectos la información histórica y las lecciones aprendidas?
- ¿La organización cuenta con un repositorio formal de gestión del conocimiento que un equipo del proyecto deba usar y que sea de fácil acceso?

3.5.6 ENTREGA

- ¿Dispone la organización de sistemas formales o informales de gestión de requisitos?
- ¿Tiene la organización políticas, procedimientos y guías existentes, formales o informales, relacionados con la validación y el control?
- ¿Qué políticas y procedimientos de calidad existen en la organización? ¿Qué herramientas, técnicas y plantillas relacionadas con la calidad se utilizan en la organización?
- ¿Existen estándares específicos de calidad en la industria que deban ser aplicados? ¿Existen restricciones gubernamentales, legales o regulatorias específicas que deben tenerse en cuenta?
- ¿Existen áreas del proyecto con requisitos inestables? En caso afirmativo, ¿cuál es el mejor enfoque para abordar los requisitos inestables?
- ¿Cómo influye la sostenibilidad en los elementos de la dirección de proyectos o el desarrollo de productos?

3.5.7 INCERTIDUMBRE

- ¿Cuál es el apetito al riesgo y la tolerancia al riesgo de este emprendimiento?
- ¿Cómo se identifican y abordan mejor las amenazas y oportunidades dentro del enfoque de desarrollo seleccionado?
- ¿Qué impacto tendrá en el proyecto la presencia de complejidad, incertidumbre tecnológica, novedad del producto, cadencia o seguimiento del progreso?
- ¿El tamaño del proyecto en términos de presupuesto, duración, alcance o tamaño del equipo del proyecto requiere un enfoque más detallado sobre la gestión del riesgo? ¿O es lo suficientemente pequeño como para justificar un proceso simplificado de gestión de los riesgos?
- ¿Los altos niveles de innovación, las nuevas tecnologías, los acuerdos comerciales, las interfaces u otras dependencias externas exigen un sólido enfoque sobre la gestión de los riesgos? ¿O el proyecto es lo bastante sencillo para que sea suficiente un proceso de gestión de los riesgos reducido?
- ¿Qué tan importante es el proyecto desde el punto de vista estratégico? ¿Aumenta el nivel de riesgo para este proyecto debido que tiene como objetivo producir oportunidades innovadoras, aborda bloqueos significativos del desempeño de la organización o involucra importantes innovaciones de productos?

3.5.8 MÉTRICAS

- ¿Cómo se mide el valor?
- ¿Existen métricas para el valor financiero y el valor no financiero?
- ¿Cómo permitirá el proyecto la captura de datos y la presentación de informes relacionados con la materialización de beneficios, tanto durante el proyecto como después de su finalización?
- ¿Cuáles son los requisitos de presentación de informes sobre el estado del proyecto?

3.6 DIAGNÓSTICO

Las revisiones periódicas, como las retrospectivas o las lecciones aprendidas, son formas eficaces de determinar si los enfoques funcionan bien y si se pueden hacer mejoras mediante la adaptación. Los equipos de proyecto que no utilicen retrospectivas pueden examinar los incidentes, las amenazas, las estadísticas de aseguramiento de calidad y la retroalimentación de los interesados en busca de indicios de que podría ser necesaria o útil una mayor adaptación o personalización.

Esta sección pretende ser una orientación general y no enfrenta todas las situaciones posibles que podrían surgir dentro de un proyecto. En el Gráfico 3-1 se enumeran algunas situaciones comunes y se sugieren soluciones adaptadas a las situaciones más comunes.

Tabla 3-1. Situaciones Comunes y Sugerencias de Adaptación

Situación	Sugerencia de Adaptación
Entregables de calidad deficiente	Añadir más ciclos de verificación de retroalimentación y pasos de control de calidad.
Los miembros del equipo no están seguros de cómo proceder con o realizar su trabajo	Añadir más pasos de orientación, entrenamiento y verificación.
Largas demoras en espera de las aprobaciones	Tratar de simplificar las decisiones de aprobación mediante un número menor de personas autorizadas para tomar decisiones hasta determinados umbrales de valor.
Demasiado trabajo en curso o altas tasas de desecho	Usar técnicas como el mapeo del flujo de valor y los tableros kanban para visualizar el trabajo, identificar los incidentes y proponer soluciones.
Los interesados no se comprometen o comparten información negativa	Evaluar si se está compartiendo suficiente información con los interesados; los ciclos de retroalimentación están presentes y funcionan; y un compromiso más profundo puede funcionar mejor que una simple comunicación.
Falta de visibilidad y entendimiento del avance del proyecto	Comprobar que se están recopilando, analizando, compartiendo y discutiendo medidas apropiadas durante las reuniones del equipo y de las partes interesadas; validar el acuerdo con las medidas dentro del equipo y con los interesados.
Los incidentes y/o riesgos para los cuales el equipo no está preparado continúan emergiendo, requiriendo que el equipo reaccione en vez de progresar en el trabajo	Explorar las causas raíz para determinar si existen lagunas conexas en los procesos o actividades de los proyectos.

3.7 RESUMEN

Adaptar involucra la adecuación considerada del enfoque, la gobernanza y los procesos para que resulten más adecuados para el entorno dado y el proyecto en cuestión. Implica el análisis, el diseño y la modificación deliberada de los recursos humanos, los procesos empleados y las herramientas usadas. El proceso de adaptación involucra cuatro pasos:

- Seleccionar el enfoque inicial.
- Adaptar para la organización.
- Adaptar para el proyecto.
- Implementar la Mejora Continua.

Si bien el proceso de adaptación suele estar a cargo de los interesados en el proyecto, los límites y el enfoque de la adaptación suelen regirse por directrices organizacionales. La gobernanza de la organización ayuda a garantizar que las interfaces externas entre los equipos de proyecto encajen correctamente y proporciona orientación en forma de consideraciones sobre adaptación.

Modelos, Métodos y Artefactos

4.1 DESCRIPCIÓN GENERAL

En esta sección se ofrece una descripción de alto nivel de algunos modelos, métodos y artefactos de uso común que son útiles para dirigir proyectos. Los elementos enumerados en esta sección no pretenden ser exhaustivos ni prescriptivos, sino más bien ayudar a los equipos de proyecto a pensar en las opciones de que disponen.

En el contexto de esta guía, los términos están definidos como sigue:

- ▶ **Modelo.** Un modelo es una estrategia de pensamiento para explicar un proceso, marco de referencia o fenómeno.
- ▶ **Método.** Un método es el medio para lograr un efecto, salida, resultado o entregable del proyecto.
- ▶ **Artefacto.** Un artefacto puede ser una plantilla, documento, salida o entregable del proyecto.

A medida que los equipos de proyecto tomen en cuenta las preguntas de adaptación de la Sección 3.5 y decidan las respuestas específicas a esas preguntas, comenzarán a construir un marco de referencia para estructurar sus esfuerzos a fin de obtener los resultados del proyecto. Por ejemplo, los equipos de proyecto seleccionan métodos específicos que permitan captar y compartir la información aplicable, de modo que puedan hacer un seguimiento del avance, mejorar el rendimiento del equipo del proyecto en tiempo real e involucrar a los interesados.

El Gráfico 4-1 muestra cómo la adaptación incluye los modelos y métodos utilizados para realizar el trabajo en los dominios de desempeño del proyecto. Los entregables y los artefactos también se adaptan al proyecto, al entorno interno y al entorno externo.

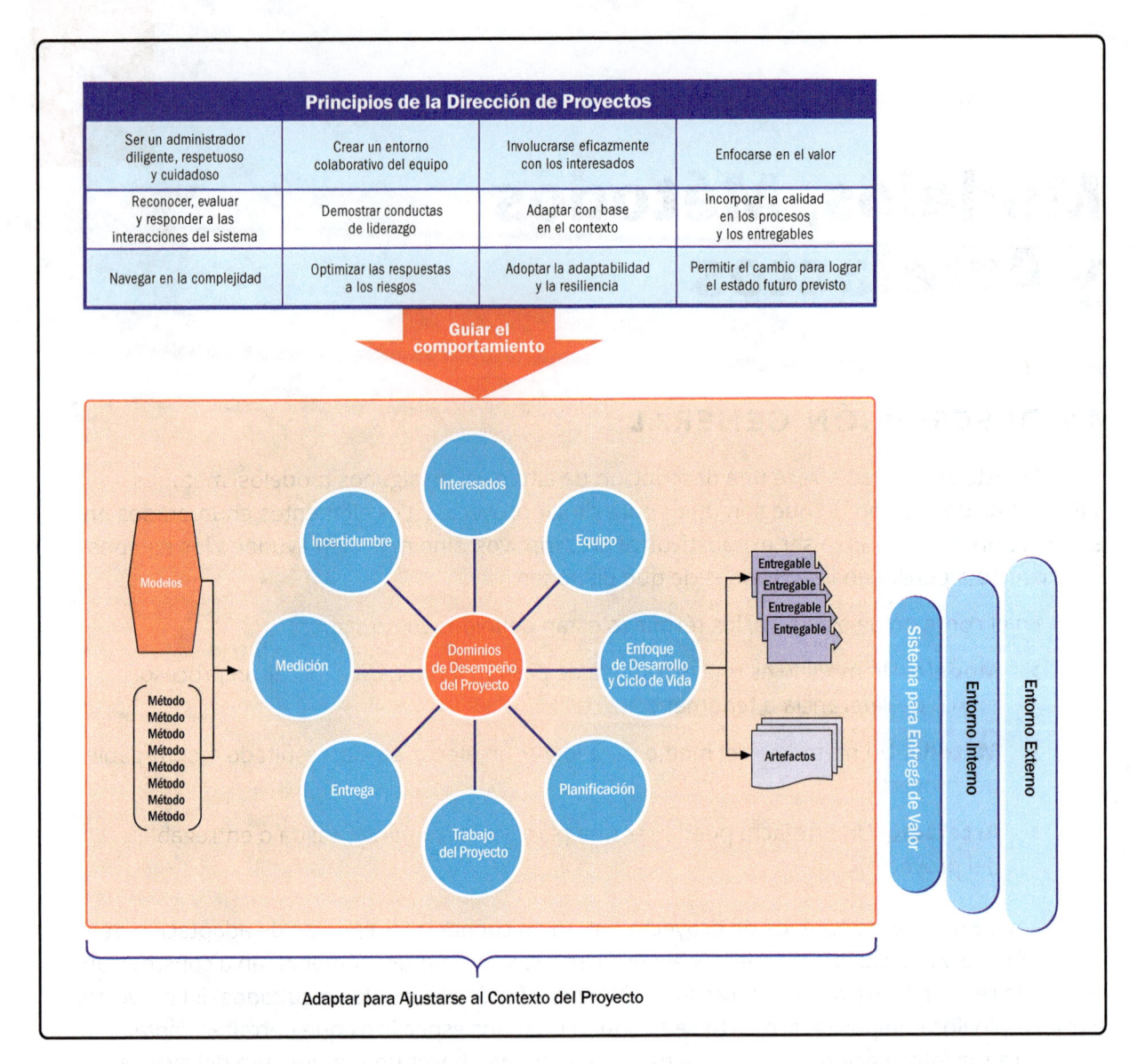

Gráfico 4-1. Adaptación para Ajustarse al Contexto y al Entorno del Proyecto

154 | *Guía del PMBOK®*

Como en cualquier proceso, el uso de modelos, métodos y artefactos tiene costos asociados relacionados con el tiempo, el nivel de conocimientos especializados y la competencia en el uso, el impacto en la productividad, etc. Los equipos de proyecto deben tener en cuenta estas consecuencias al decidir qué elementos usar. En tanto sea posible, los equipos de proyecto deben evitar utilizar cualquier cosa que:

- Duplique o agregue esfuerzos innecesarios,
- No resulte útil para el equipo de proyecto o sus interesados,
- Produzca información incorrecta o engañosa, o
- Atienda las necesidades individuales por sobre a las del equipo del proyecto.

4.2 MODELOS COMÚNMENTE UTILIZADOS

Los modelos reflejan vistas simplificadas y en pequeña escala de la realidad, y presentan escenarios, estrategias o enfoques para optimizar los procesos y los esfuerzos de trabajo. Un modelo ayuda a explicar cómo funciona algo en el mundo real. Los modelos pueden dar forma al comportamiento y señalar enfoques para resolver problemas o satisfacer necesidades. Algunos modelos fueron desarrollados teniendo en cuenta los proyectos y los equipos del proyecto; otros son de naturaleza más general. Cuando es posible, los modelos de esta sección se presentan tal como son aplicados a los proyectos. El contenido de esta sección no describe cómo desarrollar o crear nuevos modelos.

Las descripciones de los modelos presentados ofrecen una visión a alto nivel. Los miembros del equipo del proyecto y otros interesados pueden consultar múltiples fuentes (por ejemplo, la biblioteca de productos de estándares del PMI y PMIstandards+™ para obtener descripciones y explicaciones más completas de los modelos.

4.2.1 MODELOS DE LIDERAZGO SITUACIONAL

Los modelos de liderazgo situacional son un subconjunto de una amplia gama de modelos de liderazgo. Así como los equipos de proyecto adaptan los procesos, los métodos, los ciclos de vida y los enfoques de desarrollo, los estilos de liderazgo también resultan adaptados. Los modelos de liderazgo situacional describen formas de adaptar el estilo de liderazgo de cada uno para satisfacer las necesidades del individuo y del equipo de proyecto. Los siguientes son ejemplos de dos modelos de liderazgo situacional:.

4.2.1.1 Situational Leadership® II

Situational Leadership® II de Ken Blanchard mide el desarrollo de los miembros del equipo de proyecto utilizando la competencia y el compromiso como las dos variables principales. La competencia es la combinación de habilidad, conocimiento y destreza. El compromiso habla de la confianza y la motivación que un individuo posee. A medida que evolucionan la competencia y el compromiso de un individuo, los estilos de liderazgo evolucionan desde la dirección al coaching luego al apoyo y luego a la delegación para satisfacer las necesidades del individuo.

4.2.1.2 Modelo OSCAR

El modelo OSCAR de coaching y mentoría fue desarrollado por Karen Whittleworth y Andrew Gilbert. Ayuda a los individuos a adaptar sus estilos de coaching o liderazgo para apoyar a los individuos que tienen un plan de acción para el desarrollo personal. El modelo se refiere a cinco factores contribuyentes:

- **Resultado.** Un resultado identifica los objetivos a largo plazo de un individuo y el resultado deseado de cada sesión de conversación.

- **Situación.** Una situación permite conversar sobre las aptitudes, capacidades y conocimientos actuales del miembro del equipo del proyecto; por qué la persona está en ese nivel; y cómo ese nivel repercute en el rendimiento del individuo y en las relaciones con sus compañeros.

- **Opciones/consecuencias.** Las opciones y/o las consecuencias identifican todas las posibles vías para alcanzar el resultado deseado y las consecuencias de cada opción para que un individuo pueda elegir vías viables para lograr sus metas a largo plazo.

- **Acciones.** Una acción se compromete a mejoras específicas centrándose en objetivos inmediatos y alcanzables, en los que un individuo puede trabajar dentro de un marco de tiempo determinado.

- **Revisión.** Celebrar reuniones periódicas ofrece apoyo y ayuda a garantizar que las personas se mantengan motivadas y alineadas.

4.2.2 MODELOS DE COMUNICACIÓN

El éxito del proyecto depende de una comunicación efectiva. Los modelos de comunicación demuestran conceptos relacionados con la forma en que los marcos de referencia del emisor y el receptor influyen en la eficacia de la comunicación, la forma en que el medio de comunicación influye en la eficacia de la comunicación, y los tipos de desconexiones entre la realidad y las expectativas del usuario final. Con la prevalencia de equipos de proyecto multiculturales y de interesados dispersos, estos modelos proporcionan una forma de visualizar los estilos y métodos de comunicación para mejorar la eficiencia y la efectividad de la comunicación. Hay muchos modelos de comunicación que demuestran diferentes aspectos de la misma. En las secciones 4.2.2.1 a 4.2.2.3 se ofrece un muestreo de los modelos de comunicación.

4.2.2.1 Comunicación Intercultural

Un modelo de comunicación desarrollado por Browaeys y Price incorpora la idea de que el mensaje en sí mismo y la forma en que se transmite están influenciados por el conocimiento, la experiencia, el idioma, el pensamiento y los estilos de comunicación actuales del emisor, así como por los estereotipos y la relación con el receptor. Del mismo modo, el conocimiento, la experiencia, el idioma, el pensamiento y los estilos de comunicación del receptor, así como los estereotipos y la relación con el emisor, influirán en la forma de interpretar el mensaje.

4.2.2.2 Efectividad de los Canales de Comunicación

Alistair Cockburn desarrolló un modelo que describe los canales de comunicación a lo largo de los ejes de la efectividad y la riqueza. Según la definición de Richard Daft y Robert Lengel, la riqueza se relaciona con la cantidad de aprendizaje que puede ser transmitido a través de un medio. La riqueza de los medios de comunicación es una función de las características, incluyendo la capacidad de:

- ▶ Manejar múltiples pistas de información simultáneamente,
- ▶ Facilitar una retroalimentación rápida,
- ▶ Establecer un enfoque personal, y
- ▶ Utilizar el lenguaje natural.

La riqueza de la comunicación permite transmitir rápidamente un amplio espectro de información. Las situaciones que implican información compleja, complicada y personal se benefician de canales de comunicación más ricos, como la comunicación cara a cara. Las situaciones que entregan información sencilla y factual pueden utilizar canales de comunicación menos ricos, como una nota o un mensaje de texto.

4.2.2.3 Brecha de Ejecución y de Evaluación

Donald Norman describió la brecha de ejecución como el grado en que un elemento corresponde a lo que una persona espera que haga. Dicho de otra manera, es la diferencia entre la intención de un usuario y lo que el elemento le permite hacer o le ayuda a hacer. Un automóvil que tiene la capacidad de estacionarse en paralelo por sí mismo tendría una brecha de ejecución si el conductor esperara apretar un botón etiquetado como "estacionar" y hacer que el automóvil se estacione por sí mismo, y el automóvil no se estacionara por sí mismo.

La brecha de evaluación es el grado en que un elemento ayuda al usuario a descubrir cómo interpretarlo e interactuar con él eficazmente. El mismo ejemplo del estacionamiento mostraría una brecha de evaluación si los controles no estuvieran diseñados de manera que el conductor pudiera determinar fácilmente cómo iniciar la función de auto-estacionamiento.

4.2.3 MODELOS DE MOTIVACIÓN

Las personas se desempeñan mejor cuando están motivadas, y las personas se sienten motivadas por cosas diferentes. Comprender lo que motiva a los miembros del equipo del proyecto y a otros interesados ayuda a adaptar las recompensas a cada persona, suscitando así un involucramiento más eficaz. Existe un número significativo de modelos que ilustran cómo se motiva a las personas. En las Secciones 4.2.3.1 a 4.2.3.4 se describen cuatro modelos, aunque se trata de una pequeña representación de los modelos disponibles.

4.2.3.1 Factores de Higiene y de Motivación

Frederick Herzberg realizó un estudio de los factores de motivación en la vida laboral. Creía que la satisfacción y el descontento en el trabajo provenían de condiciones llamadas factores de motivación. Los factores de motivación incluyen asuntos que se relacionan con el contenido del trabajo, como el logro, el crecimiento y el avance. La insuficiencia en los factores de motivación conduce a la insatisfacción. Suficientes factores de motivación llevan a la satisfacción.

Herzberg también identificó factores de higiene relacionados con el trabajo, como las políticas de la empresa, el salario y el entorno físico. Si los factores de higiene son insuficientes, provocan insatisfacción. Sin embargo, aunque sean suficientes, no conducen a la satisfacción.

4.2.3.2 Motivación Intrínseca versus Extrínseca

Daniel Pink publicó varios libros sobre los factores intrínsecos que motivan a la gente. Declaró que si bien las recompensas extrínsecas, como el salario, son motivadoras hasta cierto punto, una vez que una persona es pagada en forma justa por su trabajo, el poder de motivación de las recompensas extrínsecas deja de existir. En el caso de trabajos complicados y desafiantes, como gran parte del trabajo en proyectos, los motivadores intrínsecos son mucho más duraderos y efectivos. Pink identifica tres tipos de motivadores intrínsecos: autonomía, dominio y propósito:

- **Autonomía.** La autonomía es el deseo de dirigir la vida propia. Esto está en línea con el hecho de poder determinar cómo, dónde y cuándo realizar el trabajo. La autonomía incluye un horario de trabajo flexible, trabajar desde casa y trabajar en equipos de proyecto auto-seleccionados y auto-administrados.

- **Dominio.** Dominio se trata de ser capaz de mejorar y sobresalir. El deseo de hacer un trabajo excelente, aprender y alcanzar metas son aspectos del dominio.

- **Propósito.** Propósito se refiere a la necesidad de marcar una diferencia. Conocer la visión del proyecto y la forma en que el trabajo contribuye a lograr esa visión permite a las personas sentir que están marcando una diferencia.

4.2.3.3 Teoría de las Necesidades

El modelo de David McClellan establece que todas las personas son impulsadas por las necesidades de logro, poder y afiliación. La fortaleza relativa de cada necesidad depende de las experiencias de un individuo y de su cultura.

- **Logro.** Las personas que se sienten motivadas por los logros, como el logro de una meta, se sienten impulsadas por actividades y trabajos que son desafiantes, pero razonables.

- **Poder.** A las personas que están motivadas por el poder les gusta organizar, motivar y liderar a los demás. Están motivadas por una mayor responsabilidad.

- **Afiliación.** Las personas que están motivadas por la afiliación buscan aceptación y pertenencia. Están motivadas por el ser parte de un equipo.

4.2.3.4 Teoría X, Teoría Y y Teoría Z

Douglas McGregor ideó los modelos de Teoría X y Teoría Y, que representan un espectro de motivación de los empleados y los correspondientes estilos de administración. Esto fue ampliado más tarde para incluir la Teoría Z.

- **Teoría X.** El lado X del espectro asume que los individuos trabajan con el único propósito de obtener ingresos. No son ambiciosos ni están orientados a lograr metas. El correspondiente estilo de gestión para motivar a estos individuos es un enfoque práctico y top-down. Este estilo de gestión se ve a menudo en un entorno de producción o de trabajo intensivo, o uno con muchas capas de administración.

- **Teoría Y.** El lado Y del espectro asume que los individuos están intrínsecamente motivados para hacer un buen trabajo. El estilo de gestión correspondiente tiene un toque más personal de coaching . El supervisor alienta la creatividad y la discusión. Este estilo de gestión se ve a menudo en los entornos de trabajadores creativos y del conocimiento.

- **Teoría Z.** Abraham Maslow vio la Teoría Z como una dimensión trascendente para el trabajo, donde los individuos están motivados por la auto-realización, los valores y una vocación superior. El estilo de gestión óptimo en esta situación es el que cultiva la percepción y el significado.

La versión de William Ouchi de la Teoría Z se centra en motivar a los empleados creando un trabajo para toda la vida donde el foco reside en el bienestar de los empleados y sus familias. Este estilo de gestión busca promover alta productividad, moral y satisfacción.

4.2.4 MODELOS DE CAMBIO

Muchos proyectos abarcan un aspecto de cambio de sistemas, comportamientos, actividades y, a veces, culturas. La gestión de este tipo de cambio requiere pensar en cómo pasar del estado actual al estado futuro deseado. Existen muchos modelos que describen las actividades necesarias para una gestión exitosa del cambio. En las secciones 4.2.4.1 a 4.2.4.5 se ofrece un muestreo de los modelos de cambio.

4.2.4.1 Gestión del Cambio en las Organizaciones

Gestión del Cambio en las Organizaciones: Guía Práctica [3] es un modelo iterativo que se basa en elementos comunes a través de una gama de modelos de gestión de cambios. El marco de referencia tiene cinco elementos asociados interconectados a través de una serie de ciclos de retroalimentación:

- **Formular el cambio.** Este elemento se enfoca en la construcción de los fundamentos para ayudar a la gente a entender por qué es necesario el cambio y cómo el estado futuro será mejor.

- **Planificar el cambio.** La identificación de las actividades ayuda a las personas a prepararse para la transición del estado actual al futuro.

- **Implementar el cambio.** Este elemento iterativo se centra en la demostración de las capacidades del estado futuro, la comprobación para garantizar que las capacidades están teniendo el impacto deseado, y en respuesta, la realización de las mejoras o adaptaciones necesarias.

- **Gestionar la transición.** Este elemento considera la forma de abordar las necesidades relacionadas con el cambio que puede surgir una vez que se logre el estado futuro.

- **Mantener el cambio.** Este elemento busca asegurar que las nuevas capacidades continúen y que cesen los procesos o comportamientos previos.

4.2.4.2 Modelo ADKAR®

Jeff Hiatt desarrolló el Modelo ADKAR®, que se centra en cinco pasos secuenciales que los individuos experimentan cuando se adaptan al cambio:

- **Paso 1: Concienciación.** Este paso identifica por qué es necesario el cambio.

- **Paso 2: Deseo.** Una vez que la gente sabe por qué es necesario el cambio, debe haber un deseo de formar parte y apoyar el cambio.

- **Paso 3: Conocimiento.** La gente necesita entender cómo cambiar. Esto incluye la comprensión de los nuevos procesos y sistemas además de los nuevos roles y responsabilidades. El conocimiento puede ser impartido a través de la capacitación y la educación.

- **Paso 4: Capacidad.** En este paso, el conocimiento se apoya sobre la práctica y el acceso a los conocimientos especializados y a la ayuda que se necesite.

- **Paso 5: Refuerzo.** El refuerzo presta soporte al sostenimiento del cambio. Esto puede incluir recompensas, reconocimiento, retroalimentación y métrica.

4.2.4.3 El Proceso de 8 Pasos para Liderar el Cambio

John Kotter presentó el Proceso de 8 pasos para Liderar el Cambio para la transformación de las organizaciones. Se trata de un enfoque top-down en el que la necesidad y el enfoque del cambio tienen su origen en los niveles superiores de la organización, y luego se promueven hacia abajo a través de las capas de gestión de la organización hasta los receptores del cambio. Los ocho pasos son:

- **Paso 1: Crear urgencia.** Identificar las posibles amenazas y oportunidades que impulsan la necesidad del cambio.

- **Paso 2: Formar una coalición poderosa.** Identificar a los líderes del cambio. Los líderes del cambio no necesariamente se basan en la jerarquía. Los líderes del cambio deben ser personas influyentes con una diversidad de funciones, conocimientos especializados e importancia social y política.

- **Paso 3: Crear una visión para el cambio.** Identificar los valores que son cruciales para el cambio. A continuación, crear una breve declaración de la visión que resuma el cambio. Luego, identificar una estrategia para llevar a cabo la visión.

- **Paso 4: Comunicar la visión.** Comunicar la visión a través del proceso de cambio. Aplicar la visión en todos los aspectos de la organización. La alta dirección y la coalición para el cambio deben comunicar sistemáticamente la visión y demostrar la urgencia y los beneficios del cambio.

- **Paso 5: Eliminar los obstáculos.** Todo cambio viene acompañado de obstáculos. A veces los obstáculos son los procesos anticuados; otras veces se basan en la estructura organizacional y otras veces son personas que se resisten al cambio. Independientemente de esto, es necesario abordar todos los obstáculos.

- **Paso 6: Crear ganancias a corto plazo.** Identificar las ganancias rápidas y fáciles para crear impulso y apoyo para el cambio.

- **Paso 7: Construir sobre el cambio.** Una vez que se completen las ganancias a corto plazo, la organización debe establecer objetivos para la mejora continua.

- **Paso 8: Anclar los cambios en la cultura corporativa.** Asegurarse de que el cambio tenga arraigo en la cultura: seguir comunicando la visión, contar historias de éxito, reconocer a las personas de la organización que encarnan y empoderan el cambio, y seguir apoyando a la coalición de cambio.

4.2.4.4 Modelo de Cambios de Virginia Satir

Virginia Satir desarrolló un modelo sobre cómo las personas experimentan y enfrentan el cambio. Su propósito es ayudar a los miembros del equipo del proyecto a comprender lo que sienten y permitirles avanzar a través del cambio de manera más eficiente.

- ▶ **Último statu quo.** Esta etapa inicial es cuando todo se siente familiar y puede ser caracterizado como "seguir funcionando como hasta ahora". Para algunas personas, el seguir funcionando como hasta ahora puede ser bueno porque saben qué esperar. Para otros este estado puede parecer un poco anticuado o aburrido.

- ▶ **El elemento extraño.** Algo sucede que cambia el statu quo en esta etapa. Esto puede incluir el iniciar un proyecto que introduzca un cambio en la forma habitual de trabajar de las personas. A menudo se presenta un período de resistencia y reducción del desempeño después de que se introduce el cambio. Las personas pueden ignorar el cambio o descartar su relevancia.

- ▶ **Caos.** Las personas se encuentran en un territorio desconocido. Ya no se sienten cómodas, y el desempeño cae a su nivel más bajo. Los sentimientos, acciones y comportamientos son impredecibles. Algunas personas se sienten ansiosas, otras pueden encerrarse y otras pueden sentirse emocionadas. El caos puede hacer que las personas se tornen muy creativas al tratar de encontrar maneras de darle sentido a la situación. Prueban varias ideas y comportamientos para ver de cuál de ellos se obtiene un resultado positivo.

- ▶ **La idea transformadora.** Las personas llegan a un punto en el que se les ocurre una idea que les ayuda a dar sentido a la situación. Empiezan a ver cómo pueden encontrar una salida al caos y hacer frente a la nueva realidad. El desempeño laboral comienza a aumentar.

- ▶ **Práctica e integración.** Las personas tratan de implementar sus nuevas ideas o comportamientos. Pueden presentarse contratiempos y un período de prueba y error, pero eventualmente aprenden lo que funciona y lo que no. Esto lleva a una mejora del desempeño. A menudo el desempeño queda a un nivel más alto que antes de que se introdujera el elemento extraño.

- ▶ **Nuevo statu quo.** Las personas se acostumbran al nuevo entorno, y su desempeño se estabiliza. Con el tiempo, el nuevo statu quo se vuelve la forma normal de trabajar.

4.2.4.5 Modelo de Transición

El Modelo de Transición de William Bridges proporciona una comprensión de lo que ocurre psicológicamente a los individuos cuando se produce un cambio organizacional. Este modelo diferencia entre cambio y transición. El cambio es situacional y se produce tanto si las personas pasan por él como si no. La transición es un proceso psicológico en el que las personas aceptan gradualmente los detalles de la nueva situación y los cambios que conlleva.

El modelo identifica tres etapas de transición asociadas con el cambio:

- **Terminar, perder y dejar ir.** En esta etapa se introduce el cambio. A menudo se asocia con el miedo, la ira, el disgusto, la incertidumbre, la negación y la resistencia al cambio.

- **La zona neutral.** En esta etapa sucede el cambio. En algunos casos, las personas pueden sentir frustración, resentimiento, confusión y ansiedad acerca del cambio. La productividad puede disminuir a medida que la gente aprende nuevas formas de hacer el trabajo. En otros casos, las personas pueden volverse muy creativas, innovadoras y apasionadas por probar nuevas formas de trabajo.

- **El nuevo comienzo.** En este punto, las personas aceptan e incluso aprecian el cambio. Se están volviendo más adeptas a las nuevas habilidades y a las nuevas formas de trabajar. Las personas suelen estar abiertas al aprendizaje y se sienten energizadas por el cambio.

4.2.5 MODELOS DE COMPLEJIDAD

Los proyectos existen en un estado de ambigüedad y requieren interacciones entre múltiples sistemas, a menudo con resultados inciertos. La complejidad es un desafío con el que hay que trabajar. Los dos modelos descritos en las Secciones 4.2.5.1 y 4.2.5.2 proporcionan un marco de referencia para comprender la complejidad y determinar cómo tomar decisiones en un entorno complejo.

4.2.5.1 Marco de Referencia Cynefin

El marco de referencia Cynefin, creado por Dave Snowden, es un marco de referencia conceptual utilizado para diagnosticar las relaciones de causa y efecto como ayuda para la toma de decisiones. El marco de referencia ofrece cinco contextos problemáticos y de toma de decisiones:

- Se utilizan las mejores prácticas para tomar decisiones cuando existe una relación obvia de causa y efecto.

- Existen relaciones complicadas cuando hay un conjunto de incógnitas conocidas (known unknowns) o un rango de respuestas correctas. En estas situaciones, lo mejor es evaluar los hechos, analizar la situación y aplicar buenas prácticas.

- Las relaciones complejas incluyen incógnitas desconocidas (unknown unknowns). No hay causa y efecto aparentes, y no hay respuestas correctas y obvias. En ambientes complejos, se debe sondear el entorno, percibir la situación y responder con acciones. Este estilo utiliza prácticas emergentes que permiten ciclos repetidos de sondear—percibir-responder, a medida que los entornos complejos cambian en reacción a múltiples estímulos, y lo que funcionó una vez puede no ser efectivo la próxima vez.

- En ambientes caóticos, la causa y los efectos no son claros. Existe demasiada confusión como para esperar entender la situación. En estas situaciones, el primer paso es tomar medidas para tratar de estabilizar la situación, luego sentir dónde existe cierta estabilidad y responder tomando medidas para llevar la situación caótica a una situación compleja.

- Las relaciones desordenadas carecen de claridad y pueden requerir que se descompongan en partes más pequeñas cuyo contexto se relacione con uno de los otros cuatro contextos.

El marco de referencia Cynefin ayuda a identificar comportamientos, como sondear, sentir, responder, actuar y categorizar, que pueden ayudar a influir en las relaciones entre las variables y guiar las acciones.

4.2.5.2 Matriz de Stacey

Ralph Stacey desarrolló la matriz de Stacey que es similar al marco de referencia Cynefin, pero examina dos dimensiones para determinar la complejidad relativa de un proyecto: (a) la incertidumbre relativa de las necesidades del producto, y (b) la incertidumbre relativa de la tecnología que se utilizará para crear el entregable. Basándose en la relativa incertidumbre de estas dimensiones, un proyecto se considera sencillo, complicado, complejo o caótico. El grado de complejidad es uno de los factores que influyen en la adaptación de los métodos y prácticas para el proyecto.

4.2.6 MODELOS DE DESARROLLO DEL EQUIPO DEL PROYECTO

Los equipos de proyecto se mueven a través de diferentes etapas de desarrollo. El entendimiento de la etapa del equipo en su desarrollo ayuda a los directores de proyecto a apoyar al equipo del proyecto y su crecimiento. Los dos modelos presentados en las Secciones 4.2.6.1 y 4.2.6.2 ilustran cómo los equipos de proyecto pasan por diferentes etapas para convertirse en equipos de alto desempeño.

4.2.6.1 Escalera de Tuckman

Bruce Tuckman articuló las etapas de desarrollo del equipo como formación, turbulencia, normalización y desempeño. Mucha gente añade una quinta etapa, disolución.

- **Formación.** El equipo del proyecto se reúne por primera vez. Los miembros conocen el nombre de cada uno, su posición en el equipo del proyecto, sus habilidades y otra información de antecedentes pertinente. Esto puede ocurrir en la reunión de lanzamiento.

- **Turbulencia.** Los miembros del equipo del proyecto se preparan para ocupar una posición en el equipo. En esta fase es donde las personalidades, fortalezas y debilidades de las personas comienzan a emerger. Puede presentarse algún conflicto o lucha a medida que la gente averigua cómo trabajar juntos. La turbulencia puede durar un tiempo o pasar relativamente rápido.

- **Normalización.** El equipo del proyecto comienza a funcionar como un órgano colectivo. En este punto, los miembros del equipo del proyecto conocen su lugar en el equipo y cómo se relacionan e interactúan con todos los demás miembros. Están comenzando a trabajar juntos. Pueden existir algunos desafíos a medida que el trabajo avanza, pero estos incidentes se resuelven rápidamente, y el equipo del proyecto pasa a la acción.

- **Desempeño.** El equipo del proyecto se vuelve operativamente eficiente. Esta es la etapa madura del equipo de proyecto. Los equipos de proyecto que han estado juntos durante un tiempo son capaces de desarrollar una sinergia. Al trabajar juntos, los miembros del equipo del proyecto logran más y producen un producto de alta calidad.

- **Disolución.** El equipo del proyecto completa el trabajo y se dispersa para trabajar en otras cosas. Si en el equipo de proyecto se han formado buenas relaciones, algunos miembros del equipo de proyecto podrían estar tristes por haber dejado el mismo.

La cultura del equipo de proyecto en este modelo comienza en la etapa de formación y evoluciona a lo largo del resto de las etapas de desarrollo. Mientras que este modelo muestra una progresión lineal, los equipos de proyecto pueden moverse hacia adelante y hacia atrás entre estas etapas. Además, no todos los equipos de proyecto consiguen culminar las etapas de desempeño o incluso de normalización.

4.2.6.2 Modelo de Desempeño del Equipo de Drexler/Sibbet

Allan Drexler y David Sibbet desarrollaron un modelo de desempeño del equipo con siete pasos. Los pasos 1 a 4 describen las etapas de la creación de un equipo de proyecto, y los pasos 5 a 7 cubren la sostenibilidad y el desempeño del equipo de proyecto.

- ▶ **Paso 1: Orientación.** La orientación responde a la pregunta de *por qué*. En esta etapa, el equipo del proyecto conoce el propósito y la misión del proyecto. Esto suele ocurrir en una reunión de lanzamiento, o está documentado en un caso de negocio, en el acta de constitución del proyecto, o en el lienzo lean startup.

- ▶ **Paso 2: Crear confianza.** La creación de confianza responde a la pregunta de *quién*. Esta etapa arroja luz sobre quiénes están en el equipo del proyecto y las habilidades y destrezas que cada persona aporta. También puede incluir información sobre los principales interesados que tal vez no formen parte del equipo del proyecto pero que pueden influir en él.

- ▶ **Paso 3: Aclaración de la meta.** La aclaración de la meta responde a *qué*. En esta etapa, el equipo del proyecto elabora la información de alto nivel del proyecto. Esto puede incluir averiguar más sobre las expectativas de los interesados, requisitos, supuestos y criterios de aceptación de los entregables.

- ▶ **Paso 4: Compromiso.** El compromiso aborda la pregunta de *cómo*. En esta etapa, el equipo del proyecto comienza a definir los planes para lograr los objetivos. Esto puede incluir cronogramas de hitos, planes de liberación, presupuestos de alto nivel, necesidades de recursos, etc.

- ▶ **Paso 5: Implementación.** Los planes de alto nivel son descompuestos en mayores niveles de detalle, como un cronograma o una lista de trabajo pendiente (backlog) detallado. El equipo del proyecto comienza a trabajar en conjunto para producir entregables.

- ▶ **Paso 6: Alto desempeño.** Después de que el equipo del proyecto haya trabajado conjuntamente durante algún tiempo, los miembros del mismo alcanzan un alto nivel de desempeño. Trabajan bien juntos, no necesitan mucha supervisión y experimentan sinergias dentro del equipo del proyecto.

- ▶ **Paso 7: Renovación.** La renovación es la etapa de trabajar a través de los cambios en el equipo del proyecto o en el proyecto. Los entregables, los interesados, el entorno, el liderazgo del equipo de proyecto o la composición del equipo pueden cambiar. Esto hace que el equipo del proyecto considere si el comportamiento y las acciones del pasado siguen siendo suficientes, o si el equipo del proyecto necesita regresar a una etapa anterior para restablecer las expectativas y las formas de trabajar juntos.

4.2.7 OTROS MODELOS

Los modelos descritos en las Secciones 4.2.7.1 a 4.2.7.5 abarcan una amplia gama de temas, entre ellos la gestión de conflictos, la negociación, la planificación, los grupos de procesos y la prominencia.

4.2.7.1 Modelo de Conflicto

Los conflictos son comunes en los proyectos. Los conflictos pueden resultar saludables y productivos si se manejan bien. Pueden dar lugar a una mayor confianza entre los miembros del equipo del proyecto y a un compromiso más profundo con los resultados. El miedo al conflicto puede restringir la comunicación y la creatividad. Sin embargo, los conflictos también pueden ser poco saludables. Abordar los conflictos de manera inapropiada puede llevar a la insatisfacción, la falta de confianza y la reducción de la moral y la motivación. El modelo basado en el trabajo de Ken Thomas y Ralph Kilmann describe seis formas de abordar el conflicto enfocándose en el poder relativo entre los individuos y el deseo de mantener una buena relación, de la siguiente manera:

- **Confrontación/resolución del problema.** Enfrentar un conflicto maneja el conflicto como un problema a resolver. Este estilo de resolución de conflictos se utiliza cuando la relación entre las partes es importante y cuando cada persona confía en la capacidad de la otra para resolver problemas.

- **Colaboración.** Colaborar implica incorporar múltiples puntos de vista sobre el conflicto. El objetivo es aprender sobre los diferentes puntos de vista y ver las cosas desde múltiples perspectivas. Este es un método efectivo cuando existe confianza entre los participantes y cuando hay tiempo para llegar a un consenso. Un director de proyecto puede facilitar este tipo de resolución de conflictos entre los miembros del equipo de proyecto.

- **Compromiso.** Existen algunos conflictos en los que todas las partes no quedarán completamente satisfechas. En esos casos, el mejor enfoque es encontrar una forma de compromiso. El compromiso implica la voluntad de dar y recibir. Esto permite a todas las partes lograr algo que quieren, y evita el escalamiento del conflicto. Este estilo se utiliza a menudo cuando las partes involucradas poseen el mismo "poder". Un director de proyecto puede llegar a un compromiso con un gerente técnico respecto de la disponibilidad de un miembro del equipo del proyecto para trabajar en el mismo.

- **Estabilización/complacencia.** Estabilizar y complacer es útil cuando lograr el objetivo general es más importante que el desacuerdo. Este enfoque conserva la armonía en la relación y puede crear buena voluntad entre las partes. Este enfoque también se usa cuando hay una diferencia en la autoridad o el poder relativos de los individuos. Por ejemplo, este enfoque puede resultar apropiado cuando hay un desacuerdo con el patrocinador. Dado que el patrocinador tiene mayor rango que el director del proyecto o el miembro del equipo del proyecto, y que existe el deseo de mantener una buena relación con el patrocinador, puede ser adecuado adoptar una postura complaciente.
- **Imposición.** La imposición se utiliza cuando no hay suficiente tiempo para colaborar o resolver problemas. En este escenario, una parte fuerza su voluntad sobre la otra. La parte que impone tiene más poder que la otra parte. Se puede utilizar un estilo de imposición si hay un conflicto de salud y seguridad que deba ser resuelto inmediatamente.
- **Retirada/evasión.** A veces un problema desaparece por sí solo, o a veces las discusiones se enardecen y las personas necesitan un período de enfriamiento. En ambos escenarios, retirarse de la situación resulta apropiado. La retirada también se utiliza en una situación sin salida, como el cumplimiento de un requisito impuesto por un órgano regulador en lugar de impugnarlo.

4.2.7.2 Negociación

Existen muchos modelos de negociación. Uno de ellos es el principio de Steven Covey de "Pensar en Ganar-Ganar". Este principio se aplica a todas las interacciones, no sólo a las negociaciones, pero se describe aquí en el contexto de negociación. En las negociaciones, hay diversos resultados posibles:

- **Ganar-ganar.** Este es el resultado óptimo, en el que cada persona está satisfecha con el mismo.
- **Ganar-perder/perder-ganar.** Esto describe una perspectiva de competencia donde para poder ganar, alguien tiene que perder. También puede venir de una perspectiva de "mártir", donde alguien elige perder para que otros puedan ganar.
- **Perder-perder.** Este resultado puede darse cuando hubiera sido posible obtener resultados tipo ganar-ganar, pero la competencia supera a la colaboración. En este escenario, todos terminan peor que al principio.

Por lo general, se encuentra una perspectiva de ganar-ganar cuando están presentes los siguientes aspectos:

- ▶ **Carácter.** Las partes involucradas son maduras, demuestran integridad y comparten la perspectiva de que hay suficiente valor para todos.
- ▶ **Confianza.** Las partes confían entre sí, establecen acuerdos sobre cómo operar y muestran responsabilidad.
- ▶ **Enfoque.** Cada parte está dispuesta a apreciar la situación desde el punto de vista de la otra. Las partes colaboran para determinar los problemas y preocupaciones fundamentales. Identifican cómo es una solución aceptable e identifican opciones para lograrla.

4.2.7.3 Planificación

Barry Boehm elaboró un modelo que compara el tiempo y el esfuerzo invertidos en la elaboración de planes para reducir el riesgo, incluidos los retrasos y otros costos asociados con la sobreplanificación. Al tomarse más tiempo para planificar por adelantado, muchos proyectos pueden reducir la incertidumbre, los descuidos y el retrabajo. Sin embargo, cuanto más tiempo se dedique a la planificación, más tiempo se tardará en obtener un retorno de la inversión, se podría perder más cuota de mercado y podrían cambiar las circunstancias aún más en el momento en que se entregue la salida. La intención de este modelo es ayudar a identificar la cantidad óptima de planificación, a veces llamada el punto óptimo. El punto óptimo es diferente para cada proyecto; por lo tanto, no hay una respuesta correcta para la cantidad correcta de planificación en general. Este modelo demuestra que hay un punto en el que la planificación adicional se torna contraproducente.

4.2.7.4 Grupos de Procesos

Los procesos de dirección de proyectos pueden organizarse en agrupaciones lógicas de entradas, herramientas y técnicas de dirección de proyectos, y salidas que se adapten a las necesidades de la organización, los interesados y el proyecto.

Los grupos de procesos *no* son fases de un proyecto. Los Grupos de Procesos interactúan dentro de cada fase del ciclo de vida de un proyecto. Es posible que todos estos procesos pudieran ocurrir dentro de una sola fase. Los procesos pueden ser iterados dentro de una fase o ciclo de vida. El número de iteraciones e interacciones entre los procesos varía según las necesidades del proyecto.

Los proyectos que se rigen por un enfoque basado en procesos pueden utilizar las siguientes cinco agrupaciones de procesos como estructura organizativa:

- ▶ **Inicio.** Procesos realizados para definir un nuevo proyecto o nueva fase de un proyecto existente al obtener la autorización para iniciar el proyecto o fase.
- ▶ **Planificación.** Procesos requeridos para establecer el alcance del proyecto, refinar los objetivos y definir el curso de acción requerido para alcanzar los objetivos propuestos del proyecto.
- ▶ **Ejecución.** Procesos realizados para completar el trabajo definido en el plan para la dirección del proyecto a fin de satisfacer los requisitos del proyecto.
- ▶ **Monitoreo y Control.** Procesos requeridos para hacer seguimiento, analizar y regular el progreso y el desempeño del proyecto, para identificar áreas en las que el plan requiera cambios y para iniciar los cambios correspondientes.
- ▶ **Cierre.** Procesos llevados a cabo para completar o cerrar formalmente un proyecto, fase o contrato.

Estos Grupos de Procesos son independientes del enfoque de entrega, de las áreas de aplicación (como marketing, servicios de información o contabilidad) y de la industria (como construcción, aeroespacial, telecomunicaciones). En un enfoque basado en procesos, la salida de un proceso normalmente se convierte en la entrada para otro proceso o es un entregable del proyecto o fase del proyecto. Por ejemplo, el plan para la dirección del proyecto y los documentos del proyecto (p.ej., registro de riesgos, registro de supuestos, etc.) producidos en el grupo de procesos de planificación son entradas para el grupo de procesos de ejecución donde se realizan las actualizaciones a los artefactos asociados.

4.2.7.5 Modelo de Prominencia

El Modelo de Prominencia se refiere a los interesados. Prominencia significa notorio, notable o percibido como importante. Este modelo fue propuesto por Ronald K. Mitchell, Bradley R. Agle y Donna J. Wood. Los autores denotaron una identificación de los interesados basada en tres variables: poder de influencia, legitimidad de las relaciones de los interesados con el proyecto y la urgencia de la reclamación de los interesados en el proyecto para el involucramiento de los mismos.

4.3 MODELOS APLICADOS A TRAVÉS DE LOS DOMINIOS DE DESEMPEÑO

Es más probable que los diferentes modelos sean útiles en los distintos dominios de desempeño de los proyectos. Si bien las necesidades del proyecto, los interesados y el entorno organizacional determinarán qué modelos son más aplicables para un proyecto específico, hay algunos dominios de desempeño que tienen más probabilidades de hacer uso de cada modelo. En la Tabla 4-1 se sugiere(n) el(los) dominios de desempeño en los que es más probable que cada modelo sea de utilidad; sin embargo, el director y el equipo del proyecto tienen la responsabilidad última de seleccionar los modelos adecuados para su proyecto.

Tabla 4-1. Mapeo de los Modelos que Probablemente se Usarán en Cada Dominio de Desempeño

Modelo	Equipo	Interesados	Enfoque de Desarrollo y Ciclo de Vida	Planificación	Trabajo del Proyecto	Entrega	Medición	Incertidumbre
Modelos de Liderazgo Situacional:								
Situational Leadership® II	X				X			
OSCAR	X				X			
Modelos de Comunicación:								
Comunicación intercultural	X	X		X	X			
Efectividad de los canales de comunicación	X	X		X	X			
Brecha de ejecución y evaluación		X				X		
Modelos de Motivación:								
Factores de higiene y de motivación	X			X	X			
Motivación intrínseca versus extrínseca	X			X	X			
Teoría de las necesidades	X			X	X			
Teoría X, Teoría Y y Teoría Z	X			X	X			
Modelos de Cambio:								
Gestión del Cambio en las Organizaciones		X		X	X			
ADKAR®		X		X	X			
Proceso de 8 Pasos para liderar el Cambio		X		X	X			
Transición		X		X	X			
Modelos de Complejidad:								
Marco de referencia Cynefin			X	X	X	X		X
Matriz de Stacey			X	X	X	X		X
Modelos de Desarrollo del Equipo de Proyecto:								
Escalera de Tuckman	X				X			
Desempeño del Equipo de Drexler/Sibbet	X				X			
Otros Modelos:								
Conflicto	X	X			X			
Negociación		X		X	X	X		
Planificación			X	X	X			
Grupos de Procesos				X	X	X	X	
Prominencia		X		X	X			

Sección 4 – Modelos, Métodos y Artefactos

173

4.4 MÉTODOS COMÚNMENTE UTILIZADOS

Un método es un medio para lograr un efecto, salida, resultado o entregable del proyecto. Los métodos descritos aquí son un muestreo de los que se utilizan comúnmente para apoyar el trabajo en los proyectos. Hay muchos métodos que no se describen aquí, ya sea porque se utilizan en la dirección de proyectos de la misma manera que en otras disciplinas, como las entrevistas, los grupos focales, las listas de verificación, etc., o porque no se utilizan con frecuencia en un amplio espectro de proyectos (es decir, los métodos son específicos de la industria).

Muchos de los métodos están relacionados por el propósito al que sirven, como la estimación o la recopilación de datos, y por lo tanto, se presentan en un grupo. Otros están relacionados por el tipo de actividad que se realiza, como en los grupos de reuniones y los grupos de análisis.

El contenido de esta sección no está diseñado para describir cómo llevar a cabo un método. Las descripciones se presentan a un alto nivel con información más detallada disponible en muchas fuentes, entre ellas PMIstandards+.

4.4.1 RECOPILACIÓN Y ANÁLISIS DE DATOS

Los métodos de recopilación y análisis de datos son utilizados para recopilar, valorar y evaluar datos e información con el fin de obtener una comprensión más profunda de una situación. Los resultados del análisis de datos pueden organizarse y presentarse como uno de los artefactos que se muestran en la Sección 4.6.6. Los métodos para la recopilación y el análisis de datos aquí descritos, junto con los artefactos descritos en la Sección 4.6.6, se utilizan a menudo para informar las decisiones.

- **Análisis de alternativas.** El análisis de alternativas es utilizado para evaluar las opciones identificadas a fin de seleccionar las opciones o enfoques a utilizar para llevar a cabo el trabajo del proyecto.

- **Análisis de supuestos y restricciones.** Un supuesto es un factor que se considera verdadero, real o cierto, sin prueba ni demostración. Una restricción es un factor limitante que afecta la ejecución de un proyecto, programa, portafolio o proceso. Esta forma de análisis asegura que los supuestos y las restricciones sean integradas en los planes y documentos del proyecto, y que haya coherencia entre ellos.

- **Estudios Comparativos.** Los estudios comparativos son la comparación de prácticas, procesos y productos reales o planificados con los de organizaciones comparables, lo que identifica las mejores prácticas, genera ideas para mejorar y proporciona una base para medir el desempeño.

- **Métodos de análisis de justificación del negocio.** Este grupo de métodos de análisis se asocia con la autorización o justificación de un proyecto o de una decisión. Los resultados de los siguientes análisis se utilizan a menudo en un caso de negocio que justifique la realización de un proyecto:
    - *Plazo de recuperación.* Plazo de recuperación es el tiempo necesario para recuperar una inversión, generalmente expresado en meses o años.
    - *Tasa interna de retorno (IRR).* La tasa interna de retorno es el rendimiento anual proyectado de una inversión en un proyecto, incorporando los costos iniciales y continuos en una tasa de crecimiento porcentual estimada que se espera que tenga un proyecto determinado.
    - *Retorno de la inversión (ROI).* El retorno de la inversión es el porcentaje de retorno de una inversión inicial, calculado tomando el promedio proyectado de todos los beneficios netos y dividiéndolos por el costo inicial.
    - *Valor actual neto (NPV).* El valor actual neto es el valor futuro de los beneficios previstos, expresado en el valor que esos beneficios tienen en el momento de la inversión. El NPV toma en cuenta los costos y beneficios actuales y futuros y la inflación.
    - *Análisis costo-beneficio.* Un análisis costo-beneficio es una herramienta de análisis financiero utilizada para determinar los beneficios proporcionados por un proyecto respecto a sus costos.

- **Hoja de verificación.** Una hoja de verificación es una hoja de anotaciones que puede utilizarse como lista de control cuando se recopilan datos. Las hojas de verificación pueden utilizarse para reunir y separar los datos en categorías. Las hojas de verificación también pueden utilizarse para crear histogramas y matrices, como se describe en la Sección 4.6.6.

- **Costo de la calidad.** El costo de la calidad incluye todos los costos en los que se ha incurrido durante la vida del producto a través de inversiones para prevenir el incumplimiento de los requisitos, de la evaluación de la conformidad del producto o servicio con los requisitos, y del no cumplimiento de los requisitos.

- **Análisis mediante árbol de decisiones.** Un análisis mediante árbol de decisiones es un método de diagramación y cálculo para evaluar las implicaciones de una cadena de opciones múltiples en presencia de incertidumbre. Los árboles de decisiones pueden utilizar la información generada por un análisis de valor monetario esperado para poblar las ramas del árbol de decisión.

- **Análisis del valor ganado.** El análisis del valor ganado es un método de análisis que utiliza un conjunto de mediciones asociadas con el alcance, cronograma y costo para determinar el desempeño del costo y del cronograma de un proyecto.

- **Valor monetario esperado (EMV).** El valor monetario esperado es el valor estimado de un resultado expresado en términos monetarios. Se usa para cuantificar el valor de la incertidumbre, como un riesgo, o comparar el valor de alternativas que no son necesariamente equivalentes. El EMV se calcula multiplicando la probabilidad de que ocurra un evento y el impacto económico que tendría el evento si ocurriera.

- **Pronóstico.** Un pronóstico es una estimación o predicción de condiciones y eventos futuros para el proyecto, basada en la información y el conocimiento disponibles en el momento de realizar el pronóstico. Los métodos de pronóstico cualitativo utilizan las opiniones y juicios de los expertos en la materia. El pronóstico cuantitativo utiliza modelos en los que la información del pasado se utiliza para predecir el desempeño futuro. Los pronósticos causales o econométricos, como el análisis de regresión, identifican las variables que pueden tener un impacto significativo en los resultados futuros.

- **Diagrama de influencias.** Este diagrama es una representación gráfica de situaciones que muestran las influencias causales, la cronología de eventos y otras relaciones entre las variables y los resultados.

- **Evaluación del ciclo de vida.** Esta evaluación es una herramienta utilizada para evaluar el impacto ambiental total de un producto, proceso o sistema. Incluye todos los aspectos de la producción de un entregable del proyecto, desde el origen de los materiales utilizados en el entregable hasta su distribución y eliminación final.

- **Análisis de hacer o comprar.** El análisis de hacer o comprar es el proceso de recopilar y organizar datos acerca de los requisitos del producto y analizarlos frente a las alternativas disponibles, incluida la compra versus la fabricación interna del producto.

- **Matriz de probabilidad e impacto.** Una matriz de probabilidad e impacto es una cuadrícula para vincular la probabilidad de ocurrencia de cada riesgo y su impacto sobre los objetivos del proyecto en caso de que ocurra dicho riesgo.

- **Análisis de procesos.** Este análisis es una revisión sistemática de los pasos y procedimientos para realizar una actividad.

- **Análisis de regresión.** Un análisis de regresión es una técnica analítica en la que una serie de variables de entrada son examinadas en relación a sus correspondientes resultados de salida a fin de desarrollar una relación matemática o estadística.

- **Análisis de reserva.** Esta técnica analítica se usa para evaluar la cantidad de riesgo del proyecto y la cantidad de reserva de cronograma y de presupuesto para determinar si la reserva es suficiente para el riesgo restante. La reserva contribuye a reducir el riesgo a un nivel aceptable.

- **Análisis de causa raíz.** Esta técnica analítica es utilizada para determinar la causa subyacente básica para una variación, un defecto o un riesgo. Más de una variación, defecto o riesgo pueden deberse a una causa raíz.

- **Análisis de sensibilidad.** Esta técnica analítica se usa para determinar qué riesgos individuales del proyecto u otras fuentes de incertidumbre tienen el mayor impacto posible sobre los resultados del proyecto, mediante la correlación de las variaciones en los resultados del proyecto con las variaciones en los elementos de un modelo cuantitativo de análisis de riesgo.

- **Simulación.** Esta técnica analítica utiliza modelos para mostrar el efecto combinado de las incertidumbres para evaluar su posible impacto en los objetivos. Una simulación de Monte Carlo es un método para la identificación de los impactos potenciales del riesgo y la incertidumbre utilizando múltiples iteraciones de un modelo computarizado para desarrollar una distribución de probabilidad de un rango de resultados que podrían ser consecuencia de una decisión o curso de acción.

- **Análisis de interesados.** Esta técnica implica recopilar y analizar de manera sistemática información cuantitativa y cualitativa acerca de los interesados, a fin de determinar qué intereses particulares deben tenerse en cuenta a lo largo del proyecto.

- **Análisis FODA.** Un análisis FODA evalúa las fortalezas, oportunidades, debilidades y amenazas de una organización, proyecto u opción.

- **Análisis de tendencias.** Un análisis de tendencias utiliza modelos matemáticos para pronosticar resultados futuros basado en resultados históricos.

- **Mapeo del flujo de valor.** El mapeo del flujo de valor es un método empresarial "lean" utilizado para documentar, analizar y mejorar el flujo de información o materiales necesarios con el fin de producir un producto o servicio para un cliente.

- **Análisis de variación.** El análisis de variación es utilizado para determinar la causa y el grado de diferencia entre la línea base y el desempeño real.

- **Análisis de escenarios "¿Qué pasa si...?".** Esta técnica analítica evalúa escenarios a fin de predecir su efecto sobre los objetivos del proyecto.

4.4.2 ESTIMACIÓN

Los métodos de estimación son utilizados para desarrollar una aproximación del trabajo, tiempo o costos en un proyecto.

- ▶ **Agrupamiento de afinidad.** El agrupamiento de afinidad involucra la clasificación de los elementos en categorías o colecciones similares de acuerdo con su semejanza. Los agrupamientos de afinidad comunes incluyen la estimación por tamaño de camiseta (t-shirt sizing) y los números de Fibonacci.

- ▶ **Estimación análoga.** La estimación análoga evalúa la duración o el costo de una actividad o un proyecto utilizando datos históricos de una actividad o proyecto similar.

- ▶ **Punto de función.** Un punto de función es una estimación de la cantidad de funcionalidad comercial en un sistema de información. Los puntos de función se usan para calcular una medida de tamaño funcional (FSM) de un sistema de software.

- ▶ **Estimación multipunto.** La estimación multipunto evalúa el costo o la duración mediante la aplicación de un promedio o promedio ponderado de estimaciones optimistas, pesimistas y más probables, usado cuando existe incertidumbre en las estimaciones de las actividades individuales.

- ▶ **Estimación paramétrica.** La estimación paramétrica utiliza un algoritmo para calcular el costo o la duración con base en datos históricos y parámetros del proyecto.

- ▶ **Estimación relativa.** La estimación relativa es usada para crear estimaciones que se derivan de la realización de una comparación con un conjunto de trabajos similares, teniendo en cuenta el esfuerzo, la complejidad y la incertidumbre. La estimación relativa no está basada necesariamente en unidades absolutas de costo o tiempo. Los puntos de historia son una medida común sin unidad utilizada en la estimación relativa.

- ▶ **Estimación puntual.** La estimación puntual (single-point estimating) involucra el uso de datos para calcular un único valor que refleje una estimación más probable. Una estimación puntual se opone a una estimación de rango, que incluye el mejor y el peor escenario.

- ▶ **Estimación por punto de historia.** La estimación por punto de historia implica que los miembros del equipo del proyecto asignen puntos de esfuerzo abstractos, pero relativos, requeridos para implementar una historia de usuario. Le comunica al equipo del proyecto la dificultad de la historia considerando la complejidad, los riesgos y el esfuerzo involucrados.

- ▶ **Delphi de banda ancha (Wideband Delphi).** El Delphi de banda ancha es una variación del método de estimación Delphi, en el que los expertos en la materia completan múltiples rondas de producción de estimaciones de forma individual, con un debate del equipo del proyecto después de cada ronda, hasta que se llega a un consenso. En el caso de Delphi de banda ancha, los que crearon las estimaciones más altas y más bajas explican su fundamento, tras lo cual todo el mundo vuelve a estimar. El proceso se repite hasta que se logra la convergencia. El póker de planificación ("planning poker") es una variación del Delphi de banda ancha.

4.4.3 REUNIONES Y EVENTOS

Las reuniones son un medio importante para involucrar al equipo del proyecto y a los otros interesados. Constituyen un medio de comunicación primario en todo el proyecto.

- ▶ **Perfeccionamiento de la lista de trabajo pendiente (Backlog refinement).** En una reunión de perfeccionamiento de la lista de trabajo pendiente, la lista de trabajo pendiente es elaborada progresivamente y repriorizada para identificar el trabajo que se puede realizar en una próxima iteración.

- ▶ **Conferencia de oferentes.** Reuniones con posibles vendedores previas a la preparación de una licitación o propuesta para asegurar que todos los posibles proveedores comprendan de manera clara y uniforme la necesidad de adquisición. Esta reunión puede también ser conocida como conferencias de contratistas, conferencias de proveedores o conferencias previas a la licitación.

- ▶ **Comité de control de cambios.** Una reunión del comité de control de cambios incluye al grupo de personas que son responsables de revisar, evaluar, aprobar, retrasar o rechazar los cambios del proyecto. Las decisiones adoptadas en esta reunión son registradas y comunicadas a los interesados correspondientes. Esta reunión también puede ser mencionada como reunión de control de cambios.

- ▶ **Reunión diaria de pie (daily standup).** Una reunión diaria de pie en una breve reunión de colaboración en la que el equipo del proyecto revisa su progreso desde el día anterior, declara sus intenciones para el día actual y destaca los obstáculos encontrados o previstos. Esta reunión también puede ser mencionada como un Scrum diario (Daily Scrum).

- ▶ **Planificación de la iteración.** Una reunión para planificación de la iteración es realizada para aclarar los detalles de los ítems de la lista de trabajo pendiente, los criterios de aceptación y el esfuerzo de trabajo requerido para cumplir con un compromiso de iteración próximo. Esta reunión también puede ser mencionada como una reunión de planificación de "sprint".

- ▶ **Revisión de la iteración.** Una revisión de la iteración es celebrada al final de una iteración para demostrar el trabajo realizado durante la misma. Esta reunión también puede ser mencionada como una revisión de "sprint".

- ▶ **Lanzamiento.** Una reunión de lanzamiento es un encuentro de los miembros del equipo de proyecto y otros interesados clave al comienzo de un proyecto con el fin de establecer formalmente las expectativas, obtener un entendimiento común y dar comienzo al trabajo. Establece el inicio de un proyecto, fase o iteración.

- **Reunión de lecciones aprendidas.** Una reunión sobre las lecciones aprendidas se utiliza para identificar y compartir los conocimientos adquiridos durante un proyecto, fase o iteración con el objetivo de mejorar el desempeño del equipo del proyecto. En esta reunión se pueden abordar situaciones que se podrían haber manejado mejor, además de buenas prácticas y situaciones que produjeron resultados muy favorables.

- **Reunión de planificación.** Una reunión de planificación se utiliza para crear, elaborar o revisar un plan o planes y garantizar el compromiso para el plan o planes.

- **Cierre del proyecto.** Una reunión de cierre del proyecto se utiliza para obtener la aceptación final del alcance entregado por parte del patrocinador, el dueño del producto o el cliente. Esta reunión indica que la entrega del producto está completa.

- **Revisión del proyecto.** Una revisión del proyecto es un evento al final de una fase o un proyecto para evaluar el estado, el valor entregado y determinar si el proyecto está listo para pasar a la siguiente fase o para hacer la transición a operaciones.

- **Planificación de la liberación.** Las reuniones de planificación de la liberación identifican un plan de alto nivel con miras a la liberación o la transición de un producto, entregable o incremento de valor.

- **Retrospectiva.** Una retrospectiva es un taller que ocurre periódicamente, en el que los participantes exploran su trabajo y sus resultados con el fin de mejorar tanto el proceso como el producto. Las retrospectivas son una modalidad de reunión de lecciones aprendidas.

- **Revisión del riesgo.** Reunión para analizar el estado de los riesgos existentes y la identificación de nuevos riesgos. Esto incluye determinar si el riesgo todavía está activo y si se han producido cambios en los atributos del riesgo (como la probabilidad, el impacto, la urgencia, etc.). Las respuestas al riesgo se evalúan para determinar si son efectivas o deben actualizarse. Se pueden identificar y analizar nuevos riesgos y se pueden cerrar los que ya no están activos. La reevaluación del riesgo es un ejemplo de una reunión de revisión de riesgos.

- **Reunión de estatus.** Una reunión de estatus es un evento programado periódicamente para intercambiar y analizar información sobre el progreso actual del proyecto y su desempeño.

- **Comité de dirección.** Reunión donde interesados sénior proporcionan dirección y apoyo al equipo del proyecto y toman decisiones fuera de la autoridad del equipo de proyecto.

4.4.4 OTROS MÉTODOS

Los métodos descritos en esta sección no entran en una categoría específica; sin embargo, son métodos comunes que se utilizan con diversos fines en los proyectos.

- ▶ **Mapeo de impacto.** El mapeo de impacto es un método de planificación estratégica que sirve como una hoja de ruta visual para la organización, durante el desarrollo del producto.

- ▶ **Modelado.** El modelado es el proceso de creación de representaciones simplificadas de sistemas, soluciones o entregables, tales como prototipos, diagramas o guiones gráficos. El modelado puede facilitar un análisis más profundo al identificar lagunas en la información, áreas de falta de comunicación o requisitos adicionales.

- ▶ **Puntuación Neta del Promotor (Net Promoter Score®, NPS®).** Índice que mide la voluntad de los clientes para recomendar a otros los productos o servicios de una organización. La puntuación se usa como un indicador para medir la satisfacción general del cliente con el producto o servicio de una organización y la lealtad del cliente a la marca.

- ▶ **Esquema de priorización.** Los esquemas de priorización son métodos utilizados para priorizar el portafolio, el programa o los componentes del proyecto, así como los requisitos, riesgos, características u otra información del producto. Los ejemplos incluyen un análisis ponderado multi-criterio y el método MoSCoW (debe tener, debería tener, podría tener y no tendrá).

- ▶ **Período de Tiempo Preestablecido.** Un período de tiempo preestablecido es un período corto y fijo de tiempo en el que se debe completar el trabajo, como una semana, dos semanas o un mes.

4.5 MÉTODOS APLICADOS A TRAVÉS DE LOS DOMINIOS DE DESEMPEÑO

Es más probable que diferentes métodos sean útiles en cada uno de los dominios de desempeño. Si bien las necesidades del enfoque de entrega, el producto y el entorno organizacional determinarán qué métodos son más aplicables para un proyecto específico, hay algunos dominios de desempeño que tienen más probabilidades de hacer uso de métodos específicos. En la Tabla 4-2 se sugiere(n) el(los) dominio(s) de desempeño en los que es más probable que cada método sea de utilidad; sin embargo, el director y/o el equipo del proyecto tienen la responsabilidad última de seleccionar los métodos adecuados para su proyecto.

Tabla 4-2. Mapeo de los Métodos que Probablemente se Usarán en Cada Dominio de Desempeño

Método	Equipo	Interesados	Enfoque de Desarrollo y Ciclo de Vida	Planificación	Trabajo del Proyecto	Entrega	Medición	Incertidumbre
Métodos para Recopilación y Análisis de Datos:								
Análisis de alternativas				X	X	X		X
Análisis de supuestos y restricciones				X		X		X
Estudios Comparativos						X	X	
Análisis de justificación del negocio				X			X	
Plazo de recuperación			X	X			X	
Tasa interna de retorno				X			X	
Retorno de la inversión				X			X	
Valor actual neto			X	X		X	X	
Relación costo-beneficio				X			X	
Hoja de verificación						X	X	
Costo de la calidad				X		X	X	
Análisis mediante árbol de decisiones				X				
Análisis del valor ganado				X			X	
Valor monetario esperado				X				
Pronósticos							X	
Diagrama de influencias				X				
Evaluación del ciclo de vida				X				
Análisis de hacer o comprar				X	X			
Matriz de probabilidad e impacto				X				X
Análisis de procesos				X	X	X	X	
Análisis de regresión				X			X	
Análisis de causa raíz					X	X		
Análisis de sensibilidad				X	X	X		
Simulación				X			X	
Análisis de interesados		X		X	X			
Análisis FODA				X				X
Análisis de tendencias							X	
Mapeo del flujo de valor				X	X	X		
Análisis de variación							X	
Análisis de escenarios "¿Qué pasa si...?"				X				X

Tabla 4-2. Mapeo de los Métodos que Probablemente se Usarán en cada Dominio de Desempeño (cont.)

Método	Equipo	Interesados	Enfoque de Desarrollo y Ciclo de Vida	Planificación	Trabajo del Proyecto	Entrega	Medición	Incertidumbre
Métodos de Estimación:								
Agrupamiento de afinidad				X				
Estimación análoga				X				
Puntos de función				X				
Estimación multipunto				X				
Estimación paramétrica				X				
Estimación relativa				X				
Estimación puntual				X				
Estimación por punto de historia				X				
Delphi de banda ancha				X				
Métodos de Reuniones y Eventos:								
Perfeccionamiento de la lista de trabajos pendientes		X		X	X	X		
Conferencia de oferentes		X		X	X			
Comité de control de cambios					X	X		
Reunión diaria de pie (daily standup)				X	X			
Revisión de la iteración		X			X	X		
Planificación de la iteración		X		X	X	X		
Lanzamiento	X	X			X			
Lecciones aprendidas		X		X	X	X		
Planificación				X				
Cierre del proyecto	X	X			X			
Revisión del proyecto		X			X	X	X	
Planificación de la liberación		X		X				
Retrospectiva	X			X				
Revisión del riesgo					X			X
Estatus					X		X	
Comité de dirección		X			X			
Otros Métodos:								
Mapeo de impacto	X	X		X		X	X	
Modelado						X		
Puntuación Neta del Promotor		X					X	
Esquema de priorización		X			X			
Período de tiempo preestablecido			X	X	X	X	X	

Sección 4 – Modelos, Métodos y Artefactos

4.6 ARTEFACTOS COMÚNMENTE UTILIZADOS

Un artefacto es una plantilla, documento, salida o entregable del proyecto. Hay muchos documentos o entregables que no se describen aquí, ya sea porque: (a) son algo genéricos, como las actualizaciones; (b) son específicos de la industria; o (c) son el resultado de un método específico que se utilizó para crearlo, por ejemplo, si bien los estimados de costos son un artefacto importante, son el resultado de diversos métodos de estimación.

El contenido de esta sección no está diseñado para describir cómo desarrollar o crear un artefacto. Las descripciones se presentan a un alto nivel, ya que se espera que los directores de proyecto y/o los miembros del equipo de proyecto adapten el uso de estos artefactos a las necesidades de su proyecto concreto. Existe información más detallada sobre estos y otros artefactos en muchas fuentes, incluyendo PMIstandards+.

4.6.1 ARTEFACTOS DE ESTRATEGIA

Documentos que son creados antes o al comienzo del proyecto que abordan información estratégica, de negocio o de alto nivel sobre el proyecto. Los artefactos de estrategia son desarrollados al comienzo de un proyecto y normalmente no cambian, aunque pueden ser revisados a lo largo del proyecto.

- **Caso de negocio.** Un caso de negocio es una propuesta de valor para un proyecto propuesto, que puede incluir beneficios financieros y no financieros.

- **Lienzo de modelo de negocio.** Este artefacto es un resumen visual de una página que describe la propuesta de valor, la infraestructura, los clientes y las finanzas. Estos se utilizan a menudo en situaciones de lean startup.

- **Informe del proyecto.** Un informe del proyecto entrega una visión general de alto nivel, sobre los objetivos, entregables y procesos del proyecto.

- **Acta de constitución del proyecto.** Un acta de constitución del proyecto es un documento emitido por el iniciador del proyecto o patrocinador, que autoriza formalmente la existencia de un proyecto y confiere al director del proyecto la autoridad para aplicar los recursos de la organización a las actividades del proyecto.

- **Declaración de la visión del proyecto.** Este documento es una descripción concisa y de alto nivel del proyecto, que declara el propósito e inspira al equipo del proyecto a contribuir al mismo.

- **Hoja de Ruta.** Este documento proporciona una línea de tiempo de alto nivel que describe hitos, acontecimientos significativos, revisiones y puntos de decisión.

4.6.2 BITÁCORAS Y REGISTROS

Se utilizan registros para documentar los aspectos en continua evolución del proyecto. Son actualizados a lo largo del proyecto. Los términos bitácora y registro se podrían utilizar indistintamente. Podría verse el término *registro de riesgos* o *bitácora de riesgos* refiriéndose al mismo artefacto.

- **Registro de supuestos.** Un supuesto es un factor que se considera verdadero, real o cierto, sin prueba ni demostración. Una restricción es un factor que limita las opciones para dirigir un proyecto, programa, portafolio o proceso. Un registro de supuestos registra todos los supuestos y restricciones a lo largo del proyecto.

- **Lista de Trabajo Pendiente.** Una lista de trabajo pendiente es una lista ordenada del trabajo a realizar. Los proyectos pueden tener listas de trabajo pendiente asociadas al producto, a los requisitos, a los impedimentos, y así sucesivamente. Se priorizan los elementos de la lista de trabajo pendiente. El trabajo priorizado es entonces programado para las próximas iteraciones.

- **Registro de cambios.** Un registro de cambios es una lista completa de los cambios presentados durante el proyecto y su estado actual. Un cambio puede ser una modificación de cualquier entregable, componente del plan para la dirección del proyecto o documento del proyecto formalmente controlados.

- **Registro de incidentes.** Un incidente es una condición o situación actual que puede tener un impacto en los objetivos del proyecto. Se utiliza un registro de incidentes para registrar y supervisar la información sobre los incidentes activos. Los incidentes son asignados a una parte responsable para su seguimiento y resolución.

- **Registro de lecciones aprendidas.** Un registro de lecciones aprendidas se utiliza para registrar los conocimientos adquiridos durante un proyecto, fase o iteración, de modo que se puedan utilizar para mejorar el desempeño futuro del equipo del proyecto y/o de la organización.

- **Lista de trabajo pendiente ajustada al riesgo.** Una lista de trabajo pendiente ajustada al riesgo incluye el trabajo y las acciones para abordar las amenazas y oportunidades.

- **Registro de riesgos.** Un registro de riesgos es un repositorio en el cual se registran las salidas de los procesos de gestión de riesgos. La información de un registro de riesgos puede incluir la persona responsable de la gestión del riesgo, la probabilidad, el impacto, la puntuación del riesgo, las respuestas previstas al riesgo y otra información utilizada para obtener una comprensión de alto nivel de los riesgos individuales.

- **Registro de interesados.** Un registro de interesados registra información acerca de los interesados del proyecto, que incluye información, evaluación y clasificación de los mismos.

4.6.3 PLANES

Un plan es un medio propuesto para lograr algo. Los equipos de proyecto desarrollan planes para los aspectos individuales de un proyecto y/o combinan toda esa información en un plan global para la dirección del proyecto. Los planes generalmente son documentos escritos, pero también pueden verse reflejados en pizarras visuales/virtuales.

- **Plan de control de cambios.** Un plan de control de cambios es un componente del plan para la dirección del proyecto que establece el comité de control de cambios, documenta su grado de autoridad y describe cómo se ha de implementar el sistema de control de cambios.

- **Plan de gestión de las comunicaciones.** Este plan es un componente del plan para la dirección del proyecto, programa o portafolio que describe cómo, cuándo y por medio de quién se administrará y difundirá la información del proyecto.

- **Plan de gestión de los costos.** Este plan es un componente de un plan para la dirección del proyecto o programa que describe la forma en que los costos serán planificados, estructurados y controlados.

- **Plan de Iteración.** Este plan es un plan detallado para la iteración actual.

- **Plan de gestión de las adquisiciones.** Este plan es un componente del plan para la dirección del proyecto o programa que describe cómo un equipo de proyecto adquirirá bienes y servicios fuera de la organización ejecutante.

- **Plan para la dirección del proyecto.** El plan para la dirección del proyecto es un documento que describe el modo en que el proyecto será ejecutado, monitoreado y controlado y cerrado.

- **Plan de gestión de la calidad.** Este plan es un componente del plan para la dirección del proyecto o programa que describe cómo se implementarán las políticas, procedimientos y pautas aplicables para alcanzar los objetivos de calidad.

- **Plan de liberación.** Este plan establece las expectativas para las fechas, características y/o resultados que se espera obtener en el curso de múltiples iteraciones.

- **Plan de gestión de los requisitos.** Este plan es un componente del plan para la dirección de un proyecto o programa que describe cómo serán analizados, documentados y gestionados los requisitos.

- **Plan de gestión de los recursos.** Este plan es un componente del plan para la dirección del proyecto que describe cómo se adquieren, asignan, monitorean y controlan los recursos del proyecto.

- **Plan de gestión de los riesgos.** Este plan es un componente del plan para la dirección del proyecto, programa o portafolio que describe el modo en que las actividades de gestión de riesgos serán estructuradas y llevadas a cabo.

▶ **Plan de gestión del alcance.** Este plan es un componente del plan para la dirección del proyecto o programa que describe el modo en que el alcance será definido, desarrollado, monitoreado, controlado y validado.

▶ **Plan de gestión del cronograma.** Este plan es un componente del plan para la dirección del proyecto o programa que establece los criterios y las actividades para desarrollar, monitorear y controlar el cronograma.

▶ **Plan de involucramiento de los interesados.** Este plan es un componente del plan para la dirección del proyecto que identifica las estrategias y acciones requeridas para promover el involucramiento productivo de los interesados en la toma de decisiones y la ejecución del proyecto o programa.

▶ **Plan de pruebas.** Este documento describe los entregables que serán probados, las pruebas que se llevarán a cabo y los procesos que se utilizarán para las mismas. Constituye la base para probar formalmente los componentes y los entregables.

4.6.4 DIAGRAMAS JERÁRQUICOS

Los diagramas jerárquicos comienzan con información de alto nivel que es descompuesta progresivamente en nivelesmás detallados. La información de los niveles superiores abarca toda la información de los niveles inferiores o subsidiarios. Los diagramas jerárquicos suelen elaborarse progresivamente en mayores niveles de detalle a medida que se conoce más información sobre el proyecto.

▶ **Estructura de desglose de la organización.** Este diagrama es una representación jerárquica de la organización del proyecto que ilustra la relación entre las actividades del proyecto y las unidades de la organización que llevarán a cabo esas actividades.

▶ **Estructura de desglose del producto.** Este diagrama es una estructura jerárquica que refleja los componentes y los entregables de un producto.

▶ **Estructura de desglose de recursos.** Este diagrama es una representación jerárquica de los recursos por categoría y tipo.

▶ **Estructura de desglose del riesgo.** Este diagrama es una representación jerárquica de las posibles fuentes de riesgos.

▶ **Estructura de desglose del trabajo.** Este diagrama es una descomposición jerárquica del alcance total del trabajo a realizar por el equipo del proyecto para cumplir con los objetivos del proyecto y crear los entregables requeridos.

4.6.5 LÍNEAS BASE

Una línea base es la versión aprobada de un producto de trabajo o plan de trabajo. El desempeño real se compara con las líneas base para identificar las variaciones.

- **Presupuesto.** Un presupuesto es la estimación aprobada para el proyecto o cualquier componente de la estructura de desglose del trabajo (EDT) o cualquier actividad del cronograma.
- **Cronograma de hitos.** Este tipo de cronograma presenta hitos con fechas planificadas.
- **Línea base para la medición del desempeño.** Líneas base del alcance, cronograma y costos integradas, son utilizadas para comparación, a fin de gestionar, medir y controlar la ejecución del proyecto.
- **Cronograma del proyecto.** Un cronograma del proyecto es una salida de un modelo de programación que presenta actividades vinculadas con fechas planificadas, duraciones, hitos y recursos.
- **Línea base del alcance.** Una línea base es la versión aprobada de un enunciado del alcance, estructura de desglose del trabajo (EDT/WBS) y su diccionario de la EDT/WBS asociado, que puede cambiarse utilizando procedimientos formales de control de cambios y que se utiliza como base de comparación con los resultados reales.

4.6.6 DATOS E INFORMACIÓN VISUALES

Los datos e información visuales son artefactos que organizan y presentan los datos y la información en un formato visual, tal como tablas, gráficos, matrices y diagramas. La visualización de los datos facilita la absorción de los datos y su conversión en información. Los artefactos de visualización son producidos a menudo después de que los datos se hayan recogido y analizado. Estos artefactos pueden ayudar en la toma de decisiones y en la determinación de prioridades.

- **Diagrama de afinidad.** Este diagrama muestra un gran número de ideas clasificadas en grupos para su revisión y análisis.
- **Gráfica de trabajo pendiente (burndown)/trabajo realizado (burnup).** Este diagrama es una representación gráfica del trabajo pendiente (burndown) en un período de tiempo preestablecido o del trabajo realizado (burnup) con miras a la liberación de un producto o entregable del proyecto.
- **Diagrama de causa y efecto.** Este diagrama es una representación visual que ayuda a rastrear un efecto no deseado hasta su causa raíz.
- **Diagrama de flujo acumulativo (CFD).** Este diagrama indica las funcionalidades completadas a lo largo del tiempo, las funcionalidades en desarrollo y las que están en la lista de trabajo pendiente (backlog). También puede incluir características en estados intermedios, como las características diseñadas pero aún no construidas, las que están en garantía de calidad o las que están en prueba.

- **Diagrama de tiempo de ciclo.** Este diagrama muestra el tiempo de ciclo promedio de los elementos de trabajo completados a lo largo del tiempo. Un diagrama de tiempo de ciclo puede ser mostrado como un diagrama de dispersión o un diagrama de barras.
- **Tableros.** Este conjunto de diagramas y gráficos muestra el progreso o el rendimiento en relación con mediciones importantes del proyecto.
- **Diagrama de Flujo.** Este diagrama es una representación de las entradas, acciones de proceso y salidas de uno o más procesos dentro de un sistema.
- **Diagrama de Gantt.** Este diagrama de barras suministra información del cronograma donde las actividades se enumeran en el eje vertical, las fechas se muestran en el eje horizontal y las duraciones de las actividades se muestran como barras horizontales colocadas según las fechas de inicio y finalización.
- **Histograma.** Este diagrama de barras muestra la representación gráfica de datos numéricos.
- **Radiador de información.** Este artefacto es una indicación visible y física que proporciona información al resto de la organización, pertimiendo el intercambio oportuno de conocimientos.
- **Diagrama de tiempo de entrega.** Este diagrama muestra la tendencia a lo largo del promedio del tiempo de entrega de los elementos terminados en el trabajo. Un diagrama de tiempo de entrega puede ser mostrado como un diagrama de dispersión o un diagrama de barras.
- **Matriz de priorización.** Esta matriz es un diagrama de dispersión que muestra el esfuerzo en el eje horizontal y el valor en el eje vertical, dividido en cuatro cuadrantes para clasificar los elementos por prioridad.
- **Diagrama de red del cronograma del proyecto.** Esta representación gráfica muestra las relaciones lógicas que existen entre las actividades del cronograma del proyecto.
- **Matriz de trazabilidad de requisitos.** Esta matriz vincula los requisitos del producto desde su origen hasta los entregables que los satisfacen.
- **Matriz de Asignación de Responsabilidades (RAM).** Esta matriz es una cuadrícula que muestra los recursos del proyecto asignados a cada paquete de trabajo. Un diagrama RACI es una forma común de mostrar a los interesados que son responsables, que rinden cuentas, son consultados o informados y que están asociados con las actividades, decisiones y entregables del proyecto.
- **Diagrama de dispersión.** Este gráfico muestra la relación entre dos variables.
- **Curva S.** Este gráfico muestra los costos acumulados durante un período específico.
- **Matriz de evaluación del involucramiento de los interesados.** Esta matriz compara los niveles de involucramiento actual y deseado de los interesados.

- **Story map (mapa de historia).** Un "story map" es un modelo visual de todas las características y funcionalidades deseadas para un producto determinado, creado con el fin de dar al equipo de proyecto una visión holística de lo que están construyendo y por qué.

- **Diagrama de rendimiento.** Este diagrama muestra los entregables aceptados a lo largo del tiempo. Un diagrama de rendimiento puede ser mostrado como un diagrama de dispersión o un diagrama de barras.

- **Caso de uso.** Este artefacto describe y explora la forma en que un usuario interactúa con un sistema a fin de lograr un objetivo específico.

- **Mapa del flujo de valor.** Este es un método empresarial "lean" utilizado para documentar, analizar y mejorar el flujo de información o materiales necesarios con el fin de producir un producto o servicio para un cliente. Los mapas del flujo de valor pueden ser utilizados para identificar desperdicios.

- **Diagrama de velocidad.** Este diagrama hace seguimiento de la tasa a la que son producidos, validados y aceptados los entregables dentro de un intervalo predefinido.

4.6.7 INFORMES

Los informes son registros o resúmenes formales de la información. Los informes comunican información pertinente (generalmente a nivel de resumen) a los interesados. A menudo se dan informes a los interesados que se interesan por el estado del proyecto, como los patrocinadores, los propietarios de empresas o las PMOs.

- **Informe de calidad.** Este documento de proyecto incluye temas de gestión de la calidad, recomendaciones para la adopción de acciones correctivas y un resumen de las conclusiones de las actividades de control de la calidad. Puede incluir recomendaciones para mejorar los procesos, los proyectos y los productos.

- **Informe de riesgos.** Este documento del proyecto es desarrollado progresivamente a lo largo de los procesos de gestión de riesgos y resume la información sobre los riesgos individuales del proyecto y el nivel de riesgo general del proyecto.

- **Informe de estado.** Este documento proporciona un informe sobre el estado actual del proyecto. Puede incluir información sobre el avance desde el último informe y pronósticos sobre el desempeño de los costos y del cronograma.

4.6.8 ACUERDOS Y CONTRATOS

Un acuerdo es cualquier documento o comunicación que defina las intenciones de las partes. En los proyectos, los acuerdos adoptan la forma de contratos u otros entendimientos definidos. Un contrato es un acuerdo vinculante para las partes en virtud del cual el vendedor se obliga a proveer el producto, servicio o resultado especificado y el comprador a pagar por él. Existen diferentes tipos de contratos, algunos de los cuales entran dentro de una categoría de contratos de precio fijo o de costo reembolsable.

- **Contratos de precio fijo.** Esta categoría de contrato implica establecer un precio fijo para un producto, servicio o resultado bien definido. Los contratos de precio fijo incluyen el de precio fijo cerrado (FFP), el de precio fijo más honorarios con incentivos (FPIF), y el de precio fijo con ajuste económico de precio (FP-EPA), entre otros.

- **Contratos de costo reembolsable.** Esta categoría de contratos implica efectuar pagos al vendedor por los costos reales en que incurriera para completar el trabajo, más honorarios que representan la ganancia del vendedor. Estos contratos se utilizan a menudo cuando el alcance del proyecto no está bien definido o está sujeto a cambios frecuentes. Los contratos de costo reembolsable incluyen el de costo más honorarios por cumplimiento de objetivos (CPAF), el de costo más honorarios fijos (CPFF) y el de costo más honorarios con incentivos (CPIF).

- **Contrato por tiempo y materiales (TyM).** Este contrato establece una tarifa fija, pero no un enunciado preciso del trabajo. Puede utilizarse para el aumento de personal, expertos en la materia u otro tipo de apoyo externo.

- **Contrato de entrega indefinida cantidad indefinida (IDIQ).** Este contrato provee una cantidad indefinida de bienes o servicios, con límites inferior y superior establecidos, y dentro de un período determinado. Estos contratos pueden ser usados para compromisos de arquitectura, ingeniería o tecnología de la información.

- **Otros acuerdos.** Otros tipos de acuerdos son el memorando de entendimiento (MOU), el memorando de acuerdo (MOA), el acuerdo de nivel de servicios (SLA) y el acuerdo básico de pedidos (BOA), entre otros.

4.6.9 OTROS ARTEFACTOS

Los documentos y entregables descritos aquí no entran en una categoría específica; sin embargo, son artefactos importantes que se utilizan con diversos fines.

- **Lista de actividades.** Este documento suministra una tabla documentada de las actividades del cronograma que muestra la descripción de la actividad, su identificador y una descripción suficientemente detallada del alcance del trabajo para que los miembros del equipo de proyecto comprendan cuál es el trabajo que deben realizar.

- **Documentos de las licitaciones.** Los documentos de las licitaciones se utilizan para solicitar propuestas de los posibles vendedores. Según los bienes o servicios que se necesiten, los documentos de las licitaciones pueden incluir, entre otros:
    - Solicitud de información (RFI),
    - Solicitud de cotización (RFQ), y
    - Solicitud de propuesta (RFP).

- **Métricas.** Las métricas describen un atributo y cómo medirlo.

- **Calendario del Proyecto.** Este calendario identifica los días laborables y turnos de trabajo disponibles para las actividades programadas.

- **Documentación de requisitos.** Este documento es un registro de los requisitos del producto y la información pertinente necesaria para administrar los requisitos, que incluye la categoría asociada, la prioridad y los criterios de aceptación.

- **Acta de constitución del equipo de proyecto.** Este documento registra los valores, acuerdos y pautas operativas del equipo de proyecto y establece expectativas claras con respecto al comportamiento aceptable de los miembros del equipo de proyecto.

- **Historia de usuario.** Una historia de usuario es una breve descripción del resultado para un usuario específico. Es un compromiso de una conversación a fin de aclarar detalles.

4.7 ARTEFACTOS APLICADOS A TRAVÉS DE LOS DOMINIOS DE DESEMPEÑO

Es más probable que diferentes artefactos sean útiles en distintos dominios de desempeño. Si bien el enfoque de entrega, el producto y el entorno organizacional determinarán qué artefactos son más aplicables para un proyecto específico, hay algunos dominios de desempeño que tienen más probabilidades de hacer uso de artefactos específicos. En la Tabla 4-3 se sugiere(n) el(los) dominio(s) de desempeño en los que es más probable que cada artefacto sea de utilidad; sin embargo, el director y/o el equipo de proyecto tienen la responsabilidad última de seleccionar y adaptar los artefactos para su proyecto.

Tabla 4-3. Mapeo de los Artefactos que Probablemente se Usarán en Cada Dominio de Desempeño

Artefacto	Equipo	Interesados	Enfoque de Desarrollo y Ciclo de Vida	Planificación	Trabajo del Proyecto	Entrega	Medición	Incertidumbre
Artefactos de Estrategia:								
Caso de negocio		X		X				
Informe del proyecto		X		X				
Acta de constitución del proyecto		X		X				
Declaración de la visión del proyecto		X		X				
Hoja de ruta		X	X	X				
Artefactos de Bitácora y Registro:								
Registro de supuestos				X	X	X		X
Lista de trabajo pendiente				X	X	X		
Registro de cambios					X	X		
Registro de incidentes					X			
Registro de lecciones aprendidas					X			
Lista de trabajo pendiente ajustada al riesgo				X				X
Registro de riesgos				X	X	X		X
Registro de interesados		X		X				
Artefactos de Plan:								
Plan de control de cambios				X	X	X		
Plan de gestión de las comunicaciones		X		X	X			
Plan de gestión de los costos				X				
Plan de Iteración				X				
Plan de gestión de las adquisiciones				X	X			
Plan para la dirección del proyecto		X		X	X			
Plan de gestión de la calidad				X	X	X		
Plan de liberación				X		X		
Plan de gestión de los requisitos				X		X		
Plan de gestión de los recursos				X	X			
Plan de gestión de los riesgos				X	X			X
Plan de gestión del alcance				X		X		

Sección 4 – Modelos, Métodos y Artefactos

Tabla 4-3. Mapeo de los Artefactos que Probablemente se Usarán
en Cada Dominio de Desempeño (cont.)

Artefacto	Equipo	Interesados	Enfoque de Desarrollo y Ciclo de Vida	Planificación	Trabajo del Proyecto	Entrega	Medición	Incertidumbre
Plan de gestión del cronograma				X	X	X		
Plan de involucramiento de los interesados		X		X				
Plan de pruebas				X	X	X	X	
Artefactos de Diagramas Jerárquicos:								
Estructura de desglose de la organización	X	X		X				
Estructura de desglose del producto				X		X		
Estructura de desglose de recursos	X			X	X		X	
Estructura de desglose del riesgo					X			X
Estructura de desglose del trabajo				X		X	X	
Artefactos de Línea base:								
Presupuesto				X	X		X	
Cronograma de hitos			X	X	X		X	
Línea base para la medición del desempeño				X	X	X	X	
Cronograma del proyecto				X	X		X	
Línea base del alcance				X	X	X	X	
Artefactos de Datos e Información Visuales:								
Diagrama de afinidad				X	X			
Gráfica de trabajo pendiente o realizado				X		X	X	
Diagrama de causa y efecto					X	X		X
Diagrama de tiempo de ciclo						X	X	
Diagrama de flujo acumulativo						X	X	
Tablero					X		X	
Diagrama de flujo				X	X	X		
Diagrama de Gantt				X	X		X	
Histograma							X	
Radiador de información					X		X	
Diagrama de tiempo de entrega						X	X	
Matriz de priorización		X			X	X		

Tabla 4-3. Mapeo de los Artefactos que Probablemente se Usarán en Cada Dominio de Desempeño (cont.)

Artefacto	Equipo	Interesados	Enfoque de Desarrollo y Ciclo de Vida	Planificación	Trabajo del Proyecto	Entrega	Medición	Incertidumbre
Diagrama de red del cronograma del proyecto				X	X			
Matriz de trazabilidad de requisitos				X		X	X	
Matriz de asignación de responsabilidades				X	X			
Diagrama de dispersión					X	X	X	
Curva S				X			X	
Matriz de evaluación del involucramiento de los interesados		X		X	X			
Story map (mapa de historia)				X		X		
Diagrama de rendimiento						X	X	
Caso de uso				X		X		
Mapa del flujo de valor					X	X	X	
Diagrama de velocidad						X	X	
Artefactos de Informes:								
Informe de calidad					X	X	X	
Informe de riesgos					X			X
Informe de estatus					X			
Acuerdos y Contratos:								
Precio fijo		X		X	X	X	X	X
Costo reembolsable		X		X	X	X	X	X
Tiempo y materiales		X		X	X	X	X	X
Entrega Indefinida/Cantidad Indefinida (IDIQ)		X		X	X	X	X	X
Otros acuerdos		X		X	X	X	X	X
Otros Artefactos:								
Lista de actividades	X	X		X	X			
Documentos de las licitaciones		X		X	X			
Métricas				X			X	X
Calendarios del proyecto	X			X	X			
Documentación de requisitos		X		X		X	X	
Acta de constitución del equipo de proyecto	X				X			
Historia de usuario		X		X		X		

Sección 4 – Modelos, Métodos y Artefactos

REFERENCIAS

[1] Project Management Institute. 2020. *The Standard for Project Management.* Newton Square, PA: Autor.

[2] Project Management Institute. 2019. *The Standard for Earned Value Management.* Newton Square, PA: Autor.

Apéndice X1
Colaboradores y revisores de *El Estándar para la Dirección de Proyectos* y *Guía de los Fundamentos para la Dirección de Proyectos* - Séptima Edición

El Project Management Institute agradece a todos los colaboradores su apoyo y reconoce sus destacadas contribuciones a la profesión de la dirección de proyectos.

X1.1 COLABORADORES

La siguiente lista de colaboradores contribuyó para configurar el contenido del estándar y/o la guía. Las personas enumeradas en negrita formaron parte del Equipo de Desarrollo de la *Guía del PMBOK®* – Séptima Edición. La inclusión del nombre de una persona en la lista no representa su aprobación o respaldo al contenido final en todas sus partes.

Cynthia Snyder Dionisio, Presidente, MBA, PMI-ACP, PMP
Michael Griffiths, Vice Presidente, PMI-ACP, PMP
Nicholas Clemens, PMI-ACP, PMP
Jean Luc Favrot, PMI-ACP, PMP, SPC5
Jesse Fewell, CST, PMI-ACP, PMP
Emily Jingjing Hu, MPM, PRINCE2, PMP
Betsy Kauffman, PMI-ACP, PMP, ICP-ACC
Nader K. Rad, PMP
Giampaolo Marucci, PhD, PMI-ACP, PMP, CSM
Klaus Nielsen, MBA, PMI-ACP, PMP
Maria Specht, MSc, PMP, NLP
Maricarmen Suarez, MBA, PMP, PgMP
Laurent Thomas, PhD, SPC, PMI-ACP, PMP
Jorge Federico Vargas Uzaga, PMP
Mike Cooley, CSM, SCPM, PMP
Diana E. A.García Sánchez
Carlos Gonzalez Bejarano
Venkatram Vasi Mohanvasi

Marwan Abdalla, MBA, PMI-RMP, PMP
Abdalla Yassin Abdalla Mohammed, Eng, MBA, PMI-RMP, PMP
Majed Abdeen, MSc, PMP, TOGAF
Habeeb Abdulla, MS, CSM, PMP
Tetsuhide Abe, PMP
Ali Abedi, PhD, CSM, PMI-ACP, PMP
Carlos Acuña, PMP, PgMP, PfMP
Renee Adair, PMP
Michael Adegbenro, PMP
Albert Agbemenu, MSc, PMP
Kevin Aguanno, CMC, PMI-ACP, PMP
Fawad Ahmad Khan, PMI-PBA, PMP
Prescort Leslie Ahumuza, Agile SM, CAPM, PMP
Phil Akinwale
Emi Akiode, PMP
Tarik Al Hraki, MBA, PMI-RMP, PMP
Ahmed Alageed, PhD, PMI-ACP, PMP
Ruqaya Al Badi, PMP
Francesco Albergo, PMP

Amer Albuttma, PMI-SP, PMP
Mohamed Aldoubasi, Eng, MBA, PMI-RMP, PMP
Emad Al Ghamdi, Eng, EMBA, PMP
Ahmed Ali Eziza, Eng, PMP, IPMO-E
Mehdi Alibakhshi, PMI-PBA, PMP
Hammam Alkouz, MBA, PMI-RMP, PMP
Michel Allan, MBA, PMI-RMP, PMP
Sonja Almlie, CCBA, PMI-ACP, PMP
Ahmad Al-Musallami, PMI-ACP, PMI-SP, PMP
Moajeb Almutairi, PMP
Husain Al-Omani, PMP, PgMP, PfMP
Ahmed Alsenosy, PHD, PMP, PgMP, PfMP
Mohand Alsikhan, PMP, CISM
Abdulrahman Alulaiyan, MBA, CCMP, PMP
Carlos Alvarez G., PMP
Jaime Andres Alvarez Ospina,
    MBA, PMI-RMP, PMP
Nahlah Alyamani, PMI-ACP, PMP, PgMP
Angelo Amaral, PSM, PMI-ACP, PMP
Shahin Amiri, MBA, PMP
Serge Amon, MBA, PMP
Anabella Amoresano, PMP
Ashwani Anant, PMI-RMP, PMI-SP, PMP
Filipy Henrique Bonfim Andrade, Eng, GPjr, PMP
David Anyacho
Charalampos Apostolopoulos, PhD, PgMP, PfMP
Alejandro Gabriel Aramburu, PMP
Christine Aras
Kenichiro Aratake, PMP
Viviane Arazi, PMP, PgMP
Eileen Arnold
Reza Atashfaraz, MSc, PMP
Sivaram Athmakuri, PMP, PMI-ACP, PMI-PBA
Sharaf Attas, PMI-RMP, PMP
Carlos Augusto Freitas, CAPM, PMP
Shahin Avak, PMP
Zaheer Ahmad Awan, CSM, PMI-ACP, PMP
Khaled Azab, ITIL4, PMP
Vahid Azadmanesh, DBA, PMP, PfMP
Emad E. Aziz, PMP, PgMP, PfMP
Akbar Azwir, PMO-CP, PMI-SP, PMP
Osama Azzam, HBDP, ICYB, PMP
Nabeel Babeker
Amgad Badewi, PhD, MSP, AP, PMP
Amir Bahadorestani, RA, TA
Kenneth Bainey, MBA, CCP, PMP
Jardel Baldo
Kristi Baldwin, RYT, PMP
Pablo Bálsamo, PMI-RMP, PMI-SP, PMP
Zhang Baozhong, MSc, PMP, PgMP
Manuel F. Baquero V., PhD, MSc, PMP
Haytham Baraka, PMI-RMP, PMP, CCP
Mohammad Moneer Barazi, MBA, PMP
Maria Cristina Barbero, MBA, PMI-ACP, PMP
Andre Barcaui, PhD, PMI-ACP, PMP
Amalia Barthel, PMP
Saeed Baselm
Eduardo Bazo Safra, Mg, PMP
Pierre Beaudry, Jr., MGP, CSM, PMP
Gregory Becker, PMP
Martial Bellec, PMI-ACP, PMP, PgMP
Peter Berndt de Souza Mello, PgC, PMI-SP, PMP
Rafael Beteli Silva Zanon, MBA, PMI-PBA, PMP
Jeff Beverage, CSP-SM, PMI-ACP, PMP
Shantanu Bhamare, CSM, LIMC, PMP
Ajay Bhargove, BE, PGDBA, PMP
Sanjoy Bhattacharjee, MSBIA, PMI-ACP, PMP
Deepa Bhide, PhD, PMP
Şafak Bilgi Akdemir
Mohammed Bin Askar, PMP, PgMP, PfMP
Nigel Blampied, PhD, PE, PMP
Greta Blash, CDAI, PgMP, PMI-PBA
Stephen Blash
Gisela Bolbrügge, PhD, PSM1, PMP
Kiron Bondale, PMI-ACP, PMI-RMP, PMP
Simona Bonghez, PhD, PMP
Mariana Borga, MBA, LSSBB, PMP
Raul Borges, PMP
David Borja Padilla, MSc, PMI-RMP, PMP
Boshoff, PMP, PRINCE2, AgilePM
Miguel A. Botana Cobas, MBA, PMP
Pieter Botman, Eng
Rodolphe Boudet, PMP
Farid Bouges
Betty Boushey, PMP
Younes Bousnah, MBA, PMP
Andrea Boxsley
Blaine Boxwell, MBA, PMP
Joan Boyadjman
Padmakar Boyapati, PMP
Didier Brackx, PhD, EMS, P3O, PMP
Leslie Bradshaw
Damiano Bragantini, PMP
Fabio Braggio, MBA, PMP

Ellie Braham, AOP, PMP
Fernando Brandão, PMP
Jim Branden, MBA, PMP
Wayne R. Brantley, MSEd, PMI-ACP, PMP
Myrna Bravo, PMP
Rocío Briceño, MBA, PMP
Bernd Brier
Ana Briseño, MTIA, PMP
Syed Asad Hasnain Bukhari, MBA, MIS, PMP
Syed Qamar Abbas Bukhari, MBA, MSPM, PMP
Gizem Bulu
Rev. Andy Burns, CDAI, PMI-ACP, PMP
Robert Buttrick, BEng, CEng, FAPM Hon
Dieter Butz, PhD, PMP
Karl Buxton, PMP
Andrea Caccamese, PRINCE2, PMP
Roberto A. Cadena Legaspi, MCI, PMP
Feren Calderwood, MSc, PMP
Saverio Calvano, MSc, PMP
Diego Calvetti, MSc, PMP
Luis Alberto Cordero-Calvo, MPM, PMP
Adrien Camp, MEng, PMI-ACP, PMP
Bryan Campbell, PMI-ACP, PMP, PgMP
Charles Campbell, PhD, PMP
Heberth Campos, PMI-ACP, PMI-RMP, PMP
Ricardo P. Cantú, MBA, MSc, PMP
Alexandre Caramelo Pinto, MSc, TOGAF, PMP
Andrea Carbert, PMP, PMI-ACP
Cheryl Carstens, CAPM, PMP
Chris Cartwright, MPM
Laura Solano De Carvalho
Pietro Casanova, PMP
Shoshanna Caster
Larry Cebuano, PMP
Manu Chandrashekhar, PMP
V. Paul C. Charlesraj, MS, MRICS, AMASCE
Panos Chatzipanos, PhD, FASCE, D.WRE
Nguyen Si Trieu Chau, PMP, PgMP, PfMP
Jing Chen
Lily Chen, PMP
Karl Cheney, PMP, MPM, MPA
Ramesh Chepur, CSQA, PRINCE2, PMP
Mona Chevis
Oussama Chriss, PMP
Jorge Clemente, CPA, PMP
Xavier Clerfeuille, MSc, NLP
Ashley Cometto, MBA

Sergio Luis Conte, PhD, PMI-PBA, PMI-ACP, PMP
Carlos Contreras G., CSM, CSPO, PMP
Helio Costa
Pathica Coulat
Thaigo Cristo
Joshua Cunio, CPD, LSSBB, PMP
Joseph Czarnecki, SCPM, PMP
Alexandre Venâncio da Silva
Long Dam, PMP, PgMP, PfMP
Graziella D'Amico, CBAP, PMI-PBA, PMP
Farshid Damirchilo, MSc, PMP
Teodor Darabaneanu, PMP
Russell Darnall, DM, MPM, PMP
Yazmine Darcy, MBA, PMI-ACP, PMP
Kaustav Das, MCP, PMP
Gina Davidovic, PMP, PgMP
Curtis Davis
José de Franca, PMP
Viviane de Paula, PMP
Michael DeCicco, CSM, PMP
Mustafa Degerli, PhD, PSM, PMI-RMP, PMP
Murat Dengiz
Valerie Denney, DBA, PMP
John Dettbarn, DSc, PE, CGFM
Saju Devassy, MBA, POPM, PMP
Yaso Dhatry Kala, LSSMBB
Philip Diab
Angele Diboue, PMP
Michelle Gois Gadelha Dias
Danil Dintsis
Gilberto Francisco Do Vale, MBA PM
Roland Doerr, MBA, CSM, PMP
Mustafa Donmez, PMP
Bala Doppalapudi, MBA, B.Tech, PMP
Jorge A. Dueñas Lozano, VMA, PMP
Josée Dufour, PMP
Darya Duma
Eunice Duran, PMP, PgMP, PfMP
Arijit Dutt, PMP
Valecia Dyett, PhD, PMP
Nicolas Egiaian, PMP
Bechir El Hosni
Salwa El Mesbahi, PMP
Claude El Nakhel Khalil,
    PharmD, MBA, PMP
Abdulrahman Eldabak, PMP
Rafik Eldaly

Apéndice X1

Sameh Eldeeb Thabet Wahba,
    Eng, CPMC, PMC, PMP
Ahmed Eldeep, PMI-RMP, PMP
Walla Siddig Elhadey Mohamed,
    PMI-ACP, PMI-RMP, PMP
Ahmed Elhakim, PMI-RMP, PMP
Osman Elhassan, MBA, PMI-RMP, PMP
Aileen Ellis, CSM, PMP, PgMP
Wael Elmetwaly, PMI-ACP, PMP
Khaled El-Nakib, MSc, PMI-RMP, PMP
Basel El-Saady, PMP
Constance Emerson
Algin Erozan, MSc, PMP
Fernando Escobar, MSc, PMP
Behnam Faizabadi
Delphine Falcoz, PMP
Saurater (Sam) Faraday,
    MBA, PMI-ACP, PMI-RMP
Jamil Faraj
Fereydoun Fardad, PMI-PBA, PMI-RMP, PMP
Jason Farley
John Farlik, DBA, PMI-ACP, PMP
Scott, Fass, MPA, PMP
Edoardo Favari, PhD, PMP
Amr Fayez Moustafa, Eng, SFC, SSYB, PMP
Zhang Fengxiao
Felipe Fernandes Moreira, PMP
Rafael Fernando Ronces Rosas
Gail Ferreira, PhD, SPC5, PMP
Cornelius Fichtner, CSM, PMP
William Flanagan
Luis Alberto Flores,
    PhD, PMI-ACP, PMI-RMP, PMP
Gustavo Flouret, DBA, PMP
Les Foley, MPM, MBA, PMP
Mitchell Fong, PEng, PMP
Ali Forouzesh, PMP, PfMP
Luis Eduardo Franca, PMO-CP, PMI-ACP, PMP
Kellen Sabrina Rodrigues Francisco,
    MBA, PSM I, PMP
Douglas Franco
Carla Frazier
Michael Frenette, SMC, ITCP, PMP
Ray Frohnhoefer, MBA, CCP, PMP
Michelle Fuale
Steven Fullmer, MBA, CQ, PMP
Jeff Furman, CompTIA, CTT+, PMP

Nestor Gabarda Jr., ECE, PMI-ACP, PMP
Marius Gaitan, Eng, PMI-PBA, PMP
Zsolt G. Gálfalvi, MSP, SCM, PRINCE2
Sara Gallagher, PSM1, PMP
Juan Gabriel Gantiva Vergara,
    PMI-ACP, PMI-RMP, PMP
Napoleon Garde, PMP
Artur Gasparyan, CSM, PMO-CP, PMP
Louis-Charles Gauthier
Eng. Fabio Gentilini, Eng, CAPM, PMP
Paul Geraghty, BBS, CPMA
Kian Ghadaksaz, EVP, PMI-SP, PMP
Ahmed Ghanem, PMP, PSP, SFC
Omar Ghazi Ahmad, PMD Pro, MCAD, PMP
Arijit Ghosh, PGDBA, BCom
Subhajit Ghosh, PMI-ACP, PMP, PgMP
Hisham Ghulam, Eng, MBA, PMI-ACP, PMP
Paul D. Giammalvo, PhD, MScPM, CCE
Carl M. Gilbert, PMI-ACP, PMP, PfMP
Theofanis Giotis, MSc, PMI-ACP, PMP
Jörg Glunde, PMI-ACP, PMP
Dhananjay Gokhale
Henrique Gomes da Silva
Herbert G. Gonder, IPMA B, ACE, PMP
Jaime González Vargas, PMP
Diego Goyes Mosquera, MSc, PMP
Falko Graf, MA, CMC, PMP
Ivan Graff, PE, CCP, PMP
Denis Gritsiyenko, PhD, PMP
Pier Luigi Guida, PMS, PMP, PgM
Antun Guidoni
Nagaraja Gundappa, MTech, CSM, PMP
Nandakumar Guruswamy, PMP, PgMP
Anil Guvenatam, PMI-ACP, PMP
Mohamed Hamad Elneel, Eng, PMP
Nagy Hamamo, MSP, MoP, PMP
Karishma Hans, MBA, PMP
Sharad Harale
Simon Harris
Laura Hart
Mahmoud Hassaballa,
    Eng, CVS, 6SigmaGB, PMP
Akram Hassan, PMI-RMP, PMP
Hossam Hassan Anwar,
    MEng, PM, PMI-RMP, PMP
Shane Hastie, MIM, ICE-AC, ICE-PO
Damah Haubner

Hironori Hayashi, PMI-PBA, PMP, PfMP
Kristine Hayes Munson, CIA, CISM, PMP
Bin He, PMI-ACP, PMP
Antonio Hernández Negrete, MBA, CSM, PMP
Abel Herrera Sillas, DM, PMP
Sergio Herrera-Apestigue, P3O, PRINCE2, PMP
Shirley Hinton, PMI-ACP, PMP
Kenji Hiraishi, MsE, PMP
Michael Hoffpauir
Alberto Holgado, MBA
Eden Holt, PMP
Regina Holzinger, PhD, PMP
George Hord, PMP
Gheorghe Hriscu, CGEIT, PMP
Zayar Htun, ICM.PM, AGTI.IT
Varetta Huggins, MS(IST), PMP, PgMP
Ritchie Hughes, CSM, CSPO, PMP
Edward Hung, MBA, PMI-ACP, PMP
David J. L. Hunter, MA, PMI-ACP, PMP
Sherif Hussein, PMP, PgMP, PfMP
Mohammed Elfatih Hussien Ibrahim,
    Eng, MBA, PMI-RMP, PMP
Hany I. Zahran, SAMC, SSYB, VCA-DCV
Shuichi Ikeda, CBAP, CSM/CSPO, PMP
Dmitrii Ilenkov, PMP
Muhammad A. B. Ilyas, PMI-ACP, PMP, PgMP
Andrea Innocenti, CGEIT, PMP
Suhail Iqbal, PMP, PgMP, PfMP
Ilya Ivanichkin, CSM, CSPO, PMP
Ravi Iyer, MS (M&E), MBA, PE
Can Izgi, PMP
Tony Jacob, C Eng, PMI-PBA, PMP
Md Javeed, BE, PMP
Suresh Jayappa
Srini Jeyakumar, PEng, PMP
Greeshma Johnson, CSM, PMP
John Johnson
Tony Johnson, CSP, PgMP, PfMP
George Jucan, MBA, CMP, PMP
Jonathan Justus, MBA, BCA, PMP
Rami Kaibni, Eng, CBAP, PfMP
Orhan Kalayci, ITIL, DevOps, PMP
Mohini Kamble, PMP
Sinbong Kang, PhD, PMP
Antoine Karam, PMP, PMI-RMP
Alankar Karpe, PMI-ACP, PMP
Aras Kartouzian, PhD

Naoki Kasahara
Rohit Kathuria, P.Eng, PMP
Nikhil Srinivasan Kaundinya, PMP
Rachel Keen
Gretta Kelzi, CTT+, EADA, PMP
Harry Kendrick, MPM, CSM, PMP
Suhail Khaled, CSM, PMI-ACP, PMP
Mohamed Khalifa, PMP, PgMP, PfMP
Mehran Khalilnejadi
Alexander Khaydarov
Diwakar Killamsetty, CSM, PMP
Ariel Kirshbom, CSP, PMI-ACP, PMP
Hiroshi Kise
Aparna R. Kishore, MCA, CSM, PMP
Konstantinos Kirytopoulos,
    Dr Eng, MEng, PMP
Hadi Kiyoumarsi
Henry Kondo, PMP, PgMP, PfMP
Steven Kopischke, MSPM, ITIL, PMP
Markus Kopko, PMP, PSM
Maciej Koszykowski, PgMP, PMP, PMI-RMP
Srikanth Kota
Rouzbeh Kotobzadeh, PMI-ACP, PMP, PfMP
Kevin Kovalic, MCP, CSSGB, PMP
Wayne Kremling
Mohsen Krichi, Eng, COBIT, ITIL 4, PMP
Ravindrakumar Kshirsagar, SPC, PMP, PgMP
Ashis Kumar Garg
Kathy Kuypers
Thierry Labriet, Prosci, PMP
Cédric Laffitte, PMP
Marylene Lafon, PMP
Marc Lafontrinz
Harisha Lakkavalli, PMP, PgMP, PfMP
G Lakshmi Sekhar, PMI-PBA, PMI-SP, PMP
Arun Lal, PMP
Soheil Lamei, PhD, PMP, PgMP, PfMP
Hagit Landman, MBA, PMI-SP, PMP
Olivier Lazar, PMP, PgMP, PfMP
Chia Kuang Lee, PhD, CQRM, PMP
Oliver F. Lehmann, MSc, ACE, PMP
Raman Lemtsiuhou, PSM II, PMP
Harvey Levine
Richard Lewis, MBA, PMP
Bing Li, PMP
Xujie Liang
Mei Lin, PMI-ACP, PMI-PBA, PMP

Kong Linghai, MD, PMP
An Liu
Kai Liu
Haishan Liu
Tong Liu
Pablo Lledó, MSc, MBA, PMP
Anand Lokhande, PSM, PMI-PBA, PMP
Stefania Lombardi, PhD, PMP
Carlos López Javier, MBA, ME, PMP
Marisa Andrea Lostumbo, MScPM, PMP
Hugo K. M. Lourenço, PMI-ACP, PMI-RMP, PMP
Sérgio Lourenço, PMI-RMP, PMP
Erin Danica Lovell, MBA, BRMP, PMP
Sophie Lowery, MBA, PMP
Paolo Lucena
Francesco Ludovico, Eng, PMP
Sergio Oswaldo Lugo, MBA, SSMC, PMP
Emily Luijbregts, PMP
Ionel Lumezianu
Michele Lusciano
Azam M. Zaqzouq, MCT, PMP
M. Bhuvaneswari, BE
Alejandro Maceda
Jan Magdi, MSc
Ganesh Mahalingam, CSM, PMP
Patrick Maillard, MBA, PMP
Abhijit Maity, CBAP, PMP, PgMP
Kieran Major, MBA, PMP
Richard Maltzman, PMP
Arun Mandalika, PMI-ACP, PMP
Hussam Mandil, MBA, PMI-ACP, PMP
Nicole Mangona, PMP
Nandhini Manikhavel, CSM, MBA, CAPM
Rasa Manikkam, PMP
Erasma Mariano, ESP GP, ICP, ITIL
Antonio Marino, Eng, PSM, PMI-ACP, PMP
Photoula Markou-Voskou, PMP
Orlando Marone, PMI-ACP, PMP
Bernardo Marques, PMI-ACP, PMI-RMP, PMP
Lucía Márquez de la Plata, MBA, ACC, PMP
Douglas Martin, CSP-SM, PMI-ACP, PMP
Cesar Ulises Martinez Garcia,
    SAFe SSM, PMI-ACP, PMP
Mercedes Martinez Sanz, PMP
Ulises Martins
Ronnie Maschk, ASM, PMI-ACP, PMP
Faraz Masood, MS-EE, MBA, PMP

Abid Masood Ali, Eng
Puian Masudi Far, PhD, PMP
Mayte Mata Sivera, PMP
Todd Materazzi, PMI-ACP, PMP
Komal Mathur, PMP, CSM
Mohit Mathur, PMP
Cristiane da Silva Matos
David Maynard, MBA, PMP
David McDonald, MA, MBA, CSPO
Jon McGlothian, MBA, PMI-ACP, PMP
Alain Patrick Medenou, MSc, PRINCE2, PMP
Maite Meijide Montes, MS-Eng, MBA, PMP
Orlando Mendieta, CSM, KMP I, PMP
Hamed Mesinehasl
Mohamed MH. Elfouly, PhD, P, PMP
Lubomira Mihailova, MBA, MSP, PMP
Gloria J. Miller, PMI-ACP, PMP
Vladimir Mininel, PMP
Manuel Minute, CPIM, CGEIT, PMP
Amr Miqdadi, CIPM, PMP
Nick Mirabella, PSNI
Kunihiko Mishima
David E. Mitchell, PMP
Stephanie Moffatt
Wolf Dieter Moggert, PMI-ACP, PMI-PBA, PMP
Walid Mohamed Ahmed
Eman Mohamed El Rashidy, PMP, PgMP
Omar Mohamed Sallam,
    PMI-RMP, PMI-SP, PMP
Islam Mohamed Soliman, Eng, PMP
Ahmed Ishage Mohammed Musa,
    MBA, PMI-RMP, PMP
Shoeb Mohammed Nadeem Uddin, PMP
Mohamed Mohsen Mohamed Hussein, PMP
Jose Morales, DBA, PMP
Paola Morgese, PMP
Alessandro Moro, PSM-I, PMP
Chuck Morton, CSM, PMI-ACP, PMP
Henrique Moura, PMI-ACP, PMI-RMP
Nitin Mukesh, PMP
Gaurav Mukherjee, CSM, PMP
Stephen Murefu
Wanja Murekio, MBA, PMP
Jennifer Murphy, B.Comm(Int), MBS, MSc
Syed Ahsan Mustaqeem, PE, PMP
Yassir Nagy, PMI-ACP, PMP, PgMP
Devan Naidu, MBA, PMP, PfMP

Brijesh Nair, CEng, PMP, PgMP
Asaya Nakasone, PMP
Saed Namazi, MBA, PRINCE2, PMP
Sareesh Narayanan
Sripriya V Narayanasamy, MCA, PMP
Zabihollah Nasehi
Faig Nasibov, PMP
Mahmoud Nasr, Eng., MSc, CPM
Asad Naveed, MS-Eng, MEF-CECP, PMP
Karthikeyan NB, MCA, CSM, PMP
Gundo Nevhutalu, MSc, PMP
Kian Ching Ng, MSc, PMP
Sam Nicholson
Eric Nielsen, PMP, CDA
Manisha Nigam, CSM, TOGAF 9, PMP
Aleksei Nikitin, PMI-ACP, PMI-RMP, PMP
Mohammad Ali Niroomand Rad, MArch, PMP
Jose Noguera, 6SBB, CSP0, PMP
Michael Nollet, MBA, PMI-ACP, PMP
Eric Norman, PMP, PgMP, Fellow
Patryk Nosalik, EMBA, AgilePM, PMP
Toru Oda, PMP
Antonio Oliva González, SMPC, SCPO, PMP
Ernesto Olivares
Matheus Angelini Vidigal de Oliveira
Tiago Chaves Oliveira, PMP
Antonio Olivieri, PMI-ACP, PMI-RMP, PMP
Habeeb Omar, PMP, PgMP, PfMP
Austin Baraza Omonyo, PhD, P2 Pr, PMP
Stefan Ondek, PMP
Arivazhagan Ondiappan,
   PhD(hon), MBB, PMI-RMP, PMP
Michael Ord, AccMIVMA, CPEng, RPEQ
Stefano Orfei, PMI-PBA, PMP
Henrique Ortega-Tenorio, MBA, PMP
Cristiano Ottavian, PRINCE2P, PMP
Ramesh P B, CAIIB, PMI-ACP, PMP
Antonio Pagano
Vijayalakshmi S. Pai, PRINCE2, PMP
Ravindranath Palahalli, BE, PG ADR, PMP
Jorge Palomino Garcia, Eng, MBA, PMP
Hariyo Pangarso
Emmanouil Papadakis, PhD, MSc, PMP
Paul Paquette, MBA, PMI-RMP, PMP
Divya Pareek, BTech, GMP-YLP (IIMB Alumna)
Stéphane Parent, PMI-RMP, PMI-SP, PMP
Reginald Paul Parker, MS, CAS, PMP

Cristina Parodi
Satyabrata Pati, PMP
Laura Paton, MBA, PMI-PBA, PMP
Nanette Patton, MSBA, PMP
Marcus Paulus, MBA, P2P, PMP
Neil Pearson, PhD, PMP
Srinivasa Rao Pentapalli,
   CMQ/OE, LEED AP, PMP
Craig A. Perue, MBA, CMQ/OE, PMP
Dana Persada, MBA, PMP
Pradeep Perumparambil
Mark Peterson
Yvan Petit
Brian Phillips
Durga P Phuyal, MA, CDA, PMP
Paolo Pierani, PSM, 6 Sigma, PMP
Kavita Pikle, PMP
Crispin Kik Piney, PMP, PfMP
Jose Angelo Pinto, PMP
Daniel Fernandes Pinto, MSc, PMP
Massimo Pirozzi, MSc Eng, PrinPM, PMI-ACP
Frank Polack
Alejandro Polanco, SCPM, LPM, PMP
Aaron Porter
Napoleon Posada, MBA, PMP
Svetlana Prahova, PMP, CSPO
B K Subramanya Prasad, CSM, PMP
Adi Prasetyo, PrinPM, MEng, PRINCE2, PMP
Pedro Pretorius, MCom, PMP
Claudia Prince, PMP
Carl Pritchard, PMI-RMP, PMP
Carl Pro
Hossein Radmehr
Medhat Ragab Metwaly, PMI-RMP, PMP
Sriramasundararajan Rajagopalan, PgMP, PfMP
Anne Niroshi Rajamohan, MSc
Swetha Rajesh, ITIL, CSM, PMP
Karthik Ramamurthy, MCA, MBA, PMP
Gurdev Randhawa, MBA, BE, PMP
Alakananda Rao, MSc, PGDBA, PMP
S. Raghavendra Rao, SAFe(Agi), CSM, PMP
Reda Rashwan, Eng, MCP, AmiChemE, PMP
Rahul Rathod, MSPM, MBA, PMP
Steve Ratkaj
P. Ravikumar, PMI-ACP, PMP, PgMP
Kris Ravuvari, BSc Tech, M. Tech, PMP
Mohammad Yawar Raza, Eng., PMI-ACP

Krupakara Reddy, PRINCE2, SMC, PMP
S. Sreenivasula Reddy, MTech., MIE
Lucas Rocha Rego
Nabeel Ur Rehman,
    Eng, PMI-ACP, PMI-PBA, PMP
Alexander V. Revin, PMP
Roman Reznikov, PRINCE2, ITIL, PMP
Tashfeen Riaz, PgMP, PMP, PMI-ACP
Juan Carlos Ribero Gómez, Ing, PMP
Andre Luis Fonseca Ricardi, PMP
Chris Richards, PMP
Fabio Rigamonti, PMP
Ivan Rincon, PMP, PgMP, CISA
Laurajean Rispens, PMP, PMI-ACP
Hasnain Rizvi, PhD, SPC, CSP, PMP
Kenneth Robson, PMP
Ruy Rodriguez-Roman, CPA, PMP
Sergio Rojas A., Eng, MBA, PMP
Dan S. Roman, CSSBB, PMI-ACP, PMP
Sadegh Roozbehi, DBA PMP
María Rosas, PMO-CP, SA, PMP
J. Travis Rose, PMP
Michela Ruffa, PMI-RMP, PMP
Tim Rumbaugh
Brian Rush
Philip Russell, PMP
Mike Ryal, PMP
Nagy Saad, ITIL, PMI-ACP, PMP
Mohammed Salaheddien Saad, Ph, PMP
Gopal Sahai, MSP, PMI-PBA, PMP
Ahmad Said, MM, PMP
Savio Saldanha, BE, CTFL, PMP
Ahmed Omer Saleh Mubarak, Eng, MBA, PMP
Sarvenaz Salimitabar
Ing. Roger Salinas-Robalino, MSIG, PMP
Emre Salmanoglu, PMP
Mario Salmona, PMI-PBA, PMI-RMP, PMP
Omar Samaniego
Abubaker Sami, MoP, PgMP, PfMP
Yishai Sandak, MSc, PMI-ACP, PMP
Shankar Sankaran
Prithvinand P. Sarode, BE, PMP
Sachlani Sarono, P3OF, PSM I, PMP
Muhammad Sauood ur Rauf, PMP
Bipin Savant, MTech, CBM, PMP
Jean-Charles Savornin, PMP
Guy Schleffer, PMP, PgMP, PfMP

Gary Schmitz, PMI-ACP PMI-PBA, PMP
David Schwantes, MBA, CSM, PMP
Dayashankara Sedashivappa
Arun Seetharaman
Grégoire Semelet
Yad Senapathy, MS, PMP
Carl Sergeant, PMP
Nikita Sergeev, PhD, MBA, IPMA, PM
Daisy Sg
Casey Shank, PEng, PMP
Giridhar Shankavaram
Ali Sheikhbahaei, PE, PMI-RMP, PMP
Lokman Shental, PMP, TOGAF
Dennis Sherman, PhD, PMP
Hatim Sid Ahmed, MBBS, PMP
Sameer Siddhanti, MSc, PMP, PMP
Gary Sikma, PMI-ACP, PMP
Marcos Felix Silva
Marisa Silva, MSc, PMP
Michael Sims, MBA
Mayank Veer Singh, Eng
Ravinder Singh, PSM I, PRINCE2, PMP
Ashwani Kumar Sinha, MBA, MSc
Gitika Sinha, ITIL, PMI-ACP, PMP
Ann Skinner, PhD, PMP
Daniel Sklar, PMP
Jen Skrabak, PMP, PfMP
Steven Skratulja
Martin J Smit, PhD, PMP
Daniele Almeida Sodré
Victor S. Sohmen, EdD, MBA
Boon Soon Lam
Joseph Sopko
Mauro Sotille, MBA, PMI-RMP, PMP
Fernando Souza, CSM, CSPO, PMP
Russel Souza, PMP
Michael Spatola, MSSM, MS, PMP
Clifford Sprague, PSPO1, PMP
Mario Špundak, PhD, PfMP
Sreeshaj Sreedhar, SS, BBELT, PMP
Nitesh Srivantava
Gunawan ST, PMI-RMP, PMP
Klaus J. Stadlbauer, PMP
Cameron Stewart, PMI-ACP, PMP
Jim Stewart, CSM, PMI-ACP, PMP
Ian R. Stokes, PMP
Nathan Subramaniam, ITIL4, TOGAF 9, PMP

Premkumar Subramanian, MBA, PMP
Yasuji Suzuki, PMI-ACP, PMP
Lisa Sweeney, PMP
Grzegorz Szalajiko
Ahmed Taha, PhD, PRINCE2, PMI-RMP, PMP
Mohammad Mehdi Tahan, MSc, PMP
Mohamed Taher Arafa, PMI-ACP, PMI-RMP, PMP
Shoji Tajima, ITC, ITIL, PMP
Nilton Takagi, MSc, PMP
Peter Wee Seng Tan, CPP, CISSP, PMP
Tetsuya Tani, CBAP, PMP
Chelsea Tanimura, MPA, PMP
Awadalsaid Tara, Eng, MScE, SFC, PMP
Usama Tariq, Eng, PMP
Carsten Tautz
Jose Teixeira De Paulo, PMI-RMP, PMI-SP, PMP
Iván Samuel Tejera Santana, PSM, PMI-ACP, PMP
Gerhard Tekes, Dipl Inf, PMOVR-CP, PMP
Maria Temchina, PMI-ACP, PMP
Daniel Tennison, PE, PMP
Hector Teran, PMP
Gino Terentim, PMI-ACP, PMP, PfMP
Carlos Tessore, PhD, PMI-RMP, PMP
Mohammed Thoufeeq
Shuang Tian, PMI-ACP, PMP
Naveen Tirkey, PhD, PMP, CCRA
Claudia Tocantins, MSc, PMP
Mark Tolbert
Dyana Torquato, PMI-ACP, PMP
Süleyman Tosun, PhD, PSM I, ITIL, PMP
Sayed Tousif, BE, PMCP
Bella Trenkova, ICP-ACC, SPC4, PgMP
Mario Trentim, PMI-PBA, PMP, PfMP
John N. Tse, MBA, CDA, PMP
Georg Turban, PMP
Daniel Ubilla Baier, MBA, PMI-RMP, PMP
Yoon Sup Um, PMI-ACP, PMI-RMP, PMP
Hafiz Umar
Judith W. Umlas, SVP, IIL
Joseph Ursone, CSM, MCP, PMP
Ebenezer Uy, SSBB, PMI-ACP, PMP
Ali Vahedi, PMP, PgMP, PfMP
Madrony Valdivia Ponce, ING, ITIL
Andre Bittencourt do Valle, PhD, SAPM
Henk-Jan van der Klis, MSc, PMP
Tom Van Medegael, PMP
Raymond van Tonder, PMP, PMI-ACP
Ricardo Vargas, PhD, SAFe SPC, PMP
Enid T. Vargas Maldonado,
    PMI-ACP, PMI-PBA, PMP
Santosh Varma, PDGCA, ITIL, PMP
Norm Veen, MBA, PMP
Jean Velasco, MBA, PMP
Vijay Vemana, SAFe, PMP, PgMP
Nagesh Venkataramanappa, PMP
Charu Venkatararaman, CSM, CSPO, PMP
Vanessa Ventura
Eddy Vertil, PhD (ABD), PMI-RMP, PMP
Anand Vijayakumar, PMI-RMP, PMP, PgMP
Roberto Villa, PMP
Tiziano Villa, PMI-ACP, PMP
Aura Villagrana, MBA, SPC, PMP
Esteban Villegas, PMI-ACP, PMP
Andrea Vismara, MBA, PMI-PBA, PMP
Lislal Viswam, MSc, CSM, PMP
Yiannis Vithynos, PRINCE2P, PMI-ACP, PMP
Vijay Vittalam, PMI-ACP, PMI-RMP, PMP
Aline Vono
Thomas Walenta, PMP, PgMP
Qun Wang, CSPO, CSM, PMP
Gorakhanath Wankhede, PMP
J. LeRoy Ward, PMP, PgMP, PfMP
Muhammad Waseem, MS(PM), PMP
Toshiyuki Henry Watanabe, PE.JP, PMR.JP, PMP
Barb Waters, MBA, PMP
John Watson, PMP, PMI-ACP
Darrell Glen Watson Jr., MPM, PMP
Ganesh Watve, MBA, SMC, PMP
Patrick Weaver, FAICD, PMI-SP, PMP
Xu Wei, PMP
Lars Wendestam, MSc, PMP
Michal Wieteska, ASEP, PMP
Bronsen Wijaya
Angela Wiley, PMP
Edward Williams
Doug Winters, CSSBB, PMP
Louise Worsley, MA
Te Wu, PhD, PMP, PgMP, PfMP
Yang Xiao, MBA, SCOR-P, PMP
Rajesh K. Yadav, MTech
Aliaa Yahia Elshamy, PharmD, PMP, MQM, TQM
Zhang Yanxiang
Bill Yates
Auguste Yeboue, MBA, DBA, PMP

Fu Yongkang
Cynthia Young, DBA, LSSMBB, CMQ/OE, PMP
Daniel Alfredo Zamudio López,
    SMC, PgMP, PMP
Stefano Mario Zanantoni, PMP
Emanuele Zanotti, PhD, PMP
Ken Zemrowski, ESEP, MSTM

Cristina Zerpa, MC, PMP
Bin Zhao
Fangcun Zhao
Jutta Edith Zilian, CISA, CISM, CGEIT
Priscila Tavares da Sliva Zouback
Alan Zucker, DAC, PMI-ACP, PMP

X1.2 PERSONAL DEL PMI

Se debe mencionar especialmente a los siguientes empleados del PMI:

Marvin Nelson, DBA, SCPM
Danielle Ritter, MLIS, CSPO
Kim Shinners
Roberta Storer
Stephen A. Townsend
Barbara Walsh, CSPO
Daniel Wiser

X1.3 GRUPO DE VOLUNTARIOS DE VERIFICACIÓN DE LA TRADUCCIÓN AL ESPAÑOL

Jorge Escotto, MIT, PMI-RMP, PMP
Alejandra Nazar Kafaty, PMP, CSM
Fernando Schinca, MBA, PMP
Esteban Villegas, PMP, PMI-ACP

X1.4 MIEMBROS DEL COMITÉ DE VERIFICACIÓN DE LAS TRADUCCIONES

Barbara Walsh, CSPO
Kim Shinners
Vivian Isaak, Presidente, Magnum Group, Inc., Agencia de traducción
Brian Middleton, Gerente de Soluciones Estratégicas, Magnum Group, Inc., Agencia de traducción

Apéndice X2
Patrocinador

X2.1 INTRODUCCIÓN

La investigación ha demostrado que un patrocinador activo del proyecto es un factor de éxito crítico para lograr resultados positivos del mismo. Este apéndice describe las acciones y el impacto de los patrocinadores y cómo estos factores contribuyen al éxito general del proyecto.

X2.2 EL ROL DEL PATROCINADOR

Dependiendo de la organización, un proyecto generalmente cuenta con un patrocinador. El patrocinador del proyecto aporta un liderazgo de decisión sobre la autoridad y la posición de poder del director del proyecto y del equipo de proyecto. El involucramiento activo y la supervisión de un patrocinador del proyecto prestan soporte al director del proyecto, al equipo de proyecto y, en última instancia, impulsan los resultados del mismo. El patrocinador también vincula al equipo de proyecto con la estrategia y la visión general a nivel ejecutivo de la organización.

Los patrocinadores desempeñan las siguientes funciones, entre otras:

- Comunicar la visión, las metas y las expectativas al equipo.
- Abogar por el proyecto y el equipo.
- Facilitar las decisiones a nivel ejecutivo.
- Ayudar a asegurar los recursos.
- Mantener los proyectos alineados con los objetivos del negocio.
- Eliminar los obstáculos.
- Abordar los problemas que quedan por fuera de la autoridad del equipo de proyecto.
- Ofrecer a la alta dirección las oportunidades que surjan dentro del proyecto.
- Monitorear los resultados del proyecto después del cierre para garantizar que se materialicen los beneficios de negocio previstos.

La posición del patrocinador dentro de la organización y la perspectiva que se logre desde ese nivel le permiten al patrocinador proporcionar apoyo clave al equipo en las siguientes áreas:

- **Visión.** Establecer y/o comunicar la visión y dirección del proyecto.
- **Valor del negocio.** Trabajar con el equipo de manera consistente para mantener la alineación con los objetivos estratégicos y de negocio. Cuando el mercado, la competencia y la estrategia son volátiles y evolucionan, esto puede requerir interacciones frecuentes para ajustar el trabajo del proyecto con el fin de cumplir con la dirección evolutiva.
- **Enfoque en el cliente.** Equilibrar las diferentes necesidades y prioridades de los interesados. Cuando hay múltiples interesados, especialmente interesados con necesidades en conflicto, puede ser necesario priorizar las necesidades de los mismos y hacer concesiones.
- **Decisiones.** Tomar decisiones o dirigir decisiones a la persona o grupo apropiado cuando haya decisiones que estén fuera de la autoridad del equipo de proyecto. Si el equipo no puede tomar una decisión o si el equipo entra en conflicto, los patrocinadores pueden mediar en conflictos y facilitar el proceso de toma de decisiones.
- **Motivación.** Al involucrarse y apoyar activamente al equipo del proyecto, los patrocinadores sirven como fuente de motivación.
- **Rendición de cuentas.** Dependiendo del nivel de autoridad del rol, los patrocinadores a menudo rinden cuentas por los resultados del proyecto. En este rol, pueden aceptar o rechazar los entregables del proyecto.

X2.3 FALTA DE INVOLUCRAMIENTO

Cuando el patrocinador no está involucrado o cuando ese rol está vacante, se pierden muchos de los beneficios asociados con las actividades enumeradas en la Sección X2.2. Esto puede tener un impacto negativo sobre la efectividad del proyecto. El desempeño del proyecto se ve afectado porque a menudo existen plazos de decisión más prolongados y prioridades contradictorias. Si el patrocinador no está ayudando a asegurar los recursos, esa brecha puede afectar el acceso a los miembros del equipo necesarios o a la adquisición de recursos físicos. Cuando no existe apoyo directo del patrocinador los miembros del equipo pueden ser removidos o cambiados. Estos cambios pueden causar impactos negativos en el alcance, la calidad, el cronograma y el presupuesto y disminuir la probabilidad de lograr los resultados deseados y la satisfacción de los interesados.

X2.4 COMPORTAMIENTOS DEL PATROCINADOR

Hay ciertos comportamientos que muestran los patrocinadores que pueden ayudar a los equipos a desempeñarse de manera efectiva y, por lo tanto, mejorar los resultados del proyecto:

- **Facilitar recursos.** Actuar como enlace con la organización para garantizar que el equipo tenga los conjuntos de habilidades necesarios y los recursos físicos necesarios para entregar el proyecto.
- **Guiar.** Proporcionar una visión motivadora alrededor de la cual el equipo pueda congregarse.
- **Alinear.** Mantener la alineación entre las metas estratégicas de la organización y los resultados del proyecto. Si el mercado o las metas de la organización cambian, trabajar con el equipo de proyecto para reorientar la dirección del proyecto con el fin de satisfacer las necesidades actuales.
- **Adaptar.** Trabajar junto al equipo para adaptar la estructura, cultura, procesos, roles y trabajar para optimizar los resultados.
- **Influenciar.** Habilitar los cambios necesarios para la adopción en las operaciones posteriores al proyecto. Esto incluye liderazgo, compromiso y colaboración con los interesados en toda la organización.
- **Comunicar.** Proporcionar un intercambio continuo de información desde la organización al equipo y desde el equipo a la organización.
- **Asociarse.** Asociarse con el equipo para lograr el éxito. Esto puede incluir coaching, mentoría y demostrar un compromiso personal con el objetivo del proyecto.
- **Verificar.** Involucrarse con el equipo para estimular el pensamiento crítico haciendo preguntas, cuestionando supuestos y fomentando la innovación.
- **Desbloquear.** Eliminar impedimentos y barreras y resolver incidentes que están fuera de la autoridad o capacidad del equipo para abordarlos.

X2.5 CONCLUSIÓN

El vínculo estratégico que proporciona el patrocinador empodera y permite al equipo de proyecto optimizar su desempeño, manteniendo la alineación con la estrategia de la organización. El patrocinador facilita el involucramiento y la toma de decisiones y asegura que las habilidades y los recursos necesarios estén disponibles. Estas actividades y comportamientos aumentan la probabilidad de lograr los resultados deseados del proyecto.

X2.6 RECURSOS SUGERIDOS

Ahmed, R., Mohamad, N. A. B., & Ahmad, M. S. 2016. Effect of multidimensional top management support on project success: An empirical investigation. *Quality & Quantity, 50*(1), 151–176. https://doi.org/10.1007/s11135-014-0142-4

Kloppenborg, T. J., Tesch, D., & Manolis, C. 2014. Project success and executive sponsor behaviors: Empirical life cycle stage investigations. *Project Management Journal, 45*(1), 9–20. https://doi.org/10.1002/pmj.21396

Project Management Institute (PMI). 2012. *Executive engagement: The role of the sponsor.* Extraído de https://www.pmi.org/business-solutions/white-papers/executive-engagement-sponsor-role.

Project Management Institute. 2014. Pulse of the Profession® Report, *Executive sponsor engagement: Top driver of project and program success.* Extraído de https://www.pmi.org/-/media/pmi/documents/public/pdf/learning/thought-leadership/pulse/executive-sponsor-engagement.pdf?v=411b7196-1cb4-4b29-b8d2-2764513bd175&sc_lang_temp=en

Zwikael, O. 2008. Top management involvement in project management: Exclusive support practices for different project scenarios. *International Journal of Managing Projects in Business,* 1(3), 387–403. https://doi.org/10.1108/17538370810883837

Apéndice X3
La Oficina de Dirección de Proyectos

X3.1 INTRODUCCIÓN

El acrónimo "PMO" puede referirse a una oficina de dirección de portafolios, programas o proyectos. En el contexto de la *Guía del PMBOK®* – Séptima Edición, la oficina de dirección de proyectos (PMO) representa una estructura de gestión que estandariza los procesos de gobernanza relacionados con el proyecto y facilita el intercambio de recursos, herramientas, metodologías y técnicas. Reconociendo que el carácter y la función de una PMO varían entre las organizaciones, e incluso dentro de la misma organización, este apéndice describe los atributos comunes entre las PMO y discute cómo prestan soporte al trabajo del proyecto.

X3.2 LA PROPUESTA DE VALOR DE LA PMO — ¿POR QUÉ TENER UNA?

Las organizaciones establecen PMO por diversas razones, pero con un beneficio central en mente: mejor dirección de proyectos en términos de cronograma, costo, calidad, riesgo y otras facetas. Las PMO tienen muchas funciones potenciales en la alineación del trabajo con los objetivos estratégicos: involucrar y colaborar con los interesados, desarrollar el talento y obtener valor de las inversiones en los proyectos.

Las PMO pueden adoptar múltiples formas. Comprender cómo se utilizan las PMO en las organizaciones, así como los roles y responsabilidades asignados resaltan la gama de beneficios que pueden ofrecer las PMO:

- Algunas PMO proporcionan orientación acerca de la dirección de proyectos, lo que apoya la coherencia en la forma en que se ejecutan los proyectos. Estas PMO pueden proporcionar pautas, plantillas y ejemplos de buenas prácticas, junto con capacitación y coaching. Los enfoques y herramientas estandarizados promueven un panorama de negocio común a todos los proyectos y facilitan las decisiones que trascienden las preocupaciones individuales de los proyectos. Este tipo de PMO a menudo existe en organizaciones que apenas están comenzando a mejorar sus capacidades de dirección de proyectos.

- Una PMO puede ofrecer servicios de apoyo al proyecto para actividades de planificación, gestión de riesgos, seguimiento del desempeño del proyecto y actividades similares. Este modelo de servicios compartidos de una PMO a menudo existe en organizaciones con unidades de negocio independientes o diversas que solicitan apoyo para la entrega y al mismo tiempo mantienen un control más directo sobre sus proyectos.

- Las PMO pueden formar parte de un departamento o unidad de negocio y supervisar un portafolio de proyectos. La supervisión puede incluir actividades tales como requerir un caso de negocio para iniciar un proyecto, asignar recursos financieros y de otro tipo para entregar el proyecto, aprobar solicitudes para cambiar el alcance o las actividades del proyecto, y funciones similares. Este tipo de PMO proporciona una dirección centralizada de los proyectos. Esta estructura existe en organizaciones que tienen departamentos con múltiples proyectos y que ofrecen resultados estratégicamente importantes, como las capacidades de TI o el desarrollo de nuevos productos.

- Una organización puede tener una PMO a nivel empresarial (EPMO) que vincule la implementación de la estrategia organizacional con las inversiones a nivel de portafolio en programas y proyectos que brindan resultados, cambios o productos específicos. Esta estructura existe en organizaciones con capacidades de dirección de proyectos bien establecidas que están directamente vinculadas al logro de la estrategia organizacional y amplios objetivos de negocio.

- Las organizaciones con estructuras más planas, iniciativas centradas en el cliente y enfoques de entrega más adaptables pueden adoptar una estructura de Centro de Excelencia Ágil (ACoE) u Oficina de Entrega de Valor (VDO). La ACoE/VDO cumple un rol habilitador, más que una función de gestión o supervisión. Se centra en realizar coaching a equipos, desarrollo de aptitudes y capacidades ágiles en toda la organización y mentoría a los patrocinadores y dueños de los productos para que sean más efectivos en esos roles. Este tipo de estructura está surgiendo dentro de las organizaciones que adoptan estructuras más descentralizadas donde los equipos deben responder rápidamente a las cambiantes necesidades del cliente.

Las PMO pueden ser estratificadas. Por ejemplo, una EPMO puede tener PMO y VDO subordinadas que residen dentro de departamentos específicos. Dicha estratificación apoya la alineación estratégica a nivel de EPMO y las capacidades de dirección de proyectos específicas dentro de la PMO o VDO departamental.

La formación de cualquier tipo de PMO o VDO se basa en las necesidades organizacionales. Los personas influyentes clave que ayudan a dar forma a la PMO o VDO incluyen los tipos de proyectos que se están entregando, el tamaño de la organización, su(s) estructura (s), el grado de toma de decisiones centralizada/descentralizada y la cultura corporativa. A medida que las necesidades de la organización cambian con el tiempo, las PMO y las VDO evolucionan en consecuencia. Por ejemplo, una PMO puede transformarse en una VDO, o la PMO puede ser cerrada después de cumplir con el propósito de su constitución.

X3.3 CAPACIDADES CLAVE DE LA PMO

El Estándar para la Dirección de Proyectos establece que los proyectos son parte de un sistema para la entrega de valor dentro de las organizaciones. Las PMO pueden apoyar ese sistema y son parte del mismo. Así como los equipos de proyecto necesitan capacidades específicas para ofrecer resultados, también las necesitan las PMO. Las PMO efectivas efectúan tres contribuciones clave que apoyan la entrega de valor:

▶ **Fomentar la entrega y las capacidades orientadas a los resultados.** Las PMO fomentan las capacidades de dirección de proyectos. Se aseguran de que los empleados, contratistas, asociados, etc., que están dentro y fuera de la PMO, entiendan, desarrollen, apliquen y valoren una gama de habilidades y competencias de dirección de proyectos. Se centran en el dimensionamiento correcto de los procesos y la gobernanza, en función de las características únicas de cada proyecto, para producir resultados de alta calidad de manera eficiente, rápida y efectiva.

▶ **Mantener la perspectiva del "panorama general".** Mantenerse fiel a los objetivos de un proyecto sigue siendo un elemento clave del éxito. La corrupción o deslizamiento del alcance y las nuevas prioridades no alineadas con los objetivos estratégicos o de negocio pueden permitir que los proyectos se desvíen del curso. Las PMO fuertes evalúan el desempeño de los proyectos con miras a la mejora continua. Evalúan el trabajo en el contexto del éxito general de la organización en lugar de maximizar los resultados de un proyecto específico. Proporcionan a los equipos de proyecto, la alta dirección y los líderes de negocio información y orientación que les ayudan a comprender las circunstancias y opciones actuales como apoyo a la toma de decisiones.

▶ **Mejora continua, transferencia de conocimiento y gestión de cambios.** Las PMO fuertes comparten regularmente los resultados del proyecto en toda la organización con el fin de transferir el conocimiento valioso obtenido de cada proyecto. Las actividades de aprendizaje y de intercambio informan los objetivos estratégicos y de negocio, al tiempo que mejoran las actividades que fortalecen la ejecución futura de proyectos. La gestión efectiva de cambios en la organización construye y mantiene la alineación con las actualizaciones de procesos, las mejoras de las capacidades y las nuevas habilidades que apoyan la dirección de proyectos.

X3.4 EVOLUCIONAR PARA FORTALECER LA OBTENCIÓN DE BENEFICIOS

Para muchas empresas, una mayor incertidumbre, un ritmo acelerado de cambio, una mayor competencia y clientes más empoderados quieren decir que las organizaciones producen valor en un entorno cada vez más complejo. La capacidad de implementar nuevas iniciativas estratégicas y cambiar rápidamente se está convirtiendo en un diferenciador clave. Estos cambios también están ejerciendo una mayor presión sobre las PMO para demostrar sus contribuciones a la obtención de beneficios y la creación de valor. Las PMO están evolucionando para hacer frente a estos desafíos:

- **Centrándose en iniciativas críticas.** Si bien todos los proyectos son importantes, las iniciativas estratégicas pueden afectar significativamente el futuro de la organización, su relación con sus interesados y sus capacidades. Los PMO están cambiando de ser guardianes del proyecto a orquestar conversaciones entre líderes sénior, jefes de unidades de negocio, dueños de producto y equipos de proyecto. Estas conversaciones proporcionan información precisa sobre el desempeño, las amenazas y las oportunidades del proyecto que pueden afectar iniciativas estratégicas importantes. Tal enfoque promueve la claridad y la corrección del curso en torno a los incidentes emergentes y a la obtención más completa posible de los resultados de negocio.

- **Instituyendo procesos inteligentes y sencillos.** Las PMO están dimensionando correctamente las capacidades de su organización al establecer la disciplina de procesos y prácticas justas para permitir una comunicación, colaboración y mejora continua efectivas sin agregar pasos innecesarios o anular procesos que están produciendo valor.

- **Fomentando el talento y la capacidad.** Las PMO están desempeñando un rol más proactivo en el reclutamiento y retención de miembros talentosos del equipo. Están desarrollando y nutriendo habilidades técnicas, estratégicas, de gestión y de liderazgo dentro de los equipos de proyecto y en toda la organización.

- **Fomentando y habilitando una cultura de cambio.** Las PMO se están convirtiendo en líderes del cambio al crear activamente apoyo y compromiso a nivel de toda la organización, para los resultados y el desempeño centrado en los beneficios y la gestión de cambios en la organización como diferenciadores competitivos.

X3.5 MÁS INFORMACIÓN SOBRE LAS PMO

Estos estándares y guías del PMI proporcionan información adicional sobre el rol de la PMO desde diferentes perspectivas. Pueden ofrecer percepciones adicionales e información útil.

Project Management Institute. 2017. *The Standard for Organizational Project Management.* Newton Square, PA: Autor.

Project Management Institute. 2017. *The Standard for Portfolio Management.* Newton Square, PA: Autor.

Project Management Institute. 2017. *El Estándar para la Dirección de Programas.* Newton Square, PA: Autor.

Project Management Institute. 2017. *The Standard for Business Analysis.* 2017. Newton Square, PA: Autor.

Project Management Institute. 2017. *Guía Práctica de Ágil.* Newton Square, PA: Autor.

Project Management Institute. 2016. *Governance of Portfolios, Programs, and Projects: A Practice Guide.* Newton Square, PA: Autor.

X3.6 RECURSOS SUGERIDOS

Project Management Institute. 2013. *Strategic Initiative Management: The PMO Imperative.* Disponible en https://www.pmi.org/learning/thought-leadership/pulse/strategic-initiative-management-the-pmo-imperative.

Project Management Institute. 2013. *The Impact of PMOs on Strategy Implementation.* Disponible en https://www.pmi.org/learning/thought-leadership/pulse/impact-pmo-strategy-in-depth.

Project Management Institute. 2013. *PMO Frameworks.* Disponible en https://www.pmi.org/learning/thought-leadership/pulse/pmo-frameworks.

Apéndice X4
Producto

X4.1 INTRODUCCIÓN

En la última década se ha producido una transición gradual en los conceptos de dirección de proyectos. Criterios tales como la definición del éxito como el cumplimiento del alcance, el cronograma y los objetivos del presupuesto, han pasado a medir el valor y los resultados (no las salidas) del proyecto. La gestión del producto está alineada con este concepto de valor y añade una perspectiva de plazo más extenso. Estos conceptos se muestran en la Tabla X4-1.

Tabla X4-1. Vistas de Dirección de Proyectos y Gestión de Productos

Atributo	Vista de Proyecto	Vista de Producto
Enfoque	Resultados	Resultados
Métricas usuales	Valor	Valor de negocio
Modelo de dotación de personal	Equipos temporales	Equipos estables
Énfasis en la entrega	Rendición de cuentas por "Entregar valor"	Rendición de cuentas por "Inicio a retiro"

Este apéndice proporciona información sobre el desarrollo del producto que plantea consideraciones sobre adaptación para que los equipos las tomen en cuenta. Describe cómo los productos y servicios continúan desarrollándose y evolucionando a través de su utilización y durante su vida. Para los propósitos de este apéndice, los productos, la gestión del producto y el ciclo de vida del producto se definen como:

Producto. Un producto es un artefacto que es producido, es cuantificable y puede ser un elemento terminado en sí mismo o un componente de un elemento.

Gestión del producto. La gestión del producto es la Integración de personas, datos, procesos y sistemas comerciales para crear, mantener y evolucionar un producto o servicio a lo largo de su ciclo de vida.

Ciclo de vida del producto. El ciclo de vida del producto es una serie de fases que representan la evolución de un producto, desde el concepto hasta la entrega, el crecimiento, la madurez y el retiro.

Dadas estas definiciones, los productos van más allá de un ciclo de vida del proyecto. Funcionan más como programas de larga duración que se centran en maximizar la obtención de beneficios. Por ejemplo:

- El producto iPhone® de Apple ha pasado por múltiples versiones con futuras actualizaciones en el tablero de dibujo de alguien.

- Una vez terminados, los edificios y viviendas requieren un mantenimiento continuo para conservarlos funcionando correctamente y, en puntos específicos, pueden ser remodelados o ampliados para diferentes usos.

El desarrollo continuo influye en muchos factores que incluyen, entre otros, modelos de financiamiento, modelos de dotación de personal, desarrollo y prácticas de sostenimiento.

X4.2 CAMBIOS EN EL MERCADO GLOBAL

Tres tendencias a nivel global están alterando los modelos de negocio tradicionales y transformando los productos y los servicios (véase el Gráfico X4-1).

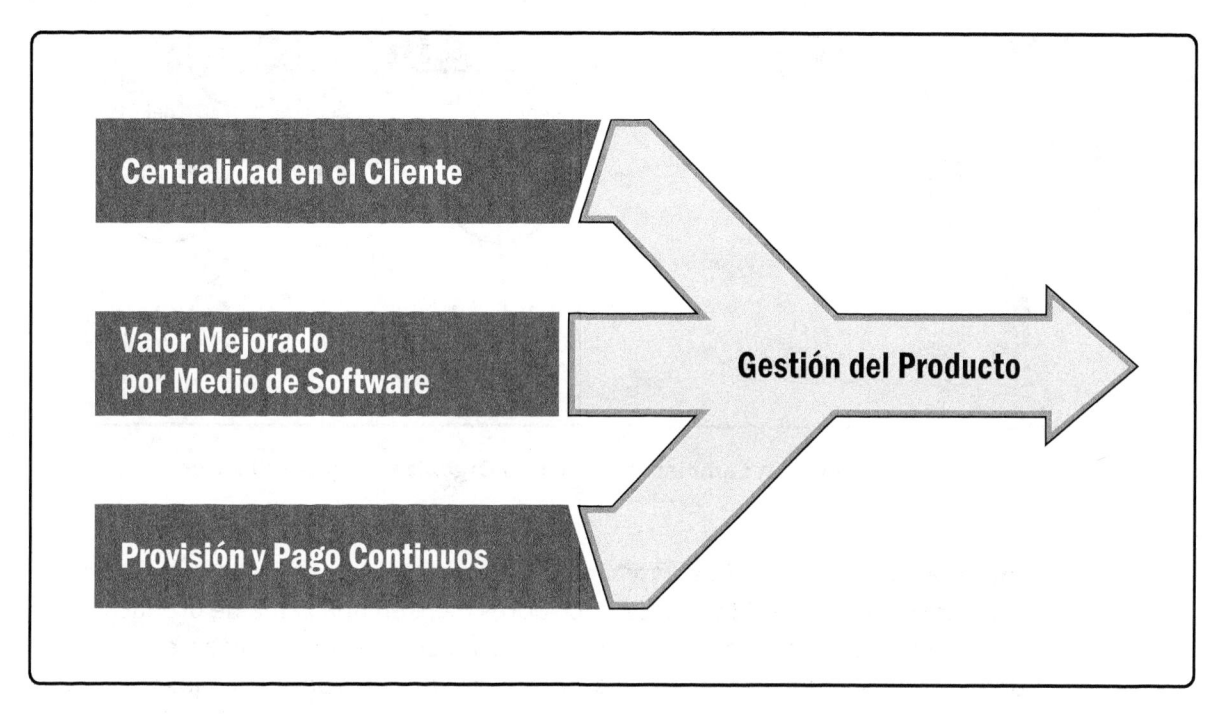

Gráfico X4-1. Tendencias Globales de Negocio que Influyen en la Gestión del Producto

▶ **Centralidad en el Cliente.** La centralidad en el cliente invierte el modelo tradicional de las organizaciones que desarrollan productos y los envían a los clientes. Hoy en día, las organizaciones están cambiando con el fin de comprender mejor, servir y mantener la lealtad del cliente (véase el Gráfico X4-2). La tecnología actual puede capturar una gama de datos y requisitos de los clientes que las organizaciones analizan y utilizan para posibles mejoras de productos, oportunidades de venta cruzada, ideas de nuevos productos, etc.

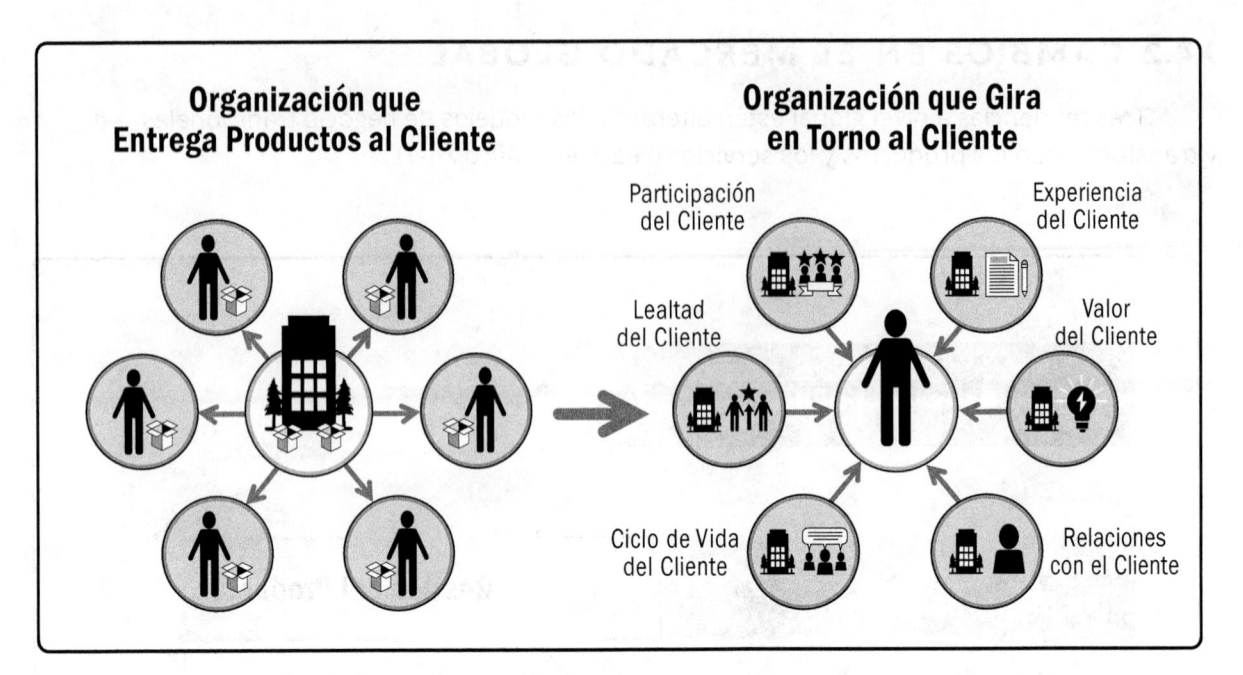

Gráfico X4-2. La Relación Cambiante entre una Organización y sus Clientes

▶ **Valor mejorado por medio de software.** El software y las capacidades que puede proporcionar se han convertido en diferenciadores clave en una gama de productos y servicios hoy en día. Hace treinta años, el software funcionaba predominantemente en computadores dedicados. Hace diez años, el software fue incorporado en los sistemas de control para vehículos y hogares, como resultado de los sistemas mejorados de comunicación inalámbrica y por satélite. Ahora, incluso los dispositivos más mundanos ejecutan software que añade nuevas capacidades y captura datos sobre uso.

La mayoría de las organizaciones realizan al menos una parte de sus negocios transaccionales electrónicamente a través de sitios web y aplicaciones. Debido a la necesidad continua de actualizar y mantener estos sistemas, estos servicios terminan su ciclo de desarrollo únicamente cuando el producto o servicio es retirado.

▶ **Provisión y pago continuos.** Los cambios en los modelos económicos establecidos están transformando muchas organizaciones. Los servicios de transacción única están siendo sustituidos por la provisión y el pago continuos. Algunos ejemplos:

> *Publicación.* Autopublicación, distribución directa y libros electrónicos que permiten un refinamiento y desarrollo continuos después de la publicación.
>
> *Financiamiento.* El alejamiento de las sucursales locales y la orientación hacia el micro-préstamo con financiamiento en lotes más pequeños se basa en la evaluación del valor entregado.
>
> *Start-ups (Empresas emergentes).* Con el aumento de la gig economy (economía de agentes libres) y los mercados personalizados, hoy en día hay más empresas emergentes y pequeños negocios que nunca. El trabajo está más distribuido, fragmentado y fluido que con los modelos tradicionales.
>
> *Medios.* Un cambio de la compra de DVD y CD de tiendas centralizadas a un aumento en los servicios de suscripción con financiamiento continuo y entrega de beneficios.

X4.3 IMPACTO EN LAS PRÁCTICAS DE ENTREGAS DEL PROYECTO

A medida que los mercados cambian de un modelo de entregas de proyecto únicas a un modelo de entregas continuas, algunas organizaciones están buscando alternativas a las estructuras de proyectos temporales que entregan un solo producto, cambio o servicio. En cambio, buscan construcciones de entregas que tengan un fuerte enfoque en el cliente, reconozcan la rápida evolución de la tecnología y se alineen con los flujos de servicio e ingresos continuos de los clientes leales.

Estos factores han llevado a un mayor interés en y a un desplazamiento hacia ciclos de vida de gestión de productos para la entrega de valor. La gestión del producto adopta una visión de ciclo de vida más largo que abarca el soporte, el mantenimiento y la evolución continua con el mismo equipo. Los equipos estables son especialmente valiosos en dominios complejos y únicos, tales como sistemas con software integrado donde la transferencia de conocimiento consume mucho tiempo y es costosa. El cambio de enfoque hacia la gestión del producto está impulsando a algunas organizaciones orientadas a proyectos a adaptar sus modelos de entrega.

X4.4 CONSIDERACIONES ORGANIZACIONALES PARA LA GESTIÓN DEL PRODUCTO

Las organizaciones que están cambiando a entornos basados en productos de larga duración pueden utilizar varias estrategias para alinear y coordinar la gestión del producto. Se presentan tres estrategias que podrían no ser las únicas (véase también el Gráfico X4-3):

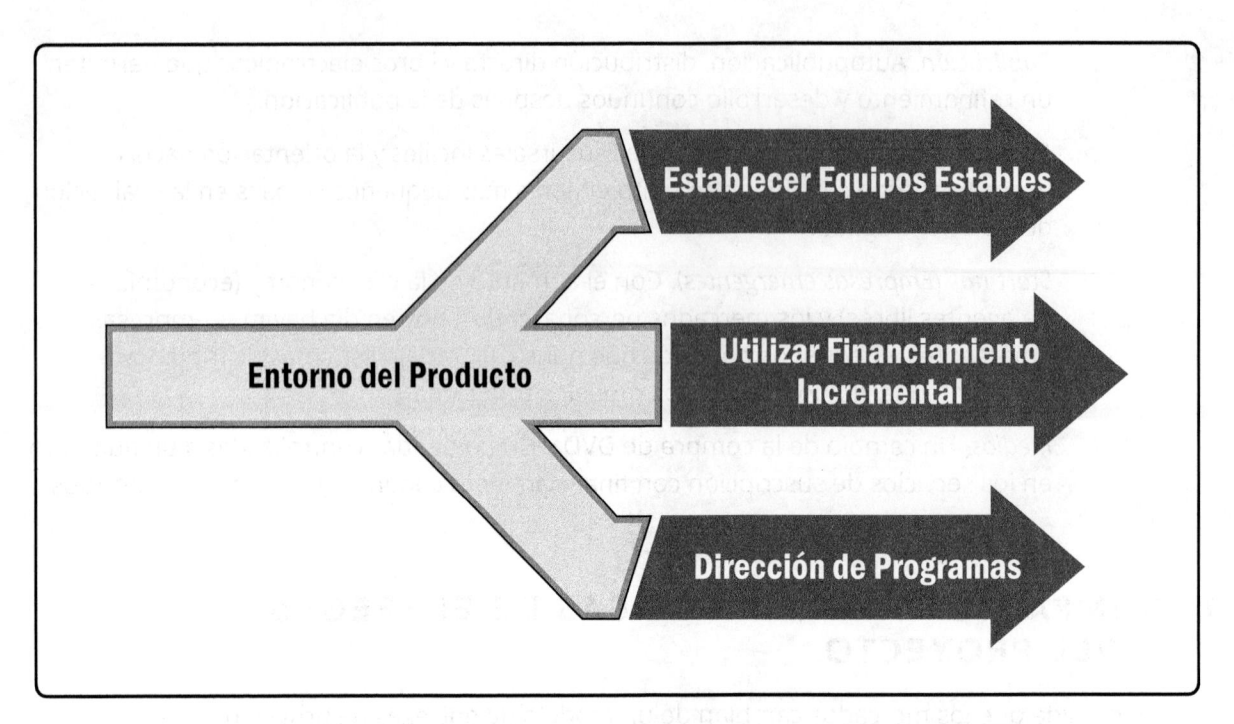

Gráfico X4-3. Estrategias de Apoyo para la Entrega Continua de Valor

▶ **Establecer equipos estables.** En lugar de disolver el equipo cuando se complete el desarrollo inicial, utilizar ese equipo para mantener y desarrollar el producto con el dueño del producto designado o la persona dentro del equipo que refleje la perspectiva del cliente. Esto elimina la necesidad de transferencia de conocimiento y reduce el riesgo de que futuras mejoras se retrasen debido a una pérdida de conocimiento tácito.

Los equipos de larga duración también desarrollan una mejor conciencia del mercado, mejores percepciones de los clientes y empatía con los mismos que los equipos de corto plazo. Esto ayuda a mantener el enfoque en el cliente y la lealtad del mismo, y crea una ventaja competitiva. Cuando las personas saben que serán responsables de mantener y mejorar un producto, es menos probable que tomen atajos para tener algo listo para su lanzamiento. Como resultado, la calidad, mantenibilidad y la extensibilidad a menudo mejoran con equipos de servicio prolongado en lugar de con equipos que desarrollan y luego transfieren productos. Estos factores, a su vez, contribuyen a crear valor y mantener la entrega de valor.

Los asociados o contratistas que desarrollan productos iniciales para su implementación en un sitio del cliente incorporan una gestión de cambios efectiva para garantizar que los clientes dispongan de las capacidades para mantener el producto una vez que se realiza la transición. Parte de la planificación de la transición puede incluir discusiones sobre la creación de un equipo dentro de la organización receptora que pueda apoyar y evolucionar el producto a lo largo de su ciclo de vida.

▸ **Utilizar orientación y financiamiento incrementales.** En lugar de duraciones de proyectos o presupuestos anuales predefinidos, tener en cuenta revisiones más frecuentes (por ejemplo, trimestrales) y el financiamiento para el próximo trimestre. Con evaluaciones y financiamiento más frecuentes, la empresa controla más de cerca el progreso en general, la dirección y la toma de decisiones.

Al igual que en el caso del financiamiento con capital de riesgo, las revisiones periódicas del valor entregado permiten a los patrocinadores dirigir el financiamiento hacia los productos que están proporcionando el valor esperado y reducir o restringir la inversión en iniciativas de bajo desempeño. Esos modelos de financiamiento permiten a las organizaciones buscar nuevas oportunidades de mercado y capitalizar a partir de los esfuerzos que han tenido éxito, limitando al mismo tiempo la exposición al porcentaje inevitable de nuevas iniciativas que fracasan.

▸ **Utilizar estructuras de la dirección de programas.** Los profesionales que operan con equipos estables que prestan soporte a productos centrados en el cliente pueden aplicar construcciones de dirección de programas para gestionar iniciativas de larga duración. Los programas se alinean bien con el ajuste a los cambios del mercado y el enfoque en los beneficios para el cliente. También son generalmente de una ejecución mucho más prolongada que un solo proyecto.

El Estándar para la Dirección de Programas aborda los cambios de prioridad en curso de la siguiente manera: "La principal diferencia entre proyectos y programas se basa en el reconocimiento dentro de los programas de que las estrategias para la entrega de beneficios pueden necesitar ser optimizadas de manera adaptativa, a medida que se consiguen individualmente los resultados de los componentes. Los mejores mecanismos para obtener los beneficios de un programa pueden ser ambiguos o inciertos inicialmente".

Esta aceptación de la incertidumbre inicial, la necesidad de adaptación, el enfoque en los beneficios y los plazos más extensos pueden hacer que los programas encajen mejor que los proyectos para muchas organizaciones que gestionan la entrega de productos.

Muchas industrias de productos tradicionales, tales como la de infraestructura, la aeroespacial y la automotriz, utilizan guías y marcos de dirección de programas. Estas industrias utilizan programas para la alineación direccional y la integración de las actividades de los componentes, tales como programas, subprogramas y actividades de proyectos. Por ejemplo, una organización con una plataforma tecnológica puede utilizar la dirección del programa y del producto para priorizar y supervisar las capacidades que maximizarán el retorno de la inversión de la plataforma a lo largo de su vida útil. Un equipo de desarrollo estable y continuo puede trabajar en características y funciones centradas en el cliente y que añadan valor. Los equipos de proyecto entregan entonces actualizaciones de equipos e interfaces con sistemas nuevos o mejorados. Los equipos operativos pueden solucionar los incidentes de la interfaz de usuario y ayudar a los clientes a adaptarse a las nuevas características. Cuando las estructuras de los programas ya existen en las organizaciones, el cambio a esas estructuras para la gestión de los productos no requiere reorientar a todos hacia una nueva forma de pensar o trabajar.

Tabla X4-2. Características Únicas de los Proyectos, Programas y Productos

Característica	Proyecto	Programa	Producto
Duración	Corto plazo, temporal	A más largo plazo	Largo plazo
Alcance	Los proyectos tienen objetivos definidos. El alcance se elabora progresivamente a lo largo del ciclo de vida.	Los programas producen beneficios agregados entregados a través de múltiples componentes.	Los productos se centran en el cliente y se basan en los beneficios.
Cambio	Los equipos de proyecto esperan cambios e implementan procesos para abordar los cambios, según sea necesario.	Los equipos de programa exploran los cambios y se adaptan para optimizar la entrega de beneficios.	Los equipos de producto exploran los cambios para optimizar la entrega de beneficios.
Éxito	El éxito es medido según la calidad del producto y del proyecto, los plazos, el presupuesto, la satisfacción del cliente y el logro de los resultados previstos.	El éxito se mide según la obtención de los beneficios previstos y la eficiencia y la efectividad en la entrega de esos beneficios.	El éxito se mide según la capacidad de entregar los beneficios previstos y la viabilidad continua para un financiamiento continuo.
Financiamiento	El financiamiento es determinado en gran medida por adelantado, en base a las proyecciones del ROI y las estimaciones iniciales. El financiamiento se actualiza en función del desempeño real y las solicitudes de cambio.	Financiamiento por adelantado y continuo. El financiamiento se actualiza con resultados que muestran cómo se están entregando los beneficios.	Los equipos de producto participan en el desarrollo continuo a través de financiamiento, bloques de desarrollo y revisiones de la entrega de valor.

Las organizaciones que adopten una visión integrada de la dirección de proyectos y de productos pueden beneficiarse de examinar los marcos de referencia de la dirección del programa como un paso intermedio. Los programas están mucho mejor alineados con el concepto del producto a través de su aceptación de la incertidumbre inicial, la necesidad de adaptación, el enfoque en los beneficios y los plazos más extensos.

X4.5 RESUMEN

Los mercados mundiales, la mayor diversificación y la adición de programas informáticos a más productos están dando lugar a una ampliación del soporte, el sostenimiento y los plazos para la obtención del valor. Las organizaciones centradas en el cliente y en lo digital están encontrando ventajas en la formación de equipos estables para el soporte de por vida y el crecimiento de estas nuevas clases de productos.

Los ciclos de vida de los productos pueden parecer contradictorios con las construcciones tradicionales de entrega de proyectos, tales como la naturaleza temporal de los proyectos. Sin embargo, tienen muchos solapamientos con la evolución del concepto de los proyectos que incluye centrarse en el valor para el cliente.

Las organizaciones en tales ambientes pueden encontrar alineamiento y recursos adicionales en la creación de equipos estables de larga duración, financiamiento por etapas y construcciones de dirección de programas.

X4.6 RECURSOS SUGERIDOS

Kelly, A. 2018. *Continuous Digital: An Agile Alternative to Projects for Digital Business.* Columbus, OH: Allan Kelly Associates.

Leybourn, E. and Hastie, S. 2019. *#noprojects: A Culture of Continuous Value.* Toronto, Ontario, Canadá: C4Media.

Kersten, M. 2018. *Project to Product: How to Survive and Thrive in the Age of Digital Disruption with the Flow Framework.* Portland, OR: IT Revolution Press.

Project Management Institute. 2017. *El Estándar para la Dirección de Programas* – Cuarta Edición. Newton Square, PA: Autor.

Apéndice X5
Investigación y Desarrollo para *El Estándar para la Dirección de Proyectos*

X5.1 INTRODUCCIÓN

El propósito de este apéndice es proporcionar información sobre cómo se desarrolló la actualización de *El Estándar para la Dirección de Proyectos*. El contenido incluye:

- Justificación para pasar a un estándar basado en principios,
- Descripción general de la investigación realizada antes del desarrollo del estándar,
- Descripción de cómo se desarrolló el estándar, e
- Información sobre cómo se validó el contenido en el estándar.

X5.2 EL PASO A UN ESTÁNDAR BASADO EN PRINCIPIOS

Desde 2010, el programa de estándares del PMI ha incluido investigación, además de la experiencia de los profesionales para desarrollar estándares. La investigación académica, la investigación de mercado, los grupos focales y la experiencia de los profesionales se han constituido en entradas al actualizar muchos de los documentos de los estándares, incluido *El Estándar para la Dirección de Proyectos*.

Ya en 2012, la investigación sugirió un cambio de un estándar prescriptivo orientado a procesos hacia uno que requiriera reflexión para ser aplicado en la práctica. Desde entonces, muchos de los estándares de PMI han sido convertidos a un formato basado en principios, como *El Estándar para la Dirección de Proyectos* – Tercera Edición y *El Estándar para la Dirección de Portafolios* – Cuarta Edición. Además, como parte del apoyo al desarrollo de los estándares ISO, PMI participó en discusiones dentro del ISO TC258[1] con respecto a la necesidad de cambiar a un enfoque basado en narrativas o principios y alejarse de un enfoque basado en procesos.

---

[1] Comité Técnico 258 de la Organización Internacional de Normalización, Dirección de Proyectos, Programas y Portafolios.

Los comentarios de los equipos de revisión y los participantes del borrador para exposición afirmaron colectivamente el desplazamiento de *El Estándar para la Dirección de Proyectos* desde un enfoque basado en procesos a un estándar basado en principios, de acuerdo con los hallazgos de la investigación y la necesidad de los profesionales.

X5.3 INVESTIGACIÓN SOBRE *EL ESTÁNDAR PARA LA DIRECCIÓN DE PROYECTOS*

Antes de actualizar *El Estándar para la Dirección de Proyectos*, se realizaron investigaciones y revisiones significativas, que incluyeron:

- Estándares internacionales de la dirección de proyectos o documentos similares a estándares, junto con principios "lean", ágil y de pensamiento de diseño y algunos de los marcos más comúnmente utilizados. Esta investigación ayudó a identificar áreas de práctica y temas comunes que sirvieron como entradas para desarrollar los principios en *El Estándar para la Dirección de Proyectos*.

- La investigación por parte del PMI, como *Pulse of the Profession®*, que indicó que cada vez más organizaciones y profesionales están adoptando modelos ágiles e híbridos junto con nuevas formas de trabajo (es decir, herramientas, marcos, tecnologías, etc.).

- Revisión de documentos técnicos publicados, artículos sobre liderazgo de pensamiento y documentos relacionados para recolectar principios subyacentes.

- Grupos focales y talleres para recopilar aportes de los interesados con el fin de mejorar la usabilidad de *El Estándar para la Dirección de Proyectos*.

El análisis de la investigación llevó a la conclusión de que cada vez más organizaciones están adoptando una variedad de enfoques de dirección de proyectos. Algunas organizaciones están avanzando hacia un enfoque híbrido que combina prácticas predictivas y adaptativas. Las organizaciones y los equipos del proyecto están adaptando sus enfoques a las necesidades de la industria, la organización y el proyecto. Estos hallazgos indicaron que el estándar del PMI necesitaba reflejar una visión más holística e inclusiva de la dirección de proyectos aplicable a los enfoques predictivos, híbridos y adaptativos.

Toda esta información aportó percepciones al proceso de desarrollo para explorar:

- ▶ Un cambio desde un enfoque basado en procesos a uno basado en principios que reflejaría todo el espectro de las diversas formas en que se gestionan los proyectos.
- ▶ Posibles nuevas áreas de contenido a ser incluidas, tales como la gestión de la realización de beneficios, la gestión de cambios organizacionales y la complejidad, en consonancia con las guías de prácticas en esas áreas.
- ▶ Mover cualquier contenido sobre "cómo hacerlo" a un medio más interactivo y adaptativo, y adaptar ese contenido para reflejar mejor una serie de consideraciones basadas en la industria, el tipo de proyecto y otras características importantes.
- ▶ Ampliar el enfoque del estándar para incluir todos los proyectos y poner más énfasis en los resultados deseados del proyecto.

X5.4 PROCESO DE DESARROLLO DEL ESTÁNDAR

El desarrollo del estándar incluyó garantizar la representación global de los interesados de una amplia gama de industrias y los diversos enfoques para la dirección de proyectos.

X5.4.1 EQUIPOS DE DESARROLLO Y REVISIÓN

Antes de desarrollar el contenido del estándar, fueron formados un Equipo de Desarrollo y dos equipos de revisión. Aproximadamente 450 personas solicitaron participar en los equipos. Se seleccionaron doce personas para el Equipo de Desarrollo, y aproximadamente 70 personas para participar en uno de los dos equipos de revisión. El Equipo de Desarrollo y los equipos de revisión estaban compuestos por interesados de todo el mundo y de todos los segmentos y roles de la industria (por ejemplo, gobierno, profesionales, académicos, consultores y proveedores organizacionales). Los equipos incluyeron destreza en la ejecución de proyectos utilizando enfoques predictivos, híbridos y adaptativos.

X5.4.2 CONTENIDO

El estándar se compone de tres secciones: Introducción, Un Sistema para Entrega de Valor y Principios de la Dirección de Proyectos.

La Introducción incluye términos y conceptos clave asociados con la dirección de proyectos. Gran parte de esta información es consistente con ediciones anteriores.

El contenido de la sección sobre Un sistema para la Entrega de Valor se basa en el contenido de los estándares fundamentales del PMI [2], así como en la investigación sobre la gestión de la realización de beneficios y la agilidad organizacional. El contenido es presentado con un enfoque sobre la entrega de valor e incluye las diversas formas en que se crea el valor.

La sección de Principios de la Dirección de Proyectos evolucionó a lo largo del proceso de desarrollo y validación. Los conceptos iniciales para los principios fueron identificados a través de la investigación discutida anteriormente. El Equipo de Desarrollo trabajó en forma individual y colaborativa para identificar posibles principios y luego los agrupó en categorías de afinidad. Cada categoría fue analizada y descompuesta adicionalmente para incluir una lista de palabras clave asociadas con cada una de ellas. Las posibles categorías y palabras clave fueron integradas en un borrador inicial, que luego fue revisado y comentado por todo el Equipo de Desarrollo con el fin de garantizar que la intención de los principios fuera reflejada en el borrador.

Es importante señalar que los principios están destinados a disponer de una amplia base. Nada en los principios pretende ser dogmático, restrictivo o prescriptivo. Los principios están alineados con, pero no duplican, el contenido del *Código de Ética y Conducta Profesional del PMI*.

No es posible generar los "principios correctos" ya que cada proyecto y organización es diferente. Por lo tanto, los principios están diseñados como una guía para las personas que trabajan en proyectos. Los profesionales del proyecto y otras personas que trabajan en proyectos pueden tratar de alinearse con los principios, pero estos no están destinados a proporcionar instrucciones para la dirección de proyectos.

X5.5 VALIDACIÓN DEL ESTÁNDAR

El contenido del estándar fue validado utilizando tres enfoques principales: talleres globales, desarrollo iterativo y borrador para exposición pública.

---

[2] *El Estándar para la Dirección de Programas* – Cuarta Edición y *The Standard for Portfolio Management* (*El Estándar para la Dirección de Portafolios*, disponible sólo en inglés) – Cuarta Edición.

X5.5.1 TALLERES A NIVEL MUNDIAL

A lo largo del proceso de desarrollo, se celebraron talleres a nivel mundial en los que se presentó el paso a un estándar basado en principios y se pidió a los participantes del taller que estudiaran los principios rectores para la dirección de proyectos. Se presentaron talleres en Dublín, Irlanda (PMI Global Congress – EMEA); Bangalore, India; Brasil; Ottawa, Canadá (reunión del PMI Global Executive Council); Filadelfia, Pensilvania, Estados Unidos (PMI Global Conference); y Beijing, China. Estos talleres sirvieron como entrada para el trabajo del Equipo de Desarrollo y como puntos de control de validación durante el desarrollo.

X5.5.2 DESARROLLO ITERATIVO

El Equipo de Desarrollo trabajó en parejas y equipos pequeños con el fin de desarrollar el contenido inicial para cada una de las tres secciones que componen *El Estándar para la Dirección de Proyectos*. Una vez integrados los borradores iniciales, el Equipo de Desarrollo y el Equipo de Revisión 1 revisaron y comentaron los borradores de cada sección del estándar. Estas revisiones produjeron más de mil comentarios. que el Equipo de Desarrollo analizó y abordó para producir un segundo borrador del estándar completo. El Equipo de Revisión 2 revisó todo el borrador del estándar y proporcionó al Equipo de Desarrollo comentarios con una nueva perspectiva. Esos comentarios fueron analizados e integrados en el contenido, según correspondiese.

X5.5.3 BORRADOR PARA EXPOSICIÓN

El borrador del estándar se puso a disposición del público para su revisión y comentarios del 15 de enero al 14 de febrero de 2020. Unas 600 personas presentaron comentarios sobre el borrador para exposición. En respuesta a los comentarios sobre el borrador para exposición, el contenido fue reorganizado y editado para mayor claridad. La mayoría de los comentarios indicaron que estaban de acuerdo con la intención del estándar basado en principios. El Equipo de Desarrollo revisó a continuación el borrador del estándar y dio su aprobación para que fuera enviado al Comité de Consenso de Estándares para la votación de consenso según la *Política de Desarrollo y Coordinación de Estándares Nacionales Estadounidenses del PMI*.

X5.6 RESUMEN

Los cambios continuos en la profesión de la dirección de proyectos y las formas en que se gestionan los proyectos apoyan un estándar menos prescriptivo. La investigación en la industria, la participación global con una amplia representación de la misma y un proceso de revisión de iteraciones dieron forma y validaron el paso de un estándar basado en procesos a un estándar basado en principios. Los futuros equipos pueden evaluar el impacto del cambio en la presentación de *El Estándar para la Dirección de Proyectos* y utilizar esa información para mejorar o revisar futuras ediciones.

Glosario

1. INCLUSIONES Y EXCLUSIONES

Este glosario combinado incluye definiciones de términos y acrónimos de lo siguiente:

▶ *El Estándar para la Dirección de Proyectos*

▶ *Guía de los Fundamentos para la Dirección de Proyectos (Guía del PMBOK®)* - Séptima Edición

Este glosario incluye términos que:

▶ Son propios o prácticamente propios, de la dirección de proyectos (por ejemplo, producto mínimo viable, estructura de desglose del trabajo, diagrama de Gantt), y

▶ No son propios de la dirección de proyectos, pero se usan de una forma diferente o con un significado más concreto en este ámbito que en el uso cotidiano y general (por ejemplo, planificación de liberaciones, reserva para contingencias).

En general, este glosario no incluye:

▶ Términos específicos de un área de aplicación,

▶ Términos cuyo uso en la de dirección de proyectos no difiere en forma sustancial del uso diario (por ejemplo, día calendario, retraso).

▶ Términos compuestos cuyo significado se deduce claramente de la combinación de sus componentes.

▶ Variantes, cuando el significado de la variante se deduce claramente del término básico, y

▶ Términos que se utilizan una única vez y que no son críticos para comprender el propósito de la oración. Esto puede incluir una lista de ejemplos que no tendría cada término definido en el glosario.

2. SIGLAS COMUNES

AC	actual cost / costo real
BAC	budget at completion / presupuesto hasta la conclusión
CCB	change control board / comité de control de cambios
CFD	cumulative flow diagram / diagrama de flujo acumulativo
COQ	cost of quality / costo de la calidad
CPAF	cost plus award fee / costo más honorarios por cumplimiento de objetivos
CPFF	cost plus fixed fee / costo más honorarios fijos
CPI	cost performance index / índice de desempeño del costo
CPIF	cost plus incentive fee / costo más honorarios con incentivos
CPM	critical path method / método de la ruta crítica
CV	cost variance / variación del costo
DoD	definition of done / definición de terminado
EAC	estimate at completion / estimación a la conclusión
EDT	work breakdown structure / estructura de desglose del trabajo
EEF	enterprise environmental factors / factores ambientales de la empresa
EMV	expected monetary value / valor monetario esperado
ETC	estimate to complete / estimación hasta la conclusión
EV	earned value / valor ganado
EVA	earned value analysis / análisis del valor ganado
FFP	firm fixed price / precio fijo cerrado
FPEPA	fixed price with economic price adjustment / precio fijo con ajuste económico de precio
FPIF	fixed price incentive fee / precio fijo más honorarios con incentivos
IDIQ	indefinite delivery indefinite quantity / entrega indefinida cantidad indefinida
LCA	life cycle assessment / evaluación del ciclo de vida
MVP	minimum viable product / producto mínimo viable
OBS	organizational breakdown structure / estructura de desglose de la organización
OPA	organizational process assets / activos de los procesos de la organización
PMB	performance measurement baseline / línea base para la medición del desempeño.
PMBOK	Project Management Body of Knowledge / fundamentos para la dirección de proyectos
PMO	project management office / oficina de dirección de proyectos
PV	planned value / valor planificado
RAM	responsibility assignment matrix / matriz de asignación de responsabilidades
RBS	risk breakdown structure / estructura de desglose de riesgos
SOW	statement of work / enunciado del trabajo
SPI	schedule performance index / índice de desempeño del cronograma
SV	schedule variance / variación del cronograma
SWOT (FODA)	strengths, weaknesses, opportunities, and threats / fortalezas, oportunidades, debilidades y amenazas
T&M	time and material contract / contrato por tiempo y materiales
VAC	variance at completion / variación a la conclusión
VDO	value delivery office / oficina de entrega de valor

3. DEFINICIONES

Muchas de las palabras definidas aquí tienen definiciones más amplias, y en algunos casos distintas, en el diccionario. En algunos casos, un único término del glosario consiste en varias palabras (p.ej., análisis de causa raíz).

Aceptar el Riesgo / Risk Acceptance. Estrategia de respuesta a los riesgos según la cual el equipo del proyecto decide reconocer el riesgo y no tomar ninguna medida a menos que el riesgo ocurra.

Acta de Constitución / Charter. Véase *acta de constitución del proyecto*.

Acta de Constitución del Equipo / Team Charter. Documento que registra los valores, acuerdos y pautas operativas del equipo, estableciendo además expectativas claras con respecto al comportamiento aceptable de los miembros del equipo del proyecto.

Acta de Constitución del Proyecto / Project Charter. Documento emitido por el iniciador del proyecto o patrocinador, que autoriza formalmente la existencia de un proyecto y confiere al director de proyecto la autoridad para aplicar los recursos de la organización a las actividades del proyecto.

Activos de los Procesos de la Organización (OPA) / Organizational Process Assets (OPA). Planes, procesos, políticas, procedimientos y bases de conocimiento que son específicos de la organización ejecutante y que son utilizados por la misma.

Adaptación / Tailoring. La adecuación deliberada del enfoque, la gobernanza y los procesos con el fin de que resulten más adecuados para el entorno dado y el trabajo en cuestión.

Adelanto / Lead. Cantidad de tiempo en la que una actividad sucesora se puede anticipar con respecto a una actividad predecesora.

Ágil / Agile. Término que describe una mentalidad definida por los valores y los principios del Manifiesto de Ágil.

Agrupamiento de Afinidad / Affinity Grouping. Proceso de clasificación de los elementos en categorías o colecciones similares de acuerdo con su semejanza.

Alcance / Scope. Suma de productos, servicios y resultados a ser proporcionados como un proyecto. Véase también *alcance del proyecto* y *alcance del producto*.

Alcance del Producto / Product Scope. Características y funciones de un producto, servicio o resultado.

Alcance del Proyecto / Project Scope. Trabajo realizado para entregar un producto, servicio o resultado con las funciones y características especificadas.

Ambigüedad / Ambiguity. Estado de confusión, con dificultad para identificar la causa de los eventos, o tener múltiples opciones entre las cuales elegir.

Amenaza / Threat. Riesgo que tendría un efecto negativo sobre uno o más objetivos del proyecto.

Análisis Costo-Beneficio / Cost-Benefit Analysis. Método de análisis financiero utilizado para determinar los beneficios proporcionados por un proyecto respecto a sus costos.

Análisis de Alternativas / Alternatives Analysis. Método utilizado para evaluar las opciones identificadas a fin de seleccionar las opciones o enfoques a utilizar para llevar a cabo el trabajo del proyecto.

Análisis de Causa Raíz / Root Cause Analysis. Método analítico utilizado para determinar el motivo subyacente básico que causa una variación, un defecto o un riesgo.

Análisis de Escenarios "¿Qué pasa si...?" / What-If-Scenario Analysis. Proceso que consiste en evaluar escenarios a fin de predecir su efecto sobre los objetivos del proyecto.

Análisis de Hacer o Comprar / Make-or-Buy Analysis. Proceso de recopilar y organizar datos acerca de los requisitos del producto y analizarlos frente a las alternativas disponibles, incluida la compra o fabricación interna del producto.

Análisis de Interesados / Stakeholder Analysis. Método que consiste en recopilar y analizar de manera sistemática información cuantitativa y cualitativa, a fin de determinar los intereses de quiénes deberían tenerse en cuenta a lo largo del proyecto.

Análisis de Regresión / Regression Analysis. Método analítico en el que una serie de variables de entrada se examinan en relación a sus correspondientes resultados de salida a fin de desarrollar una relación matemática o estadística.

Análisis de Reserva / Reserve Analysis. Método utilizado para evaluar la cantidad de riesgo del proyecto y la cantidad de reserva de cronograma y de presupuesto para determinar si la reserva es suficiente para el riesgo restante.

Análisis de Sensibilidad / Sensitivity Analysis. Método de análisis para determinar qué riesgos individuales del proyecto u otras fuentes de incertidumbre tienen el mayor impacto posible sobre los resultados del proyecto, mediante la correlación de las variaciones en los resultados del proyecto con las variaciones en los elementos de un modelo cuantitativo de análisis de riesgo.

Análisis de Supuestos y Restricciones / Assumption and Constraint Analysis. Evaluación que asegura que los supuestos y las restricciones sean integradas en los planes y documentos del proyecto, y que haya coherencia entre ellos.

Análisis de Tendencias / Trend Analysis. Método analítico que utiliza modelos matemáticos para pronosticar resultados futuros basada en resultados históricos.

Análisis de Variación / Variance Analysis. Método para determinar la causa y el grado de diferencia entre la línea base y el desempeño real.

Análisis del Valor Ganado (EVA) / Earned Value Analysis (EVA). Método de análisis que utiliza un conjunto de mediciones asociadas con el alcance, cronograma y costo para determinar el desempeño del costo y cronograma de un proyecto.

Análisis FODA / SWOT Analysis. Análisis de Fortalezas, Oportunidades, Debilidades y Amenazas de una organización, proyecto u opción.

Análisis Mediante Árbol de Decisiones / Decision Tree Analysis. Método de diagramación y cálculo para evaluar las implicancias de una cadena de opciones múltiples en presencia de incertidumbre.

Apetito al Riesgo / Risk Appetite. Grado de incertidumbre que una organización o un individuo están dispuestos a aceptar con miras a una recompensa.

Artefacto / Artifact. Plantilla, documento, salida o entregable del proyecto.

Artefactos de Estrategia (Strategy Artifacts) / Strategy Artifacts. Documentos creados antes o al comienzo del proyecto que abordan información estratégica, comercial o de alto nivel sobre el proyecto.

Autoridad / Authority. Derecho de aplicar recursos al proyecto, gastar fondos, tomar decisiones u otorgar aprobaciones.

Base de las Estimaciones / Basis of Estimates. Documentación de apoyo que describe los detalles utilizados para establecer estimaciones del proyecto tales como supuestos, restricciones, nivel de detalle, rangos y niveles de confianza.

Bloqueo / Blocker. Véase *impedimento*.

Cadencia / Cadence. Ritmo de las actividades realizadas a lo largo del proyecto.

Calendario del Proyecto / Project Calendar. Calendario que identifica los días laborables y turnos de trabajo disponibles para las actividades del cronograma.

Calidad / Quality. Grado en el que un conjunto de características inherentes satisface los requisitos.

Cambio / Change. Modificación de cualquier entregable, componente del plan para la dirección del proyecto o documento del proyecto formalmente controlados.

Caso de Negocio / Business Case. Propuesta de valor para un proyecto propuesto, que puede incluir beneficios financieros y no financieros.

Caso de Uso / Use Case. Artefacto para describir y explorar la forma en que un usuario interactúa con un sistema a fin de lograr un objetivo específico.

Ciclo de Vida / Life Cycle. Véase *ciclo de vida del proyecto*.

Ciclo de Vida del Producto / Product Life Cycle. Serie de fases que representan la evolución de un producto, desde el concepto hasta la entrega, el crecimiento, la madurez y el retiro.

Ciclo de Vida del Proyecto / Project Life Cycle. Serie de fases que atraviesa un proyecto desde su inicio hasta su conclusión.

Comité de Control de Cambios (CCB) / Change Control Board (CCB). Grupo formalmente constituido responsable de revisar, evaluar, aprobar, retrasar o rechazar los cambios en el proyecto, así como de registrar y comunicar dichas decisiones.

Comité de Dirección / Steering Committee. Órgano asesor de los interesados sénior que proporciona dirección y apoyo al equipo del proyecto y toma decisiones fuera de la autoridad del mismo.

Compartir el Riesgo / Risk Sharing. Estrategia de respuesta a los riesgos según la cual el equipo del proyecto asigna la responsabilidad de una oportunidad a un tercero que está en las mejores condiciones de capturar el beneficio de esa oportunidad.

Complejidad / Complexity. Característica de un programa o proyecto o de su entorno que es difícil de gestionar debido al comportamiento humano, el comportamiento del sistema y la ambigüedad.

Compresión del Cronograma / Schedule Compression. Método utilizado para acortar la duración del cronograma sin reducir el alcance del proyecto.

Comunicación Osmótica / Osmotic Communication. Medios para recibir información sin comunicación directa por medio de la audición por casualidad y a través de señales no verbales.

Conferencia de Oferentes / Bidder Conference. Reuniones con posibles vendedores previas a la preparación de una licitación o propuesta para asegurar que todos los posibles proveedores comprendan la necesidad de adquisición de manera clara y uniforme. También conocidas como conferencias de contratistas, conferencias de proveedores o conferencias previas a la licitación.

Conformidad / Conformance. Grado en que los resultados cumplen con los requisitos de calidad establecidos.

Conocimiento / Knowledge. Mezcla de experiencia, valores y creencias, información contextual, intuición y percepción que las personas utilizan para darle sentido a nuevas experiencias e información.

Conocimiento Explícito / Explicit Knowledge. Conocimiento que puede codificarse utilizando símbolos tales como palabras, números e imágenes.

Conocimiento Tácito / Tacit Knowledge. Conocimiento personal que puede ser difícil de articular y compartir tal como creencias, experiencia y percepciones.

Contingencia / Contingency. Evento o una ocurrencia que podría afectar la ejecución del proyecto y que puede tenerse en cuenta con una reserva.

Contrato / Contract. Un acuerdo vinculante para las partes en virtud del cual el vendedor se obliga a proveer el producto, servicio o resultado especificado y el comprador a pagar por él.

Contrato de Costo Más Honorarios con Incentivos (CPIF) / Cost Plus Incentive Fee Contract (CPIF). Tipo de contrato de costos reembolsables en el que el comprador reembolsa al vendedor su costo permitido correspondiente (según se defina costo permitido en el contrato) y el vendedor obtiene sus ganancias si cumple los criterios de desempeño definidos.

Contrato de Costo Más Honorarios Fijos (CPFF) / Cost Plus Fixed Fee Contract (CPFF). Tipo de contrato de costos reembolsables en el que el comprador reembolsa al vendedor por su costo permitido correspondiente (según se defina costo permitido en el contrato) más una cantidad fija de ganancias (honorarios).

Contrato de Costo Más Honorarios por Cumplimiento de Objetivos (CPAF) / Cost Plus Award Fee Contract (CPAF). Categoría de contrato que implica efectuar pagos al vendedor por todos los costos legítimos y reales en que incurriera para completar el trabajo, más una bonificación que representa la ganancia del vendedor.

Contrato de Costo Reembolsable / Cost-Reimbursable Contract. Tipo de contrato que implica el pago al vendedor por los costos reales del proyecto, más un honorario que, por lo general, representa la ganancia del vendedor.

Contrato de Precio Fijo / Fixed-Price Contract. Acuerdo que fija los honorarios que se pagarán por un alcance definido del trabajo independientemente del costo o esfuerzo para entregarlo.

Contrato de Precio Fijo Cerrado (FFP) / Firm Fixed Price Contract (FFP). Tipo de contrato de precio fijo en el cual el comprador paga al vendedor un monto establecido (conforme lo defina el contrato), independientemente de los costos del vendedor.

Contrato de Precio Fijo con Ajuste Económico de Precio (FPEPA) / Fixed Price with Economic Price Adjustment Contract (FPEPA). Contrato de precio fijo, pero con una disposición especial que permite ajustes finales predefinidos al precio del contrato debido a cambios en las condiciones, tales como cambios inflacionarios o aumentos (o disminuciones) del costo de productos específicos.

Contrato de Precio Fijo Más Honorarios con Incentivos (FPIF) / Fixed Price Incentive Fee Contract (FPIF). Tipo de contrato en el cual el comprador paga al vendedor un monto establecido (conforme lo defina el contrato) y el vendedor puede ganar un monto adicional si cumple con los criterios de desempeño establecidos.

Contrato por Tiempo y Materiales (T&M) / Time and Material Contract (T&M). Tipo de contrato que es un acuerdo contractual híbrido, el cual contiene aspectos tanto de contratos de costos reembolsables como de contratos de precio fijo.

Control de Cambios / Change Control. Proceso por medio del cual se identifican, documentan, aprueban o rechazan las modificaciones de documentos, entregables o líneas base asociados con el proyecto.

Controlar / Control. Proceso de comparar el desempeño real con el desempeño planificado, analizar las variaciones, evaluar las tendencias para realizar mejoras en los procesos, evaluar las alternativas posibles y recomendar las acciones correctivas apropiadas según sea necesario.

Corrupción o Deslizamiento del Alcance / Scope Creep. Expansión no controlada del alcance del producto o proyecto sin ajustes de tiempo, costo y recursos.

Costo de la Calidad (COQ) / Cost of Quality (COQ). Todos los costos incurridos durante la vida del producto por inversión en la prevención de no conformidad con los requisitos, evaluación del producto o servicio en cuanto a su conformidad con los requisitos, e incumplimiento de los requisitos.

Costo Real (AC) / Actual Cost (AC). Costo real incurrido por el trabajo llevado a cabo en una actividad durante un período de tiempo específico.

Criterios / Criteria. Estándares, reglas o pruebas en las que se puede basar un juicio o decisión o por medio de las cuales se puede evaluar un producto, servicio, resultado o proceso.

Criterios de Aceptación / Acceptance Criteria. Conjunto de condiciones que debe cumplirse antes de que se acepten los entregables.

Cronograma / Schedule. Véase *cronograma del proyecto*.

Cronograma de Hitos / Milestone Schedule. Tipo de cronograma que presenta hitos con fechas planificadas.

Cronograma del Proyecto / Project Schedule. Salida de un modelo de programación que presenta actividades vinculadas con fechas planificadas, duraciones, hitos y recursos.

Curva S / S-Curve. Gráfico que muestra los costos acumulados durante un período específico.

Datos e Información Visuales / Visual Data and Information. Artefactos que organizan y presentan los datos y la información en un formato visual, tal como tablas, gráficos, matrices y diagramas.

Declaración de la Visión / Vision Statement. Descripción resumida y de alto nivel sobre las expectativas de un producto, tales como el mercado objetivo, los usuarios, los principales beneficios y lo que diferencia al producto de otros en el mercado.

Declaración de la Visión del Proyecto / Project Vision Statement. Una descripción concisa y de alto nivel del proyecto que declara el propósito e inspira al equipo a contribuir al mismo.

Definición de Terminado (DoD) / Definition of Done (DoD). Lista de verificación que incluye todos los criterios requeridos para que un entregable sea considerado como listo para ser usado por el cliente.

Delphi de banda ancha (Wideband Delphi) / Wideband Delphi. Método de estimación en el que los expertos en la materia pasan por múltiples rondas de producción individual de estimaciones, con una discusión en equipo después de cada ronda, hasta que se logra un consenso.

Dependencia Discrecional / Discretionary Dependency. Relación que se basa en las mejores prácticas o en las preferencias del proyecto.

Dependencia Externa / External Dependency. Relación entre las actividades del proyecto y aquéllas que no pertenecen al proyecto.

Dependencia Interna / Internal Dependency. Relación entre dos o más actividades del proyecto.

Dependencia Obligatoria / Mandatory Dependency. Relación que es requerida por contrato o inherente a la naturaleza del trabajo.

Descomposición / Decomposition. Método utilizado para dividir y subdividir el alcance del proyecto y los entregables del proyecto en partes más pequeñas y manejables.

Desperdicio / Waste. Actividades que consumen recursos y/o tiempo sin añadir valor.

DevOps / DevOps. Conjunto de prácticas para crear un proceso fluido de entregas que mejora la colaboración entre los equipos de desarrollo y operaciones.

Diagrama de Afinidad / Affinity Diagram. Diagrama que muestra un gran número de ideas clasificadas en grupos para su revisión y análisis.

Diagrama de Causa y Efecto / Cause-and-Effect Diagram. Representación visual que ayuda a rastrear un efecto no deseado hasta su causa raíz.

Diagrama de Control / Control Chart. Representación gráfica de los datos de un proceso a lo largo del tiempo y comparados con límites de control establecidos, que cuentan con una línea central que ayuda a detectar una tendencia de valores trazados con respecto a cualquiera de los límites de control.

Diagrama de Dispersión / Scatter Diagram. Gráfico que muestra la relación entre dos variables.

Diagrama de Estados de Ánimo / Mood Chart. Diagrama de visualización para el seguimiento de los estados de ánimo o las reacciones con el fin de identificar las áreas con oportunidad de mejora.

Diagrama de Flujo / Flowchart. Representación en formato de diagrama de las entradas, acciones de proceso y salidas de uno o más procesos dentro de un sistema.

Diagrama de Flujo Acumulativo (CFD) / Cumulative Flow Diagram (CFD). Diagrama que indica las funcionalidades completadas a lo largo del tiempo, las funcionalidades en otros estados de desarrollo y las que están como trabajo pendiente (backlog).

Diagrama de Gantt / Gantt Chart. Diagrama de barras con información del cronograma donde las actividades se enumeran en el eje vertical, las fechas se muestran en el eje horizontal y las duraciones de las actividades se muestran como barras horizontales colocadas según las fechas de inicio y finalización.

Diagrama de Influencias / Influence Diagram. Representación gráfica de situaciones que muestran las influencias causales, la cronología de eventos y otras relaciones entre las variables y los resultados.

Diagrama de Red del Cronograma del Proyecto / Project Schedule Network Diagram. Representación gráfica de las relaciones lógicas que existen entre las actividades del cronograma del proyecto.

Diagrama de Rendimiento / Throughput Chart. Diagrama que muestra los entregables aceptados a lo largo del tiempo.

Diagrama de Tiempo de Ciclo / Cycle Time Chart. Diagrama que muestra el tiempo de ciclo promedio de los elementos de trabajo completados a lo largo del tiempo.

Diagrama de Tiempo de Entrega / Lead Time Chart. Un diagrama que muestra la tendencia a lo largo del promedio del tiempo de entrega de los elementos terminados en el trabajo.

Diagrama de Velocidad / Velocity Chart. Diagrama que hace seguimiento de la tasa a la que son producidos, validados y aceptados los entregables dentro de un intervalo predefinido.

Diagramas Jerárquicos / Hierarchy Chart. Diagramas que comienzan con información de alto nivel que es descompuesta progresivamente en niveles de detalle más bajos.

Diccionario de la EDT (WBS) / WBS Dictionary. Documento que proporciona información detallada sobre los entregables, actividades y planificación de cada componente de la estructura de desglose del trabajo.

Dirección de Portafolios / Portfolio Management. Gestión centralizada de uno o más portafolios (también llamado cartera) a fin de alcanzar los objetivos estratégicos.

Dirección de Proyectos / Project Management. Aplicación de conocimientos, habilidades, herramientas y técnicas a actividades del proyecto para cumplir con los requisitos del proyecto.

Dirección del Programa / Program Management. Aplicación de conocimientos, habilidades y principios a un programa para alcanzar los objetivos del programa y obtener beneficios y control no disponibles cuando los componentes del programa se gestionan individualmente.

Director del Proyecto / Project Manager. Persona nombrada por la organización ejecutante para liderar al equipo que es responsable de alcanzar los objetivos del proyecto.

Documentación de Requisitos / Requirements Documentation. Registro de los requisitos del producto y otra información sobre el producto, junto con todo lo que se registra con el fin de gestionarlo.

Documentos de las Licitaciones / Bid Documents. Todos los documentos utilizados para solicitar información, cotizaciones o propuestas a posibles vendedores.

Dominio de Desempeño de la Entrega / Delivery Performance Domain. Dominio de desempeño que aborda las actividades y funciones asociadas con la entrega del alcance y la calidad para cuyo logro se emprendió el proyecto.

Dominio de Desempeño de la Incertidumbre / Uncertainty Domain. Dominio de desempeño que se ocupa de las actividades y funciones asociadas con el riesgo y la incertidumbre.

Dominio de Desempeño de la Medición / Measurement Performance Domain. Dominio de desempeño que aborda las actividades y funciones asociadas con la evaluación del desempeño de los proyectos y la adopción de medidas apropiadas para mantener un desempeño aceptable.

Dominio de Desempeño de la Planificación / Planning Performance Domain. Dominio de desempeño que aborda las actividades y funciones asociadas con la organización y coordinación iniciales, continuas y en evolución, necesarias para la entrega de los elementos entregables y los resultados de los proyectos.

Dominio de Desempeño de los Interesados / Stakeholder Performance Domain. Dominio de desempeño que se ocupa de las actividades y funciones asociadas con los interesados.

Dominio de Desempeño del Enfoque de Desarrollo y del Ciclo de Vida / Development Approach and Life Cycle Performance Domain. El dominio de desempeño que aborda las actividades y funciones asociadas con el enfoque de desarrollo la cadencia y las fases del ciclo de vida del proyecto.

Dominio de Desempeño del Equipo / Team Performance Domain. Dominio de desempeño que se ocupa de las actividades y funciones asociadas con las personas responsables de producir los entregables del proyecto que hacen realidad los resultados de negocio.

Dominio de Desempeño del Trabajo del Proyecto / Project Work Performance Domain. Dominio de desempeño que aborda las actividades y funciones asociadas con el establecimiento de los procesos del proyecto, la gestión de los recursos físicos y el fomento de un entorno de aprendizaje.

Dueño del Producto / Product Owner. Persona responsable por maximizar el valor del producto y quien es el responsable final.

Duración / Duration. Total de períodos de trabajo requeridos para completar una actividad o un componente de la estructura de desglose del trabajo, expresado en horas, días o semanas. Compárese con *esfuerzo*.

Duración Fija / Fixed Duration. Tipo de actividad en la que el tiempo requerido para completar la actividad permanece constante independientemente del número de personas o recursos asignados a la misma.

Ejecución Rápida / Fast Tracking. Método de compresión del cronograma en el que actividades o fases que normalmente se realizan en secuencia se llevan a cabo en paralelo, al menos durante una parte de su duración.

Elaboración Progresiva / Progressive Elaboration. Proceso iterativo de incrementar el nivel de detalle de un plan para la dirección del proyecto a medida que se cuenta con mayor cantidad de información y con estimaciones más precisas.

Enfoque Adaptativo / Adaptive Approach. Enfoque de desarrollo en el que los requisitos están sujetos a un alto nivel de incertidumbre y volatilidad y es probable que cambien a lo largo del proyecto.

Enfoque de Desarrollo / Development Approach. Método utilizado para crear y desarrollar el producto, servicio o resultado durante el ciclo de vida del proyecto, tal como un método predictivo, iterativo, incremental, ágil o híbrido.

Enfoque Híbrido / Hybrid Approach. Combinación de dos o más elementos ágiles y no ágiles, que tienen un resultado final no ágil.

Enfoque Incremental / Incremental Approach. Enfoque de desarrollo adaptativo en el que el entregable es producido en forma sucesiva añadiendo funcionalidades hasta que el entregable contenga la capacidad necesaria y suficiente para ser considerado completo.

Enfoque Iterativo / Iterative Approach. Enfoque de desarrollo que se centra en una implementación inicial y simplificada, y luego elabora progresivamente adiciones al conjunto de funcionalidades hasta que el producto final queda completo.

Enfoque Predictivo / Predictive Approach. Enfoque de desarrollo en el cual el alcance, tiempo y costo del proyecto se determinan en las fases tempranas del ciclo de vida.

Enjambre / Swarm. Método en el que varios miembros del equipo se enfocan colectivamente en la resolución de una tarea o problema específico.

Entrega Continua / Continuous Delivery. Práctica de entregar incrementos de funcionalidad a los clientes en forma inmediata, a menudo a través del uso de pequeños lotes de trabajo y tecnología de automatización.

Entrega Indefinida Cantidad Indefinida (IDIQ) / Indefinite Delivery Indefinite Quantity (IDIQ). Contrato que provee una cantidad indefinida de bienes o servicios, con un límite inferior y superior establecidos, dentro de un período determinado.

Entregable / Deliverable. Cualquier producto, resultado o capacidad única y verificable para ejecutar un servicio que se debe producir para completar un proceso, una fase o un proyecto.

Enunciado del Alcance del Proyecto / Project Scope Statement. Descripción del alcance, los entregables principales y las exclusiones del proyecto.

Enunciado del Trabajo (SOW) / Statement of Work (SOW). Descripción narrativa de los productos, servicios o resultados a ser entregados por el proyecto.

Épica / Epic. Un gran conjunto de trabajo relacionado, destinado a organizar jerárquicamente un conjunto de requisitos y entregar resultados de negocio específicos.

Equipo Auto-Organizado / Self-Organizing Team. Equipo multifuncional en el que las personas asumen el liderazgo de forma fluida, según sea necesario para lograr los objetivos del equipo.

Equipo de Dirección del Proyecto / Project Management Team. Miembros del equipo del proyecto que participan directamente en las actividades de dirección del proyecto.

Equipo del Proyecto / Project Team. Conjunto de individuos que realizan el trabajo del proyecto con el fin de alcanzar sus objetivos.

Equipo Virtual / Virtual Team. Grupos de personas con un objetivo compartido que trabajan en diferentes lugares, y que se relacionan entre sí principalmente a través del teléfono y de otras comunicaciones electrónicas.

Escalamiento del Riesgo / Risk Escalation. Estrategia de respuesta a los riesgos según la cual el equipo reconoce que un riesgo está fuera de su esfera de influencia y traslada la responsabilidad del riesgo a un nivel más alto de la organización donde se le gestiona de forma más efectiva.

Esfuerzo / Effort. Cantidad de unidades laborales necesarias para terminar una actividad del cronograma o un componente de la estructura de desglose del trabajo, generalmente expresado en horas, días o semanas de trabajo. Compárese con *duración*.

Especificación / Specification. Enunciado preciso de las necesidades a ser satisfechas y las características esenciales requeridas.

Esquema de Priorización / Prioritization Schema. Métodos utilizados para priorizar el portafolio, el programa o los componentes del proyecto, así como los requisitos, riesgos, características u otra información del producto.

Estándar / Standard. Documento establecido por una autoridad, costumbre o consenso como un modelo o ejemplo.

Estimación a la Conclusión (EAC) / Estimate at Completion (EAC). Costo total previsto para completar todo el trabajo, expresado como la suma del costo real a la fecha y la estimación hasta la conclusión.

Estimación Análoga / Analogous Estimating. Método para estimar la duración o el costo de una actividad o un proyecto utilizando datos históricos de una actividad o proyecto similar.

Estimación Hasta la Conclusión (ETC) / Estimate to Complete (ETC). Costo previsto para terminar todo el trabajo restante del proyecto.

Estimación Multipunto / Multipoint Estimating. Método utilizado para estimar el costo o la duración mediante la aplicación de un promedio o promedio ponderado de estimaciones optimistas, pesimistas y más probables, usado cuando existe incertidumbre en las estimaciones de las actividades individuales.

Estimación Paramétrica / Parametric Estimating. Método de estimación en el que se utiliza un algoritmo para calcular el costo o la duración con base en datos históricos y parámetros del proyecto.

Estimación Probabilística / Probabilistic Estimating. Método utilizado para desarrollar un rango de estimaciones junto con las probabilidades asociadas dentro de ese rango.

Estimación Puntual (Single-Point Estimating) / Single-Point Estimating. Método de estimación que involucra el uso de datos para calcular un único valor que refleje una estimación más probable.

Estimación Relativa / Relative Estimating. Método para crear estimaciones que se derivan de la realización de una comparación con un conjunto de trabajos similares, teniendo en cuenta el esfuerzo, la complejidad y la incertidumbre.

Estimado / Estimate. Evaluación cuantitativa del monto o resultado probable de una variable, tal como costos del proyecto, recursos, esfuerzo o duraciones.

Estructura de Desglose de la Organización (OBS) / Organizational Breakdown Structure (OBS). Representación jerárquica de la organización del proyecto que ilustra la relación entre las actividades del proyecto y las unidades de la organización que llevarán a cabo esas actividades.

Estructura de Desglose de Recursos / Resource Breakdown Structure. Representación jerárquica de los recursos por categoría y tipo.

Estructura de Desglose de Riesgos (RBS) / Risk Breakdown Structure (RBS). Representación jerárquica de las posibles fuentes de riesgos.

Estructura de Desglose del Producto / Product Breakdown Structure. Estructura jerárquica que refleja los componentes y los entregables de un producto.

Estructura de Desglose del Trabajo (WBS/EDT) / Work Breakdown Structure (WBS). Descomposición jerárquica del alcance total del trabajo a ser realizado por el equipo del proyecto para cumplir con los objetivos del proyecto y crear los entregables requeridos.

Estudios Comparativos / Benchmarking. Comparación de prácticas, procesos y productos reales o planificados con los de organizaciones comparables a fin de identificar las mejores prácticas, generar ideas para mejorar y proporcionar una base para medir el desempeño.

Evaluación del Ciclo de Vida (LCA) / Life Cycle Assessment (LCA). Herramienta utilizada para evaluar el impacto ambiental total de un producto, proceso o sistema.

Evitar el Riesgo / Risk Avoidance. Estrategia de respuesta a los riesgos según la cual el equipo del proyecto actúa para eliminar la amenaza o proteger al proyecto de su impacto.

Exactitud / Accuracy. En el sistema de gestión de calidad, la exactitud es una evaluación de la corrección.

Explotación del Riesgo / Risk Exploiting. Estrategia de respuesta a los riesgos según la cual el equipo del proyecto actúa para garantizar la ocurrencia de una oportunidad.

Exposición al Riesgo / Risk Exposure. Medida acumulada del impacto potencial de todos los riesgos en cualquier momento dado de un proyecto, programa o portafolio.

Factores Ambientales de la Empresa (EEF) / Enterprise Environmental Factors (EEF). Condiciones que no están bajo el control directo del equipo y que influyen, restringen o dirigen el proyecto, programa o portafolio.

Fase del Proyecto / Project Phase. Conjunto de actividades del proyecto relacionadas lógicamente que culmina con la finalización de uno o más entregables.

Flujo / Flow. Medida del grado de eficiencia en el que el trabajo se mueve a través de un proceso o marco de referencia determinado.

Funcionalidad / Feature. Conjunto de requisitos o características relacionadas que aportan valor a una organización.

Fundamentos para la Dirección de Proyectos (PMBOK) / Project Management Body of Knowledge (PMBOK). Término que describe los conocimientos de la profesión de Dirección de Proyectos.

Gestión de Cambios / Change Management. Enfoque integral, cíclico y estructurado para la transición de individuos, grupos y organizaciones desde un estado actual a un estado futuro con beneficios comerciales previstos.

Gestión del Producto / Product Management. Integración de personas, datos, procesos y sistemas comerciales para crear, mantener y evolucionar un producto o servicio a lo largo de su ciclo de vida.

Gobernanza / Governance. Marco de referencia para dirigir y empoderar una organización a través de sus políticas y prácticas establecidas y otra documentación relevante.

Gobernanza del Proyecto / Project Governance. Marco, funciones y procesos que guían las actividades de dirección del proyecto a fin de crear un producto, servicio o resultado único para cumplir con las metas organizacionales, estratégicas y operativas.

Grado / Grade. Categoría o nivel que se utiliza para distinguir elementos que tienen el mismo uso funcional pero que no comparten los mismos requisitos de calidad.

Gráfica de Trabajo Pendiente o Realizado / Burn Chart. Representación gráfica del trabajo pendiente (burndown) en un período de tiempo preestablecido o del trabajo realizado (burnup) con miras a la liberación del entregable de un producto o proyecto.

Grupo de Procesos de Cierre / Closing Process Group. Proceso(s) llevado(s) a cabo para completar o cerrar formalmente un proyecto, fase o contrato.

Grupo de Procesos de Ejecución / Executing Process Group. Procesos realizados para completar el trabajo definido en el plan para la dirección del proyecto a fin de satisfacer los requisitos del proyecto.

Grupo de Procesos de Inicio / Initiating Process Group. Procesos realizados para definir un nuevo proyecto o nueva fase de un proyecto existente al obtener la autorización para iniciar el proyecto o fase.

Grupo de Procesos de la Dirección de Proyectos / Project Management Process Group. Agrupamiento lógico de las entradas, herramientas, técnicas y salidas relacionadas con la dirección de proyectos. Los Grupos de Procesos de la Dirección de Proyectos incluyen procesos de Inicio, Planificación, Ejecución, Monitoreo y Control, y Cierre.

Grupo de Procesos de Monitoreo y Control / Monitoring and Controlling Process Group. Procesos requeridos para hacer seguimiento, analizar y regular el progreso y el desempeño del proyecto, para identificar áreas en las que el plan requiera cambios y para iniciar los cambios correspondientes.

Grupo de Procesos de Planificación / Planning Process Group. Procesos requeridos para establecer el alcance del proyecto, refinar los objetivos y definir el curso de acción requerido para alcanzar los objetivos propuestos del proyecto.

Habilidades Interpersonales / Interpersonal Skills. Habilidades que se utilizan para establecer y mantener relaciones con otras personas.

Histograma / Histogram. Diagrama de barras que muestra la representación gráfica de datos numéricos.

Historia de Usuario / User Story. Breve descripción del resultado para un usuario específico. Es un compromiso de discusión a fin de aclarar detalles.

Hito / Milestone. Punto o evento significativo dentro de un proyecto, programa o portafolio.

Hoja de Ruta / Roadmap. Línea de tiempo de alto nivel que describe cosas tales como hitos, eventos significativos, revisiones y puntos de decisión.

Hoja de Verificación / Check Sheet. Hoja de anotaciones que puede utilizarse como lista de control cuando se recopilan datos.

Impedimento / Impediment. Obstáculo que impide al equipo lograr sus objetivos. También conocido como bloqueo.

Incertidumbre / Uncertainty. Falta de comprensión y conciencia de los problemas, eventos, camino a seguir o soluciones a buscar.

Incidente / Issue. Condición o situación actual que puede tener un impacto en los objetivos del proyecto.

Índice de Desempeño del Costo (CPI) / Cost Performance Index (CPI). Medida de eficiencia en función de los costos de los recursos presupuestados expresada como la razón entre el valor ganado y el costo real.

Índice de Desempeño del Cronograma (SPI) / Schedule Performance Index (SPI). Medida de eficiencia del cronograma que se expresa como la razón entre el valor ganado y el valor planificado.

Informe / Report. Registro o resumen formal de la información.

Informe de Calidad / Quality Report. Documento del proyecto que incluye asuntos relacionados con la gestión de la calidad, recomendaciones de acciones correctivas y un resumen de hallazgos de las actividades de control de calidad, y que puede incluir recomendaciones para la mejora de procesos, proyectos y productos.

Informe de Estado / Status Report. Informe sobre el estado actual del proyecto.

Informe de Riesgos / Risk Report. Documento del proyecto, desarrollado progresivamente a lo largo de los procesos de Gestión de los Riesgos del Proyecto, que resume la información sobre los riesgos individuales del proyecto y el nivel de riesgo general del proyecto.

Informe del Proyecto / Project Brief. Visión general, de alto nivel, sobre los objetivos, entregables y procesos del proyecto.

Inteligencia Emocional / Emotional Intelligence. Habilidad para identificar, evaluar y manejar las emociones personales de uno mismo y las de otras personas, así como las emociones colectivas de grupos de personas.

Intensificación / Crashing. Método utilizado para acortar la duración del cronograma con el menor incremento de costo mediante la adición de recursos.

Interesado / Stakeholder. Individuo, grupo u organización que puede afectar, verse afectado o percibirse a sí mismo como afectado por una decisión, actividad o resultado de un proyecto, programa o portafolio.

Iteración / Iteration. Bloque de tiempo delimitado para el desarrollo de un producto o entregable en el que se realiza todo el trabajo necesario para entregar valor.

Lecciones Aprendidas / Lessons Learned. Conocimiento adquirido durante un proyecto que muestra cómo se abordaron o deberían abordarse en el futuro los eventos del proyecto, a fin de mejorar el desempeño futuro.

Liberación / Release. Uno o más componentes de uno o más productos, destinados a ser puestos en producción al mismo tiempo.

Liderazgo de Servicio / Servant Leadership. Práctica de liderar al equipo centrándose en comprender y abordar las necesidades y el desarrollo de los miembros del mismo con el fin de permitir el máximo desempeño posible del equipo.

Lienzo de Modelo de Negocio / Business Model Canvas. Resumen visual de una página que describe la propuesta de valor, la infraestructura, los clientes y las finanzas. Estos se utilizan a menudo en situaciones de lean startup.

Lienzo Lean Startup (Lean Startup Canvas) / Lean Startup Canvas. Plantilla de una página diseñada para comunicar un plan de negocios a los principales interesados de una manera eficiente y efectiva.

Línea Base / Baseline. Versión aprobada de un producto de trabajo que se utiliza como base de comparación con los resultados reales.

Línea Base de Costos / Cost Baseline. Versión aprobada del presupuesto del proyecto con fases de tiempo, excluida cualquier reserva de gestión, la cual sólo puede cambiarse a través de procedimientos formales de control de cambios y se utiliza como base de comparación con los resultados reales.

Línea Base del Alcance / Scope Baseline. Versión aprobada de un enunciado del alcance, estructura de desglose del trabajo (EDT/WBS) y su diccionario de la EDT/WBS asociado, que puede cambiarse utilizando procedimientos formales de control de cambios y que se utiliza como base de comparación con los resultados reales.

Línea Base del Cronograma / Schedule Baseline. Versión aprobada de un modelo de programación que puede cambiarse usando procedimientos formales de control de cambios y que se utiliza como base de comparación con los resultados reales.

Línea Base para la Medición del Desempeño (PMB) / Performance Measurement Baseline (PMB). Líneas base del alcance, cronograma y costos integradas, utilizadas para comparación, a fin de gestionar, medir y controlar la ejecución del proyecto.

Lista de Actividades / Activity List. Tabla documentada de las actividades del cronograma que muestra la descripción de la actividad, su identificador y una descripción suficientemente detallada del alcance del trabajo para que los miembros del equipo del proyecto comprendan cuál es el trabajo que deben realizar.

Lista de Trabajo Pendiente / Backlog. Lista ordenada de los trabajos a realizar.

Mapa del Flujo de Valor / Value Stream Map. Representación gráfica de los pasos críticos en un proceso y el tiempo tomado en cada paso, utilizado para identificar los desperdicios.

Mapeo de Impacto / Impact Mapping. Método de planificación estratégica que sirve como una hoja de ruta visual para la organización, durante el desarrollo del producto.

Mapeo del Flujo de Valor / Value Stream Mapping. Método empresarial lean utilizado para documentar, analizar y mejorar el flujo de información o materiales necesarios con el fin de producir un producto o servicio para un cliente.

Matriz de Asignación de Responsabilidades (RAM) / Responsibility Assignment Matrix (RAM). Cuadrícula que muestra los recursos del proyecto asignados a cada paquete de trabajo.

Matriz de Evaluación del Involucramiento de los Interesados / Stakeholder Engagement Assessment Matrix. Matriz que compara los niveles de participación actual y deseado de los interesados.

Matriz de Priorización / Prioritization Matrix. Diagrama de dispersión que grafica el esfuerzo contra el valor, a fin de clasificar los elementos por prioridad.

Matriz de Probabilidad e Impacto / Probability and Impact Matrix. Cuadrícula para mapear la probabilidad de ocurrencia de cada riesgo y su impacto sobre los objetivos del proyecto en caso de que ocurra dicho riesgo.

Matriz de Trazabilidad de Requisitos / Requirements Traceability Matrix. Cuadrícula que vincula los requisitos del producto desde su origen hasta los entregables que los satisfacen.

Medidas de Desempeño Técnico / Technical Performance Measures. Mediciones cuantificables de desempeño técnico que se utilizan para garantizar que los componentes del sistema cumplen los requisitos técnicos.

Medidas del Desempeño / Measures of Performance. Medidas que caracterizan los atributos físicos o funcionales relacionados con la operación del sistema.

Mejora del Riesgo / Risk Enhancement. Estrategia de respuesta a los riesgos según la cual el equipo del proyecto actúa para incrementar la probabilidad de ocurrencia o impacto de una oportunidad.

Método / Method. Medio para lograr un efecto, salida, resultado o entregable del proyecto.

Método de la Ruta Crítica (CPM) / Critical Path Method (CPM). Método utilizado para estimar la mínima duración del proyecto y determinar el nivel de flexibilidad en la programación de los caminos de red lógicos dentro del cronograma.

Metodología / Methodology. Sistema de prácticas, técnicas, procedimientos y normas utilizado por quienes trabajan en una disciplina.

Métodos de Estimación / Estimating Methods. Métodos utilizados para desarrollar una aproximación del trabajo, tiempo o costos en un proyecto.

Métodos para Recopilación y Análisis de Datos / Data Gathering and Analysis Methods. Métodos utilizados para recopilar, valorar y evaluar datos e información con el fin de obtener una comprensión más profunda de una situación.

Métrica / Metric. Descripción de un atributo del proyecto o del producto y cómo medirlo.

Métrica de Vanidad / Vanity Metric. Medida que parece mostrar algún resultado, pero que no proporciona información útil para la toma de decisiones.

Métricas de Calidad / Quality Metrics. Descripción de un atributo del proyecto o del producto y de la manera en que se mide dicho atributo.

Mitigar el Riesgo / Risk Mitigation. Estrategia de respuesta a los riesgos según la cual el equipo del proyecto actúa para disminuir la probabilidad de ocurrencia o impacto de una amenaza.

Modelado / Modeling. Creación de representaciones simplificadas de sistemas, soluciones o entregables, tales como prototipos, diagramas o guiones gráficos.

Modelo de Programación / Schedule Model. Representación del plan para ejecutar las actividades del proyecto que incluye duraciones, dependencias y demás información de planificación, utilizada para generar un cronograma del proyecto junto con otros objetos de planificación.

Monitorear / Monitor. Recolectar datos de desempeño del proyecto, producir medidas de desempeño e informar y difundir la información sobre el desempeño.

Objetivo / Objective. Una meta hacia la cual se debe dirigir el trabajo, una posición estratégica que se quiere lograr, un fin que se desea alcanzar, un resultado a obtener, un producto a producir o un servicio a prestar.

Oficina de Dirección de Proyectos (PMO) / Project Management Office (PMO). Estructura de gestión que estandariza los procesos de gobernanza relacionados con el proyecto y facilita el intercambio de recursos, metodologías, herramientas y técnicas.

Oficina de Entrega de Valor (VDO) / Value Delivery Office (VDO). Una estructura de apoyo de entrega del proyecto que se centra en realizar coaching a equipos, desarrollo de aptitudes y capacidades ágiles en toda la organización y mentoría a los patrocinadores y dueños de los productos para que sean más efectivos en esos roles.

Oportunidad / Opportunity. Riesgo que tendría un efecto positivo sobre uno o más objetivos del proyecto.

Paquete de Trabajo / Work Package. Trabajo definido en el nivel más bajo de la estructura de desglose del trabajo para el cual se estiman y gestionan el costo y la duración.

Patrocinador / Sponsor. Persona o grupo que provee recursos y apoyo para el proyecto, programa o portafolio y que es responsable de facilitar su éxito.

Perfeccionamiento de la Lista de Trabajo Pendiente / Backlog Refinement. Elaboración progresiva del contenido de la lista de los trabajos pendientes y (re)priorización de los mismos para identificar el trabajo que se puede realizar en una próxima iteración.

Período de Tiempo Preestablecido / Timebox. Período breve y fijo en el que se debe completar el trabajo.

Plan / Plan. Medio propuesto para lograr algo.

Plan de Control de Cambios / Change Control Plan. Componente del plan para la dirección del proyecto que establece el comité de control de cambios, documenta su grado de autoridad y describe cómo se ha de implementar el sistema de control de cambios.

Plan de Gestión de Beneficios / Benefits Management Plan. Explicación documentada que define los procesos para crear, maximizar y mantener los beneficios proporcionados por un proyecto o programa.

Plan de Gestión de la Calidad / Quality Management Plan. Componente del plan para la dirección del proyecto o programa que describe cómo se implementarán las políticas, procedimientos y pautas aplicables para alcanzar los objetivos de calidad.

Plan de Gestión de las Adquisiciones / Procurement Management Plan. Componente del plan para la dirección del proyecto o programa que describe cómo un equipo de proyecto adquirirá bienes y servicios desde fuera de la organización ejecutante.

Plan de Gestión de las Comunicaciones / Communications Management Plan. Componente del plan para la dirección del proyecto, programa o portafolio que describe cómo, cuándo y por medio de quién se administrará y difundirá la información del proyecto.

Plan de Gestión de los Costos / Cost Management Plan. Componente del plan para la dirección del proyecto o programa que describe la forma en que los costos serán planificados, estructurados y controlados.

Plan de Gestión de los Recursos / Resource Management Plan. Componente del plan para la dirección del proyecto que describe cómo se adquieren, asignan, monitorean y controlan los recursos del proyecto.

Plan de Gestión de los Requisitos / Requirements Management Plan. Componente del plan para la dirección de un proyecto o programa que describe cómo serán analizados, documentados y gestionados los requisitos.

Plan de Gestión de los Riesgos / Risk Management Plan. Componente del plan para la dirección del proyecto, programa o portafolio que describe el modo en que las actividades de gestión de riesgos serán estructuradas y llevadas a cabo.

Plan de Gestión del Alcance / Scope Management Plan. Componente del plan para la dirección del proyecto o programa que describe el modo en que el alcance será definido, desarrollado, monitoreado, controlado y validado.

Plan de Gestión del Cronograma / Schedule Management Plan. Componente del plan para la dirección del proyecto o programa que establece los criterios y las actividades para desarrollar, monitorear y controlar el cronograma.

Plan de Involucramiento de los Interesados / Stakeholder Engagement Plan. Componente del plan para la dirección del proyecto que identifica las estrategias y acciones requeridas para promover el involucramiento productivo de los interesados en la toma de decisiones y la ejecución del proyecto o programa.

Plan de Iteración / Iteration Plan. Plan detallado para la iteración actual.

Plan de Liberación / Release Plan. Plan que establece las expectativas para las fechas, características y/o resultados que se espera obtener en el curso de múltiples iteraciones.

Plan de Pruebas / Test Plan. Documento que describe los entregables que serán probados, las pruebas que se llevarán a cabo y los procesos que se utilizarán para las mismas.

Plan Estratégico / Strategic Plan. Documento de alto nivel que explica la visión y la misión de una organización, además del enfoque que se adoptará para lograr esta misión y visión, incluyendo las metas y los objetivos específicos que se materializarán durante el período cubierto por el documento.

Plan para la Dirección del Proyecto / Project Management Plan. Documento que describe el modo en que el proyecto será ejecutado, monitoreado y controlado, y cerrado.

Planificación de Iteraciones / Iteration Planning. Reunión para aclarar los detalles de los trabajos pendientes, los criterios de aceptación y el esfuerzo de trabajo requerido para cumplir con un compromiso de iteración próximo.

Planificación de Liberaciones / Release Planning. Proceso de identificación de un plan de alto nivel con miras a la liberación o la transición de un producto, un entregable o un incremento de valor.

Planificación Gradual / Rolling Wave Planning. Método de planificación iterativa en el cual el trabajo a realizar a corto plazo se planifica en detalle, mientras que el trabajo futuro se planifica a un nivel superior.

Plantilla / Template. Documento parcialmente completo en un formato preestablecido, que proporciona una estructura definida para recopilar, organizar y presentar información y datos.

Política de Calidad / Quality Policy. Política específica del Área de Conocimiento de Gestión de la Calidad del Proyecto que establece los principios básicos que deberían regir las acciones de la organización al implementar su sistema de gestión de calidad.

Portafolio / Portfolio. Proyectos, programas, portafolios secundarios y operaciones gestionados como un grupo para alcanzar los objetivos estratégicos.

Precisión / Precision. En el sistema de gestión de calidad, la precisión es una evaluación de la exactitud.

Presupuesto / Budget. Estimado aprobado para el proyecto o cualquier componente de la estructura de desglose del trabajo (EDT) o cualquier actividad del cronograma.

Presupuesto hasta la Conclusión (BAC) / Budget at Completion (BAC). Suma de todos los presupuestos establecidos para el trabajo a ser realizado.

Producto / Product. Artefacto producido, cuantificable y que puede ser en sí mismo un elemento terminado o un componente de un elemento.

Producto Digital / Digital Product. Producto o servicio que es entregado, utilizado y almacenado en un formato electrónico.

Producto Mínimo Viable (MVP) / Minimum Viable Product (MVP). Concepto utilizado para definir el alcance de la primera liberación de una solución para los clientes, mediante la identificación del menor número de funcionalidades o requisitos que aportarían valor.

Programa / Program. Proyectos, programas secundarios y actividades de programas relacionados cuya gestión se realiza de manera coordinada para obtener beneficios que no se obtendrían si se gestionaran en forma individual.

Pronóstico / Forecast. Estimación o predicción de condiciones y eventos futuros para el proyecto, basada en la información y el conocimiento disponibles en el momento de realizar el pronóstico.

Pronósticos del Cronograma / Schedule Forecasts. Estimaciones o predicciones de condiciones y eventos en el futuro del proyecto, basadas en la información y el conocimiento disponibles en el momento de calcular el cronograma.

Propuesta de Valor / Value Proposition. Valor de un producto o servicio que una organización transmite a sus clientes.

Prototipo / Prototype. Modelo operativo para obtener una retroalimentación temprana respecto del producto esperado antes de construirlo realmente.

Proyecto / Project. Esfuerzo temporal que se lleva a cabo para crear un producto, servicio o resultado único.

Punto de Función / Function Point. Un estimado de la cantidad de funcionalidad comercial en un sistema de información, usada para calcular la métrica del tamaño funcional de un sistema de software.

Puntuación Neta del Promotor (Net Promoter Score) / Net Promoter Score. Índice que mide la voluntad de los clientes para recomendar a otros los productos o servicios de una organización.

Radiador de Información / Information Radiator. Una indicación visible y física que proporciona información al resto de la organización y permite el intercambio oportuno de conocimientos.

Registro / Log. Documento que se utiliza para registrar y describir o indicar los elementos seleccionados identificados durante la ejecución de un proceso o actividad. Habitualmente se utiliza con un modificador, tal como de incidentes, de cambios o de supuestos.

Registro / Register. Registro escrito de las entradas regulares para los aspectos en evolución de un proyecto, tales como los riesgos, los interesados o los defectos.

Registro de Cambios / Change Log. Lista completa de los cambios presentados durante el proyecto y su estado actual.

Registro de Incidentes / Issue Log. Documento del proyecto donde se registra y monitorea información sobre los incidentes.

Registro de Interesados / Stakeholder Register. Documento del proyecto que incluye información, evaluación y clasificación de los interesados del proyecto.

Registro de Lecciones Aprendidas / Lessons Learned Register. Documento del proyecto que se utiliza para registrar los conocimientos adquiridos durante un proyecto, fase o iteración, de modo que se puedan utilizar para mejorar el desempeño futuro del equipo y de la organización.

Registro de Riesgos / Risk Register. Repositorio en el cual se registran las salidas de los procesos de gestión de riesgos.

Registro de Supuestos / Assumption Log. Documento del proyecto utilizado para registrar todos los supuestos y restricciones a lo largo del proyecto.

Regulaciones / Regulations. Requisitos impuestos por una entidad gubernamental. Estos requisitos pueden establecer las características del producto, del proceso o del servicio (incluidas las disposiciones administrativas aplicables) que son de cumplimiento obligado, exigido por el gobierno.

Rendimiento / Throughput. Número de elementos que pasan por un proceso.

Requisito / Requirement. Condición o capacidad que debe estar presente en un producto, servicio o resultado para satisfacer una necesidad de negocio.

Reserva / Reserve. Provisión de fondos en el plan para la dirección del proyecto para mitigar riesgos del cronograma y/o costos. Se utiliza a menudo con un modificador (p.ej., reserva de gestión, reserva para contingencias) con el objetivo de proporcionar más detalles sobre qué tipos de riesgos se pretende mitigar.

Reserva de Gestión / Management Reserve. Parte del presupuesto del proyecto o cronograma del proyecto mantenida fuera de la línea base para la medición del desempeño con fines de control de gestión, que se reserva para trabajo imprevisto que está dentro del alcance del proyecto.

Reserva para Contingencias / Contingency Reserve. Tiempo o dinero asignado en el cronograma o línea base de costos para riesgos conocidos con estrategias de respuesta activas.

Responsabilidad / Responsibility. Asignación que puede delegarse dentro de un plan para la dirección del proyecto de modo tal que el recurso asignado incurre en la obligación de llevar a cabo los requisitos de la asignación.

Restricción / Constraint. Factor limitant que afecta la ejecución de un proyecto, programa, portafolio o proceso.

Resultado / Outcome. Efecto o consecuencia de un proceso o proyecto.

Resultado / Result. Una salida de la ejecución de procesos y actividades de dirección de proyectos. Véase también *entregable*.

Retrabajo / Rework. Acción tomada para hacer que un componente defectuoso o no conforme cumpla con las disposiciones de los requisitos o especificaciones.

Retraso / Lag. Cantidad de tiempo en la que una actividad sucesora se retrasará con respecto a una actividad predecesora.

Retrospectiva / Retrospective. Un taller que ocurre periódicamente, en el que los participantes exploran su trabajo y sus resultados con el fin de mejorar tanto el proceso como el producto.

Reunión de Estatus / Status Meeting. Reunión programada periódicamente para intercambiar y analizar información sobre el progreso actual del proyecto y su desempeño.

Reunión de Lanzamiento / Kickoff Meeting. Reunión de los miembros del equipo y otros interesados clave al comienzo de un proyecto con el fin de establecer formalmente las expectativas, obtener un entendimiento común y dar comienzo al trabajo.

Reunión Diaria de Pie (Daily Standup) / Daily Standup. Breve reunión diaria de colaboración en la que el equipo revisa el progreso del día anterior, expresa las intenciones para el día actual y destaca los obstáculos encontrados o previstos.

Revisión de Fase / Phase Gate. Revisión al final de una fase en la que se toma una decisión de continuar a la siguiente fase, continuar con modificaciones o dar por concluido un proyecto o programa.

Revisión de Iteraciones / Iteration Review. Reunión celebrada al final de una iteración para demostrar el trabajo realizado durante la misma.

Revisión del Proyecto / Project Review. Evento al final de una fase o proyecto para evaluar el estado, valorar el valor entregado y determinar si el proyecto está listo para pasar a la siguiente fase o para hacer la transición a operaciones.

Revisión del Riesgo / Risk Review. Proceso de análisis del estado de los riesgos existentes y la identificación de nuevos riesgos. También puede ser conocido como *reevaluación de riesgos*.

Riesgo / Risk. Evento o condición incierta que, si se produce, tiene un efecto positivo o negativo en uno o más de los objetivos de un proyecto.

Rol / Role. Función definida a ser realizada por un miembro del equipo del proyecto, como probar, archivar, inspeccionar o codificar.

Ruta Crítica / Critical Path. Secuencia de actividades que representa el camino más largo a través de un proyecto, lo cual determina la menor duración posible.

Ruta de Red / Network Path. Secuencia de actividades conectadas por relaciones lógicas en un diagrama de red del cronograma del proyecto.

Sesgo de Confirmación / Confirmation Bias. Tipo de sesgo cognitivo que confirma creencias o hipótesis preexistentes.

Simulación / Simulation. Método analítico que modela el efecto combinado de las incertidumbres para evaluar su posible impacto en los objetivos.

Simulación Monte Carlo / Monte Carlo Simulation. Método para la identificación de los impactos potenciales del riesgo y la incertidumbre utilizando múltiples iteraciones de un modelo computarizado para desarrollar una distribución de probabilidad de un rango de resultados que podrían ser consecuencia de una decisión o curso de acción.

Sistema de Control de Cambios / Change Control System. Conjunto de procedimientos que describe la forma en que se gestionan y controlan las modificaciones de los entregables y la documentación del proyecto.

Sistema de Entrega de Valor / Value Delivery System. Conjunto de actividades estratégicas de negocio dirigidas a la construcción, sostenimiento y/o avance de una organización.

Solicitud de Cambio / Change Request. Propuesta formal para modificar un documento, entregable o línea base.

Sprint / Sprint. Intervalo breve dentro de un proyecto durante el cual se crea un incremento del producto, utilizable y potencialmente listo para producción. Véase también *iteración*.

Story Map (Mapa de Historia) / Story Map. Modelo visual de todas las características y funcionalidades deseadas para un producto determinado, creado con el fin de dar al equipo una visión holística de lo que están construyendo y por qué.

Story Point (Punto de Historia) / Story Point. Unidad utilizada para estimar el nivel relativo de esfuerzo necesario para implementar una historia de usuario.

Supuesto / Assumption. Factor del proceso de planificación que se considera verdadero, real o cierto, sin prueba ni demostración.

Tablero de Control / Dashboard. Conjunto de diagramas y gráficos que muestran el progreso o el rendimiento en relación con mediciones importantes del proyecto.

Tablero de Tareas (Task Board) / Task Board. Representación visual del progreso del trabajo planeado que permite a cualquiera visualizar el estado de las tareas.

Tablero Kanban / Kanban Board. Una herramienta de visualización que muestra el progreso de trabajo para ayudar a identificar los cuellos de botella y el exceso de compromiso, lo que permite al equipo optimizar el flujo de trabajo.

Tiempo de Ciclo / Cycle Time. Tiempo total transcurrido desde el inicio de una actividad o un elemento de trabajo en particular hasta su finalización.

Tiempo de Entrega / Lead Time. El tiempo transcurrido entre la solicitud del cliente y la entrega real.

Tolerancia / Tolerance. Descripción cuantificada de la variación aceptable de un requisito de calidad.

Trabajo pendiente ajustado al riesgo / Risk-Adjusted Backlog. Registro de trabajo pendiente que incluye el trabajo de productos y acciones para abordar las amenazas y oportunidades.

Transferir el Riesgo / Risk Transference. Estrategia de respuesta a los riesgos según la cual el equipo del proyecto traslada el impacto de una amenaza a un tercero, junto con la responsabilidad de la respuesta.

Triple Resultado Final (TBL) / Triple Bottom Line. Marco de referencia para tomar en consideración el costo total de hacer negocios mediante la evaluación de los resultados finales de una empresa desde la perspectiva de los beneficios, las personas y el planeta.

Último Momento Responsable / Last Responsible Moment. El concepto de aplazar una decisión para permitir que el equipo tome en consideración múltiples opciones hasta que el costo de un nuevo aplazamiento exceda el beneficio.

Umbral / Threshold. Valor predeterminado de una variable medible del proyecto que representa un límite que exige tomar medidas en caso de ser alcanzado.

Umbral de Riesgo / Risk Threshold. La medida de variación aceptable en torno a un objetivo que refleja el apetito al riesgo de la organización y de los interesados. Véase también *apetito de riesgo*.

Validación / Validation. Proceso realizado para asegurar que un producto, servicio o resultado cumple con las necesidades del cliente y de otros interesados identificados. Véase también *verificación*.

Valor / Value. Cualidad, importancia o utilidad de algo.

Valor del Negocio / Business Value. Beneficio cuantificable neto que se deriva de una iniciativa de negocio, que puede ser tangible, intangible o ambos.

Valor Ganado (EV) / Earned Value (EV). Cantidad de trabajo ejecutado a la fecha, expresado en términos del presupuesto autorizado para ese trabajo.

Valor Monetario Esperado (EMV) / Expected Monetary Value (EMV). Valor estimado de un resultado expresado en términos monetarios.

Valor Planificado (PV) / Planned Value (PV). Presupuesto autorizado que ha sido asignado al trabajo planificado.

Variación a la Conclusión (VAC) / Variance at Completion (VAC). Proyección del monto del déficit o superávit presupuestario, expresada como la diferencia entre el presupuesto al concluir y estimación al concluir.

Variación del Costo (CV) / Cost Variance (CV). Monto del déficit o superávit presupuestario en un momento dado, expresado como la diferencia entre el valor ganado y el costo real.

Variación del Cronograma (SV) / Schedule Variance (SV). Medida de desempeño del cronograma que se expresa como la diferencia entre el valor ganado y el valor planificado.

Velocidad / Velocity. Medida de la tasa de productividad de un equipo a la que son producidos, validados y aceptados los entregables dentro de un intervalo predefinido.

Verificación / Verification. Proceso que consiste en evaluar si un producto, servicio o resultado cumple o no con determinada regulación, requisito, especificación o condición impuesta. Véase también *validación*.

Volatilidad / Volatility. Posibilidad de un cambio rápido e impredecible.

Voz del Cliente / Voice of the Customer. Método de planificación utilizado para proveer productos, servicios y resultados que reflejen fielmente los requisitos del cliente traduciéndolos en requisitos técnicos apropiados para cada fase del desarrollo de producto del proyecto.

Índice

A

Acción correctiva, 190
Acta de constitución ágil, 84
Acta de constitución del equipo
    del proyecto, 19, 192
Acta de constitución del proyecto
    arranque y, 46
    como artefacto de estrategia, 184
    fase de cierre y, 47
Actualización(es)
    artefactos y, 171
    genéricas, 183
Acuerdo básico de pedidos (BOA), 191
Acuerdo de niveles de servicio (SLA), 191
Acuerdos. *Ver también* Contrato(s); Acuerdo
    de nivel de servicios
    contratos y, 191
Adaptabilidad, equipos de proyectos de alto
    rendimiento y, 22
Adaptación
    adaptación de procesos, 135
    alternativas a, 132
    artefactos del proyecto, 136
    beneficios, directos e indirectos, 133
    contexto del proyecto y, 146, 154
    definición, 6, 131
    demandas que compiten entre sí y, 132
    diagnóstico, 151
    dominios de desempeño y, 145–150
    estilos de liderazgo, 30
    factores del proyecto y, 140
    organización y, 139–140
    para el proyecto, 141–145
    pasos involucrados, 145, 152
    patrocinadores y, 209
    proceso, 71, 137–145
    qué adaptar, 134–136
    razones, 133
    resumen, 152
    selección de la herramienta, 136
    selección del ciclo de vida y del enfoque
        de desarrollo, 150
    situaciones comunes y sugerencias, 151
    visión general, 131–132
Adaptación de dominios de desempeño, 145–150
    contexto del proyecto y, 146
    diagnóstico, 151
    enfoque de desarrollo y ciclo de vida, 148
    entrega, 149
    equipo del proyecto, 147
    incertidumbre, 150
    interesados, 147
    métricas, 150
    planificación, 148
    trabajo del proyecto, 149
Adaptación de procesos, 71, 135
Adaptación para el proyecto, 141–145
    atributos y, 141
    cultura y, 143
    equipo del proyecto, 142
    mejora continua, 144
    producto/entregable, 142
Adelantos, retrasos y, 59
Adquisición(es)
    contratación, 75–76
    Dominio de Desempeño de la Planificación, 65
    Dominio de Desempeño del Trabajo del
        Proyecto, 74–76
    proceso de licitación, 75
    trabajar con, 74–76
Afiliación, teoría de las necesidades y, 159
Agrupamiento de afinidad, 178
Alcance, 224. *Ver también* Alcance del producto;
    Alcance del proyecto
    definición, 84–85
Alcance del producto, 54
Alcance del proyecto, 54

Alcance del trabajo, EDT y, 81, 84
Alineación
   Dominio de Desempeño de la Planificación, 67
Ambigüedad
   definición, 117
   soluciones, 120
   tipos, 120
   Dominio de Desempeño de la Incertidumbre, 120
Ambigüedad conceptual, 120
Ambigüedad situacional, 120
Amenaza(s)
   definición, 123
   estrategias, 123
   perfil de amenaza, 124
Análisis costo-beneficio, 175
Análisis de alternativas, 122, 174
Análisis de causa raíz, 177
Análisis de datos, salidas, 174
Análisis de escenarios "¿Qué pasa si...?", 177
Análisis de fallas, 89
Análisis de hacer o comprar, 65, 176
Análisis de interesados, 8, 177
Análisis de procesos, 176
Análisis de regresión, 105, 176
Análisis de rendimiento, 105
Análisis de reserva, 177. *Ver también* Reserva para contingencias
Análisis de sensibilidad, 177
Análisis de supuestos y restricciones, 174
Análisis de tendencias, 177
Análisis de variación, 177
Análisis del valor. *Ver* Análisis del valor ganado (EVA)
Análisis del valor ganado (EVA)
   cronograma y variación del costo, 101
   definición, 176
Análisis FODA, 177
Análisis mediante árbol de decisiones, 175
Análisis ponderado con múltiples criterios, 181
Apetito al riesgo
   incertidumbre y, 150
   planificación de respuesta y, 125
   umbrales de riesgo y, 122
Apoyo, director del proyecto y, 21

Aprendizaje a lo largo del proyecto
   conocimiento explícito y tácito, 77–78
   gestión del conocimiento, 77
Artefactos, 184–195
   acuerdos, 191
   adaptación, 136
   aplicados a través de los dominios de desempeño, 192–195
   bitácoras y registros, 185
   comunicación, 79
   contratos, 191
   datos e información visuales, 188–190
   definición, 153
   diagramas jerárquicos, 187
   estrategia, 184
   informes, 190
   líneas base, 188
   otros importantes, 192
   planes, 186–187
   visión general, 153–155
Artefactos de comunicación, 79
Artefactos de estrategia, 184
Aseguramiento de calidad, 88
Atributo(s), adaptación y, 141
Auditoría de la adquisición, 79
Auditorías, 115
   adquisición, 79
   calidad, 88
   proceso, 72, 79, 87
Auditorías de calidad, 88
Autoconciencia, 26, 27
Autogestión, 26, 27
Autonomía, 159

B

BAC. *Ver* Presupuesto hasta la conclusión
Base de las estimaciones, 20, 54
Bitácoras y registros, 185
Brecha de ejecución, 158
Brecha de evaluación, 158
Bucles de retroalimentación, 13, 161
Buenas prácticas, 165, 180, 212

C

Cadencia
    ciclo de vida, desarrollo y, 33, 55
    definición, 33
    Dominio de Desempeño del Enfoque de Desarrollo y del Ciclo de Vida, 33-34, 46-48
    entrega, 33-34
Cadencia de entrega, 32-34, 46-50
    Dominio de Desempeño del Enfoque de Desarrollo y del Ciclo de Vida, 46-48
Calendario del proyecto, 192
Calidad. *Ver también* Costo de la calidad (COQ)
    definición, 81
    Dominio de Desempeño de la Entrega, 87-91
Calificación de proveedores, 88
Cambio(s)
    costo, 90-91
    cultura, 214
    Dominio de Desempeño de la Planificación, 66
    facilidad, 40
    monitoreo de nuevos trabajos y, 76-77
    Proceso de 8 Pasos para liderar, 162, 173
    transiciones asociadas, 164
Cambio del alcance, 84
Cambios en el mercado global, 219-221
Caos, 163
Capacidad organizacional, 41
Capacidades, PMO y, 213, 214
Capacitación, 88
Capacitación de patrullas de acción comunitaria (CAP), 45
Carácter, perspectiva ganar-ganar y, 170
Caso de negocio
    cadencia de entrega y, 50
    como artefacto de estrategia, 184
    definición, 184
    descripción, 82
    fase de viabilidad y, 42
    planificación y, 54
    resultados y, 175
    valor del negocio y, 102
    valor y, 82
Caso de uso, 190
Causa raíz, 24, 96, 177, 188
Celebración del éxito, 21
Centralidad en el cliente, 131, 219, 225
Centro comunitario
    ciclo de vida, 48
    enfoques de desarrollo, 36, 38, 39

Centro de Excelencia Ágil (ACoE), 212
Certidumbre en los requisitos, 39
Ciclo de vida. *Ver también* Ciclo de vida del producto; Ciclo de vida del proyecto; Ciclo de vida predictivo
    adaptación y, 150
    centro comunitario, 48
    definiciones de fases, 42-45
    desarrollo, 89
    Dominio de Desempeño del Enfoque de Desarrollo y del Ciclo de Vida, 42-45
    enfoque de desarrollo adaptativo, 45
    enfoque de desarrollo incremental, 44
    fases, 42, 46-48
    predictivo, 43, 49
Ciclo de vida del desarrollo, 89
Ciclo de vida del producto
    definición, 218
Ciclo de vida del proyecto
    adaptación y, 131
    definición, 33
    enfoques de desarrollo y, 32, 35, 148
    entregables y, 81
    fases del proyecto y, 42
    Grupos de Procesos y, 170
    productos que van más allá de, 218
    valor del negocio y, 102
    verificación de resultados, 50
Ciclo de vida predictivo, 43, 49
Ciclo de vida y enfoque de desarrollo, adaptación y, 134
Colaboración
    equipos de proyecto distribuidos y, 30
    equipos de proyectos de alto rendimiento y, 22
Comité de control de cambios (CCB), 68, 77, 169, 183, 186
Comité de dirección, 180
Competencia, 156, 213
Complejidad, 120-121
    basada en procesos, 121
    basada en sistemas, 121
    definición, 117
    Dominio de Desempeño de la Incertidumbre, 120-121
    replanteamiento, 121
Complejidad basada en procesos, 121
Complejidad basada en sistemas, 120-121
Componente del presupuesto del proyecto, 62, 63

Comportamiento
   patrocinadores, 209
   principios de dirección de proyectos y, 146
Comprador
   acuerdos, contratos y, 191
   proceso de licitación y, 75
Comunicación
   abierta, 22
   canales, 157
   conversación, 14, 156, 192
   discurso, positivo, 21
   Dominio de Desempeño de la Planificación, 64
   Dominio de Desempeño del Trabajo del Proyecto, 73
   equipos de proyectos de alto rendimiento y, 22
   estilos, 157
   interactiva, 13
   intercultural, 157
   involucramiento y, 73
   no verbal, 26
   patrocinadores y, 209
   por escrito, 72, 73
   tipos, 13
Comunicación de tipo pull (tirar), 13
Comunicación de tipo push (empujar), 13
Comunicación escrita, 72. *Ver también* Correo electrónico
Comunicación no verbal, 26
Comunicaciones del proyecto, involucramiento y, 73
Conciencia social, 26, 27
Condiciones del mercado, 54
Conferencia de oferentes, 70, 75, 179
Conferencias de contratistas. *Ver* Conferencia de oferentes
Conferencias de proveedores. *Ver* Conferencias de oferentes
Conferencias previas a la licitación, 70, 179
Confianza, 55
   cultura y, 143
   equipos de proyectos de alto rendimiento y, 22
   perspectiva ganar-ganar y, 170
Conformidad
   costo de la calidad y, 81, 175
   evaluación y, 88
   proceso, 71
Conocimiento
   explícito, 70, 77–78
   tácito, 77–78

Contexto del proyecto, adaptación para ajustarse, 146, 154
Contrato por tiempo y materiales (TyM), 191
Contratos, 191. *Ver también* Acuerdos
Contratos de costo reembolsable, 191
Contratos de precio fijo, 191
Control, monitoreo y, 171
Control de cambios
   cambios y, 66
   verificación de resultados y, 68
Controles visuales, 109–111. *Ver también* Acta(s) de constitución
   tableros de tareas, 110
   tableros Kanban, 110
Conversación, 14, 156, 192
COQ. *Ver* Costo de la Calidad
Coraje, 21
Correlación versus causalidad, 112
Corrupción del alcance, 12, 83, 87, 213
Costo(s)
   cambio y, 90–91
   evaluación, 88
   falla, 88, 89
   falla externa, 89
   falla interna, 89
   prevención, 88
   real, 100
Costo de la calidad (COQ), 88–89
   definición, 81
   Dominio de Desempeño de la Entrega, 88–89
   evaluación, 88
   falla externa, 89
   falla interna, 89
   prevención, 88
   recopilación y análisis de datos, 175
Costo del cambio, 90–91
Costo más honorarios con incentivos (CPIF), 191
Costo más honorarios fijos (CPFF), 191
Costo más honorarios por cumplimiento de objetivos (CPAF), 191
Costo planificado de los recursos en comparación con el costo real de los mismos, 101
Costo real en comparación con el costo planificado, 100
Costos de evaluación, 88
Costos de fallas
   internas y externas, 89
   incumplimiento y, 88

Costos de prevención, 88
Cotizaciones, 70, 192
CPAF. *Ver* Costo más honorarios por cumplimiento de objetivos
CPFF. *Ver* Costo más honorarios fijos
CPI. *Ver* Índice de desempeño del costo
CPIF. *Ver* Costo más honorarios con incentivos
Creación de relaciones de trabajo, 78
Crecimiento, 19
Criterios
   aceptación, 42, 82, 85
   entrada, 46
   finalización, 85
   obtención de requisitos, y, 83
   salida, 42, 46, 50
Criterios de finalización, 85
Criterios SMART, métricas y, 97
Cronograma(s), 58–62. *Ver también* Cronograma del proyecto; Modelo de programación
   Dominio de Desempeño de la Planificación, 58–62
   ejecución rápida, 59, 60
   enfoques predictivos, 58
   plan de liberación e iteración, 61
   planificación adaptativa del cronograma, 61, 62
   proyecto maestro, 74
Cronograma de hitos, 188. *Ver también* Cronograma maestro del proyecto
Cronograma del proyecto, 188
Cronograma maestro del proyecto, 74
Cuellos de botella, 71
Cultura
   adaptación para el proyecto, 143
   equipo, 20
   organización y, 41, 143
Cultura del equipo de proyecto, 20–21
Cultura organizacional, 41, 143. *Ver también* Cultura
Cumplimiento
   producto/entregable y, 142
Curva de ROI, ajustado al riesgo, 126
Curva S, 189
CV. *Ver* Variación del costo

D

Datos e información visuales, 188–190
Declaración de la visión del proyecto, 184

Defecto(s)
   costos de fallas externas y, 89
   costos de fallas internas y, 89
   integridad y, 20
   métricas y, 97, 98
   prevención de, 68
   reputación y, 69
Definición de terminado (DoD), 81, 85
Definición del alcance, 84–85
Definiciones de fase, ciclo de vida y, 42–45
Delphi de banda ancha, 28, 178
Dependencia discrecional, 60
Dependencia externa, 60
Dependencia interna, 60
Dependencia obligatoria, 60
Dependencias, tipos de, 60
Desacople, 121
Desarrollo continuo, 218
Desarrollo de reloj inteligente, 86
Desarrollo del equipo, aspectos comunes, 18–19
Desarrollo iterativo, 37
Desbloquear, patrocinador y, 209
Descomposición. *Ver también* Estructura de desglose del trabajo (EDT/WBS)
   alcance, 84
Descomposición del alcance, 84
Descripción de la actividad, 192
Desecho, 89
Desempeño. *Ver también* Indicadores clave de desempeño (KPI)
   Dominio de Desempeño de la Medición, 113–114
   línea base, 100–101, 188
   revisiones, 68
Desempeño con respecto a la línea base, 100–101
Desempeño del trabajo. *Ver* Dominio de Desempeño del Trabajo del Proyecto
Desmoralización, 112
Desperdicio, 89
Devoluciones, 89
Diagnóstico, adaptación y, 151
Diagrama de afinidad, 188
Diagrama de barras, 106
Diagrama de causa y efecto, 188
Diagrama de control, 106
Diagrama de estados de ánimo, 103
Diagrama de flujo acumulativo (CFD), 188
Diagrama de flujo, 189
Diagrama de Gantt, 189
Diagrama de influencias, 176

Diagrama de red del cronograma
  del proyecto, 189
Diagrama de rendimiento, 190
Diagrama de tiempo de ciclo, 189
Diagrama de tiempo de entrega, 189
Diagrama de velocidad, 190
Diagrama RACI, 189
Diagramas circulares, 106
Diagramas de dispersión, 189
Diagramas de semáforo, 106
Diagramas jerárquicos, 187
Diagramas RAG (rojo-amarillo-verde), 106
Diccionario de la EDT, 85, 188
Dirección de programas
  entrega continua de valor y, 222
  planes y, 186–187
  utilización de estructuras, 223–225
Dirección del equipo, 17–19
Dirección y liderazgo del equipo
    de proyecto, 17–19
  centralizados, 17
  desarrollo del equipo, 18–19
  distribuidos, 17–18
Director del programa, 14
Director del proyecto (DP). *Ver también*
    Competencias; Habilidades de liderazgo
  acta de constitución del proyecto y, 184
  adaptación y, 140
  cultura de equipo y, 20–21
  definición, 16
  formación del equipo del proyecto y, 17
  modelos de conflictos y, 168, 169
  monitoreo de nuevos trabajos y, 76, 77
  procesos del proyecto y, 71
  respuestas a los riesgos y, 126
  rol del patrocinador y, 207
  ubicación y, 64
Discurso, positivo, 21
Diseño basado en conjuntos, 119
Distribuciones de probabilidad, 57, 177
Diversidad, replanteamiento y, 121
Documentación
  comunicación por escrito, 73
  requisitos, 83, 192
Documentación de requisitos, 192. *Ver también*
    Contrato(s)
Documento(s)
  autorización del proyecto, 82
  documento del caso de negocio, 82

  licitación, 70, 75, 192
  negocio, 82
  proyecto, 62
Documento del caso de negocio, 82
Documentos de las licitaciones, 70, 75, 192
Documentos del proyecto, 52
Documentos que autorizan el proyecto, 82
Dominio, 159
Dominio de desempeño. *Ver también* Dominios
    de desempeño del proyecto
  artefactos aplicados, 192–195
  Dominio de Desempeño de la Entrega, 80–92
  Dominio de Desempeño de la
    Incertidumbre, 116–129
  Dominio de Desempeño de la
    Medición, 93–115
  Dominio de Desempeño de la
    Planificación, 51–68
  Dominio de Desempeño de los
    Interesados, 8–15
  Dominio de Desempeño del Enfoque
    de Desarrollo y del Ciclo de Vida, 32–50
  Dominio de Desempeño del Equipo, 16–31
  Dominio de Desempeño del Trabajo
    del Proyecto, 69–79
  mapeo de artefactos y, 193–195
  mapeo de métodos y, 182–183
  mapeo de modelos utilizados, 173
  métodos aplicados, 181–183
  modelos aplicados, 172–173
  principios de dirección de proyectos y, 4
Dominio de Desempeño de la Entrega, 80–92
  calidad, 87–91
  consideraciones sobre adaptación, 149
  definiciones pertinentes, 81
  entrega de valor, 81–82
  entregables, 82–87
  interacciones con otros dominios de
    desempeño, 91
  resultados deseados, 80
  resultados subóptimos, 91
  verificación de resultados, 92
  visión general, 80–81
Dominio de Desempeño de la
    Incertidumbre, 116–129
  ambigüedad, 120
  complejidad, 120–121
  consideraciones sobre adaptación, 150
  definiciones pertinentes al, 117

incertidumbre, general, 119
interacciones con otros dominios
  de desempeño, 128
resultados deseados, 116
riesgo, 122-127
verificación de resultados, 129
visión general, 116-118
volatilidad, 122
Dominio de Desempeño de la Medición, 93-115
consideraciones sobre adaptación, 150
crecimiento y mejora, 114
definiciones pertinentes al, 93
establecimiento de medidas efectivas, 95-105
interacciones con otros dominios de
desempeño, 114-115
peligros en las mediciones, 111-112
presentación de la información, 106-111
qué medir, 98-105
resolución de problemas
  de desempeño, 113-114
resultados deseados, 93
verificación de resultados, 115
visión general, 93-95
Dominio de Desempeño
  de la Planificación, 51-68
adquisición, 65
alineación, 67
cambios, 66
composición y estructura del equipo
  del proyecto, 63-64
comunicación, 64
consideraciones sobre adaptación, 148
definiciones pertinentes al, 52
interacciones con otros dominios
  de desempeño, 67
métricas, 66
recursos físicos, 65
resultados deseados, 51
variables para planificación, 53-63
verificación de resultados, 68
visión general de planificación, 52-53
Dominio de Desempeño de los Interesados, 8-15
consideraciones sobre adaptación, 147
definiciones pertinentes al, 8
interacciones con otros dominios, 14
interesados en el proyecto, ejemplos, 9
involucramiento de los interesados, 10-14
resultados deseados, 8
verificación de resultados, 15
visión general, 8-10

Dominio de Desempeño del Enfoque de
  Desarrollo y del Ciclo de Vida, 32-50
adaptación y, 148, 150
alineación de cadencia de entrega,
  enfoque de desarrollo y ciclo de vida, 46-49
cadencia de entrega, 33-34
ciclo de vida y definiciones de fases, 42-45
definiciones pertinentes al, 33
enfoques de desarrollo, 35-41
interacciones con otros dominios
  de desempeño, 49-50
relación entre cadencia, desarrollo
  y ciclo de vida, 33
resultados deseados 32
verificación de resultados, 50
visión general, 32
Dominio de Desempeño del Equipo, 16-31
adaptación de estilos de liderazgo, 30
cultura del equipo de proyecto, 20-21
definiciones pertinentes al, 16
dirección y liderazgo del equipo
  de proyecto, 17-19
equipos de proyectos de alto rendimiento, 22
habilidades de liderazgo, 23-29
interacciones con otros dominios, 31
resultados deseados, 16
verificación de resultados, 31
visión general, 16
Dominio de Desempeño del Trabajo del
  Proyecto, 69-79
aprendizaje a lo largo del proyecto, 77-78
comunicaciones e involucramiento,
  proyecto, 73
conservación del enfoque del equipo
  del proyecto, 73
consideraciones sobre adaptación, 149
definiciones pertinentes al, 70
gestión de los recursos físicos, 73-74
interacciones con otros dominios
  de desempeño, 78
monitorear nuevos trabajos y cambios, 76-77
procesos del proyecto, 71-72
restricciones en competencia,
  equilibrio de, 72
resultados deseados, 69
trabajar con adquisiciones, 74-76
verificación de resultados, 79
visión general, 69-70

Dominios. *Ver* Dominios de desempeño;
  Dominios de desempeño del proyecto
Dominios de desempeño del proyecto.
  Ver también Dominios de desempeño
  adaptación y, 145–150, 154
  cantidad, 7
  contexto del proyecto y, 146
  definición, 7
  dirección de proyectos y, 5, 146
  entrega, 80–82
  enfoque de desarrollo y ciclo de vida, 32–50
  equipo, 16–31
  incertidumbre, 116–129
  interesado, 8–15
  medición, 93–115
  planificación, 51–68
  trabajo del proyecto, 69–79
  visión general, 5, 7
DP. *Ver* Director de proyectos
Dueño del producto, 76
Duración, 52, 62, 224
  esfuerzo y, 100

E

EAC. *Ver* Estimación hasta la conclusión
EDT/WBS. *Ver* Estructura de desglose del
  trabajo (EDT/WBS)
Efecto Hawthorne, 112
Ejecución del proyecto. *Ver* Grupo de Procesos
  de Ejecución
Ejecución rápida, 52, 59, 60
Eliminación de obstáculos, 18
Empoderamiento
  cultura y, 143
  equipos de proyectos de alto rendimiento y, 22
  adaptación de involucramiento y, 136
Empresas emergentes, 221
EMV. *Ver* Valor monetario esperado (EMV)
Encuestas, 103, 104
Enfoque basado en procesos, 171
Enfoque de desarrollo adaptativo, 38, 45, 49, 53
Enfoque de desarrollo híbrido, 33, 36
Enfoque de desarrollo incremental, 37, 44
Enfoque de desarrollo predictivo, 35–36
Enfoque de desarrollo y entrega,
  adaptación y, 137
Enfoque de programación justo a tiempo, 45
Enfoque de sistemas de programación "Lean", 45

Enfoque DevOps, 34
Enfoque digital continuo, 34
Enfoque en cascada, 15, 49
Enfoque en el cliente, 208
Enfoque holístico, 51, 68, 89
Enfoque, perspectiva ganar-ganar y, 170
Enfoques ágiles, 38
Enfoques de desarrollo, 35–39
  centro comunitario y, 36, 38, 39
  consideraciones para selección, 39–41
  enfoque adaptativo, 38
  enfoque híbrido, 36
  enfoque predictivo, 35–36
  desarrollo incremental, 37
  desarrollo iterativo, 37
  proceso de adaptación y, 138
  variables para planificación y, 53
  vista de espectro, 35
Entender y analizar, interesados y, 11–12
Entendimiento compartido, 22
Entorno
  adaptación y, 154
  producto, 222
Entorno del producto, entrega continua
  de valor, 222
Entrada(s)
  flujo de entregas y, 45
  Grupos de Procesos y, 171
Entradas, herramientas/técnicas, y salidas
  (ITTO), 6
Entrega(s)
  continua, 34
  Dominio de Desempeño de la Planificación, 54
  mediciones, 99
  modelos, 221
  modelo de entregas continuas y, 221
  múltiples, 34
  oficina de dirección de proyectos (PMO) y, 213
  opciones, 40
  periódica, 34
  única, 34
Entrega continua
  descripción, 34
  estrategias de apoyo, 222
Entrega de beneficios planificada en comparación
  con entrega real de beneficios, 102
Entrega de valor
  continua, 222
  Dominio de Desempeño de la Entrega, 81–82

Entrega indefinida cantidad indefinida (IDIQ), 191
Entregable(s)
 adaptación para el proyecto, 142
 definición, 33, 82
 del proyecto, 54
 Dominio de Desempeño de la Entrega, 82–87
 enfoque de desarrollo, 50
 enfoque híbrido y, 36
 finalización, 85
 grado de innovación y, 39
 indicadores rezagados y, 96
 proyecto, 54
 requisitos, 82–83
Entregables del proyecto, 54
Enunciado del trabajo (SOW), 74, 87, 191
Enunciado del trabajo del proyecto.
 Ver Enunciado del trabajo
Equilibrio
 replanteamiento y, 111
 restricciones en competencia y, 72
Equipo(s). *Ver también* Equipo de dirección del proyecto; Equipo(s) del proyecto
 coubicación, 135, 142, 147
 proyecto de elevado desempeño, 22
 estables, 222–223, 225
Equipo de dirección del proyecto, 16.
 Ver también Equipo(s) del proyecto
Equipo(s) del proyecto. *Ver también* Equipo(s)
 adaptación y, 142, 147
 conservación del enfoque, 73
 de alto desempeño, 22
 definición, 16
 distribuidos, 30
 Dominio de Desempeño de la Planificación, 63–64
 madurez y, 30
 operaciones y, 19
 tamaño y ubicación de, 41
Equipos coubicados, 135, 142, 147
Equipos de proyectos de alto rendimiento, 22
Escalamiento
 amenazas y, 123
Escalera de Tuckman, 166
Escucha activa, 12, 21
Escudo contra la desviación, 18
Esfuerzo, 100
Esquema de priorización, 181
Estabilidad del alcance, 40
Estilos de liderazgo, adaptación, 30

Estimación, 55–58. *Ver también* Base de las estimaciones
 absoluta, 57
 ajuste de estimaciones por incertidumbre, 58
 análoga, 178
 determinística, 57
 basada en flujo, 58
 baja exactitud, alta precisión, 56
 definición, 52
 Dominio de Desempeño de la Planificación, 55–58
 fase del ciclo de vida y, 55
 probabilística, 57
 paramétrica, 178
 rango disminuyendo con el tiempo, 56
 relativa, 57, 58
Estimación a la conclusión (EAC), 104, 105
Estimación análoga, 178
Estimación basada en flujo, 58
Estimación hasta la conclusión (ETC), 104, 105
Estimación multipunto, 178
Estimación paramétrica, 178
Estimación por punto de historia, 178
Estimación probabilística, 57
Estimación puntual, 178
Estimación relativa, 178
Estimaciones de costos, 62, 63, 105
Estimaciones de la duración, 105
Estímulo, oportunidades de desarrollo y, 18
Estrategia de las adquisiciones, 46
Estrategia organizacional, 212
Estructura de desglose de la organización, 187
Estructura de desglose de recursos, 187
Estructura de desglose del producto, 187
Estructura de desglose del riesgo, 187
Estructura de desglose del trabajo
 definición, 81, 187
 descomposición y, 54, 84
Estructura(s) organizacional(es). *Ver también* Oficina de dirección de proyectos (PMO)
 descripción, 41
 gobernanza, 30
Estudios comparativos, 175
EVA. *Ver* Análisis del valor ganado
Evaluación del ciclo de vida, 176
EVM. *Ver* Gestión del valor ganado
Exactitud
 definición, 52
 estimación y, 55

Éxito, 224. *Ver también* Éxito del proyecto
  celebración, 21
Éxito del proyecto
  comunicación y, 157
  indicadores clave de desempeño (KPI) y, 95
  patrocinadores y, 207
Expectativas de los interesados, 28, 51, 68, 132
Expertos en la materia, 6, 176. *Ver también* Juicio de expertos
Exposición al riesgo, 109, 122. *Ver también* Informe de riesgos

F

Factor de éxito crítico, 207
Factores de higiene, 158
Factores del proyecto, adaptación y, 140
Factores organizacionales, adaptación y, 140
Falla segura, 121
Fase. *Ver* Fase(s) del proyecto
Fase de cierre, 47
Fase de desarrollo, 47
Fase de despliegue, 47
Fase de pruebas, 47
Fase(s) del proyecto
  ciclo de vida y, 42–45
  definición, 33
  ejemplos, 42
  Grupos de Procesos y, 170
  revisión, 42
Fases del proyecto superpuestas, 50
Fecha de finalización, 100
Fecha de inicio, 100
Fechas tardías de inicio y finalización, 100
FFP. *Ver* Precio fijo cerrado
Filtro de idoneidad, 138
Finalización, objetivos móviles de, 85–87
Financiamiento, 221, 224
  disponibilidad, 41
  incremental, 222, 223
  limitaciones, 62
  procesos del proyecto y, 71
  requisitos, 46
Formación, turbulencia, normalización, desempeño, disolución, 166
Fortalezas, debilidades, oportunidades y amenazas. *Ver* Análisis FODA

FPIF. *Ver* Precio fijo más honorarios con incentivos
Fragmentación del tiempo, 18

G

Gestión
  autogestión, 26, 27
  cambio, 213
  conflicto, 29
  equipo del proyecto, liderazgo y, 17–19
  requisitos y, 83
Gestión de cambios, 213
Gestión de conflictos, 29
Gestión de los requisitos, 83
Gestión de riesgos
  incertidumbre y, 150
  registro de riesgos y, 185
Gestión del conocimiento, 77
Gestión del producto
  consideraciones organizacionales, 221–225
  definición, 218
  tendencias globales de negocio y, 219
  vistas, 218
Gestión del valor ganado (EVM), 100, 104, 105
Globalización/entorno global
  comunicación intercultural, 157
  equipos de proyecto distribuidos, 30
Gobernanza. *Ver también* Gobernanza organizacional
  adaptación, y, 131, 139
  enfoque de desarrollo y, 148
  proyecto, 87
Gobernanza organizacional
  adaptación y, 152
  estructuras, 30
Gráficas de trabajo pendiente o realizado, 108, 109, 111
Gráfica de trabajo pendiente (burndown)/ trabajo realizado (burnup), 188
Gráfico(s)
  grandes gráficos visibles (BVC), 108
  otros tipos, 109
Grandes gráficos visibles (BVC), 108
Grupo(s)
  de Procesos, 170–171
  externo, 140
Grupo de Procesos de Cierre, 171

Grupo de Procesos de Ejecución, 171
Grupo de Procesos de Inicio, 171
Grupo de Procesos de Monitoreo y Control, 171
Grupo de Procesos de Planificación, 171
Grupos de Procesos, modelos de
  negociación y, 170
Grupos focales, 83, 174

H

Habilidad social, 26, 27
Habilidades. *Ver también* Habilidades
  interpersonales
  de liderazgo, 12, 23–29
  interpersonales, 25–29
  sociales, 26, 27
  suaves, 12
Habilidades de liderazgo, 12, 23–29
  equipo, 23–29
  motivación, 24–25
  pensamiento crítico, 24
  visión, establecimiento y conservación, 23
Habilidades interpersonales, 25–29
  involucramiento de los interesados y, 12
  tipos, 23–29
Habilidades suaves, 12
Herramientas. *Ver también* Software
  adaptación y, 136
  filtro de idoneidad, 138
  métodos y artefactos, 136
Histograma, 175, 189
Historias de usuarios
  definición, 192
  descomposición y, 54
  estimación por punto de historia y, 178
  plan de iteraciones y, 61
  valor del cliente y, 84
Hitos, hoja de ruta y, 184
Hoja de ruta, 184
Hoja de ruta de productos, 61
Hoja de verificación, 175
Honorarios, contratos y, 91

I

Idea transformadora, 163
Identificación de los interesados, 10, 11, 63, 64, 171

Identificar paso, involucramiento de los
  interesados, 11
IDIQ. *Ver* Entrega indefinida cantidad indefinida
Impacto del riesgo. *Ver* Matriz de probabilidad
  e impacto
Impacto social, 53
Incertidumbre
  ajuste de estimaciones, 58
  definición, 117
  general, 119
Indicadores. *Ver* Indicadores clave
  de desempeño (KPI)
Indicadores adelantados, 96
Indicadores clave de desempeño (KPI), 95–96
Indicadores rezagados, 96
Índice de desempeño del costo (CPI), 100, 104
Índice de desempeño del cronograma (SPI), 100
Índice de desempeño del trabajo por completar
  (TCPI), 105
Industria/industrias
  mercado y, 142
  producto tradicional, 224
Influenciar
  enfoque de desarrollo y, 39, 40, 41
  liderazgo y, 29
  patrocinadores y, 209
Información
  Dominio de Desempeño de la
    Medición, 106–111
  histórica, 149
  presentación, 106–111
  recopilación, 119
Informe(s), 190. *Ver también* Informe de calidad;
  Informe de riesgos
Informe de calidad, 190
Informe de estatus, 190
Informe de riesgos, 190
Informe del proyecto, como artefacto
  de estrategia, 184
Iniciativas, críticas, 214
Inicio, 46
Innovación
  grado de, 39
Inspección, 42, 47, 88, 89
Integración
  adaptación de involucramiento y, 136
  práctica y, 163
Integridad, 20

Inteligencia emocional (IE), 25–27
   áreas clave, 26
   componentes, 27
Intensificación, 52
Interacciones, dominio de desempeño
   Dominio de Desempeño de la Entrega, 91
   Dominio de Desempeño de la Incertidumbre, 128
   Dominio de Desempeño de la Medición, 114–115
   Dominio de Desempeño de la Planificación, 67
   Dominio de Desempeño de los Interesados, 14
   Dominio de Desempeño del Enfoque de Desarrollo y del Ciclo de Vida, 49–50
   Dominio de Desempeño del Equipo, 31
   Dominio de Desempeño del Trabajo del Proyecto, 78
Intercambio, oportunidad y, 125
Interesado(s). *Ver también* Interesado(s) en el proyecto
   clave, 11, 23, 44, 167, 179
   definición, 8
   ejemplos de proyectos, 9
   interno, 39
   Modelo de Prominencia y, 171
Interesado(s) en el proyecto
   adaptación y, 152
   alcance y, 82
   ejemplos de, 9
   interno, 39
Interesados clave, 11, 23, 44, 167, 179
Involucramiento. *Ver también* Involucramiento de los interesados
   adaptación, 136
   comunicación y, 73
   Dominio de Desempeño del Trabajo del Proyecto, 73
   falta de, patrocinador y, 208
Involucramiento de los interesados
   Dominio de Desempeño de los Interesados, 10–14
   Dominio de Desempeño del Proyecto y, 10–14
   entender y analizar, 11–12
   identificar, 11
   involucrar, 12–14
   métodos de comunicación y, 13
   monitorear, 14
   navegación por el efectivo, 10
   pasos, 10, 11
   priorizar, 12

Involucrar, 121
IRR. *Ver* Tasa interna de retorno
Iteración, 44–45, 53
Iterar, 121
ITTO. *Ver* Entradas, herramientas/técnicas y salidas

J

Juicio de expertos, 104. *Ver también* Expertos en la materia

K

KPI. *Ver* Indicadores clave de desempeño

L

Lecciones aprendidas. *Ver también* Retrospectivas
   adaptación y, 151
   retrospectivas o, 71
   reuniones, 127, 180
Liderazgo
   dirección centralizada y, 17
   dirección distribuida, 17–18
   equipo, 17–19
   estilos y, 30
Líderes de portafolio, 95
Líderes serviciales, 18
Lienzo de modelo de negocio, 184
Línea base, 188. *Ver también* Línea base de costos; Línea base del alcance
   definición, 93
Línea base de costos, 62, 63, 188
Línea base del alcance
   definición, 188
   proyectos predictivos y, 77
Lista de actividades, 192
Lista de trabajo pendiente ajustada al riesgo, 185
Lista de trabajo pendiente del producto, 76, 185
Listas de verificación, 174
Lógica de la red, 59
Logro, teoría de las necesidades y, 159
Los requisitos de alto nivel, 39

M

Mapa de historia, 190
Mapa del flujo de valor, 190
Mapeo de impacto, 181
Mapeo del flujo de valor, 177
Marco de referencia Cynefin, 164–165
Materiales, entorno y, 53
Materialización de beneficios, PMO y, 214
Matrices de trazabilidad, 83
Matriz de Asignación de Responsabilidades (RAM), 189
Matriz de evaluación del involucramiento de los interesados, 189, 190
Matriz de priorización, 189
Matriz de probabilidad e impacto, 176
Matriz de Stacey, 165
Matriz de trazabilidad de requisitos, 189
Mediciones del valor del negocio, 82
Medida(s). *Ver también* Métricas
   desempeño con respecto a la línea base, 100–101
   efectivas, 95–105
   entrega, 99
   establecimiento, 95–105
   indicadores clave de desempeño (KPI), 95–96
   interesados, 103–104
   peligros, 111–112
   pronósticos, 104–105
   qué medir, 98–105
   recursos, 101
   valor de negocio, 102
Medidas de desempeño técnico, 85
Mejora continua, 139, 144, 152, 213, 214
Mejores prácticas, estudios comparativos y, 175
Memorando de acuerdo (MOA), 191
Memorando de entendimiento (MOU), 191
Métodos, 174–181
   adaptación, 136
   aplicados a través de los dominios de desempeño, 181–183
   definición, 153
   esquema de priorización, 181
   estimación, 178
   mapeo de impacto, 181
   modelación, 181
   período de tiempo preestablecido, 181
   Puntuación Neta del Promotor (Net Promoter Score®, NPS®), 181
   recopilación y análisis de datos, 174–177
   reuniones y eventos, 179–180
   visión general, 153–155
Métodos ágiles
   enfoque adaptativo y, 50
   enfoque de desarrollo y, 49
   organización y, 41
   programación basada en el flujo y, 45
Métodos de análisis de justificación del negocio, 175
Métodos de estimación, 178
Métodos de producción "Lean", 71
Métrica de vanidad, 112
Métricas. *Ver también* Dominio de Desempeño de la Medición; Medición
   criterios SMART, 97
   definición, 93, 192
   desempeño del trabajo, 66
   Dominio de Desempeño de la Planificación, 66
   efectivas, 97
   entregable, 98
   métrica de vanidad, 112
   uso indebido, 112
MOA. *Ver* Memorando de acuerdo
Modelado, 181
Modelo ADKAR®, 161
Modelo de Cambios de Virginia Satir, 163
Modelo de comunicación intercultural, 157
Modelo de conflictos, 168–169
Modelo de Desempeño del Equipo de Drexler/Sibbet, 167
Modelo de programación, 59, 188
Modelo de Prominencia, 171
Modelo de Transición, 164
Modelo OSCAR, 156
Modelos. *Ver también* Modelos de cambio; Modelos de complejidad; Modelos de comunicación; Modelos de motivación; Modelos de negociación
   aplicados a través de los dominios de desempeño, 112–113
   conflicto, 168–169
   definición, 153
   desarrollo del equipo del proyecto, 166–167
   Grupos de Procesos, 170–171
   liderazgo situacional, 155–156
   mapeo de dominios de desempeño y, 173
   Modelo de Prominencia, 171
   Modelo OSCAR, 156
   perspectiva ganar-ganar y, 169, 170

    planificación, 170
    utilizados comúnmente, 95–98
    visión general, 153–155
Modelos de cambio, 160–164
    Modelo ADKAR®, 161
    Modelo de Cambios de Virginia Satir, 163
    Modelo de Transición, 164
    Proceso de 8 Pasos para liderar el Cambio, 162
Modelos de complejidad, 164–165
    Marco de referencia Cynefin, 164–165
    Matriz de Stacey, 165
Modelos de comunicación, 157–158
    brecha de ejecución, 158
    brecha de evaluación, 158
    canales de comunicación, efectividad, 157
    comunicación intercultural, 157
Modelos de desarrollo del equipo
      del proyecto, 166–167
    Modelo de Desempeño del Equipo
    de Drexler / Sibbet, 167
    Escalera de Tuckman, 166
Modelos de liderazgo situacional, 155–156
Modelos de motivación, 158–160
    factores de higiene y de motivación, 158
    motivación intrínseca versus extrínseca, 159
    teoría de las necesidades, 159
    Teoría X, Teoría Y y Teoría Z, 160
Modelos de negociación, 169–171
    Grupos de Procesos, 170–171
    perspectiva ganar-ganar y, 169, 170
    planificación, 170
Monitoreo
    control y, 171
    nuevos trabajos y cambios, 76–77
Moral, 104, 112
MoSCoW, 181
Motivación
    habilidades de liderazgo y, 24–25
    inteligencia emocional y, 27
    patrocinadores y, 210
Motivación extrínseca, 159
Motivación intrínseca, 159
MOU. *Ver* Memorando de entendimiento

N

No conformidad, prevención, 81, 175
NPV. *Ver* Valor actual neto

O

Objetivos, visión y, 18
OBS. *Ver* Estructura de desglose de la organización
Observación del trabajo, 78
Oficina de dirección de proyectos
      (PMO), 211–215
    capacidades clave, 213
    más información, 215
    materialización de beneficios y, 214
    oficina de entrega de valor (VDO), y, 140
    propuesta de valor, 211–213
Oficina de entrega de valor (VDO), 140, 141, 212
Oportunidades
    desarrollo, 18
    estrategias para, 125
Organización(es)
    adaptación, 139–140
    centrado en el cliente, 225
    relación entre clientes, 220
Organización patrocinadora, 87, 116
Organizaciones centradas en el cliente, 225
Orientación, 19
Orientación y financiamiento incrementales, 223

P

Pago, provisión continua y, 220–221
Paquetes de trabajo, 85, 189
Parámetros, 98, 178
Patrocinador del proyecto, 123, 125, 207.
    Ver también Patrocinador
Patrocinador,
    como asociado, 209
PBP. *Ver* Plazo de recuperación
Pensamiento crítico, 24
Períodos de tiempo preestablecidos, 62, 181
Personas, adaptación del involucramiento y, 136
Perspectiva del panorama general, 207, 213
Perspectiva ganar-ganar, 169, 170
Perspectiva, oficina de dirección de proyectos
    (PMO) y, 213
Plan(es), 186–187
    de contingencia, 123
    de excepción(es), 113, 114
    de reserva o de contingencia, 119
Plan de control de cambios, 186
Plan de excepciones
    activación, 113
    definición, 114

Plan de gestión de la calidad, 186
Plan de gestión de las adquisiciones, 186
Plan de gestión de las comunicaciones, 79, 186
Plan de gestión de las comunicaciones
    del proyecto, 79, 186
Plan de gestión de los costos, 186
Plan de gestión de los recursos, 186
Plan de gestión de los requisitos, 186
Plan de gestión de los riesgos, 186
Plan de gestión del alcance, 187
Plan de gestión del cronograma, 187
Plan de involucramiento de los interesados, 187
Plan de iteración, 61, 186
Plan de liberación, 61, 186
Plan de liberación e iteración, 61
Plan de pruebas, 187
Plan para la dirección del proyecto
    como plan global, 186
    definición, 186
    elaboración progresiva y, 120
    integrado, proyectos grandes y, 67
    procesos de ejecución y, 171
Planificación
    alto nivel, 52
    modelos de negociación y, 170
Planificación adaptativa del cronograma, 81, 82
Planificación de comunicación, 64
Planificación de la calidad, 88
Planificación gradual, 49
Plantillas, 35, 132, 136, 153, 184
Plazo de recuperación, 175
PMIstandards+, 6, 174
PMO. *Ver* Oficina de dirección de proyectos (PMO)
PMO a nivel empresarial (EPMO), 212
Poder, teoría de las necesidades y, 159
Política de calidad, 87
Prácticas de entregas del proyecto, 221
Precio fijo cerrado (FFP), 191
Precio fijo con ajustes económicos
    de precio (FP EPA), 191
Precio fijo más honorarios con
    incentivos (FPIF), 191
Precisión
    definición, 52
    descripción, 55
    nivel, 56
Predecesora, 59

Presentación de la información, 106–111
    controles visuales, 109–111
    radiadores de Información, 108
    tableros, 106–107
Presentaciones, 73
Presupuesto
    definición, 52, 188
    Dominio de Desempeño de la
      Planificación, 62–63
    formación del presupuesto, 62–63
Presupuesto hasta la conclusión (BAC), 104–105
Prevención, amenaza, 123, 126
Principios de la dirección de proyectos
    adaptación para ajustar al proyecto, 154
    dominios de desempeño y, 4
Priorizar, involucramiento de los interesados, 12
Proceso(s)
    adaptación, 137–145
    adición, eliminación y cambio, 144
    conformidad y, 71
    entorno y, 53
    grupos, 170
    inteligentes y sencillos, 214
    proyecto, 71–72
Proceso de 8 Pasos para liderar el Cambio,
    162, 173
Proceso de adaptación, 137–145
    enfoque de desarrollo inicial, selección, 138
    para el proyecto, 141–144
    para la organización, 139–140
    pasos, detalles, 137
Proceso de licitación, 75
Proceso iterativo, 120
Procesos de contratación, 75–76
Procesos del proyecto, 71–72
Producto(s)
    adaptación para el proyecto, 142
    adición de software a más, 225
    cambios en el mercado global, 219–221
    características únicas de, 224
    conceptos de valor y, 217
    consideraciones organizacionales, 221–225
    definición, 218
    digital, 34
    enfoque de desarrollo y, 39–40
    final, 82
    prácticas de entregas del proyecto y, 221
    transición, vistas y, 217–218

Programación basada en el flujo, 45
Programación de cronograma
   esfuerzo, duración y, 62
   metodologías adaptativas y, 45
Programas, características únicas, 224
   mejora continua y, 144
Pronósticos, 104–105
   métodos, 32, 160–161
   recopilación y análisis de datos, 176
Propiedad compartida, 22
Propiedad intelectual, 75
Propósito, 159
Propuestas, 70. *Ver también* Solicitud de propuesta (RFP)
   documentos de las licitaciones y, 192
Provisión y pago continuos, 220–221
Proyecto(s)
   adaptación, 141–144
   aprendizaje, 77–78
   Dominio de Desempeño del Enfoque de Desarrollo y del Ciclo de Vida, 40–41
   dominios de desempeño y, 7
   enfoque basado en procesos, 171
   enfoque de desarrollo y, 40–41
   experiencia con tipo de, 30
   singularidad y, 224
Proyectos basados en flujo, 109
Punto de función, 178
Puntos de historia, 58, 119, 121. *Ver también* Historias de usuario(s)
Puntuación Neta del Promotor (Net Promoter Score®, NPS®), 103, 181
PV. *Ver* Valor planificado

R

Radiador de información, 108, 109
Radiadores, información, 108
RAM. *Ver* Matriz de asignación de responsabilidades
Rango
   descripción, 55
   tiempo y materiales, 56
RBS. *Ver* Estructura de desglose de recursos; Estructura de desglose del riesgo
RCA. *Ver* Análisis de causa raíz
Reclamaciones, 89
Reclamaciones de garantía, 89
Recolección de requisitos, 83

Recompensas, 24, 158, 159
Reconocimiento, equipos de proyectos de alto rendimiento y, 22
Recopilación y análisis de datos, 174–177
Recurso(s). *Ver también* Recursos físicos
   medición, 101
   patrocinadores y, 209
Recursos físicos
   gestión, 73–74
   Dominio de Desempeño de la Planificación, 65
   Dominio de Desempeño del Trabajo del Proyecto, 73–74
   planificación, 65
Registro de cambios, 185
Registro de incidentes, 185
Registro de interesados, 185
Registro de lecciones aprendidas, 185
Registro de riesgos, 108, 185
Registro de supuestos, 185
Regulaciones, 40
Relación costo-beneficio, 102
Relación Final a final, 59
Relación Final a inicio, 59
Rendición de cuentas, patrocinadores y, 208
Reparaciones, 89
Replanteamiento, 121
Repositorio de gestión del conocimiento, 149
Reputación, 89
Requisito(s). *Ver también* Requisitos de calidad
   alto nivel, 39
   bien documentados, 83
   definición, 81
   entregables y, 82–83
   evolución y descubrimiento, 83
   financiamiento, 46
   gestión, 83
   interesado, 54, 72
   obtención, 111
   organizacional, 54
   producto, 50, 176, 189, 192
   proyecto, 171
   seguridad, 40
Requisitos de calidad
   alineación, 67
   costos de evaluación y, 87
   costo de la calidad y, 88
   procesos y, 72
Requisitos de los interesados, 54, 72
Requisitos de recursos, 46

Requisitos de seguridad, 40
Requisitos del producto
   análisis de hacer o comprar y, 176
   documentación de requisitos y, 192
   matriz de trazabilidad de requisitos y, 189
   obtención, 50
Requisitos del proyecto, 71
Requisitos legales, 118, 149
Requisitos organizacionales, 54
Reserva, 122. *Ver también* Reserva de gestión
Reserva de costos, 122
Reserva para contingencias, 62, 127. *Ver también* Análisis de reserva
Reserva para gestión, 127
Resiliencia
   incorporación, 119
   equipos de proyectos de alto rendimiento y, 22
Resolución de conflictos, 29
Resolución de problemas
   de desempeño, 113-114
Resolución de problemas, 21, 29, 168
Respeto, 21
Restricciones, equilibrio de competidoras, 72
Restricciones del cronograma, 41
Restricciones legales, 54
Restricciones regulatorias, 54
Resultado(s). *Ver también* Entregable(s); Resultados deseados; Verificación de resultados
   capacidades orientadas a resultados, 213
   enfoque de desarrollo y, 39-40
   falla interna y, 89
   múltiples, preparación, 119
   oficina de dirección de proyectos (PMO) y, 213
   subóptimos, 91
Retorno de la inversión (ROI), 102, 175
Retrabajo, 89
Retrasos, adelantos y, 59
Retrospectivas, 127, 180. *Ver también* Lecciones aprendidas
   adaptación y, 151
   procesos del proyecto y, 71
Reunión de cierre del proyecto, 180
Reunión de estatus, 180
Reunión de lanzamiento, 179, 183
Reunión de perfeccionamiento de la lista de trabajos pendientes, 179
Reunión de planificación, 180
Reunión de revisión del proyecto, 180

Reunión diaria de pie, 127, 179
Reunión para planificación de iteraciones, 179
Reunión para planificación de sprint, 179
Reuniones
   conferencia de oferentes, 70, 179
   control de cambios, 179
   de pie, 127, 179
   eventos y, 179-180
   retrospectivas/lecciones aprendidas, 71, 127, 179
   revisión del riesgo y, 127
   tipos, 179-180
Reuniones de pie, 127, 179
Reuniones para planificación de iteraciones, 180
Revisión de la iteración, 179
Revisión(es)
   adaptación y, 151
   de fase, 42, 47, 144
   desempeño, 68
   diseño, 127
   producto, 14
   proyecto, 180
   riesgo, 127
Revisión de la iteración, 179
Revisión del riesgo, 127, 180
Revisiones de diseño, 127
Revisiones de productos, 14
RFI. *Ver* Solicitud de información
RFP. *Ver* Solicitud de propuesta
RFQ. *Ver* Solicitud de cotización
Riesgo(s), 122-127
   amenazas, 123-124
   definición, 117
   Dominio de Desempeño de la Incertidumbre, 122-127
   generales del proyecto, 122
   identificación, 122, 127
   incertidumbre y, 119, 122
   negativos (amenazas), 121, 122
   niveles, 127, 128
   oportunidades, 122, 125
   productos y, 40
   reducción, con el paso del tiempo, 124
   reservas, 127
   residual, 125
   secundario, 125
Riesgo general del proyecto, 122
Riesgo individual del proyecto, 177, 190
Riesgo residual, 125

Riesgos del proyecto, incertidumbre y, 119
Riesgos identificados, 127
Riesgos negativos (amenazas), 121, 122
Riesgos positivos (oportunidades), 122
Riesgos secundarios, 125
Riqueza de los medios, 157
Rotación, 104
Ruta crítica, 100
Ruta de red, 59

S

Salida(s). *Ver también* Entradas, herramientas/técnicas y salidas
    análisis de datos y, 174
    Grupos de Procesos y, 171
Satisfacción de los interesados
    diagrama de estados de ánimo, 103
    medición, 103–104
Satisfacción del cliente, 95, 112
Scrum diario, 179
"Seguir funcionando como hasta ahora," 163
Servicio(s)
    cambios en el mercado global, 219–221
    enfoque de desarrollo y, 39–40
Sesgo(s)
    consciente e inconsciente, 20
    sesgo de confirmación, 112
Simulación, 121
Simulación Monte Carlo, 177
Simulaciones, 177
Sistema de control de cambios, 107
Sistema de gestión de la calidad, 52, 88
Sistema de programación de cronogramas del sistema Kanban, 45
Situaciones comunes, adaptación y, 151
Situational Leadership® II, 155–156
SLA. *Ver* Acuerdo de nivel de servicio
SMEs. *Ver* Expertos en la materia
Software
    adición a más productos, 225
    proyectos de desarrollo, 85
    valor mejorado, 220
Solicitud(es) de cambio, 77
Solicitud de cotización (RFQ), 75, 192
Solicitud de información (RFI), 75, 192
Solicitud de propuesta (RFP), 75, 192
Solicitudes del cliente, 66

Sostenibilidad, 53
SOW. *Ver* Enunciado del trabajo
SPI. *Ver* Índice de desempeño del cronograma
Sponsor, 207–210. *Ver también* Patrocinador del proyecto
    comportamientos, 209
    falta de involucramiento y, 208
    rol, 207–208
Sprint, 45. *Ver también* Iteración
SS. *Ver* Relación de inicio a inicio
Statu quo, 163
Sucesora, 59
Supuesto(s), 20, 24, 121
SV. *Ver* Variación del cronograma

T

Tableros, 106–107
    datos visuales y, 189
    definición, 93,
Tableros de tareas, 109, 110
Tableros Kanban, 109, 110
Talento, 214
Tamaño del proyecto, 132, 139
Tasa interna de retorno (IRR), 175
Tasas de finalización de características, 100
Tasas de gasto, planificadas y reales, 113
Técnicas analíticas, 176–177
Técnicas de compresión del cronograma, 52, 59
Tecnología. *Ver también* Software
    automatización, 34
    correo electrónico, 13
    entregables y, 142
    equipos de proyecto distribuidos y, 30
    plataforma, en la industria, 224
    tendencias, 85
Temas ambientales, 53, 129
Tendencia(s)
    globales de negocios, 219–221
    indicadores adelantados y, 96
    tecnología, 85
Teoría de las necesidades, 159
Teoría X, Teoría Y y Teoría Z, 160
Toma de decisiones, 27–28
    basada en el grupo, 28
    patrocinadores y, 208
Tormenta de ideas, 13, 22, 121

Trabajo
    nuevo esfuerzo de trabajo, 58
    sin valor agregado, 72
Trabajo pendiente, 45, 62, 76, 96, 185
Trabajo sin valor agregado, 71, 72, 99
Transferencia de conocimiento, 213
Transición de etapa, 14, 42
Transparencia, 20
Triple resultado final, 53
TyM. *Ver* Tiempo y materiales

U

Umbral
    presupuesto, 113–114
    tolerancia, 96
Utilización planificada de los recursos en comparación con la utilización real de los mismos, 101

V

VAC. *Ver* Variación a la conclusión
Validación del alcance, 131
Valor. *Ver también* Valor de negocio
    entrega, 81–82
    mejorado por medio de software, 220
Valor actual neto (NPV), 102, 175
Valor de negocio, 82
Valor ganado (EV), 100, 101
Valor monetario esperado (EMV), 116, 126, 176
Valor planificado (PV), 100, 101
Variables para planificación, 53–63
    entrega y, 54
    estimación y, 55–58
    cronogramas, 58–62
    presupuesto, 62–63

Variación(es), 68, 72, 94, 96, 101, 115, 188
Variación a la conclusión (VAC), 105
Variación del costo (CV), 80
Variación del cronograma (SV), 100
Variaciones, 121, 123, 177
Verificación de resultados
    Dominio de Desempeño de la Entrega, 92
    Dominio de Desempeño de la Incertidumbre, 129
    Dominio de Desempeño de la Medición, 115
    Dominio de Desempeño de la Planificación, 68
    Dominio de Desempeño de los Interesados, 15
    Dominio de Desempeño del Enfoque de Desarrollo y del Ciclo de Vida, 50
    Dominio de Desempeño del Equipo, 31
    Dominio de Desempeño del Trabajo del Proyecto, 79
Verificación, 88
Verificar, patrocinador y, 209
Viabilidad, 42, 43
Visión
    definición e intercambio, 11
    establecimiento y conservación, 23
    objetivos y, 18
    patrocinadores y, 208
Visión de producto, 61
Visión general de planificación, 52–53
Visión holística, 98, 190
Volatilidad, 117
    Dominio de Desempeño de la Incertidumbre, 122
Votación, 28
Votación de puño de cinco, 28
Votación romana, 28